2021
HUBEI RURAL STATISTICAL YEARBOOK
湖北农村统计年鉴

《湖北农村统计年鉴》编辑委员会 编

中国统计出版社
China Statistics Press

图书在版编目（CIP）数据

湖北农村统计年鉴. 2021 = Hubei Rural Statistical Yearbook 2021 / 《湖北农村统计年鉴》编辑委员会编. -- 北京 : 中国统计出版社, 2021.11
ISBN 978-7-5037-9662-3

Ⅰ. ①湖… Ⅱ. ①湖… Ⅲ. ①农业统计－统计资料－湖北－2021－年鉴 Ⅳ. ①F327.63-66

中国版本图书馆CIP数据核字(2021)第185805号

湖北农村统计年鉴—2021

作　　者/《湖北农村统计年鉴》编辑委员会
责任编辑/钟　钰
装帧设计/林春燕
出版发行/中国统计出版社有限公司
地　　址/北京市丰台区西三环南路甲6号
邮政编码/100073
电　　话/邮购（010）63376909　书店（010）68783171
网　　址/http://www.zgtjcbs.com
印　　刷/武汉市楚风印刷有限公司
经　　销/新华书店
开　　本/890mm×1240mm　1/16
字　　数/417.6千字
印　　张/21.75
版　　别/2021年11月第1版
版　　次/2021年11月第1次印刷
定　　价/280.00元

如有印装差错，由本社发行部调换。

《湖北农村统计年鉴—2021》编辑委员会

编 辑 说 明

一、《湖北农村统计年鉴—2021》由湖北省统计局、国家统计局湖北调查总队、湖北省农业农村厅、湖北省水利厅、湖北省自然资源厅、湖北省农业事业发展中心、湖北省林业局、湖北省监狱管理局等部门共同编辑。

二、本年鉴农业技术推广及应用资料、农垦统计资料由省农业农村厅提供；水利建设资料由省水利厅提供；耕地情况由省自然资源厅提供；农业机械化、畜禽规模养殖及畜产品加工企业和渔业统计等资料由省农业事业发展中心提供；林业统计资料由省林业局提供；监狱系统农场资料由省监狱管理局提供；粮食、畜牧等资料由国家统计局湖北调查总队提供；其余资料由省统计局提供。

三、《湖北农村统计年鉴—2021》收录了2020年湖北省农业统计及省级部分年份资料，本年鉴中涉及到的历史数据，均以最新出版的本年鉴数据为准。

四、本年鉴文字资料部分主要反映2020年湖北省及各市州农业农村经济发展、乡村振兴战略实施的成就。

五、本年鉴由于组稿、资料整理和编辑时间紧迫，难免有失误之处，敬请广大读者谅解，并欢迎指正。

目　录

一、文字篇

二、数据篇

1.农村基本情况

2.农业产值

3.种植业

4.林业及土特产

5.畜牧业

6.渔业

7.农业机械化

8.农村主要能源及物资消耗

9.农业技术推广及应用

10.水利建设

11.农垦及监狱系统农场

一、文字篇

2020年湖北乡村振兴战略监测分析报告

乡村振兴战略实施三年多来，全省上下认真学习贯彻习近平新时代中国特色社会主义思想和党的十九大精神，全面落实我省"三农"工作的决策部署，克服重大疫情对我省的影响，扎实推进现代农业建设，全面深化农村改革，持续改善民生，农业农村发展取得重大成就，为全省经济社会发展提供了有力支撑。同时，全面实施乡村振兴战略还有着力补强的薄弱环节，本报告通过乡村振兴战略统计监测研究，为省委、省政府重大涉农决策提供有力的统计支撑。

一、乡村振兴战略实施的进程

（一）战疫情，乡村振兴战略稳步推进。

我省实施乡村振兴战略整体上稳步推进，期间2020年受到重大疫情影响有所放慢。对照"规划"26个指标，采用一、二级指标加权，测算出到2020年我省"规划"完成进度为96.5%，2022年完成进度为87.5%。2020年"五大振兴"分别完成进度为产业振兴97.7%、生态振兴97.1%、乡风文明87.1%、治理有效98.4%、生活富裕97.3%。各市州按各自规划指标测算，全部超过90.0%，超过95%的有7个，分别为武汉、黄石、荆门、襄阳、宜昌、咸宁、天门。26个指标有农业劳动生产率、城乡居民人均收入比等5个在2019年有所下降，其他21个指标均持平或提升。

（二）强基础，村级生态建设和社会服务体系不断完善。

三年来，乡村经济社会全面发展，基础设施和社会服务系统得到加强。根据村社会经济基本情况表计算，2020年乡村经济发展和收入指数为99.1%，社会保障和文化体育卫生发展指数为105.6%。村基础设施和生态建设加快发展指数为102.6%。道路、生活垃圾、生活污水等指标（指标完成的村占全部村比）逐年提高（见下表）。

2018—2020年村级基础设施生态文明状态（%）

指标	2018年（%）	2019年（%）	2020年（%）
一、基础设施和生态文明状态指标			
村内主要道路硬化的村占比	84.5	95.1	100.0
生活垃圾集中或部分集中处理村占比	81.6	91.8	99.0
生活污水集中或部分集中处理村占比	40.4	57.2	58.2
有公共厕所的村占比	72.6	92.6	97.2
通公共交通村占比	69.8	90.6	92.1
有电子商务配送站点村占比	43.1	46.7	60.6
有村规民约的村占比	83.6	100.0	100.0
有合法村庄规划的村占比	38.7	91.2	93.9
有综合性服务站的村占比	98.9	87.7	93.7
开展休闲农业和乡村旅游接待的村占比	19.0	22.5	19.0

2018—2020年规模经营的耕地面积、开展网上销售农产品的户数和社会保障和文化体育卫生等7个指标保持增长，受疫情影响种植业规模户数、村集体收入大于5万的占比等5个指标有不同程度下降（见下表）。

2018—2020年村级产业发展社会保障文化卫生体育发展（增长%）

指标	2018年（%）	2019年（%）
二、产业发展和收入指标		
规模经营的耕地面积（亩）	112.8	111.2
种植业规模户数	125.6	92.6
畜禽养殖规模户	127.5	119.0
农业企业数	138.8	63.3
家庭农场个数	120.5	96.5
开展网上销售农产品的户数	133.0	115.2
村集体收入大于5万的占比	116.6	95.9

续表

指标	2018 年(%)	2019 年(%)
三、社会保障和文化体育卫生指标		
村集体创办的养老机构	107.9	114.9
农民业余文化组织个数	100.5	101.0
体育健身场所个数	114.6	111.9
图书室(馆)、文化站个数	109.6	101.2
卫生室个数	100.4	99.1

二、“五大”振兴一体推进

(一)现代农业加快发展,引领产业振兴。

2020 年全省农林牧渔业实现总产值 7303.64 亿元，同比增长 0.6%。结构逐年优化，农林牧渔服辅助活动产值为 544.16 亿元，占总产值比为 7.5%,比 2017 年提高 1.2 个百分点。现代农业增加值占比由 2017 年 3.4%,提高到 2020 年 5.0%。粮食产量连续 7 年在 500 亿斤以上，蔬菜及食用菌产量突破 4000 万吨，达到 4119.37 万吨，十大产业链农产品产量均居全国前列,水产、油菜籽、小龙虾等 3 个产品排全国第一，有 3 个产品排全国前 6 位。

2020 年武汉疫情最重，到 2021 年农业产业化龙头企业在全市率先实现全部复工，涉农电商交易额 2019 亿元。乡村休闲游接待游客 4108 万人次、综合收入 125 亿元。武汉国家现代农业产业科技创新中心创建获批。“武汉 · 中国种都”建设成效显著，实现种子出口 2568 吨、创汇 795.96 万美元。武汉回盛、武汉科前相继挂牌上市。

(二)农村环境不断改善,建生态宜居乡村。

推进“四个三重大生态工程”建设，实施精准灭荒工程，推进“绿满荆楚”行动。2020 年村庄绿化覆盖率超过 32%,全省开展农业农村污染治理攻坚战行动,三年来，全省已用于畜禽养殖废弃物资源化利用的资金 27.0 亿元，畜禽粪污资源化综合利用率达到 92.5%。2016 年以来，我省在全国率先启动江河湖库水产养殖污染整治工作，共拆除围栏围网网箱养殖 127.6 万亩，取缔投肥（粪）养殖 27.4 万亩、珍珠养殖 4.5 万亩。持续推进“一控两减三基本”行动，全省化肥和农药使用量连续 7 年实现负增长。编制完成了全省耕地质量类别划分报告和分类清单，安全利用耕地面积 139.9 万亩。

(三)繁荣兴盛乡村文化,促进乡风文明。

国家关于实施乡村振兴战略的意见提出的“推进基础综合性文化服务中心建设，实现乡村两级公共文化服务全覆盖”要求，我省出台《关于推进综合性文化服务中心建设的意见》，2020 年全省建设有综合性文化服务中心的村占比 91.5%，比 2017 年提高 12.9 个百分点。县级以上的文明村占比 26.4%,比 2019 年提高 3.7 个百分点。

积极开展历史文化名镇名村申报和中国传统村落保护发展规划，维护古镇、古村落、古民居等历史风貌，深入挖掘乡村文化资源，地方和民族特色文化得到有效传承保护，真正让广大人民群众分享到文化带来的经济效益，增强了乡村文化的生命力和创造力。2020 年全省历史文化名镇名村达到 28 个。乡村文化生活日益丰富，乡村公共文化设施建设进一步加强。2020 年全省村级图书馆、文化站 20612 个，覆盖率达 91.5%; 乡级影剧院、剧场 154 个，覆盖率为 12.3%; 乡级体育场馆、休闲健身广场 146 个，覆盖率为 11.7%。2020 年全省农村居民人均教育文化娱乐消费支出 1382 元，占比达 9.5%。

(四)坚持深化改革,提升乡村治理水平。

全省深化“党建引领 · 活力村庄”改革。搭建起以村党组织为领导核心、以村庄群众为自治主体的村庄理事会自治平台，推进村级综合服务平台建设，2020 年建有综合性服务站的村占比达 95.6%。加快推进乡村自治、法治、德治“三治”融合，这项改革 2019 年被中央农办、农业农村部评为首批全国 20 个乡村治理典型案例。

(五)提升公共服务,努力实现生活富裕。

巩固脱贫攻坚成果，完善社会保障和公共服务体系，全面提升农村公共服务水平，加快推进城乡基本公共服务均等化。不断加大农村饮水安全工作力度，解决农村 200 万人安全饮水问题；积极推进“四好农村路”建设，新改建农村公路 25.4 万公里；加强农村气代煤燃气设施建设，气代煤、电代煤工程，2020 年通天然气村民小组 1.5 万个，占全部村民小组 7.4%。农村居民收入水平大幅提高，整合农业、林业、旅游、商务等部门资源要素，大力开展就业、创业、产业"三业"帮扶，多措并举增加农村居民收入水平。2020 年我省农村常住居民人均可支配收入达到 16306 元，恩格尔系数从 2017 年的 28.6%降到 2019 年 27.2%，2020 年回升到 29.7%。

三、实施乡村振兴战略的制约因素

(一)人才瓶颈亟待破解。

1.人口老龄化、劳动力素质偏低问题突出，乡村发展缺少活力。大量青壮年劳动力选择外出谋生，从第三次全国农业普查农户登记情况看，我省 60 岁及以上登记户人口占全部登记户人口的 17.7%，65 岁及以上登记户人口占 10.8%，比国际公认的老龄化标准分别高 7.7 和 3.8 个百分点。2020 年我省大专及以上文化程度乡村从业人员仅占全部乡村从业人员的 3.4%，初中及以下文化程度乡村从业人员占到 72.9%。

2. 缺乏人才吸引力，人才外流现象明显。农村基础设施薄弱，缺乏对农村人才的有效吸引。根据外出农民工监测，全省乡村人口中，离开本乡镇外出务工经济上与家庭连为一体的人口占 27.6%。

3. 村级组织带头人队伍建设不强，难以起到带动作用。村级组织带头人普遍年龄偏大，文化水平相对较低，缺乏创新创业能力，干部队伍后备人才储备不足，部分乡村甚至面临基层组织人才"断层"问题，严重影响农村经济发展。2020 年村干部初中以下学历占比有 20.3%。

4. 专业技术人才匮乏，管理服务水平低。专业技术人才、管理人才，特别是农业专业技术人才匮乏，农业技术指导跟不上需求。2020 年全省县域专业技术人才中，农业专业技术人才仅占 2.2%，加工、市场、营销、旅游、规划、金融等方面的人才也极度缺乏，相应的管理服务水平较低，成为制约经济发展的重要因素。

(二)现代农业发展水平不高。

1.现代农业产业结构不优。传统农业种植和养殖仍然占主要方式，设施农业占比不高，2020 年我省设施农业种植、设施畜牧水产养殖占地面积占比为 5.5%。

2. 农产品竞争力较差。高端果蔬、特色养殖等特色农业发展缓慢，2020 年我省高端设施蔬菜种植面积仅占蔬菜种植面积的 24.9%。农产品精深加工发展滞后，农产品加工业与农业总产值比 1.8:1，低于全国 2.2:1 的平均水平；农产品加工转化率 53%，低于全国平均水平 12 个百分点。农产品企业生产经营规模小且分散，品牌培育力度小，知名度高的公共品牌稀少，与山东等兄弟省市相比尚有差距。

3.小生产与大市场矛盾突出。2020 年我省国家重点农业产业化龙头企业 62 家，仅占全部农业产业化龙头企业的 7.2%。由于缺少龙头企业带动，大多数农产品仍以分散经营为主，小农户缺少与大市场的有效衔接，经营理念滞后，产品科技含量低，市场竞争力较弱。

(三)发展不平衡问题突出。

1.基础设施建设发展不平衡。农田水利标准偏低，配套设施不足，有效灌溉面积仅占耕地面积的 52.6%，尤其在山区和丘陵地带，种植业仍未摆脱靠天吃饭的局面。农业机械化水平偏低，主要农作物耕种收综合机械化水平为 71.3%，比相邻的河南低 9 个百分点、比江西低 5.7 个百分点、比安徽低 8.7 个百分点。基础服务设施较差，全省 1251 个乡镇中，尚有 22.4%的乡镇没有农业技术服务机构，19 个乡镇没有幼儿园、托儿所，21 个乡镇没有设立小学，787 个乡镇没有图书馆或文化站，3 个乡镇没有医疗卫生机构，农村与城镇的教育、医疗、就业和社会保障等基本公共服务存在较大差距，不平衡不均等问题仍比较突出。

2.农村一二三产融合发展不平衡。乡村振兴要看村庄热度等综合值。2020 年开展休闲农业和乡村旅游接待的村占比只有 19.0%，开展休闲农业和乡村旅游接待的户有 2.28 万户，全省有超过 1/4 的村既无产业又无环境资源的"冷村"；规模以上农产品加工企业平均营业收入 2.3 万元，大部分企业营业收入水平较低；城乡之间收入差距较大，全省城乡居民可支配收入比达 2.25:1，城乡居民收入差值达 2.04 万元。

3.资源环境承载依然趋紧。农业面源污染问题仍然突出，与乡村振兴中实现美丽宜居乡村的目标有差距。2020 年全省农用化肥施用量实现 7 连降，但亩均化肥施用量为 22.4 公斤、亩均农药施用量 0.78 公斤，仍高于全国 21.7 和 0.56 平均水平；全省农膜使用量 5.8 万吨，其中 35%得不到有效回收。农村生活产生的污染，有 1.0%、42.8%、3.8%的村没有实现农村生活垃圾、生活污水集中处理和公共厕所；部分工业企业由城市向农村搬迁，为农村带来了大气、水、土壤等方面的污染，农村生态环境需要进一步修复。

四、推进乡村振兴战略的建议

（一）凝神聚魂，培育实施主体，加强乡村振兴人才支撑。

加快实施头雁领飞工程。培养以村党组织书记为重点的乡村振兴"领头雁"，成为推进乡村振兴的最基层组织的合格带头人，目前村"领头雁"平均年龄51岁，比2017年下降5岁，年轻化、活力型干部增加；加快实施农民素质提升工程。加强实用人才培训扶持，开展对新型职业农民的教育培训和职业认证，培育更多的新型职业化农民，分层次、有针对性地培训农村各类人才，提高专业大户、家庭农场、农民合作社、农业产业化龙头企业经营者的整体素质，把农民群众的主体作用和创造性激发出来；探索推进"组团联村"。以"万企联万村"和派驻农技专家服务团、产业帮扶团等形式，破解农村实用人才短缺的问题；推行人才返乡计划。研究制定相关政策和具体措施，鼓励农民工返乡创业、工商资本下乡投资、新乡贤回乡建设。

（二）开拓创新，加大改革力度，探索特色乡村振兴新路。

推进乡村振兴战略的实施，必须向改革创新要动力要活力。深化农村承包地"三权分置"制度改革，加快农村集体产权制度改革，适应发展乡村旅游业的需要适度放活宅基地和农民房屋使用权，集成推进农村产权制度、土地制度、经营制度、金融制度等改革，激发农村发展活力，2020年我省土地流转率为51%，与兄弟省份江苏比差距9个百分点。围绕现代农业、农产品加工、乡村旅游、农村电商、养生养老、运动健康等，推广种植养殖新技术、农作制度新模式、农业设施新装备，拓展农业的多种功能，培育新产业新业态，加快农业产业链的业态创新和商业模式创新，拓展产业链、价值链。围绕发展质量农业，构建富有特色的农产品市场，积极发挥生产供销信用"三位一体"的作用，引导各种生产要素和资源投向农村。围绕推进"数字湖北"建设，综合运用大数据、云计算、物联网、人工智能、区块链等信息技术，大力推行"互联网+农业""互联网+乡村旅游""互联网+乡村治理"等数字方式，加快数字化转型步伐，2020年全省设施农业中智慧农业面积为3.4%，提升空间大。围绕"治理有效"要求，在乡村治理中创新基层治理体系，探索和推进自治、法治、德治"三治结合"新模式，构建和完善党委领导、政府负责、社会协同、公众参与、法治保障的社会治理体制，推动形成共建共治共享的社会治理格局。

（三）一体推进，着眼产业和城乡融合，加快城乡经济多元发展。

推动城乡布局优化，以城乡空间布局集聚、产城深度融合、公共资源均衡配置为导向，加快优化乡村形态布局，促进人口和经济向中心镇、中心村集中，推进土地连片流转、统一承包经营，促进农田向规模经营集中。加快向融合化转型，构建城乡融合发展的体制机制和政策体系，培育打造以农业为起点的全产业链，推动加工业前延后伸，促进城乡一二三产业融合发展。发挥乡村自然资源和人文资源优势，开发拓展农业休闲观光、生态涵养、文化传承等功能，更多引入市场主体发展旅游业+现代农业。挖掘农业多元价值，细化认定标准，建立评价体系，加快推进农业与旅游、健康、文化、信息、体育等产业融合，培育一批产业融合发展典型和区域品牌，推动生产生活生态深度融合，促进乡村产业多元融合发展。

（四）抬高底盘，推动农业质量变革，增强乡村振兴质量优势。

推进现代农业高质量发展。深化农业供给侧结构性改革，以发展特色鲜明、要素聚集、链条完善、机制创新的现代化农业园区为重点，加快构建现代农业产业体系、生产体系、经营体系，大力发展高效农业、特色精品、绿色安全的品牌农业。推进美丽乡村高质量发展。高起点规划村庄布局、村庄建设，高标准推进村庄设计、农房设计，高要求加强风貌引导、塑"形"铸"魂"，把构建农房风貌体系作为农村环境综合整治的"牛鼻子"，把开展"一户多宅"整治与美丽乡村建设、农村闲置土地盘活等项工作有机结合起来，解决好"建哪里""怎么建""怎么管"的问题。完善农村基础设施，优化农村人居环境，改善生态环境，全面提升美丽乡村品味，持续提升生态宜居的幸福感。推进农民生活高质量提升。注重农民收入的增幅和质量同步提高、公共服务的标准和质量同步提升，实质性改善群众牵挂的教育、卫生医疗、养老、社保等民生问题，提高农民的生活品质，持续提升幸福感和获得感。

撰稿：李邦志

2020年武汉市乡村振兴监测报告

党的十九大提出实施乡村振兴战略，以“产业兴旺、生态宜居、乡风文明、治理有效、生活富裕”为总要求，强调农业农村优先发展，加快推进农村现代化，是从党和国家事业全局出发，针对农业农村发展实际作出的重大决策，具有重大而深远的意义。近年来，武汉市市委市政府从产业振兴、人才振兴、文化振兴、生态振兴和组织振兴5个方面，持续推进35项任务，扎实推进现代农业建设，全面深化农村改革，持续改善民生，推动了全市农业升级、农村文明、农民增收，为实现全面乡村振兴奠定了坚实基础。

一、乡村振兴工作成效

（一）农业高质量发展，促进乡村产业振兴。我市持续推进乡村振兴，农业生产保持稳定增长，总量稳步提升，质量明显提高。农林牧渔业总产值由2020年695.53亿元，比2017年年均增长3.3%。农林牧渔服务业占农业总产值比重逐年上升，经济内部结构逐年优化。农林牧渔服务业产值53.62亿元，比2017年年均增长7.5%。

2020年农业、林业、牧业、渔业及农林牧渔服务业总产值的比例为60.0∶2.0∶14.1∶16.2∶7.7，农林牧渔服务业占比由2017年的6.6%提高到7.7%，提升1.1个百分点。农业产业结构逐渐向着生态优化和经济高质量方向发展。

2020年我市蔬菜种植面积162.35千公顷，生猪存栏105.24万头，水产苗种繁育95亿尾，“菜篮子”供应货丰价稳。启动农产品仓储保鲜冷链设施建设项目39个。推广新型适用农机具3585台套，新增农机总动力2.71万千瓦。实施高标准农田建设项目14个，总建设面积11.28万亩。实施生猪产业绿色发展项目19个，建成后年生猪出栏能力将新增114.5万头。市级以上农业产业化龙头企业在全市率先实现全部复工，涉农电商交易额2019亿元。乡村休闲游接待游客4108万人次、综合收入125亿元。武汉国家现代农业产业科技创新中心创建获批。“武汉·中国种都”建设成效显著，实现种子出口2568吨、创汇795.96万美元。武汉回盛、武汉科前相继挂牌上市。

（二）创新引领，聚力推动乡村产业转型升级

一是农产品加工业稳步提升。我市农产品加工业健康持续发展，农业龙头企业引领作用显现，企业逐步实现产业升级，全市农产品加工产值稳步提升。二是“三乡工程”持续推进，今年全市新增“三乡工程”行政村540个，实现行政村全覆盖，吸引社会资金163.04亿元，市场主体积极参与武汉“三乡工程网”市场主体运作经营，建设共享农庄2130户。三是能人返乡下乡反哺家乡建设。增补319名急需专业的科技特派员，服务全市农业企业230余家，服务农民专业合作社150余个。建立直采直供基地，开展直播带货超117场次，销售各类商品近7000种，现场销售额6.17亿元。

（三）生态优先，全面改善农村人居环境

全市1824个村开展了村庄清洁行动，农村生活垃圾分类行政村覆盖率达到97%，农村生活垃圾无害化处理率保持在90%以上；提前一年完成“厕所革命”三年建改任务；畜禽养殖废弃物资源化综合利用率达到96.82%，规模养殖场粪污处理设施装备配套率达到98.28%，秸秆综合利用率94.19%，均超额完成年度目标任务。推进生活污水治理行政村156个。实施森林质量精准提升1.04万亩，加强精准灭荒林抚育管理2.24万亩。新策划实施美丽乡村项目50个，惠及农户3219户；完成乡村振兴示范带通道绿化100余公里。全市农村集中供水率达到98%以上。农村通路累计完成320公里，建成通村公路151公里，建设美丽农村路307公里。农村电网“两率一户”（供电可靠率、综合电压合格率、户均配变容量）分别达到99.939%、99.997%、3.24千伏安/户。农村通网实现所有自然村和公路沿线4G网络全覆盖。农村通气实现瓶装液化石油气全覆盖。新城区改造标准化菜市场101家。

（四）文明乡风，移风易俗振兴农村文化

文明村镇建设深入推进，2020年全市县级及以上文明村占比57.8%，接近2022年60%目标值。我市5个村上榜第六届全国文明村镇名单，59个村镇获评省文明村镇。全市已建成文明实践中心8个，文明实践所141个，文明实践站2238个。

（五）党建引领，提升乡村治理水平

一是农村党员队伍建设不断加强。2020年

全面整顿166个软弱涣散村，全覆盖培训贫困村党组织书记、驻村第一书记542人，大力储备后备干部，公开招录229名优秀农村青年接受全日制大专学历教育，充实农村实用人才队伍。二是推动集体经济发展。全年培育“六有”合作社70家，培育“六有”家庭农场111家。

（六）加强民生保障，开启农村美好生活

一是不断改善农村中小学幼儿园办学条件，启动幼儿园新改扩建项目36个，启动中小学校新改扩建项目40个。着力推进农村教师队伍建设，补充编制教师225人，补充聘用制教师1390人。二是积极探索养老康养型发展模式，建设300家农村老年人互助照料中心（服务点），提供医、养、旅、居、文、教、农、商等综合市场功能。推进“互联网+居家养老”服务10783人次。

二、存在问题

乡村振兴战略是决胜全面建成小康社会的七大战略之一，是一项系统工程，涉及面广，各新城区产业资源基础不同，基础设施建设水平和公共服务条件发展不均衡，推进力度不一，仍需根据各新城区规划特点，完善区域平衡发展保障机制。

三、乡村振兴几点建议

（一）着力创新推进“三业联动”。通过打造精致农业，做强龙头企业，提升品牌农业，推动我市农业农村社会经济新一轮发展。一是强力打造精致农业。加快补齐农业基础设施、仓储保鲜冷链、机耕道路、高标准农田等短板，大力提升经济作物、畜牧水产养殖、农产品产地初加工等机械化水平，兼顾农民生活、农业生产及农村环境的整体发展，有效植入“旅游+”“生态+”“文化+”等模式，打造集农业生产、观光、乡村休闲于一体的精致乡村休闲游品牌，引导社会资本开发乡村资源，发展乡村旅游。二是做强龙头企业，鼓励现有农业龙头企业采取重组、兼并、合作、联合等方式扩大经营规模，提升市场竞争力和市场占有率。三是提升品牌农业。坚持质量兴农，强化绿色导向，深入推进农业标准化改革创新，加快发展“二品一标”事业，实施地理标志农产品保护工程，深度挖掘品牌价值，发展壮大特色农产品产业。

（二）扎实开展美丽乡村建设。加强乡村公共基础设施建设，推进美丽乡村建设，保护传统村落和乡村风貌，发展数字农业，建设数字乡村，加强乡村公共服务、社会治理等数字化智能化建设。强化农村人居环境整治，推进生活垃圾无害化处理和生活污水治理，加强乡村生态保护与修复。强化农村领域经济与环境、环境与民生、人文与民俗等要素互动，进一步发现乡村价值、尊重乡村价值、放大乡村价值，实现我市美丽乡村向美丽经济跨越递进。

撰稿：高　伟

2020年黄石市乡村振兴监测报告

近年来，黄石市委、市政府深入学习习近平新时代中国特色社会主义思想，按照党中央、国务院和省委、省政府决策部署，围绕《湖北省乡村振兴战略规划（2018—2022年）》坚持优先发展农业农村，全面推进乡村振兴。以“产业兴旺、生态宜居、乡风文明、治理有效、生活富裕”总要求，全力打造实力乡村、美丽乡村、活力乡村、幸福乡村，各项工作稳步推进、成效初显。

一、乡村振兴工作成效

（一）聚焦产业兴旺，促进乡村经济发展。

一是农业现代化水平稳步提升。深入实施“藏粮于地、藏粮于技”战略，2020年实现粮食总产量51.29万吨。农业机械化水平大幅提高，主要农作物机械化综合作业率达74.85%。新型农业经营主体进一步壮大，培育家庭农场1883家，农民专业合作社3562家，规上农产品加工企业108家、国家级产业化龙头企业1家，省级产业化龙头企业24家，农业产业化生产经营单位24家。二是三产融合持续深入。全市上下紧紧抓住产业兴旺这个关键环节，打造了黄石福柑、黄石稻虾米“两大区域品牌”，成功创建国家级绿色发展先行区、三产融合发展先导区、休闲农业示范市、水生蔬菜特优区、优质粮油发展区等“五大发展平台”，组建并巩固了油茶、稻虾共作、涉农电商、柑桔、蔬菜、农旅、畜禽、茶叶、中药材、水产等“十大产业联盟”（其中，水产联盟2020年12月份成立）。推动特色产业快速发展，发展稻虾共作基地20万亩、福柑基地15万亩、白茶基地10万亩，大冶市金牛镇和大箕铺镇、阳新县枫林镇先后入选全国农业产业强镇建设名单。11月份，省政府办公厅《决策调研》刊发了《黄石“九大联盟”联手推动乡村产业振兴》的专报，黄石经验面向全省推广。先后培育了龙凤山庄、楚天香谷、兴国南市村等一批特色旅游观光园，全年不间断组织各类节会活动，我市乡村旅游呈现蓬勃发展之势。2020年，全市乡村旅游游客人数达1244万人次。三是农村创业创新能力大幅提升。2020年，全市高新技术企业达375家，实现高新技术产业增加值370.21亿元。积极推进发展农业农村领域的众创空间——“星创天地”。目前经认定备案国家级星创天地4家、省级5家、市级星创天地3家。另外今年阳新（杂柑和油茶）和大冶（芳香）申报了3个省级乡村振兴示范基地项目，阳新、大冶申报备案5家省级星创天地。

（二）注重环境整治，建设生态宜居乡村。

一是扎实推进美丽乡村建设。全力推进“四个三重大生态工程”建设，实施精准灭荒工程，推进全域绿化，大冶市被省政府评为“绿满荆楚”行动先进县市。农村厕所、垃圾、污水治理成效显著。农村卫生无害化厕所覆盖率达61.1%。农村生活污水治理的村占比达49.7%。农村生活垃圾治理的村占比达98.9%。29个乡镇生活污水处理厂全部建成并投入使用。镇区覆盖率100%。农村垃圾基本形成了“户分类、组保洁、村收集、镇清运、市处理”的无害化集中处理运行体系，无害化处理率达到100%。坚持“政府引导、全民参与”和“小投入、大整治”，按照“突出重点、全域推进”的原则，围绕补齐村庄规划设计、村庄绿化、环境卫生治理、长效管护机制建立等方面短板，在全市开展农村人居环境整治攻坚行动。二是农业绿色发展成效明显。积极打造循环利用、种养结合的绿色畜牧业，全市481家畜禽养殖场已基本完成循环利用绿色养殖模式技术改造，规模养殖场设施设备配套率达到97%，粪污资源化利用率达到94.0%。全市化肥农药使用量实现负增长。全面完成长江“十年禁捕”渔民禁捕退捕任务。严格落实河湖长制，常态化开展河湖“三清三查”行动，完成保安湖鳜鱼国家级水产种质资源保护区渔民退捕安置。完成长江“四大家鱼”国家级水产质资源保护区全面禁捕鱼安置。全市秸秆综合利用率达95.2%，废弃农膜回收综合利用率达82.8%。三是综合治理农村突出环境问题。启动市域受污染耕地生产障碍修复利用工程，因地制宜进行种植业结构调整，针对安全利用类耕地采用农艺措施进行安全利用，2020年，受污染耕地安全利用率达到91%。

（三）倡导文明乡风，繁荣兴盛乡村文化。

一是推进新时代文明创建。培育和践行社会主义核心价值观，在乡村开展“听党话、感党恩、跟党走”宣讲活动。引领农村社会文明。构建起市、镇、村三级新时代文明实践中心组织架构，实现阵地建设全覆盖。大冶创评十星级文明户市级50户、镇村级3220户。阳新刘时粘家庭入选首届“全国文明家庭”，还打造了港下村、花果村等六个农村精神文明建设示范村。二是提高农村教育水平和居民素质。实施义务教育薄弱环节改善与能力提升计划。加快推进乡村职业教育，提高职业教育质量。加大了经费投入保障力度，总投入实现逐年提高。累计达22.33亿元。建立了城乡一体化教学联盟，城乡学校实现“同步上课”。三是加强乡村文化建设和精神文化生活。2020年，全市54个乡镇（街道）、1001个村综合文化服务中心全部建成，村综合性文化服务中心覆盖率达到100%，有效整合了文化、教育、体育等功能。围绕“我们的节日”，依托综合文化服务中心，组织“荆楚红色文艺轻骑兵”进乡村、进社区，开展送文艺演出、送戏曲等各类文化活动300余场次，不断丰富村民精神文化生活。

（四）坚持深化改革，提升乡村治理水平。

一是深化“党建引领·活力村庄”改革。搭建起以村党组织为领导核心、以村庄群众为自治主体的村庄理事会自治平台，推进村级综合服务平台建设，2020年，我市建有社区服务站的村占比达100%。大力弘扬中华民族传统美德，践行社会主义核心价值观，大力开展基层组织建设领域扫黑除恶工作，加快推进乡村自治、法治、德治“三治”融合。2019年6月，该项改革被中央农办、农业农村部评为首批全国20个乡村治理典型案例。二是深化农村土地制度改革。推进农村土地流转信息服务平台、纠纷调处平台、金融服务平台建设。全市土地纠纷仲裁机构受理调解纠纷10件，结案10件，结案率100%。因地制宜发展健康养老、休闲旅游等产业，充分盘活农村沉睡资产。三是深化农村集体产权制度改革。全市821个村和农改社区全面完成集体资产清产核资和集体经济组织成员身份确认工作，核实资产51.84亿元，界定集体经济组织成员164万余人，全市“两清”工作基本完成。

（五）提升公共服务，努力实现生活富裕。

一是完善社会保障和公共服务体系。坚持把改善民生作为实施乡村振兴战略的出发点和落脚点，不断健全完善农村社会保障体系，全面提升农村公共服务水平，加快推进城乡基本公共服务均等化。2020年，黄石农村低保标准达到每人每年6000元，全市农村低保和五保供养实现了动态管理下的“应保尽保”。不断加大农村饮水安全工作力度，解决农村3.4万人安全饮水问题；积极推进“四好农村路”建设，全市新改建农村公路200公里。提高乡、村两级医疗卫生机构服务能力。二是巩固提升脱贫成果。针对扶贫专项巡视发现和考核反馈的问题，明确整改责任、措施和时限，建立长效机制，确保问题不反弹。健全脱贫监测预警机制，加强对不稳定脱贫户、边缘户的动态监测，将返贫人口和新发生贫困人口及时纳入帮扶范围，及时落实各项帮扶措施。2020年，我市农村贫困发生率为“0”。三是提高农村居民收入水平。整合农业、林业、旅游、商务等部门资源要素，大力开展就业、创业、产业“三业”帮扶，多措并举提高农村居民收入水平，2020年全市农村常住居民人均可支配收入达到16549元，同比增长0.2%，增幅排名全省第8。

二、乡村振兴存在问题

（一）乡村产业仍需提质增效。

我市地理区位、资源禀赋具有优势，但是存在农产品多而不优、市场竞争力不强、比较效益不高等问题。优质特色农产品比重偏低，全国知名品牌数量少；农产品产业链短，精深加工滞后；农业产业龙头企业发展不够，辐射和带动作用不足；仓储物流设施不健全，产地批发市场、鲜活农产品营销网点等设施建设相对落后。

（二）农村环境仍需改善提升。

通过推进实施垃圾处理、污水治理、厕所革命、村庄清洁行动等重点工作，我市农村面貌发生了较大改变，但是由于农村点多线长面广，广大农村地区仍然存在垃圾乱倒、污水乱泼、畜禽乱跑、柴草乱堆、旱厕乱建等不文明现象，巩固提升农村人居环境任重道远。

（三）农村基础设施仍需加强。

农业基础薄弱、抗灾能力差仍是我市农业发展的最大短板。特别是农田水利基础设施建设滞后，抗旱排涝设施年久失修老化，不能正常运转，抗旱引水“最后一公里”的问题没有得到有效解决。

三、乡村振兴几点建议

（一）进一步提高农业质量和效益。

一是加快推进农业产业化。着力构建黄石农产品主导产业链条，坚持一个专班负责一个龙头企业、领办一个产业、打造一片核心产区、培育一个区域品牌、形成一条全产业链。坚持“市举牌、县主业、镇主产”，重点打造黄石福柑、水产（含稻渔共作）、生猪、茶（油茶、白茶）、蔬菜“五大”主导产业。坚持“一县一业”、“一镇一品”，加快培育黄石福柑、黄石稻虾米、黄石香椿等农产品区域公用品牌。二是保障粮食和重要农产品有效供给。“十四五”时期各县（市、区）确保粮食播种面积和产量只增不减。做优高效蔬菜产业，蔬菜产量稳定在80万吨左右。三是严格落实耕地保护制度。严守耕地红线和永久基本农田控制线，确保全市耕地保有量不低于162.98万亩，永久基本农田保护面积不低于131.56万亩。四是加快城乡融合发展。大力发展镇域经济，发挥小城镇连接城市、服务乡村作用。培育创建一批特色小镇，积极向上申报国家级农业产业强镇和省级特色小镇。五是发展乡村休闲旅游产业。打好“大冶全国休闲农业和乡村旅游示范市”和“阳新县国家农业科技园区”两张牌，支持大冶市打造全国休闲农业重点县。六是推进电子商务进农村。构建县、乡、村三级冷链物流体系，加快大冶市和阳新县农产品仓储物流基地建设。

（二）进一步改善农村人居环境。

一是优先编好村庄规划。编制“多规合一”的实用性村庄规划。编制村庄规划要立足现有基础，保留乡村特色风貌，不搞大拆大建。建立健全村庄规划电子基础数据库，按照规划有序开展建设，严肃查处违规乱建行为。二是深入开展农村人居环境整治暨美丽乡村建设。坚持规划引领、准确定位、试点推进的原则，围绕“三纵一横”区域布局，重点打造一批美丽乡村示范村。坚持扫干净、码整齐、清通畅、保常态，深入开展农村环境综合整治，着力推进农村垃圾、污水、厕所“三大革命”。三是提档升级乡村基础设施。加强农村路、水、电、气、网等基础设施建设，着力推进往村覆盖、往户延伸。四是补齐农村公共服务短板。建立城乡公共资源均衡配置机制，强化农村基本公共服务供给县乡村统筹。完善农村道路、供电、供水、供气、路灯、邮站等基础设施及配套公共设施。强化建管并重，统筹做好事前项目谋划、事中项目评价、事后长效管护工作。

（三）进一步推进乡风文明建设。

深化拓展新时代文明实践中心（所、站）建设，实现各县（市、区）全覆盖。搭建全市新时代文明实践中心网络综合平台，进一步健全群众点单、精准派单、反馈评单机制，形成文明实践活动有序开展的工作链条。深化文明村镇创建。广泛开展“星级文明户”“最美家庭”等群众性精神文明创建活动，建强用好县级融媒体中心，利用各种宣传载体加大农村先进典型选树和宣传力度。加强农村思想道德建设，持续推进移风易俗，发挥村民议事会、红白理事会、道德评议会和村务监督委员会的作用，倡导勤劳节俭美德，培育健康生活方式，厚植现代文明理念。在乡村深入开展“听党话、感恩党、跟党走”宣讲活动。依托市县文艺团体，组织开展文艺下乡等文化惠民活动。在黄石电视台、黄石日报、新媒体平台开辟“黄石三农”专题栏目，大力宣传乡村振兴的典型经验和感人事迹，营造浓厚的舆论氛围。

（四）进一步提升乡村治理水平。

建立健全农村地区扫黑除恶常态化机制，深入开展平安乡村创建。开展“百名民警进百村（社区）入千户”活动，排查化解矛盾纠纷。加强村级人民调解委员会建设，充分发挥人民调解预防和化解矛盾纠纷的作用。探索建立村聘辅警制度，逐步达到每村有一名辅警。加强“五老和谐会”、“乡贤理事会”等群众自治组织建设，发挥他们维护邻里和谐、化解矛盾纠纷、维护村民权益的积极作用。落实基层宗教工作长效机制，制止非法宗教活动，防范邪教向农村渗透，防止封建迷信蔓延。深化农村集体“三资”监管，整治侵害农民利益行为，开展乡村治理试点示范创建工作。

（五）进一步加强农村基层组织建设。

深入开展基层党建“整乡推进、整县提升”示范创建行动，打造一批党建引领乡村振兴示范村、示范区、示范带。持续整顿软弱涣散基层党组织，以县乡换届为契机，加强乡镇领导班子建设，选优配强乡镇党委书记，持续推动抓乡促村。以村“两委”换届为契机，加强村级“领头雁”队伍建设。加强村级后备干部队伍建设，推广招聘村主职干部助理做法。全面深入排查整顿农村发展党员中“带病入党”、弄虚作假、违规入党等问题。大力发展新型村集体经济，推行村党组织书记通过法定程序担任村级集体经济组织、合作经济组织负责人。探索完善村“两委”干部的激励机制，落实村级组织运转保障经费转移支付政策，提升村级组织保障水平。

撰稿：董明媚

补短板强弱项　乡村振兴成效显著

——十堰市乡村振兴战略监测报告

2020年，十堰市委、市政府按照党中央、国务院决策部署和省委、省政府工作要求，把乡村振兴战略作为新时代“三农”工作的总抓手，紧紧围绕“产业兴旺、生态宜居、乡风文明、治理有效、生活富裕”总要求，致力补短板、强弱项、固根基，推进乡村振兴战略取得了阶段性明显成效，全市乡村振兴战略实施情况综合评价达到82分，乡村振兴成效显著。

一、着力提质增效，促进产业兴旺

（一）稳住生产保供。

克服新冠肺炎疫情和多种自然灾害不利影响，及时指导抓好春季农业生产，粮食和重要农产品产量稳中有增。2020年，全市农林牧渔及其服务业总产值335.29亿元，同比增长0.9%，农产品加工产值与农林牧渔业总产值比0.8:1，完成目标任务61.5%。2020年粮食总产量82.38万吨，增长1.5%，粮食综合生产能力指标完成98.8%；油料产量16.42万吨，增长3.0%；蔬菜产量164.63万吨，增长2.3%。严格落实禽流感、非洲猪瘟等重大动物疫病防控措施，引进正邦集团、东方新希望集团等大型生猪产业项目，生猪出栏114.02万头，下降16%、存栏81.68万头，增长17.6%，其中能繁母猪存栏7.46万头，增长7.8%，生猪产能持续恢复。

（二）稳定产业发展。

深入实施“61”产业强农计划，新建特色产业基地11万亩，改造老基地14万亩，超额完成年度目标任务；茶叶、食用菌等主要特色农产品产量、产值均增长10%以上。大力发展林业产业，新建林业产业基地17.6万亩、管护老园13.9万亩。竹山县圣水湖、房县花田酒溪等4地入选2020年全国森林康养基地。启动竹产业发展计划，新建竹基地1.68万亩、改造0.58万亩，累计建设竹基地2.3万亩。培育壮大龙头企业，新增规上农产品加工企业17家，市级龙头企业23家；全年农产品加工产值600亿元，其中规上加工产值256.4亿元。新认证“两品一标”产品52个，武当山茶、房县黑木耳纳入央视“品牌强国工程”援鄂抗疫公益行动广告宣传，房县香菇、房县黑木耳入选中欧地理标志协定首批保护名录，武当蜜桔荣获第四批中国特色农产品优势区。扶持壮大村集体经济，推行十大发展模式，制定6项扶持政策、4项保障激励措施，456个重点贫困村集体经济年均收入达6.8万元。

（三）推进三产融合。

培育农业农村新产业新业态，推动要素跨界配置和产业有机融合，实现农业产业“接二连三”融合发展。依托抖音、淘宝、京东等平台，举办“湖北重启・市长带你看十堰”、“请你喝杯湖北茶”等各类直播活动，2020年农产品网络销售额33亿元，完成目标54.1%。举办“乡村旅游年货节”、“乡村文化旅游展”旅游节庆活动，打造乡村旅游精品线路10条，提升休闲农业和乡村旅游水平，太和村、龙王垭茶厂、丹江口水库、樱桃沟村入选全省精品荆楚乡村旅游线路。全市73家景区参与“惠游湖北”，参与量全省第一。2020年，乡村旅游接待游客2400万人次，占全市旅游接待总人次30%，完成目标任务68.6%。培育多元化市场主体，提高农业社会化服务水平，促进小农户与现代农业有效衔接。2020年全市累计注册登记农民合作社8524家，吸纳成员44.04万户，农户入社率59.75%；注册家庭农场1260家。其中国家级示范社24家、省级65家、市级163家，省级示范家庭农场75家、市级71家。

（四）建强基础设施。

严格履行耕地保护责任，全市耕地面积358.98万亩，划定永久基本农田245.2万亩，均高于省定控制数。落实“藏粮于地、藏粮于技”，完成2019年高标准农田建设任务18.22万亩，累计建成高标准农田100万亩。提高农业农村科技创新水平，结合全省农业科技“五个一”行动，开展“百企”“千村”科技培训和服务行动，全年新建市级星创天地14个、省级11个，争取“三区”人才91人、省级个人科技特派员7名，引进省级法人科技特派员团队18个，选派市级科技特派员200名、县级1363名。加强农田水利工程运行管护，8个重点中型灌区完成了农业水价成本核算和水价制定，实现了标准化规范化管理。推行小型水利工程管养分离，提升维修管护水平。完善农村气象防灾体系，编制《气象灾害防御规划（2016—2020年）》，制定气象灾害风险区划图，气象灾害防御协调机构、人员队伍、应急预案和自动气象站建设实现乡镇（街道）全覆盖。

二、持续治理环境，促进生态宜居

（一）美丽乡村建设有序推进。

市、县两级成立了美丽乡村建设协调小组和工作专班，编制了《十堰市美丽乡村建设五年推进规划（2019—2023年）》和分年度实施计划，建立了“县级统筹、乡镇主责、群众参与”的美丽乡村建设机制，落实市级财政奖补资金500万元，全市79个省级美丽乡村示范村、321个整治村建设有序。如期完成农村人居环境综合整治三年行动，全年建改农村户厕5.27万座、公厕879座，累计建改农村户厕19.78万座、公厕2542座，提前完成“厕所革命”三年行动计划。开展“五清一改”村庄清洁行动，实现行政村村庄清洁行动和常态化保洁全覆盖。持续提升农村生活污水垃圾治理水平。全域编制县域农村生活污水治理专项规划，分别建成庭院式、集中式污水处理设施543座、1482座，建成乡镇污水处理厂97座，日处理规模达12万吨，出水水质全部达一级A以上。健全“户分类、组保洁、村收集、县（镇）处理（转运）”的农村垃圾收转处体系，建成乡镇生活垃圾填埋场32座、垃圾中转站146座，行政村生活垃圾治理全覆盖，117个非正规垃圾堆放点清零销号，清理存量垃圾32.5万吨。启动农村垃圾分类试点工作。

（二）农业绿色发展成效明显。

推广绿色生态种养模式，示范推广面积160多万亩。6个全国典型流域农业面源污染综合治理试点示范项目进度加快推进。完成受污染耕地安全利用面积13.62万亩、管控耕地面积累计5909亩，利用率均为100%。畜禽粪污资源化利用率89.3%，大型畜禽规模养殖场粪污处置设施设备配套率100%，农膜回收率、农作物秸秆资源化利用率分别达85%、91.8%，农药化肥用量连续四年负增长。全力打好重点水域禁捕退捕攻坚战，1543艘有证渔船和6433只“三无”船只全部上岸处置，涉渔设施严格清理取缔，3080名渔民全部上岸，精准建档立卡如期完成，渔船退捕处置率、渔民转产安置率、资金兑付率、渔民参保率全部达到100%，重点水域提前实现“四清四无”目标，退捕禁捕攻坚战取得了阶段性成果。加快村庄绿化和林地保护，完成营造林面积48.17万亩、精准灭荒10.55万亩，精准灭荒面积位居全省第二；治理裸露山体28处、面积13.56万平方米。

（三）农村基础设施建设扎实开展。

建设美丽农村路2461公里，创建国家级“四好农村路”示范县1个、省级示范县2个、省级示范乡镇10个，行政村通水泥路、通客车率100%。在全省率先完成三级农村公路管理体系建设，建立完善县乡村“路长制”。落实配套公路养护资金1.02亿元，县级财政资金到位率146%。完成农村公路安防工程1433公里，全面完成省定任务。巩固提升农村饮水安全工程，2020年全市农村供水人口262.44万人、供水自然村2107个、供水工程总数4342处，农村自来水普及率达91.6%。持续推进农村通信网络基础设施建设，行政村光纤宽带和4G网络覆盖率达100%。2020年全市固定宽带普及率44.0%、移动宽带普及率70.4%，均超过全省平均水平。

三、厚植文化底蕴，促进乡风文明

（一）营造乡村文明新风尚。

弘扬和践行社会主义核心价值观，开展全市农村“听党话、感党恩、跟党走”宣讲活动。加强文明村镇和新时代文明实践中心建设，创建全国文明乡镇7个、省级23个，创成全国文明村13个、省级56个。成立新时代文明实践中心10个、实践所122个、实践站1565个，竹山县、房县入选全国、省级新时代文明实践中心建设试点。2020年我市以全国第一名的成绩获得第六届地（市）级“全国文明城市”殊荣，所辖县市区县域文明指数测评均位居全省第一方阵。新建张湾区、茅箭区、郧阳区县级融媒体中心，全域建设乡（镇）村综合文化服务中心，建成乡镇（街道）综合文化站（服务中心）121个、村（社区）综合文化服务中心1883个，建成率、达标率均为100%。

（二）加快发展农村教育。

扩大农村公办学前教育资源，完成每个乡镇建成1个中心幼儿园目标任务。实施“义务教育薄弱环节改善与能力提升”工程，累计投入资金4.18亿元新（改、扩）建义务教育学校52所，增加义务教育阶段学位3.2万个。深入推进学区化、集团化办学，推进普通高中新建、改扩建项目。推进"县管校聘"改革，优化均衡师资配置，有效化解大班额难题。

（三）规范宗教事务治理。

健全完善县乡村三级宗教工作网络和乡村两级责任制，探索建立破解基层宗教治理难题的"十个全覆盖"工作机制，提升宗教事务治理能力和水平。分层分类培训《湖北省宗教事务条例》，举办培训班3期，累计培训1000余人次。进一步规范宗教活动场所管理，支持宗教界加强自身建设，依法治理非法宗教，维护宗教领域和谐稳定。

四、坚持党建引领，促进治理有效

（一）抓实建强农村基层党组织。

充分发挥基层党组织战斗堡垒作用，疫情期间组织1912个农村基层党组织、1.5万余名干部职工奋战在一线抗疫救灾。全面加强农村党组织带头人队伍建设，对129名不胜任不尽职的党组织书记落实重点教育帮扶措施或予以调整。全覆盖培训"红色头雁"，分层分类举办市级党建培训班6期，2020年打造党员教育培训示范基地4个、党员政治生活馆20个。实施基层党组织治理能力强化提升行动，重点攻坚970个村（社区），解决具体问题2000余个。整顿转化软弱涣散村（社区）党组织159个，整顿转化率100%。开展以环丹江口库区为重点的187个村"共抓大保护、当好守井人"党建示范区建设。召开"党建引领乡村治理"基层党建现场会，推动把基层党组织的政治优势、组织优势转化为乡村治理的工作优势。

（二）提高乡村治理水平。

加强和规范村（居）务监督委员会建设，村务监督委员会实现全覆盖。1807个行政村建立了制式村务公开栏，村务公开率100%。落实"四议两公开"制度，不断完善村级财务报销"三签三审"制度、村集体"三资"管理制度等，推进议事协商制度，保障村民规范自治。开展农村社区建设试点。创新和完善以法规、村规、家规"三规协同"为抓手的基层治理模式，深入推进移风易俗，规范运行道德评议会、红白理事会等群众自治组织，监督引导文明操办婚丧嫁娶事宜3000余次。创新社会治理机制，郧西县"五治融合"成功入选全省第一批乡村振兴典型案例。

（三）建设平安法治乡村。

深入推进农村地区"雪亮工程"，全市共建"微视频"探头2.42万个，农村地区重要路段、重点部位、中心院落视频监控覆盖率达80%。全面推进"一村（居）一警（辅）"工作，化解矛盾纠纷1764起，协助处置初期警情812起。加大公共法律服务向农村延伸力度，基本实现市县乡村四级公共法律服务中心站点全覆盖。建设"三星级"法治示范点38个，在全省率先完成每个县（市、区）至少新建一个"三星级"以上标准的省级法治文化建设示范点的工作目标。推行律师"246"工作体系，491名律师及基层法律服务工作者深入村（社区）开展法治宣讲2200场次，调解矛盾纠纷500余起。妥善化解矛盾纠纷，信访事项按期办结率100%，群众安全感持续提升。

五、统筹城乡发展，促进生活富裕

（一）着力建设健康乡村。

全面提档升级乡村医疗卫生机构，87个乡镇卫生院所达到"四化"标准，其中19家到国家"推荐标准"、44家达到"基本标准"；24个中心乡镇卫生院能力全面提升；1804个行政村卫生室完成标准化建设，注册乡村医生2038名。建立"互联网3+2+1"分级诊疗模式，实现优质医疗资源下沉基层。加强基层医疗卫生人才队伍建设，2020年全市招录基层全科医师特设岗位人员32名，培训基层卫生人才1200余人，重点培养乡镇卫生院骨干医师26名、专科医师20名、骨干乡村医生68名；累计招录定向培养乡村医生学员1283名，完成农村订单定向免费医学生（本科）培养255名。做实做细家庭医生签约服务，组建家庭医生团队1775个，农村建档立卡贫困人口80.87万人实现应签尽签，残疾人、低保五保等重点人群基本实现应签尽签。

（二）健全农村社会保障体系。

加强农村留守儿童和困境儿童关爱服务，配备乡镇（街道）儿童督导员135名、村（居）儿童主任1911名，实现行政村全覆盖。积极推进留守儿童之家建设，打通关爱服务体系"最后一公里"。农村留守老年人关爱服务覆盖率、农村互助照料中心正常运转率均为100%。完善全国农村"三留守"人员动态信息管理系统。扎实推进城乡居民养老保险工作，征收城乡居民养老保险105.04万人次、2.6亿元，超额完成省定任务。农民收入稳中有增，全市农村常住居民人均可支配收入11731元，增长3.1%，增幅全省第一。

（三）巩固拓展脱贫攻坚成果。

严格落实"四个不摘"要求，围绕保脱贫、稳脱贫、防返贫，紧盯"两不愁三保障"，如期高质量打赢脱贫攻坚战。扎实开展重点攻坚行动，31名市级领导、48个市直单位帮扶66个重点攻坚村，加快补齐补强未脱贫户、脱贫监测户和边缘户“两不愁三保障”短板。完成6个县市区、111个乡镇、1743行政村、25.78万户脱贫攻坚普查任务。组织开展脱贫不稳定户、边缘易致贫户摸底并完善基础台账，确定脱贫监测户和边缘户“两类对象”1.28万户4.06万人，建立防返贫监测和帮扶机制。落实产业扶贫、就业扶贫、消费扶贫、光伏扶贫和综合保障等精准帮扶措施，促进贫困人口稳定就业32.58万人。加快扶贫车间复工复产，通过国家认定扶贫供应商479家、供应产品1738个，建设消费扶贫专馆32家、消费扶贫专区146个，累计销售扶贫产品30.5亿元。持续深化扶贫领域作风建设，统筹抓好中央脱贫攻坚专项巡视和“回头看”反馈意见等各类问题整改。全市83.4万人全部脱贫、456个贫困村全部出列、35.5万人易地扶贫搬迁全部完成、8个贫困县(市、区)全部摘帽，脱贫攻坚取得决定性成果。

撰稿：杨静波

乡村振兴稳推进　农村处处绘新图

——宜昌市乡村振兴监测报告

2020年，宜昌市委、市政府深入贯彻落实《中国共产党农村工作条例》，坚持以习近平总书记“三农”工作论述精神为指引，紧紧围绕中央、省委农村工作会议决策部署，坚持统筹疫情防控和经济社会发展，全力抓好脱贫攻坚，加快补齐设施服务短板，以“产业兴旺、生态宜居、乡风文明、治理有效、生活富裕”为总要求，加强和改进乡村治理，推动农业高质量发展，乡村振兴示范创建取得初步成效。但农村很多问题都有其历史性和复杂性，推进过程中存在一些薄弱环节需要加强和完善，不断巩固乡村全面振兴成果。

一、乡村振兴战略稳步推进成果明显

（一）以对标全面小康为目标，坚决完成脱贫攻坚战硬任务。

落实稳种植、稳养殖、稳企业、稳就业等举措，对“四类群体”实施动态监测和致贫返贫风险等级管理，坚决完成脱贫攻坚战硬任务。2020年我市统筹推进“战疫、战洪、战贫”成效显著，“两不愁三保障”全面实现。产业扶贫、就业扶贫、消费扶贫综合施策，特色产业带贫率达98.8%，全市44.25万贫困人口、243个贫困村、5个贫困县实现脱贫、出列、摘帽，贫困发生率降至为0。五峰中蜂产业扶贫案例入选110个“全球减贫最佳案例”；开发公益性岗位2.5万个，引导市场主体吸纳贫困劳动力13.66万人就业；搭建消费扶贫专区专柜线上线下平台，消费总额达21.94亿元。实施边界地区补短板行动，累计建设各类项目117个，受益5.7万人。在湖北省扶贫开发成效交叉考核中，宜昌连续三年考核位居全省前列。

（二）以产业兴旺为重点，提升现代农业发展水平。

聚力抗疫稳产保供，组织向城区居民免费发放蔬菜；开辟绿色通道，在全省率先推动饲料、农资供应企业复工复产；通过金融“惠农贷”、春茶“百圆惠”、直播带货等“组合拳”，破解农产品销售难题。2020年实现农林牧渔总产值799.67亿元，增长2.8%。守好“粮袋子”“菜篮子”，粮食面积产量稳定，生猪产能恢复到正常年份水平。全年落实粮食种植面积476.72万亩，总产151.08万吨，夏收油菜面积122.91万亩，产量达18.35万吨，秋播面积达到127.17万亩，超额完成省级下达任务，受到省政府通报表扬。突出特色兴农、绿色兴农、品牌兴农、科技兴农，持续推进产业结构调整，完成柑橘“三改”9.6万亩，新改建无性系茶园2.25万亩，“宜昌宜红”获国家农产品地理标志登记保护，“宜昌毛尖”公用品牌对外发布，湖北三峡蜜橘产业集群入选国家特色优势农产品产业集群项目，五峰自治县成功入围第二批国家农业产业融合发展示范园。实施加工产值“倍增”计划，强力推动农产品加工强链补链、提档升级，全市规模以上农产品加工企业373家，实现加工产值914.43亿元。充分发挥农村绿水青山、田园风光、乡土文化等优势，加快农业与旅游、文化、教育等深度融合。全市累计成功创建湖北旅游名县6个、名镇6个、名村19个、名街2条，宜都市入选“荆楚文旅名县”创建单位，远安县成功创建第二批国家全域旅游示范区。全年乡村旅游年接待人数3454.9万人次，乡村旅游综合收入288.2亿元。真正实现了生产、生活、生态“三生融合”发展，将美丽生态转化为美丽经济。

（三）以生态宜居为关键，提升乡村振兴重要支撑。

坚持建管并重，提档升级农村水、电、路、气、通信等基础设施，推进县乡村公共服务一体化，全面改善农村生产生活条件。不断提升农村公路通达深度，新改建农村公路1902公里，建成“美丽宜道”520公里，农村公路等级率达88%，行政村通畅率达100%。累计完成农村危房改造约12万户，惠及群众33.57万人。加大农村饮水安全工作力度，对全市所有百人以上集中供水工程实行公司化管理，全市所有农村人口饮水达到了现行标准下的安全标准，组建供水公司88家，农村自来水普及率达到92.7%。对10千伏及以下农村电网改造，供电可靠率、综合电压合格率达到99%以上。加快农村网络基础设施建设，新建4G基站748个，新增光纤端口10.72万个。加快“绿净齐富厚和"美丽乡村示范村创建，申报创建省级美丽乡村示范村58个，宜昌市打造"四美乡村"典型经验全省宣传推介。聚焦人居环境整治三年行动结硬账，新建改农村户厕7.996万座，行政村垃圾治理覆盖率100%、垃圾处理率90%以上，实现乡镇生活污水治理全覆盖，卫生乡镇全覆盖。宜昌市农村人居环境整治三年行动省级第三方监测评估位居第一。

（四）以乡风文明为保障，打造乡村振兴之魂。

深度拓展和推进文明村镇创建。全市共有全国文明村镇20个，省级文明村镇87个，市级文明村镇212个，其中县级以上文明村镇占比达到57.4%，超出"十三五"规划预期目标。持续完善"3+N"新时代文明实践中心、所、站组织体系建设。图书馆、文化馆分馆100%覆盖乡镇（街道）。全市110个乡镇（街道）综合文化服务中心100%建成，面积全部达300平方米以上；1629个村（社区）综合文化服务中心100%建成。加强传统古村落古民居发掘保护和乡村乡土文化传承，入选中国传统村落12个，建设农耕文化博物馆28个，编撰村史435部。丰富农村公共文化体育服务供给，深入开展"飞入寻常百姓家""红色文艺轻骑兵"等文化惠民活动。大力开展"三村四美"乡风文明实践活动，所有行政村都修订完善了村规民约，普遍设置"善行义举榜""乡村贤达榜"和"身边好人榜"。

（五）以治理有效为基础，推动乡村和谐发展。

大力实施"四双行动"，深化"三在工程"，整顿软弱涣散基层党组织122个，组建产业党支部800余个，推动建设13条抓党建促乡村振兴示范带，形成以强带弱、以点带面、整体提升党建引领乡村振兴新格局。规范制定（修订）村规民约，全市1329个行政村已全部实现了村规民约全覆盖。加强法治宣传教育，全市1607个村（社区）法治文化广场、长廊、景观达2090个，法治文化阵地实现全覆盖。完善乡村公共法律服务，实现108个乡镇（街道）公共法律服务工作站、1607个村（社区）公共法律服务工作室实体平台全覆盖。稳步推进村级债务化解和村级集体经济发展工作，整合资金1670万元用于扶持"空壳村"、薄弱村发展，村级集体经济平均达到27.4万元，全面消除了空壳村、薄弱村。全市村集体经济经年经营收益过10万元比重达到80.2 %；村集体经济总收入年增长率26.9%，贫困村集体经济经营总收入年增长率30.5%，贫困村补助收入年增长率2.4%；贫困村债务年减幅28.4%。积极推进全国市域社会治理现代化试点创建，秭归、宜都入选全国首批乡村治理体系建设试点，秭归"村落夜话"乡村"微"治理经验在全国推介，《湖北疫情保卫战的"宜都答卷"》成功入选全国第二批乡村治理典型案例。

（六）以生活富裕为根本，提高民生保障水平

坚持把"三农"作为财政优先保障的重点领域，市级安排2.91亿元用于脱贫攻坚和乡村振兴。金融支农力度不断加大，全市涉农贷款余额1547亿元，较年初增加162亿元，增长11.7%。通过积极谋划，争取到亚行贷款2亿美元用于乡村振兴战略项目建设。多渠道促进农民增收，农村居民可支配收入达18515元，增速2.1%，高于全省增速2.6个百分点，排名在全省上升2个位次。大力推进义务教育薄弱环节改善和能力提升计划、学前教育三期行动计划，义务教育入学率、巩固率均达100%，区域教育现代化先进学校（幼儿园）达到656所。学前三年毛入园率达93.5%，随迁子女在父母工作地就近接受教育率100%。宜昌全市2020年度城乡居民基本养老保险人数预算和收入预算完成率均达到100%。全市每个乡镇都设立了1所乡镇卫生院，每个行政村都设有1个村卫生室，业务用房面积均满足国家和省相关建设标准，在全省率先实现县域医共体建设全覆盖，基本医疗和基本公卫信息系统实现信息共享。

二、乡村振兴战略发展的难点

（一）产业发展融合依然不够。

近年来，全市乡村产业蓬勃发展，但乡村二三产业发展不足、产业融合度低层次浅等问题仍很突出。农村集体经济较为薄弱，很多村集体及合作社组织化程度不高，产业规模小、农业二三产业发展缓慢，经营方式粗放，产品深加工、市场开拓等方面抵御风险能力和竞争力较弱。农旅融合程度不高。在开展的乡村游和休闲农业中大多数属于农家乐，规模小、内容单一，文化内涵少，特色不浓。在已经形成的农业观光园里，大多数只有品种介绍，游客只能采摘果蔬，品尝果实，无法领略到无形的文化资产，缺乏高品位、高档次、多功能、知识型的休闲农业园区。

（二）乡村振兴人才储备依然不足。

农村人才及高素质劳动力缺乏，是实施乡村振兴战略的主要障碍。目前县、镇（乡）、村基层和城市相比，资源匮乏，发展受限，基层的现实条件让优秀人才望而却步，加之缺乏完善的激励机制，

造成基层人才短缺，缺少能够长期扎根农村的"土专家""田秀才"，农业技术人员面临断层的困境。农村教育、卫生等人才也存在数量不足、学历层次不高、服务能力不强的问题。留住人、留住年轻人的机制尚未建立起来，部分村庄缺人气、缺活力、缺生机，有文化、懂技术、会经营的新型职业农民数量偏少，能够承接网络经济时代的旅游文化产业、新业态电商产业的复合型人才更少。

三、乡村振兴的重点工作建议

（一）围绕"产业兴旺"要求，全力推进产业融合。

坚持城乡一体、一二三产融合发展。充分盘活旅游资源优势，发展乡村休闲旅游项目，强化宣传聚集人气，推广农耕文化体验，带旺当地服务业繁荣发展，加快提升产业整体发展水平。大力发展农产品加工业，聚焦八大农业产业链，全面分析现状，找准突破口，全面对接全省培育壮大龙头企业"十百千万"工程，延链强链，培育发展新动能，加快推进我市全产业链建设。培育多元化农村产业融合主体。强化农民合作社和家庭农场的基础作用，支持农业龙头企业发挥引领示范作用，实现农村各产业有机融合、协同发展，培育新动能、延伸产业链、提高附加值，进而推动农业增效、农民增收、农村繁荣。

（二）围绕"生态宜居"要求，建设宜居美丽乡村。

加快基础设施建设和生态保护力度，持续加大休闲农业和乡村旅游品牌培育力度，完善配套功能，着力打造一批精品路线、精致示范点。继续抓好农村厕所革命和垃圾收集处理。重点加快推进农村生活污水治理项目建设，完善村庄长效管护机制，进一步改善村容村貌。推进城乡供水一体化建设，对乡镇自来水厂及供水管网进行升级改造。

（三）围绕"乡风文明"要求，强化道德教化作用。

加强农村思想道德建设。结合"不忘初心、牢记使命"主题教育，加强农村基层党组织理论学习。弘扬农村优秀传统文化。充分挖掘乡土文化，指导各地科学策划、组织开展节事活动，打造乡村文化名片。提升乡村德治水平，强化道德教化作用，深入挖掘和深入宣传本县乡村人物的道德模范，发挥其激励和模范作用。

（四）围绕"治理有效"要求，健全乡村治理体系。

健全乡村治理体系，完善农村工作体制机制，培育农村工作带头人。加强农村基层党组织带头人和党员队伍建设，提高农村党员干部队伍的素质和水平，激励农村干部干事创业。创新乡村治理模式，善于用科技化、数据化手段借鉴浙江等省的经验，建成集"信息汇聚、智慧派单、可视指挥、数据研判、留痕管理"等功能为一体的智能化乡村治理系统，村民可在网上反映诉求，系统派单给相关部门，对办理进度网络全追踪全留痕，村民对事件办理最终情况进行打分评判，也能保障农民的知情权、参与权、监督权，提高农民的参与度，增强群众的主体地位。

（五）围绕"生活富裕"要求，拓宽农民增收渠道。

做好脱贫攻坚"过渡期"工作，持续抓好"两类人群"的监测以及产业扶贫、就业扶贫等工作，落实好"遇困即扶"政策，建立长效脱贫机制，顺利实现由脱贫攻坚转向乡村振兴的有效衔接。健全覆盖县、乡、村三级公共就业服务体系，培育和打造一批劳务品牌。鼓励返乡农民工创业。积极引导和推动更多资金、人才向农村流动，健全乡村基础设施及其配套建设，加大金融、保险业服务农业力度，鼓励年轻人回乡创业。积极发展新型家庭作坊，鼓励研发、企业、团体等与家庭作坊合作开展产品设计与开发，支持家庭手工业以加盟、代理等方式与企业合作，打造特色的家庭作坊区域文化和平台，推进家庭手工作坊和市场的有效对接，充分挖掘农村富余劳动力资源潜力，增加农民收入。

撰稿：吴华蓉

乡村振兴稳步推进 发展隐忧亟待破解

——襄阳市乡村振兴战略监测报告

2020年襄阳如期夺取脱贫攻坚的全面胜利，南漳、保康、谷城3个贫困山区县全部摘帽，346个贫困村全部退出，37.5万贫困人口全部脱贫，交出脱贫攻坚“襄阳答卷”。乡村振兴战略实施以来，襄阳市委、市政府以习近平新时代中国特色社会主义思想为指导，始终把实施乡村振兴战略作为“三农”工作总抓手，系统谋划、精准施策，重点突破、统筹推进，不断迈出新步伐、取得新成效。全力做好巩固拓展脱贫攻坚成果同乡村振兴有效衔接。

一、乡村振兴的亮点特色

（一）特色农业提档升级，喜产业兴旺。

特色产业发展势头强劲。全市坚持把发展特色农业产业作为决战脱贫攻坚和推进乡村振兴的重要抓手，强化政策扶持，特色农业产业发展势头良好，农产品向质量更优、效益更强转变。市政府出台了《关于加快推进襄阳茶产业发展的实施意见》，重点建设茶园基地、龙头企业、标准、品牌、服务、茶旅融合“六大体系”，“襄茶”产业生机勃勃，春茶、秋茶产销两旺。2020年实有茶园面积达到29.3万亩，同比增长6.2%。新增国家级茶业龙头企业1家、省级2家、市级8家，各类市场主体新增92家，“襄阳高香茶”成功入选全国特色农产品区域公用品牌300强。仅谷城全县茶叶种植面积达16.77万亩，茶叶企业15家，注册登记的茶叶专业合作社12家，规模茶场128家，5万多人从事茶叶生产、管理和相关产业，系列产值20多亿元，襄茶产业成为了襄阳山区脱贫致富、绿色发展、乡村振兴的主导产业。

园林水果产业发展迅速。近年来，襄阳立足本地资源，发展特色林果产业。2020年，年末果园面积已达48.2万亩，园林水果产量64.1万吨，同比增长24.5%，林果产业已成为农民增收的“绿色银行”。杨山村地处大洪山余脉，全村4800亩耕地中，近2000亩是山地。根据实际情况，杨山村制定了科技兴农战略，因地制宜引导农户开展特色林果种植业，通过“请进来，走出去”的方式，使80%的村民掌握了最基本的林果种植技术，流转土地400余亩，种植冬枣、金秋香梨、黄桃、核桃等10多个品种的山地果木，经过多年种植和发展，品种多次更新换代，水果的口感和质量都有了提高。据调研获悉，今年，农场果树挂果约20万斤，年收入可达150万余元，可带动周边群众人均增收3000元。

（二）宜居乡村建设加速，喜生态健康。

襄阳因地制宜调整优化产业结构和布局，着力改善农村人居环境，切实增强老百姓看得见，摸得着的获得感幸福感。从2018年启动“农村清洁家园百日行动”，全市先后投入各类资金1.76亿元，出动各类机械4万多台，派出驻村干部4653人次，发动群众109万人次，清理乱堆乱放杂物16.1万处，清理存量垃圾25.8万吨，农村脏乱差面貌明显改观，农民群众获得感、幸福感进一步增强。2021年上半年，全市再次开展进村入户宣传教育4.25万次、发动农民群众投工投劳48.2万人次、清理农村生活垃圾26.74万吨、清理村内沟渠1.19万公里、清理畜禽养殖粪污等农业生产废弃物25.35万吨。

垃圾粪污处理进一步加强。据村卡统计，2020年全市有98.5%的村实现生活垃圾全部或部分集中处理，比上年提升1.2个百分点；48.8%的村实现生活污水全部或部分集中处理，比上年提升7.1个百分点，污水治理推进成效显著。

环境卫生治理进度加快。畜禽污粪综合利用率达93.1%，比2018年提升26.3个百分点，农村卫生无害化厕所覆盖率达90.1%，比2018年基期值提升42.4个百分点。随着农村人居环境卫生整治工作的系统推进以及生态环境的持续改善，乡村呈现出一幅绿水蓝天的美丽画卷。

（三）乡村文化全面振兴，喜文明淳朴。

乡村文化振兴不仅是乡村振兴的任务和价值追求，更是实施乡村振兴战略的路径和抓手，为推进乡村组织振兴、生态振兴、产业振兴、人才振兴提供了重要支撑。近年来，襄阳统筹推进城乡公共文化设施布局，强化文化小康和新时代文明实践站建设，构建三级志愿服务体系，组建五种志愿服务队伍，打造六大文明实践平台，全面涵养文明乡风。对2831名贫困留守儿童开展了“一对一”或“多对一”结对帮扶；通过开展“大手拉小手、共圆微心愿”活动，帮助3079名贫困留守儿童完成了“微心愿”；创建国家级、省级文明村镇分别达到16个、61个；全市90%的村制订了村规民约，建立了红白理事会、乡风文明理事会。加强法治乡村建设，每年开展基层普法骨干培训30多场次，入村开展法治讲座100余次，入户发放法律宣传资料10万余份。

公共文化水平提升。据村卡统计，2020年全市县级以上文明村436个，占比17.7%，比上年提升1.2个百分点；有综合性文化服务中心的村2241个，占比91.0%，比上年提升5.8个百分点；有体育健身场所2339个，比2019年多136个，乡村文明建设稳步推进。图书室、文化馆1895个，比上年增加24个，覆盖率达76.96%，比上年提升1.5个百分点。

（四）乡村治理不断创新，喜和谐有序。

襄阳充分尊重农村特点，多种治理方式相结合，全面推进城乡基层治理工作。基础规划水平加强。2020年全市有村规民约的村2460个，覆盖率达99.9%，有合法村庄规划的村2224个，覆盖率达90.3%，比上年提升5.0个百分点。基础治理能力提升。2020年全市村级党支部书记年龄小于45周岁有465人，占比26.2%，比上年提升5.5个百分点。受教育程度高中或中专及以上的占比78.9%。乡村治理工作不断创新，治理水平大幅提高。从省委网信办获悉，襄阳宜城市“打造‘百姓通’数字平台探索乡村治理新模式”的数字乡村治理经验，入选全国《数字乡村建设指南1.0》。宜城市190个行政村、44个社区基本实现4G网络全覆盖，初步实现光纤网络全覆盖，100M以上带宽及数字广播电视实现户户通、可接入。通过信息整合、促进事务网上办理，人人参与、强化村务信息公开，化解矛盾、实现乡村数字管理，示范引领、推进数字基层党建，提升了人民群众满意度。为推动数字乡村基层治理工作提供了有效示范

二、乡村振兴战略实施过程中存在的隐忧

（一）忧人才缺失。

人才缺失是制约乡村振兴战略实施的瓶颈。实现乡村产业、文化、生态、组织振兴，关键要靠人才来推动，乡村没有人才，再好的政策也难以实施，再好的资源也难以利用。一是农业科技人员缺口较大。村民普遍反映缺乏“农业科技人员”，认为现有的农技人员能力不足，缺少实践经验丰富的“土专家”，推广的内容不能满足农民需要，缺乏后续性服务。二是实用技术人才普遍缺乏。当前乡村产业发展过程中，普遍缺少与市场经济要求相适应的经管、营销、电商、金融等人才，也缺少与乡村产业发展相契合的本土实用技术人才。乡村从业人员整体素质偏低，导致乡村旅游、农村电商等新型产业成长慢，创新能力较差。三是乡村本土人才回归不畅。受收入及发展前景影响，农村大学生毕业后不愿回村，在吸引农村大学生的政策方面，仅大学生村官较为有效。当前襄阳基层组织建设力量稍显薄弱，据村卡统计，2020年村党支部书记平均年龄50.6岁，大专及以上文化程度843人，占比34.2%。四是乡村振兴主体活性不足。大量青壮年劳动力外流，非农收入占比较高，使其与乡村的社会关联黏性降低，参与乡村振兴建设的积极性不高。留守农村的农民年龄偏大，劳动力欠缺，“创”劲不足，“等”“靠”思想比较严重，“干部干，群众看”的现象依然存在。

（二）忧产业支撑不足。

产业发展是影响乡村振兴战略实施的关键。襄阳农业产业化程度仍偏低，产业规模效应、品牌效应不明显，农业产业发展支撑不够。一是产业规模效应不够高。农业产业链较短，农村产业范围较窄，大多处于产业链前端、价值链低端，农业附加值不高，影响农民收入的有效增加，产业集群效益没有发挥出来。精深加工不够、附加值不高；品牌知名度不高，一些乡村还没有明确主导产业，没有形成“一村一品”；产业特色不鲜明，融合水平不高；品牌建设成效不明显，真正叫得响的品牌不多。“襄阳牛杂面”虽然登上太空，刷爆网络，但没有像周黑鸭、沙县小吃等本地成长起来的全国一线品牌企业；市场营销方式落后，市场拓展难度较大，主要在襄阳及周边，虽然走出去开店已达6000家，但与其它知名品牌相比网点仍显较少。二是产业融合整体水平偏低。农业产业项目同质性强，缺乏差异和特色，技术、业态和商业模式雷同，进入门槛低，被模仿复制的可能性大，缺乏与特色细分市场对接的魅力。目前在各地普遍开花的农业观光园里，大多数只有品种介绍，游客只能采摘果蔬，品尝果实，无法领略到与果实相关无形的文化资产，缺乏多功能、知识型的休闲农业园区。

（三）忧治理存短板。

投入和治理短板是制约乡村振兴战略实施成效的难点。一是农村人居环境仍有死角盲区。农村人居环境治理中，有的地方重“表”不重“里”，重“一时”不重“平时”的现象仍然存在，背街小巷、偏远乡村仍然存在卫生死角和脏乱差盲区。部分村庄的道路照明、污水处理等基础设施建设还相对落后。据村卡统计，2020 年还有 42.1%的村主要道路无路灯，51.2%的村生活污水未集中或部分集中处理。农村的医疗、卫生条件还比较薄弱，未配卫生室的村（社区）103 个，使用卫生厕所的户数 86.1 万户，占比 74.7%，未达百分百。二是农民精神文明建设仍需加强。乡村振兴也包含农村文化振兴，但当前襄阳市农村还存在公共文化设施不健全，群众性文化活动开展较少，文体活动不够丰富等问题，据村卡统计，2020 年全市县级以上文明村 436 个，仅占比 17.7%，还有 606 个村（居委会）没有体育健身场所，占比 24.6%。农村居民教育文化娱乐支出占比 10.7%，精神文明建设存在短板。

三、推动乡村振兴战略的几点建议

（一）以人为本。

人才是制约农村发展的根本问题，要发展农村，实现乡村振兴，首先要实现“人才振兴”。一是大力挖掘培养本土人才，发挥“领头雁”“土专家”作用。善于挖掘培养的扎根农村、热爱农业“农村带头人”“致富能手”，支持引导创建农业合作社、家庭农场等方式带动村民共同成长。二是广泛吸纳外部人才。加强人才引进和能人回流，利用高校、科研院所等科研资源，利用产业对口帮扶等措施，在理念、技术、管理、资本等要素来支撑，共同铸就乡村发展人才。三是创新体制机制，留住人才。制度保障是留住乡土人才，引进乡村人才的关键。各级政府按照不求所有、但求所用的原则，引导智力下乡，让各类人才走进农村这片广阔天地，为乡村发展提供有针对性的技术服务、培训服务、咨询服务、产品流通服务等，让“领头雁”“土专家”进村两委班子，从政治和经济待遇上保障。

（二）产业为先。

一是产业发展要注重全市协同性。以“一县一特”、“一村一品”为带动，借助农业产业园区平台优势，借助食品及农产品加工产业链发展的东风，形成产业在全市范围的整体推进，产业单位整体抱团发展、良性竞争，统筹发展一批融合十大产业的深加工企业、产业服务企业，整体推进产业向纵深发展。二是产业发展要强点扩面，增强龙头示范带动作用。做精产品、做优品牌、做强龙头企业，充分发挥龙头企业的产业带头作用，围绕地域特色突出、产品特性鲜明的特色农产品，推进适度规模生产和产业化经营，努力打造具有“襄字号”特色的农业产业品种，譬如“孔明大头菜”、“襄阳牛肉面”、“流水西瓜”等具有地理标志名称的优质农作物，提升产业和产品附加值。带动一批附属农户、附属产业共同发展，共同推进产业高质量发展的局面。三是延长链条，提高十大产业融合水平。积极探索绿色循环的综合种养模式，延长产业链条，提倡种养、教育体验、休闲旅游等多产业融合的发展方式，增强产业协同发展能力。

（三）基础为要。

一是持续推进农村基础设施建设，促进城乡基础设施互联互通、共建共享。持续加强农村道路交通、供水供电、通讯网络、污水处理等方面基础设施建设，下大力气解决农村排污、垃圾处理等问题，提高农村生活污水和垃圾处理能力，不断改善农村生产生活条件。二是进一步完善农村水利基础设施。加强农田水利基础设施建设，着力提高节水供水和防洪减灾能力。进一步完善农田灌溉渠道改造，实现灌溉水源、灌排骨干工程与田间工程协调配套。实施常态化水库除险加固，提高抗旱防洪除涝能力。三是加大农业基础设施建设力度，对有条件地区开展高标准农田建设，加强机耕道提质、水利设施完善等，为土地流转和大面积经营提供条件。

撰稿：刘　征

2020年鄂州市乡村振兴监测报告

实施乡村振兴战略，是党的十九大作出的重大决策部署，是新时代“三农”工作的总抓手，为充分了解我市乡村振兴战略开展情况，市统计局组织力量对全市乡村振兴情况进行了调研。全市乡村变化明显，乡村振兴取得一定成效，但也反映出产业发展不足、乡村基础设施不完善、人才缺乏等相关问题，须引起各级政府高度重视。

一、乡村振兴基本情况

（一）产业发展不断壮大。

1.新型农业经营主体质量不断提升。按照生态农业、全域旅游、融入武汉定位，主攻精致苗木、精细果蔬、精品水产三大产业，大力培育组百村千镇万高标准“花果菜渔”特色产业基地，逐步形成了一区一特、一镇一业、一村一品的农业产业格局。乐华花卉、涂镇蓝莓等一批林果苗木基地渐成规模，涂镇蓝莓栽培综合标准化示范区高分通过国家综合农业标准化示范区验收。建成水产特色养殖标准化示范基地10.8万亩；发展“虾稻共作、稻渔种养”10.3万亩。

2.着力打造特色农产品品牌。省农业科学院经济作物研究所在鄂州春之染花卉基地设置博士工作站，选派资深博士专家入驻，提高博士工作站对春之染合作社发展的科技支撑作用，助力鄂州花卉、果蔬产业提档升级。春之染合作社作为鄂州市花卉产业的领军企业，坚持走“精致花卉”的产业发展道路，做好与乡村振兴、临空经济、美丽乡村融合发展，把握好生产、加工、销售三个环节，在种苗培育、品种展示、物流配送延长保鲜期等方面提高科技含量，有望打造成湖北省花卉优势品牌。

3.都市农业加速推进。建成“三精农业”（精致花卉、精细果蔬、精品水产）生态农业基地476个，面积30万亩，杜山镇被评为全国“一村一品”示范镇，农业产业逐步向都市农业转型。武汉大学鄂州种业研究院、湖北省农科院鄂州基地已陆续孵出7个新品种；湖北省种子集团、鄂科华泰、高农科技、惠民种业等一批水稻种业企业落户鄂州，年生产加工销售额过亿元；国家级武昌鱼原种场、盛丰渔业国家鲢种质资源场等规模较大的苗种繁育基地12家，年可繁育水产苗种29亿尾。

（二）生活环境不断改善。

1.村容村貌改善明显。持续推进“四好农村路”建设，全市建设农村公路3550公里，覆盖所有行政村；97.9%的村庄内主要道路、沟渠实现了宜绿尽绿。全域开展村庄清洁行动。清理建筑杂物、残垣断壁，清理农业投入品包装物、废旧农膜等农业废弃物。进村硬化道路基本实现全覆盖，村内道路硬化率逐年升高。

2.农村生活垃圾治理全面覆盖。农村生活垃圾治理全面覆盖。全市所有村湾垃圾收运设施齐全，配备5000多名农村保洁员，无害化处理、生活垃圾有效处理、乡镇生活垃圾集运处置体系比例“三率”达到100%。“户分类、组保洁、村收集、镇转运、市处理”城乡一体的生活垃圾处置体系日渐完善。生活垃圾集中或部分集中处理村占比已达到100%。

3.农村生活污水得到有效治理。建成集中、分散式农村生活污水处理设施424处，改扩建乡镇生活污水处理厂9座，入户管网覆盖率达到90%以上；纳入城镇污水管网的行政村比例超过40%，200人以上集中居住的村湾生活污水收集及处理全覆盖，实现“一根管子接到底”。

4.厕所革命建设进度高于全省平均水平。按照农村厕所革命“三年行动、五年奖补”整村推进的工作要求，全市三年已累计改建完成农户无害化户厕6.24万座，新建农村无害化公厕601座。全市农村卫生厕所覆盖率达到94.3%，无害化厕所覆盖率达到58.9%。

（三）乡风文明建设不断发展。

以社会主义核心价值观为引领，深入推进文明村镇、星级文明户、文明家庭创建，推进乡村社会公德、职业道德、家庭美德、个人品德建设，形成健康向上的精神风貌。基础教育普及率逐年上涨，农村义务教育学校专任教师本科以上学历占比已达54%。县级及以上文明村占比达26.9%。

（四）乡村治理水平不断提高。

村庄规划管理覆盖率达89.1%。作为国家首批数字乡村试点区域之一，鄂州市华容区积极探索国家数字乡村城乡融合类发展新模式，加快推进农业农村现代化建设，为乡村治理插上科技的翅膀。根据国家数字乡村相关政策及部署，结合华容实际，制定了华容区数字乡村建设“十大工程”计划——包括城乡信息基础设施提升工程、资源整合共享工程、城乡数字治理创新工程、多式联运智慧物流工程、智慧农业示范工程、智慧扶贫工程、“三农”信息便民惠民工程、智慧水务工程、智慧生态保护工程、乡村网络文化精品工程。

（五）农民生活水平不断提高。

通过大力发展农村新产业、支持返乡农民创业、提高农民财产性收入、精准扶贫等各项措施大力提高农民收入水平，2020年，全市农村居民人均可支配收入18792元，农村家庭恩格尔系数39.79。着力提升农村基础设施和公共服务水平，全市通宽带互联网的村民小组达到3763个，占比99.5%。

二、存在的问题

（一）农业产业发展动力不足。农村地区劳动力和人才大量外流，农产品竞争力不强，知名品牌数量稀少，缺乏农产品生产经营单位，缺乏支柱型龙头企业。

（二）农村环境整治任务艰巨。近几年来，农村的水、电、路、讯、房和环保等基础设施整体上有了很大改善，但仍有薄弱地方需要亟待改进。部分农村地区仍然存在垃圾乱倒、污水乱泼、畜禽乱跑、柴草乱堆、旱厕乱建等不文明现象。

（三）缺乏人才支撑。农村人口老龄化程度深且劳动力受教育水平低，务农人员文化程度一般以初中及以下文化程度为主。农业新技术新产业新模式推广难。乡村振兴需要人才来支撑，但是优秀人才不愿回乡、不能回乡，使得乡村发展缺少活力和后劲。

三、几点建议

（一）培育乡村发展新动能。一是大力发展农产品加工业。培育农业产业化龙头企业和联合体，深入推进现代农业产业园建设。二是加快发展新产业新业态。深入挖掘拓展“农业+”功能，支持发展休闲旅游、餐饮民宿、文化体验、健康养老等休闲康旅服务业。三是加强农业品牌建设。推进区域农产品公用品牌建设，把“两品一标”产品优势转化为品牌优势。四是大力开展招商引资。紧密围绕城乡高质量融合发展，着力引进生态旅游、生态农业、文化创意和康养医疗等领域项目，不断提升产业的含金量、含新量、含绿量和引领力。

（二）补齐基础设施建设短板。重点加强农村公路、供水、供气、环保、电网、物流、信息等基础设施建设，推动城乡基础设施互联互通，缩小城乡发展之间的差距。建立乡村道路、垃圾和污水处理、卫生厕所长效机制。扩大改善和保障民生范围，提高基本公共服务供给质量，完善社会保障和救助体系，使农民养老、医疗、教育、住房有保障，实现农村发展硬环境和软环境同步升级。

（三）提高农民参与积极性。通过教育、培训、宣传、典型引导、边干边学等方式，帮助农民了解、熟悉参与村级事务决策、协商和监督的权利、规则和技术，提升农民作为农村基层社会治理主体和受益主体的能力；采取灵活多样、喜闻乐见的形式，逐步培养农民作为乡村振兴主体的责任意识。

（四）加强人才队伍建设。乡村振兴的关键因素之一就是“人”。一是高度重视农业农村干部的培养、配备、使用，培养造就一支懂农业、爱农村、爱农民的“三农”工作队伍。二是加强对新型农业经营主体培育和新型职业农民培养，引进农业科技人才，提高科学种养水平，增强农产品竞争力，提升农业生产比较效益，增加农民收入。三是鼓励返乡大中专毕业生、退役士兵、“三新”农民创新创业，使他们成为带动农村发展的生力军。同时，进一步细化扶持返乡创业的相关政策措施，为返乡创业者提供良好的创业环境。

撰稿：刘雨涵

供给侧改革深入推进　助力乡村振兴取成效

——荆门市乡村振兴战略监测报告

2020年，全市上下认真贯彻落实中央、省委和市委关于乡村振兴战略的一系列决策部署，把实施乡村振兴战略作为农业农村工作的总抓手，科学谋划，统筹推进。有力应对了新冠肺炎疫情的影响，克服经济下行压力，全年农业农村发展势头良好。

一、农村社会经济情况基本特点

（一）农业综合生产能力稳定提升。

2020年全市粮食总播种面积693.64万亩，总产达到286.8万吨。油菜逆势上涨，2020年全市油菜籽面积178.17万亩、总产30.16万吨，位居全省第三。“菜篮子”产品生产稳定、结构不断优化，2020年，全市蔬菜产量180.58万吨，同比增长0.3%；水果（含果用瓜）产量64.82万吨，同比增长3.71%；蜂蜜产量4961.3吨，位居全省第一；水产品产量46.39万吨，位居全省第二。2020年生猪出栏223.31万头，虽受疫情影响出栏量都有小幅度减少，但蔬菜、食用菌、鸡蛋、小龙虾等农产品供给充足，较好地满足了城乡居民的多样化需求。风险防控能力得到提升，有效防控非洲猪瘟、草地贪夜蛾等重大动植物疫病虫害。

（二）农业供给侧结构性改革深入推进。

产业布局更加优化，实施优质稻米、高油酸油菜、漳河果冻橙、漳河清水小龙虾、食用菌、大柴湖花卉和京山对节白蜡、长寿食品、绿色家居八大重点产业发展行动，建立高档优质稻订单基地55.6万亩、高油酸油菜基地30万亩、果冻橙基地2万亩、漳河清水小龙虾基地89万亩。创建“荆品名门”农产品区域公用品牌，形成以“中国农谷·长寿荆门”为内涵的优质农产品整体形象，2020年“荆品名门”荣获全国区域公用品牌创新传播奖。全市有效“三品一标”认证企业163家、认证产品271个，总数量居全省前列；农产品质量安全追溯平台使用企业达到226家，农产品质量安全抽检合格率保持100%。产业融合更加紧密，2020年农产品加工业产值与农业总产值之比达到2.59∶1。承办首届湖北油菜花节、湖北省首届荆楚乡村文化旅游节等节庆活动，创建省级以上休闲农业点19家。

（三）农业科技和装备水平显著提高。

科技创新能力加快提升，2020年全市农业机械总动力504.43万千瓦，主要农作物耕种收综合机械化率提高到82%。沙洋县、京山市、钟祥市、东宝区、掇刀区都已成功申报“率先基本实现主要农作物生产全程机械化示范县（市、区）”。现代种业加快发展，组建湖北农谷种业公司，建立制种基地2000亩；荆门黑羽绿壳蛋鸡入选国家家畜禽遗传资源保护名录，汉江牛业、华中农业入选国家肉牛核心育种场，培育盛昌龟业等龟鳖苗种繁育企业6家。

（四）农业绿色发展水平持续提升。

制定了全国第一部专门规范农业面源污染防治的地方性法规《荆门市农业面源污染防治条例》。实施农业绿色发展行动，完成耕地土壤环境质量类别划分，推进分类治理，全市化肥用量连续7年、农药用量连续8年实现负增长。关停禁养区畜禽养殖场623家，对非禁养区2162家畜禽规模养殖场进行“一场一策”改造，全市规模养殖场粪污处理设施装备配套率99.9%、畜禽粪污资源化利用率91.3%、主要农作物秸秆综合利用率95.2%，同比提高3.07、4.5、0.2个百分点，均全面达标（国家要求“三率”分别达到95%、75%、95%以上）。

（五）美丽乡村建设迈出新步伐。

全面学习浙江“千万工程”经验，出台美丽乡村建设五年推进规划，实施“四个三重大生态工程”。推进农村厕所、垃圾、污水“三大革命”，全市农村无害化户厕覆盖率达到100%，农村公厕实现行政村全覆盖。建立“户分类、组保洁、村收集、镇转运、县处理”的农村卫生保洁体系，生活垃圾处理实现行政村全覆盖，钟祥市入选全国农村生活垃圾分类和资源化利用示范县。52个乡镇生活污水处理设施建成运营，总结推广农村生活污水无动力微动力处理“客店模式”，74.9%的行政村生活污水得到有效治理。

（六）城乡融合发展进程加快。

谋划推进中心城区现代都市农业圈和荆钟、荆京、荆沙乡村振兴示范带建设，建立规划体系和领导机制，聚焦精细农作、精品农产、精彩农旅，高标准策划推进重大项目66个，初步形成"一圈三带"区域示范新格局。农村基础设施和公共服务条件不断改善，宽带和4G网络实现行政村全覆盖，20户以上自然村（撤并村）全部通硬化路；乡村社保卡持卡人口覆盖率97%，农村养老服务中心覆盖64%的行政村，农村广播电视实现"村村响""户户通"。

（七）乡村治理水平逐步提升。

推行村党组织书记、村委会主任"一肩挑"，对软弱涣散村党组织"一村一策"逐个整顿，村党组织书记致富带富、基层治理能力明显提升。县级以上文明村镇达到45%以上，首创的社会主义核心价值观"九久入户"经验在全国交流、全省推广。开展移风易俗，完成村规民约制定、修订工作，红白理事会或乡风文明理事会实现全覆盖。沙洋县三峡土家村、钟祥市鱼池村、京山市马岭村入选全国乡村治理示范村。

（八）农民收入持续增长。

2019年全市农村常住居民人均可支配收入20556元，连续12年位居全省第二位，城乡居民收入比缩小至1.79∶1，远低于全省2.29∶1的平均水平。2020年受疫情影响，农村常住居民人均可支配收入19980元，虽下降2.8%，但降幅较一季度收窄10.1个百分点。医疗保健、文教娱乐、交通通讯等方面的消费支出快速增长，农民生活水平显著提高。决战脱贫攻坚取得决定性胜利，22万个建档立卡贫困人口全部脱贫，210个贫困村全部出列。

二、面临的问题

（一）农业风险挑战加大。

我国经济发展进入新常态，由高速增长阶段转向高质量发展阶段，"十四五"时期经济增长可能会进一步放缓，破六的风险进一步上升，将给国家财政收入增长带来一定的压力，持续大幅增加财政"三农"投入空间有限。世界经济处在国际金融危机后的深度调整期，中美经贸摩擦对"三农"影响仍在持续，新冠肺炎疫情仍在全球蔓延，国际农产品贸易不稳定性不确定性增大。非洲猪瘟、草地贪夜蛾等动植物重大疫病虫情已经定殖，"卷土重来"的风险加大。

（二）农业质量效益不够高。

产品结构不优，普通农产品比重偏大，优质特色农产品比重偏小，农作物面积中粮油超过90%，肉类产量中猪肉超过80%，水产品产量中鱼类超过70%，高档优质稻、高油酸油菜、牛羊、虾蟹、龟鳖、对节白蜡等优质特色产品规模不大、比重不高。农业产业化水平不高，主要依靠资源优势发展，水稻、油菜、生猪、小龙虾等重点产业以卖鲜活产品为主，初加工占六成以上，精深加工不足，农业生产性服务业等第三产业发展滞后，总体处于价值链中低端。知名品牌不多，"荆品名门"农产品区域公用品牌形成影响力尚需时日，小龙虾、柑橘、食用菌等特色产业品牌不响，中国农谷、世界长寿之乡、屈家岭文化、富硒土壤等资源优势转化为竞争优势的通道有待进一步拓展。

（三）农业基础设施和技术装备条件依然薄弱。

灌排设施老化，先后遭受2016年、2020年特大洪涝灾害，损毁问题突出，田间"毛细血管"不通，耕地灌溉面积仅占耕地面积的48%，超过一半以上的农田达不到旱涝保收标准，"靠天吃饭"的现象没有根本扭转。农机化发展不平衡，大马力、高性能、先进适用农业机械少，大中型拖拉机仅占6.4%，丘陵山区，养殖业、林果业、农产品初加工机械化发展滞后，农业领域"机器换人"亟需提速。"互联网+农业"处于探索阶段，数字化、智能化技术应用不足，生产效率低。

（四）资源环境问题日益突出。

水生生物多样性下降，汉江、惠亭水库、长湖、南湖、钱河、沙滩河等长江流域重点水域及国家级水产种质资源保护区渔业物种资源保护形势依然严峻。农业生产仍以"大水漫灌"粗放模式为主，绿色化、标准化技术普及不够，化肥农药兽药等投入品不合理使用现象依然存在，种养结合不紧，畜禽粪污、农作物秸秆等农业废弃物利用率、农膜回收利用率依然不高，部分耕地质量退化问题依然存在，农业面源污染治理任务还很艰巨。农村人居环境建设底子薄、欠账多，农村垃圾处理、污水治理水平还不高，长效机制不健全。

（五）城乡差距依然较大。

城乡资源要素平等交换和均衡配置仍然存在体制机制上的障碍，农村基础设施、农村公共服务与城市比，与农民的需求比，还有不小差距。农村安全饮水还没有实现全覆盖；公路虽然实现了行政村村村通，但许多通组道路、村内道路质量还不高；农村物流发展比较滞后，配送网点少。农村医疗卫生、文化教育等公共资源质量总体不高，农民看病、子女上学等仍有不少难处。农村社保、医保、养老标准和条件虽然逐年提升，但与城市比差距仍然很大，实现城乡公共服务一体化发展仍要持续加力。

（六）农民持续增收的压力加大。

在宏观经济形势仍面临下行压力的背景下，企业信心偏弱，用工需求下降，农民工就业稳定性差，农民工资性收入减少且不稳定。受生产成本“地板”和农产品价格“天花板”双重挤压，农民家庭经营性收入增长乏力，城乡居民收入的绝对差距仍然较大。农民财产性收入受农业农村改革进程的制约，增长较慢。这些问题就是今后“三农”工作的努力方向，也是发展的潜力所在。

（七）农村基层治理问题依然存在。

由于城乡之间在基础设施、发展空间、工作收入差距较大，农村呈现出单向的流动，农村干部队伍缺乏德才兼备的年轻梯队，后劲不足；一些基层干部对城镇化发展和乡村振兴缺乏正确理解、农村基层的制度机制不完善；农村现有的治理精英群体中，村委会班子成员较为年轻，但党支部班子成员岁数较大，老龄化现象突出，造成对现代科技、农业经济、市场经验等方面的知识储备不足，无法适应并驾驭农村发展。

三、下一步发展建议

（一）农业全面升级。现代农业产业体系、生产体系、经营体系进一步完善，农业供给体系质量、效率明显提高。农产品质量安全得到有效保障，以“荆品名门”农产品区域公用品牌为统领，打造一批农业知名品牌。农村一二三产业融合发展，农业的观光休闲、文化传承等功能进一步拓展。

（二）农村全面进步。规划布局不断优化，农村人居环境显著改善，农村生态环境明显好转，乡村特色风貌更加彰显，全面振兴接续推进，建成美丽乡村示范村。农民文化生活不断丰富，乡风文明程度进一步提升。自治、法治、德治相结合的乡村治理体系更加健全完善，农村基层组织建设明显加强。

（三）农民全面发展。解决相对贫困的长效机制基本建立，农村居民人均可支配收入持续稳定增长。城乡居民收入差距进一步缩小，农民生活质量明显提升，农民群众获得感、幸福感、安全感显著增强。

（四）城乡融合发展。城乡融合发展体制机制基本建立，城乡要素自由流动通道更加顺畅，农村产权保护交易制度更加完善，农村基础设施和公共服务条件持续改善，城乡发展差距明显缩小。

撰稿：严婷婷

2020年孝感市乡村振兴监测报告

党的十九大报告提出了实施乡村振兴战略，明确了“产业兴旺、生态宜居、乡风文明、治理有效、生活富裕”的总要求，2020年，孝感全市上下认真贯彻落实中央和省委一号文件精神，以实施乡村振兴战略为“三农”工作总抓手，坚持稳中求进工作总基调，千方百计抓好粮食和生猪生产，多措并举促进农民就业增收，统筹推进农业农村改革发展各项工作，全力打好战疫、战洪、战贫三场硬仗，农业农村经济总体稳中有进，乡村振兴的各项指标取得较好成绩。

一、乡村振兴战略推进情况

（一）产业发展更加兴旺。

1.农业生产稳中向好。一是经济总量平稳增长。2020年，全市农林牧渔业总产值611.16亿元，同比增长2.2%，其中，农、林、牧、渔、服务业产值分别为264.60亿元、18.66亿元、180.83亿元、99.88亿元和47.19亿元，同比增速分别是3.8%、2.8%、2.0%、0.1%、9.1%。全市农林牧渔业增加值363.42亿元，同比增长1.8%，其中服务业增加值20.28亿元，同比增长9.1%。二是粮食生猪稳中有增。2020年，全市落实国家粮食安全战略，加大种植业结构调整，集成推广绿色实用技术，推广抗逆性强、市场适应好的优质稻品种，大力推广再生稻“一种两收”绿色节本增效高质高效种植模式，加大水稻生产示范区建设，“香、粳、糯”优质稻面积达到200万亩，全市水稻品种优质化率达到90%以上。全年粮食作物总播种面积为522.16万亩，同比增长0.9%，总产量232.71万吨，同比增长0.6%。狠抓非洲猪瘟防控和生猪生产，全市生猪存栏130.87万头，同比增长10.9%，完成800吨市级政府冻猪肉储备入库任务。三是蔬菜产量较快增长。疫情期间全市积极组织蔬菜抢收抢种，累计抢收蔬菜近15万亩以上，供给蔬菜33万吨以上，抢种蔬菜3.5万亩以上。加强产销对接，千方百计拓展蔬菜销售渠道，及时化解了15万吨莲藕、花菜等蔬菜积压问题，组建“孝感市爱心蔬菜配送系统”，累计为孝感城区近10万余户家庭配送质优价廉的鲜菜近4000吨。云梦县注册“锦时鲜”品牌，打造了线上线下生鲜农产品配送平台，建立了“云梦蔬菜基地”到“武汉市民餐桌”的蔬菜直供模式。2020年，全市蔬菜播种面积169.43万亩，同比增长3.3%，产量437.82万吨，同比增长2.3%。

2.产业发展成效明显。2020年，规上农产品加工业产值达到1562.78亿元，占农林牧渔业总产值的比是2.56:1。米婆婆米酒公司获批国家级龙头企业，云梦县道桥镇获批国家产业强镇。农旅养融合11条提升线路基本完工，11条新建线路已开工建设9条。25家A级景区累计接待游客265万人次，实现旅游综合收入1.67亿元。农村电商加速发展，共有大悟、孝昌、云梦3个国家级电子商务进农村综合示范县；农产品实现网络零售额约3.3亿元，农产品直播的商品数达1200余个，投放率15.3%。成功举办孝感市第三届农民丰收节、汉川市第三届河蟹丰收节活动。累计创建绿色食品、有机农产品和农产品地理标志达到435个，打造出“孝感香米”、“七仙红桃”、“孝感红”等一批区域公共品牌。农产品质量安全监测合格率稳定在98%以上，汉川市、应城市获省级第二批农产品质量安全县称号。

3.生产条件持续改善。全市守牢耕地保有量和基本农田控制线，全面完成32.17万亩的高标准农田建设任务。2020年，全市农田有效灌溉面积448.04万亩，与同期基本持平，旱涝保收面积400.14万亩，同比增长0.5%，机电排灌面积375.69万亩，与同期基本持平。2020年，全市农业机械总动力达280.04万千瓦，同比增长2.8%，联合收割机8174台，增长3.1%，机耕面积646.80万亩，增长3.2%，机播面积354.15万亩，增长10.7%，机收面积为554.99万亩，增长5.6%，全年主要农作物耕种收综合机械化水平达77%。2020年，乡镇级家庭农场1017个，同比增长2.3%，农民专业合作社4230个，增长2.9%，村级开展网上销售农产品的户数927户，增长2.9%。

（二）农村环境进一步改善。

1.美丽乡村建设稳步推进。全年两年共申报省级美丽乡村示范村181个，整治村722个，2019年度示范村和整治村建设完成投资8.03亿元，投入规划编制经费6500多万元，大力推广运用《孝感市村庄规划建设负面清单》。

2.农村人居环境全面改善。全市开展村庄清洁行动"四大战役"，推进农村爱国卫生运动。有序推进农村改厕，完成农村户厕改造约36万座，农村公厕改造3200多座。完成98个村农村环境综合整治工作。全市农村公路总里程达1.6万公里，基本形成了联通县、乡、村、湾组的农村公路网络。10个乡镇被命名国家卫生乡镇。2020年，生活垃圾全部集中处理的村1683个，占比85.8%，同比提高0.9个百分点。生活污水全部集中处理的村478个，占比24.4%，同比提高3.1个百分点。使用卫生厕所的户数是76.19万户，同比增长7.7%，占常住户数的比重为75.0%，同比提高3.2个百分点。

3.生态环境治理不断强化。全市深入推进长江重点流域禁捕，禁捕率、637条持证渔船拆解率、1200名捕捞渔民上岸率均达到100%。扎实推进农用物资投入提质增效，2020年，农用化肥施用量(按折纯法计算)为17.72万吨，同比下降2.1%，农药使用量6502吨，同比下降2.2%，农用塑料薄膜使用量4699吨，同比下降0.6%。认真组织实施畜禽养殖废弃物资源化利用整县推进项目，完成全域绿化12.9万亩。

(三)乡村文明不断进步。

1.基础教育水平有提升。我市加强教育政策支持和保障，积极引导教师在城乡间合理流动，将优质资源向农村延伸，均衡配置教育资源，缩小城乡差距、区域差距、校际差距，推进义务教育均衡发展。2020年，县级普通中学208所，同比增加4所，小学446所，增加16所，普通中学学生16.84万人，同比增长6.4%，小学在校学生25.89万人，增长1.1%。全市农村公办幼儿园151所，比上年增加17所。

2.文化服务水平有进步。全市持续推进文化服务、体育健身等，整体水平不断提高。2020年，全市有120个乡镇级综合文化服务中心，2362个村级综合文化服务中心，全年送戏下乡691场，新增全国乡村旅游重点村1个。2020年，专利授权3568件，同比增长161.6%，公共图书馆图书总藏量102.56万册，同比增长7.2%，村级体育健身场所2821个，同比增长3.1%。

3.医疗服务水平有提高。全市从农村居民的基本生活需求出发，在医疗等公共服务方面提高水平。2020年全市共有乡镇卫生院113个。2020年，县级医疗卫生机构床位2.40万床，同比增长6.2%，医疗卫生机构技术人员2.33万张，同比增长5.0%，村级执业(助理)医师2602人，同比增长13.6%。

(四)乡村治理不断健全。

1.全市推进党建引领基层社会治理。实施党支部提升三年行动，以常态化开展支部"巡整"为抓手，整顿转化软弱涣散村党组织189个。加强村级带头人队伍建设，储备乡土人才、后备干部7109人，调整不适合、不胜任的村党组织负责人27人。持续实施"一村多名大学生(中职生)计划"，共招录1005人、总数达到2037人，居全省前列。2020年，村党支部书记高中或中专占比55.4%，同比提高1.3个百分点，大专及以上占比20.8%，同比提高1.4个百分点。

2.全市开展示范村和农村社区试点建设。开展100个示范村(社区)和172个农村社区试点建设。大力推进农村区域性养老服务中心试点建设。共打掉农村涉黑组织1个、农村涉恶犯罪集团2个、农村涉恶团伙9个。积极推进新时代文明实践中心建设，已建7个中心、119个实践所、2064个实践站。组织开展"孝风良俗进万家"、"乡风文明三项工程"、"推动移风易俗、树立文明乡风五项行动"等活动，移风易俗深入推进。

3.全市开展群防群控联防联控。全覆盖派驻6961名工作队员到全市2450个村(社区)开展新冠疫情防控工作。动员组织5407名党员干部、1600多名志愿者到孝感主城区社区就近参与防控。组建百人物资保供工作专班，下沉到市高新区37个社区开展居民生活物资保供工作。

4.全市稳步开展农村改革。农村集体产权制度改革稳慎推进，集体资产清查全面完成，47个股份制改革试点村改革任务全部完成，1046个村集体经济组织登记赋码完成。巩固农村承包地确权登记成果，完成"回头看"整改。农业绿色高质高效整市制创建、深化农旅养融合、推进农村宅基地确权颁证、市县一体化气象装备保障业务体系等专项改革有序推进。开展院士专家服务农业产业发展"515"行动，与华中农业大学专家团队开展"乡村振兴荆楚行"对接活动。全面完成市级农业综合执法机构改革。

(五)农民生活日渐富裕。

1.农村居民增收渠道拓宽。农村政策有利于非农产业的发展，随着农村生产经营方式转型升级，农民生产经营方式有了较大变化，增收途径越来越广，尤其是农村富余劳动力加快向二三产业转移，经营净收入、工资性收入成为拉动农民收入的重要增长点。2020 年农村居民可支配收入中经营净收入、工资性收入、转移性收入、财产性收入占比分别为 39.8%、32.0%、26.0% 和 2.2%。

2.农民消费结构优化。随着农村经济不断发展，农民收入持续增加，农村居民收入的增长带动农村居民消费水平的进一步提升，农民的消费结构由以食品为主的温饱型单极化消费向以衣食住行为主兼顾文教娱乐的多元化消费转变，生活水平和质量不断提升。2020 年，农村居民生活消费中，交通通讯消费占比同比提高了 0.4 个百分点，文化教育娱乐消费、医疗保健消费、家庭设备用品消费占比同比均提高了 0.1 个百分点，而食品消费占比同比下降了 0.5 个百分点。

3. 农民消费水平提高。近年来，全市农村居民家庭每百户耐用消费品拥有量稳步增加，表明了农民生活质量不断得到改善，生活消费水平上升到新的台阶。2020 年，全市每百户农户抽油烟机拥有量 63 台，同比增长 23.5%，空调机 131 台，增长 22.4%，移动电话 334 部，增长 21.0%，热水器与洗衣机均是 99 台，均增长 16.5%，还有彩色电视机、汽车、微波炉、电冰箱的拥有量分别是 135 台、20 辆、17 台、106 台，同比增长分别是 13.4%、11.1%、6.3%、6.0%。

4.生存环境进一步优化。2020 年农村用电量达 17.9 亿千瓦时，同比增长 6.0%，所有村都接通有线电视和宽带互联网，通自来水的村占比 94.6%，高于上年 4.6 个百分点，通公共交通的村占比 89.2%，同比提高 3.3 个百分点。全市农村集中式供水受益人口比重为 98%、农村自来水普及率为 93%，分别较上年上升 6 个百分点、3 个百分点，农村饮水安全普及率达 100%。2020 年，主要道路有路灯的村民小组 15572 个，同比增长 6.8%，通天然气的村民小组 1085 个，同比增长 46.2%。

（六）组织保障更加规范。

1. 体制机制健全完善。贯彻落实《中国共产党农村工作条例》《湖北省乡村振兴战略规划（2018—2022 年）》，全面落实四级书记抓乡村振兴的机制，进一步加强党对“三农”工作的全面领导。一是强化规划引领。多次召开市委常委会、市政府常务会议专题部署乡村振兴工作，研究解决具体问题。出台《孝感市乡村振兴战略规划（2018—2022 年）》，细化实化工作措施。二是强化要素保障。全市共争取乡村振兴项目 36 个，财政投入资金 46.45 亿元。督促安排不少于 10%的建设用地指标，保障乡村产业发展用地需求。三是强化督办考核。市委主要领导开展乡村振兴调研 19 次，开展重大项目建设“四看四比”活动，持续推进涉农项目建设。把脱贫攻坚、农旅养融合等重点工作，纳入市政府“五化”管理平台进行重点督办。四是强化宣讲培训。把实施乡村振兴战略纳入各级干部培训计划，举办了全市实施乡村振兴战略基层干部专业化能力提升班。

2. 脱贫成效巩固提升。全面落实湖北省《关于克服疫情影响决战决胜脱贫攻坚的若干政策措施》和孝感市打赢脱贫攻坚战三年行动方案，圆满完成 1170 户、2573 名存量贫困人口减贫任务。一是加强组织保障。共整合投入扶贫资金 27.6 亿元，其中市本级投入 9399 万元，高于去年。落实“四不摘”要求，优化驻村帮扶，调整驻村队员 332 人。二是巩固提升脱贫质量。聚焦“两不愁三保障”，全市春季资助学生 8.98 万人次，发放资助资金 0.75 亿元。全市达标村级卫生室达到 1829 个。30 种大病集中救治 2272 人。实施“四类对象”危房改造 620 户。全市 12931 户搬迁户全部实现搬迁入住、拆旧复垦。落实兜底保障政策，将 76484 人贫困对象纳入农村低保保障，发放低保金 2.05 亿元；将 19297 人纳入农村特困保障，发放特困保障资金 1.51 亿元。三是强化监测帮扶机制。416 户 1385 人脱贫监测户，771 户 2313 人边缘户已消除返贫、致贫风险。四是严格考核监督管理。扎实做好脱贫攻坚普查，长效推进问题整改。查处扶贫领域腐败和不正之风问题 145 件，追责问责 161 人；查处扶贫领域形式主义、官僚主义问题 74 件，追责问责 84 人。

二、乡村振兴面临的困难

（一）巩固农村人居环境难度很大。

1.思想认识还不到位。在农村人居环境整治工作中，有的地方重视不够，主动性、大局观不够强等思想，措施不力，突击式、运动式抓工作。有的地方宣传动员还不够深入，群众的参与度不高，没有发挥群众主体作用，没有转变村民环保意识和公共卫生意识，特别是村庄清洁活动中，存在干部干、群众看的现象。

2.垃圾污水治理难度大。农村垃圾治理点多线长面广，环境卫生整治“一阵风”，“脏乱差”还存在反弹回潮现象。生活污水收集治理成本高，生活污水处理设施建设任务重、管网长，分散处理技术不成熟，生活污水治理有难度，小型聚居点和散户农户污水处理难度更大。

3.长效机制还不健全。在美丽乡村建设的示范村中，注重前期项目建设的多，注重后期管护的少，部分乡村建设了村级活动广场，配备了完善的健身器材，但是有些设施已经锈迹斑斑，存在安全隐患。

（二）乡村振兴人力财力投入不够。

1.乡村人才不足。农村青壮年群体外出务工，留下的多是老人、妇女、儿童等弱势群体，农村产业提升与专业技术型人才不匹配。与外出打工收入相比，村干部的政治待遇低，缺乏激励机制。目前农村劳动力素质总体不高，乡村治理人才短缺、乡村治理难度较大。2020年，全市的村党支部书记中小学初中学历的占到24%。

2.经费保障不充分。受疫情、汛情等困境影响，多数县（市区）财政困难，美丽乡村建设工作经费没有充分保障。由于乡镇财政保障能力有限，没有资金保障的建制村，项目建设资金缺口较大，项目推进比较困难。社会资本参与程度较低，村民自筹难度更大，多元化资金投入机制尚未建立。

3.治理能力有限。长期以来，受历史的局限和经济体制条件的制约，农村基层基础环保设施等公共服务的能力非常薄弱，总体上处于落后状态，农村垃圾收集设施和污水收集管网建设滞后，农村地区污染治理的盲区和死角亟待消除。

（三）农业生产中还存在较大困难。

1.种植收益不高。虽然近年来粮食价格有所上升，而肥料、农药、农膜等农资价格、人工工价以及土地流转费、农机作业费等生产成本也在同时增长，种粮收益减少甚至亏本，传统大宗农产品增产增收突破难度大，农民种田收益没有明显增加。农业技术落实较难。目前在家种田的主要以老年人为主，少数农田长期荒芜，基层农业专业技术人员缺乏，田管关键技术难以落实，新的模式难以推动，严重制约了农村农业发展。自然灾害风险仍需警惕。阶段性汛期、干旱、高温存在，抗灾夺丰收的风险和压力明显增大。

2.土地流转还存在难度。农民存在守田不失业思想，对流转金额200—300元/亩，农民认为太低，多数人不愿意流转。农民愿意流转的耕地，多数不成片、田小、多为丘陵岗地和榜田，种田大户或专业合作社等又不愿意接受。大部分农民把耕地让给亲朋好友代耕代种，不愿意流转给种粮大户，导致部分种植大户难以集中连片耕种。农户对土地流转的法律意识不强，一般是私下签约或者口头约定，双方责任不明确，随意性较大，极易产生合同纠纷，即使签订合同期限普遍较短，不利于大户长期投资。

3.农业保险工作还有待完善。灾后实际保险受益与理想受益有差距。如水稻保险的最高理赔400元/亩，在实际理赔中，存在理赔面积的认定和理赔金额的争议等方面的问题，理赔手续繁琐，往往达不到种植户要求。险种数量与农业产业范围有差距，当前已有水稻、小麦、油菜等保险，但玉米、花生等还没有保险。公司承保能力与农业生产的高风险有差距，农业基础设施薄弱，不确定因素多，风险大，防灾抗灾能力差，巨灾风险分散机制尚未形成。

三、促进乡村振兴的建议

（一）进一步做好人居环境整治工作。

1.加大工作宣传。在工作中，注重尊重群众首创精神，充分听取镇村干部、广大群众意见建议，突出实用好用管用的原则，摒弃高大上，不搞城市化。广泛宣传垃圾分类知识，逐步将垃圾分类由群众和市场自发性阶段推向有组织分类阶段。引导群众改变传统陋习，激发内生动力，让群众各人自扫门前雪，提升群众环卫意识，提升群众认可度，以精神文明建设的新成就促进人居环境整治，扮靓美丽乡村。

2.抓好工作联动。农村人居环境整治工作涉及点多、面广、参与部门多，各地要按照“县级主导、部门配合、乡镇主体、村民参与”的原则，调动相关部门的主动性、乡镇的积极性、村民的主观能动性，形成强大的工作合力。

3.抓好长效管护。各地各部门要不断探索健全的农村人居环境整治长效管护机制，继续完善环境监测监管网络，加大监测监管力度，加大环境监测监察频次，将农村环境治理责任具体到乡镇、到村、到人，不留环保死角，不断巩固人居环境整治成果。

（二）加强人力财力技术保障。

1.积极培养乡村人才。一是强化新型职业农民培训，引导农民合作社、专业技术协会、龙头企业的专业人员为农民培训，充分用好本地人才，逐步提高农民业务素质。二是给予在农业院校、农科类专业中的乡村学生适当资助，引导其毕业后返乡发展，鼓励外出务工农民等回乡创业，引导各类人才向农村流动，带动农村发展。三是相关部门完善农业综合信息服务体系，加大对乡村的业务指导。

2.拓宽资金筹措渠道。一是策划项目争取资金。紧盯中央支持湖北一揽子政策机遇，积极争取中省项目资金，申报省级建设项目，把争取的省级奖补资金优先用于乡村振兴建设。二是统筹项目聚集资金。将“四好农村路”、精准灭荒、农村人居环境整治、农业污染治理等与乡村振兴建设有机结合，推动项目、资金向乡村振兴聚焦，充分发挥资金的协同效应。三是撬动主体抓资金。学习借鉴外地乡村振兴先进建设模式，优化管理流程、简化审批手续、以奖代补撬动社会资本参与乡村振兴建设。采取社会捐助、村民自助等形式，鼓励热心群众捐款用于乡村振兴建设。

3.加强乡村环境治理技术指导。要加大环保投入力度，充分调动基层环保工作的积极性，进一步完善农村环境基础设施。相关部门要指导各地因地制宜地采用更有效、更经济的治理技术模式和运维管理模式，保障环保设施顺利建设和维护长期稳定运行，更广泛的促进农村环境综合整治工作的推进。

（三）全力做好农业产业稳定工作。

1.努力提高农民种田积极性。一是加强对粮补、良种补贴等各项强农扶农政策的宣传，营造有利于种植业生产发展的良好氛围，提高农民收益。二是扎实开展打假保生产活动，保证农民购买到“放心农资”，特别是“放心种”。三是加强种子市场有效监管，组织经营户进行品种网上备案，审查品种合法性，加强抽检主要农作物种子质量，依法查处未审先推、包装标签不规范等违法行为。

2.支持新型农业经营主体适度规模生产。鼓励主体流转土地，开展适度规模生产，集中连片生产。对主体育秧温棚、机械育秧设备、运输设备、机械插秧设备等给予项目支持。出台政策新建一批粮食烘干基地和储存基地，解决粮食收割、烘干、晒场、储存等问题。

3.加大防灾减灾力度。加快推动高标准农田建设，提前做好水源组织调度，有针对性地开展气象为农服务工作，加强旱情、洪涝等灾害天气以及病虫害的监测和预警，落实各项防灾减灾措施，着力提升农业防御极端天气、洪涝干旱、病虫害等自然灾害的能力。加大农业保险的推广，提高保险覆盖面，充分发挥农业保险对稳定种植业信心的作用。

撰稿：刘全红

乡村振兴背景下的乡村旅游发展现状与问题解析

——荆州市乡村振兴战略监测报告

国家乡村振兴战略规划中明确提出发展乡村旅游，实施休闲农业和乡村旅游精品工程，大力发展生态旅游产业，打造乡村生态产业链，推动文化、旅游与其他产业深度融合、创新发展。乡村旅游是促进乡村经济发展、解决农村就业和增收的方式之一。本文旨在研究乡村振兴背景下荆州市乡村旅游发展现状，找准荆州市乡村旅游产业优化升级中存在的问题，有针对性地提出对策及建议，为荆州市乡村旅游健康发展及推动乡村振兴提供新的思路。

一、当下乡村旅游的概念及特点

（一）乡村旅游的概念。乡村旅游以旅游度假为宗旨，以村庄野外为空间，以人文无干扰、生态无破坏、以游居和自由行为特色的村野旅游形式。相较于城市旅游，乡村旅游的核心区域是乡村，其魅力在于城乡的文化差异和农业文明的差异。

（二）乡村旅游的特点。1.乡村旅游有着极强的地域性，丰富多彩的乡村风俗民情、各具特色的乡村自然风光给游客带来强烈的差异感，提升游客的满意度。2.乡村旅游不仅仅是对自然风光的观光游览，它是一项集观光、娱乐、康疗、民俗、科考、访祖等在内的多功能、复合型旅游活动，游客在主体行为上具有很大程度的参与性。3.乡村旅游可持续性高。4.乡村旅游可塑性高。乡村旅游区别于传统度假旅游，是借助已有旅游景点的吸引力，争取客源，以形成资源共享，优势互补，共同发展的格局。

（三）乡村旅游在乡村振兴中的作用。1.发展乡村旅游是实现乡村产业兴旺的重要途径。2.乡村旅游植根于乡村自然生态，通过对乡村环境的合理规划和有效治理，营造具有乡土气息的田园景观，有效治理农村脏乱差的生活环境，改善村容村貌，使乡村环境更加优美，是保护对乡村生态环境，营造人与自然和谐共生宜居环境的现实选择。3.乡村旅游厚植乡风文明。乡村旅游重视对乡村文化、乡风民俗的保护、传承和推广，让乡风文明厚植在乡村热土中。4.乡村旅游促进治理有效。乡村旅游在潜移默化中为促进乡村社会主义道德建设、村规民约的设立和社会主义核心价值观的融入起到了不可磨灭的作用。5.乡村旅游铺路生活富裕。乡村旅游是地区经济新的增长点和村民收入的增长源，其最直接的效果是为当地带来可观的收入。

二、乡村旅游发展现状及问题

（一）乡村旅游发展现状。

荆州地处长江中游，江汉平原腹地。荆州古称江陵，历史悠久，文化灿烂，建城历史长达2600多年，楚文化发祥地和三国文化中心，是国务院公布的首批24座中国历史文化名城之一，中国优秀旅游城市，国家园林城市，旅游资源丰富，集文化、生态、自然风光于一体。

近年来，荆州市坚持以“文化传承和旅游发展”为理念，秉承自身发展优势，充分挖掘、整合丰富的文化资源、旅游资源。坚持“宜融则融，能融尽融，以文促旅，以旅彰文”的总体原则，城乡旅游业得到了空前的发展。2016年至2019年全市累计接待国内外游客16681万人次，实现旅游综合收入1145亿元，年均分别增长16.16%和22.54%。2020年因遭遇新冠肺炎疫情，旅游业遭受重创。荆州共接待国内游客4017万人次，恢复到2019年的80%，实现旅游收入250.24亿元。全市现有A级旅游景区19家，其中4A级6家，3A级13家。近年来荆州市大力推广全域旅游，形成以荆州古城为核心，各具特色的乡村旅游产品层出不穷，多个旅游板块共同发展的良好态势。

荆州乡村旅游发展现状

国家休闲农业与乡村旅游示范县	洪湖市
全国特色小镇	松滋市涴水镇
全国特色景观旅游名镇名村2个	洪湖市瞿家湾镇 荆州区川店镇张场村
中国美丽休闲乡村	松滋市涴水镇樟木溪村

续表

全国红色经典旅游景区 4 个	监利县周老嘴湘鄂西革命苏区旧址群、洪湖湘鄂西苏区革命烈士陵园、荆江分洪工程旧址群、洪湖九八抗洪纪念园
全国最受欢迎十大博物馆	荆州博物馆
湖北旅游名镇	松滋市卸甲坪乡
湖北旅游名村	公安县凤凰村，洪湖市陈湾村、滨湖办事处乘风村，监利县高潮村、王垸村，荆州区太湖管理区桃花村，石首市桃花山镇李花山村，松滋市沲水镇北闸村
湖北省休闲农业示范点 10 个	荆州太湖桃花村农耕园、洪湖市八卦洲生态农业发展有限公司、石首市龙泉农业生态休闲农庄、湖北桃花山生态科技产业园、沙市区秋收农场、松滋市南海甜园现代农业观光园有限公司、公安县健明蔬菜种植专业合作社、荆州区谈兴盛农家乐园、监利县东港子湿地旅游服务有限公司、青宁黄桃精品园

（二）现阶段乡村旅游发展存在的问题。

1. 旅游产业发展缺少统一规划，缺乏重点景区和板块。从旅行社了解到的全市旅游线路分析，主打为以荆州古城为中心的 1 日游线路，也有辐射周边县市的 2 日线路，总体缺乏整体的线路规划，景点多而且散，没有形成合力。从游客成分分析，来荆旅游的人员主要分为三类，一是以荆州古城三国文化为目的的中老年旅行团，二是以方特、园博园为目的地的青年游客，三是假期全家出游的游客。在游览完荆州城区主要景点后，第二日或选择以东洪湖湿地、红色旅游景点，或选择以西前往松滋自然景观，再去往宜昌。由于缺乏突出的重点景区或板块，小而散的景点很难留住游客。

2. 旅游产品单一且分散，尚未形成完整的旅游体系。近几年荆州乡村旅游产品数量迅速增长，各色乡村旅游产品层出不穷，但从总体来看，新兴产品定位不明确，主题不突出，没有深入挖掘荆楚文化内涵。目前发展较快较多的是以观光采摘、农家餐饮为主的模式，各个景点旅游项目类似、特色雷同，经营手段相仿，缺乏创新。个别景点开发投资者为私营个体，其开发旅游项目的最大目的是获取短期的经济效益，而缺乏长期战略眼光，从而减少对游客旅游体验的考虑。与宜昌相比，荆州的旅游产品结构不够丰富，功能尚不全面。2016 年以来，宜昌市开发出百里荒高山草原旅游区、昭君村古汉文化游览区、武陵峡口生态旅游区和天龙湾旅游度假区等 7 个形式多样的乡村旅游 4A 级景区，产品定位精准，品质优良，在市场上相较于荆州市更具竞争力。

3. 接待游客的能力不足，吞吐量有限。荆州旅游市场主要辐射周边城市，以省内自驾游游客居多。近年来随着方特、园博园的开业，旅游业迎来井喷式的发展。随之而来问题也逐渐暴露，荆州中心城区宾馆入住率达到 80%以上，星级酒店平时整体入住率在 65%到 70%。2019 年十一期间各大酒店餐厅爆满，收入大幅度增加，餐饮消费达到了新高。据了解，长假期间，荆州城区各大酒店宾馆的客房价格都有不同程度的上涨，上涨幅度在 10%—20%不等。问题出现以后，市政府立即响应，出台政策稳定酒店价格，遏制各类坐地起价现象。但根本原因在于城区接待量有限，无法承接短时大量游客，住宿难、停车难等问题也因此凸显。

4. 旅游对外宣传不足，在全国知名度不高。旅游是知名度经济，要想提高旅游知名度，需要做好形象营销。荆州是楚文化的发祥地，又有三国历史背景、有真实存在的三国古城墙。但目前在全国来看，北有襄阳古隆中，南有咸宁三国赤壁古战场，知名度都高于荆州。荆州以三国为旅游开发主情怀，但三国相关景点仅围绕古城墙，没有系统的、可玩性高的以三国为主题的景区；且在全国没有形成不可替代的影响力。

三、乡村旅游发展建议

荆州乡村旅游正处在起步阶段，发展应当外学浙江，内学宜昌，提高旅游发展定位，绘制荆州乡村振兴宏伟蓝图，加速推进荆州大旅游统筹发展。

（一）牢固树立一盘棋意识，促进乡村旅游一体化发展，打开旅游格局。

从全国旅游产业发展成功案例中我们可以得出结论，除开得天独厚的自然资源优势，更多的是在于旅游线路的大格局规划。事实证明，各乡镇村自主发展的小景点模式辐射范围始终有限，要以市为单位，形成一盘棋，联合宜昌、湘西开发出内容丰富、特色鲜明的精品旅游线路，促进乡村旅游由点成线、连线成面的全面发展局面。从文化和旅游局了解到，近期，荆州市、岳阳市、常德市、益阳市、长沙市组成以湖北、湖南两省“四市一区”的洞庭湖生态经济区文旅产业的“航空母舰”，这样的旅游线路可以让游客十分完整地游览洞庭美景，势必比单一的洪湖湿地公园更具市场竞争力。因此荆州在乡村旅游发展方面应以现有景区为定位点进行多地共同规划、协调发展。

（二）以差异化为亮点，旗帜鲜明打造乡村旅游精品，讲好“荆州故事”。

乡村旅游本质上是一种差异化生活的体验过程，“千城一面”的景点难以产生影响力。粗制滥造、商业气息过于浓厚的乡村旅游留不住旅客，难以获得长足发展。荆州是楚文化的发祥地，同时拥有丰富的三国文化资源。乡村旅游发展需固守三国历史资源，提炼楚文化核心主题，丰富荆楚文化内涵，提高内在吸引力和核心竞争力。相关部门在审批乡村旅游用地的时候要多部门精准把控，提高乡村旅游开发门槛，引进更多有实力、有创意的旅游品牌，防止粗放式的滥开滥放，提升荆州旅游形象。

1. 做好“楚文化”大文章。以《荆楚大遗址传承发展工程实施方案（2019—2023）》为蓝本，联合武汉、宜昌、随州等地发出一条楚文化之旅的大环线，在大环线中大力发挥荆州特色。一是以荆州博物馆、楚王车马阵为主阵地继续做好纪南楚文化主题公园的建设，完善配套设施。二是开发、挖掘、打造一个极具楚文化韵味的特色村寨，开展以楚国婚嫁、祭祀、歌舞为主题的楚文化宣传演出，同时开展从纺纱、楚绣，到楚衣、荆楚美食为主题的体验式活动，建设一批极具楚国古都特色的民宿、酒店，还原楚国故都摩肩接踵的盛世繁荣。三是打造季节性旅游产品，抢占假期旅游市场。如传统的以端午节为契机举办赛龙舟等纪念屈原的活动，抑或举办楚文化汉服展览。近年来汉服文化在全国范围内兴起，汉服市场庞大，成都、西塘、西安都曾成功举办过汉服走秀活动，在推广传统文化的同时收到了较好的经济效益。荆州方特也成功试水汉服巡游活动，收效甚好。借此经验，可以汉服走秀为契机，以楚文化为载体，讲述楚国八百年辉煌历史，承办大型汉服走秀活动，吸引国内汉服爱好者前来观赏，给游客带来沉浸式楚文化体验。

2. 绘制“三国”大版图。“闻听三国事，每欲到荆州”，《三国演义》120回中发生在荆州的故事有70多回。比较有名的有曹操攻荆州、刘表让荆州、刘备借荆州、关羽大意失荆州等。湖北是国内率先做出以省为单位创建三国文化旅游体系的省份，在全国三国文化旅游市场有着较大的市场份额。荆州市应抢抓机遇，在湖北三国文化旅游区中加强区域协作，同时发挥好荆州特色，明确区域分工。在线路设置方面，以荆州古城为中心，将三国文化主题辐射石首桃花山景区、监利华容古道等，落实这类景点的修复和情怀塑造，形成以《三国演义》的故事为脉络设置游览线路，让游客在游览过程中体会到故事的连贯性。在景点建设方面，做好江陵古迹的保护，推进古城风貌的恢复，修整、扩建三国公园，强化其三国主题，切实加强荆州古城的可玩性。人文情怀方面，做强“三国主题演出”，真实演绎惊心动魄的战争场面。

（三）提升服务水平，强化配套设施，提升游客旅游体验。

一是提升景区服务管理水平，加大对有损荆州旅游形象的景区乱象的惩治力度，合理并严格执行最高接待标准。推进“互联网+监管”，合理利用“全国旅游监管服务平台”，提升旅游监管服务水平。二是构建便捷的旅游交通网络。在车站、机场、高速出入口合理设置旅游客运车辆专用通道和停靠点；优化景区进出通道，避免游客滞留。三是优化旅游食宿品牌。如浙江省商业发达，浙江莫干山依托地理优势开发高端商住酒店和极具特色的民宿，开发了全国以住宿为目的的旅游新模式。浙江省及上海市的众多商务活动均选择在莫干山举行，大大提高了旅游收入。发展一批特色鲜明、主题突出、品质优良的精品旅游饭店，丰富住宿产品供给。以荆州味道为主题打造荆楚特色餐饮品牌，打造一条特色美食街。

（四）塑造乡村旅游品牌，提高乡村旅游品牌影响力和知名度。

一是注重乡村旅游品牌的塑造，要树立绿色营销理念，全力打造乡村旅游产品品牌，利用互联网和新媒体加强对乡村旅游产品的营销。在互联网消息发达的今天，旅游往往通过网络进行旅游目的地的选择，网络口碑至关重要。可以借鉴西安大唐不夜城的成功静安，打造以三国为主题的网红经济模式。推广乡村旅游应借助微博、微信、抖音等成熟的网络媒体打造营销体系，找准荆州旅游定位，向目标群体精准投放营销广告。如浙江省安吉县与中央电视台“非常 6+1”等著名栏目合作，派送了 3000 万元的旅游券，在主流高端媒体打响了安吉乡村旅游品牌影响力。二是要发挥党委政府对乡村旅游产品品牌营销的主导作用。政府通过大型旅游推介活动、旅游交易会或者博览会，兴办旅游师范街等活动，整合营销资源。政府自身也是乡村旅游营销的活招牌，要用好这张活招牌。如去年十一月，新疆伊犁昭苏县县长贺姣龙身披红斗篷、骑着白马驰骋新疆雪原走红网络，成功带活伊犁旅游业。

撰稿：梅华丽

2020年黄冈乡村振兴战略实施监测报告

2020年，黄冈市坚持以习近平新时代中国特色社会主义思想为指导，贯彻落实习近平总书记关于“三农”工作的重要论述，按照党中央、国务院的决策部署和省委、省政府的工作要求，对标全面建成小康社会目标，聚焦脱贫攻坚战，坚持农业农村优先发展总方针，以实施乡村振兴战略为总抓手，全力以赴战疫抗洪，统筹推进“五大振兴”，取得了疫情防控决定性成果，夺取了防汛救灾全面胜利，完成了脱贫攻坚战略任务，农业农村经济发展保持稳中向好、稳中有进的发展态势，守住了“三农”基本盘，巩固了“三农”战略后院地位。

一、考核指标完成情况

（一）产业兴旺

1.粮食和重要农产品稳产保供。全市粮食收获面积591.59万亩，总产53.82亿斤，均超额完成省定目标任务；生猪年末存栏249.68万头，恢复到2017年末81.5%水平，超额完成2017年末80%的既定目标；水稻、小麦、玉米三大粮食作物重大病虫害危害综合损失率为2.81%，控制在5%的目标要求以内；全市共推广150项农业主推技术，农业主推技术到位率100%；应配备基层农技人员1474人，实际配备基层农技人员1631人，根据各县抽样调查，基层在职农技人员年平均收入与当地同级别事业单位人员年平均收入基本相当；油菜种植面积216.41万亩，总产6.88亿斤，油菜种植面积和总产全省排名第二；主要农作物耕种收综合机械化水平达75.7%，比2019年提高2.7个百分点；全市建成4个县级兽医实验室，已具备非洲猪瘟检测能力。春季、秋季集中免疫高致病性禽流感群体免疫密度达98.5%、98.8%，春季秋季集中免疫高致病性禽流感免疫抗体合格率达95.2%、96.6%。

2.农林牧渔增加值。2020年全市农业总产值773.14亿元，同比增长0.3%，高于GDP增速6.9个百分点，农林牧渔增加值为461.33亿元，同比增长0.3%。

3.农产品加工产值与农林牧渔业总产值比。全口径农产品加工产值与农林牧渔业总产值之比达到2.0:1，与2019年基本持平。

4.农业产业化发展情况。全市现有国家级现代农业产业园1个、省级现代农业产业园10个，市级以上重点龙头企业311家，地标优品种子企业由30家发展到60家。391家规模以上农产品加工企业产值达463.3亿元，5家重点龙头企业产值过10亿元；大别山黑山羊、蕲春蕲艾、英山云雾茶进入全省农产品区域公用品牌20强，蕲春蕲艾、麻城福白菊、罗田板栗入选国家级特色农产品优势区。能人回乡创业“千人计划”累计签约项目3611个，实际完成投资额955.54亿元。大力发展乡村旅游经济，出台《黄冈市推进乡村文化振兴实施方案》，全年新建造乡村旅游项目64个，协议总投资163.33亿元。村集体经济加快发展，全市贫困村集体经营收入增长率45.91%，贫困村补助收入增长率27.0%，贫困村债务减幅13.4%，集体产权制度改革进度达100%。

5.耕地保护和高标准农田建设。2020年高标准农田建设的36个项目、40.76万亩全部完成市级评审和项目批复，平均进度达24.5%，居全省前列。完成“两区”划定耕地面积429.33万亩，划定粮食生产功能区面积335.6万亩，重要农产品生产保护区面积288.92万亩，三项指标均超额完成省定任务。耕地保有量为799.09万亩，高于省定707万亩目标；永久基本农田保护面积570.72万亩，高于省定570.7万亩目标。市级耕地“非农化”“非粮化”发生面积少于100亩，耕地“非农化”、“非粮化”涉及永久基本农田面积少于30亩，耕保督察整改率位于90%—95%区间，年内130个项目核查备案成功，备案成功率位居全省上游。

6.农业农村科技创新水平。启动实施教授回乡“千人计划”，动员3300余名在外专家教授回乡支援城乡发展。持续实施“一村多名大学生”计划，培养农村实用人才、基层农技人员2000余人，培训高素质农民6448人，培养科技创业骨干、本土科技人才200余名。选派科技特派员241人，深入基层推动主导产业和特色产业发展。全市累计创建国家级星创天地8家、省级19家、市级20家。

7.农田水利工程运行管护。加强大中型灌区标准化规范化管理，全市大型、重点中型灌区均设立公益性、准公益性水利工程管理单位，公益性人员基本支出落实率100%，工程维修养护财政补助资金落实率100%。全市所有大型和重点中型灌区均已完成供水水价成本核算工作，实现了灌区标准化规范化管理。农田水利设施运行管护监管均100%达标。

8.农业社会化服务水平。家庭农场名录系统录入完成比例79.39%，示范家庭农场增长率27.29%，“六有”家庭农场增长率16.47%，均大幅超省定任务指标；农民合作社1.04万个，合作社培训率达23.8%。全市县级以上示范社839个，平均社员数97人。

（二）生态宜居。

9.美丽乡村建设。169个村入选2019年省级美丽乡村建设示范村，664个村入选省级整治村。2020年全市335个村完成“多规合一”村庄规划编制，456个行政村开展垃圾分类试点，112个乡镇生活污水处理厂建成运行，建改农户无害化厕所59.8万座、农村公共厕所6043座，11个县（市、区）行政村实现村庄清洁行动全覆盖。国家、省农村人居环境整治工作简报先后10次推介黄冈经验。全市户厕建改完成率121.3%，农村公厕建改完成率154.7%，整村推进完成率107.9%。

10.“四好农村路”建设。成功创建“四好农村路”全国示范县1个（黄州区）、省级示范县2个（浠水县、蕲春县）、示范乡镇12个。建设完成通村水泥沥青路823公里，完成农村公路提档升级2400公里，完成危桥改造321座，创建美丽农村路1500多公里。全市农村公路养护县级配套率117%，全市11个县市区配套率均超过100%。

11.农村污水处理水平。全市投入7155.17万元加强农村生活污水治理设施建设，建成集中（分散）式污水处理设施6719套，建成配套污水管网524.78公里；建设生活污水设施规模处理量达3331.8吨/天，受益人口达216291人。

12. 农村垃圾收转处体系建设。共配保洁人员3.02万人（村平均保洁人员7人），共配备垃圾转运车辆1.5万台，共发放分类垃圾桶91.85万个，建设分类垃圾收集点3.39万个。建成乡镇垃圾压缩中转站164座、城区垃圾中转站66座。城乡生活垃圾平均日产生量约3460吨，日实际处理量约3390余吨，无害化处理率约为98%，全市146个乡镇、4117个行政村基本建立生活垃圾无害化处理“五有”工作体系。先后投资2791万元专项资金用于垃圾分类试点和分类收运系统的建立，129个乡镇、456村开展垃圾分类试点工作。

13. 村庄绿化和林地保护。完成造林绿化15.75万亩，建成并达标国家级森林乡村80个，圆满完成省定任务。全年共查处破坏林地案件500余起，涉及林地面积17.18公顷、林木463.5立方米，积极有效管护了林地资源。全市人工造林及森林质量提升面积2.12万亩，计划完成率102.9%。

14.农业绿色发展。长江禁捕纳入国网建档立卡捕捞渔船1583艘、退捕渔民3124人，在全省实现“四个率先”：率先完成渔船渔民建档立卡“四级”签字背书，率先打响渔船拆解处置“第一枪”，率先完成相关船舶规范管理和处置，率先实现了人员转产就业安置保障。农产品质量安全抽检国家、省、市三级农产品990批次，其中市本级组织定量抽检638批次，农产品质量安全监测总体合格率98.7%。畜禽粪污资源化利用率达84.9%，超过省定目标9.9个百分点。化肥、农药使用量同比下降1.7%、2.9%，化肥、农药有效利用率分别达40.9%、40.7%；秸秆综合利用率达96.5%；农业废弃物回收率达83.2%。实施安全利用类耕地3.36万亩、严格管控类耕地715亩。

15. 农村互联网普及水平。全市固定宽带用户数195.35万户，固定宽带家庭普及率77.7%，增幅5.1%，超出省定目标17.7个百分点。移动宽带用户数约为509.32万人（含2G用户），移动宽带人口普及率80.3%，增幅0.7%，超出省定目标5.3个百分点。成功争取国家第6批电信普遍服务试点项目，获批国家项目建设补助资金1600余万元，新建4G站点135个，涉及我市9个区县69个乡镇，项目完成后城乡4G网络覆盖率可达99%以上。

（三）乡风文明。

16. 文明村镇建设。全市累计创建县级以上文明乡镇99个，占乡镇总数的85.3%，创建县级以上文明村2268个，占行政村总数的58.1%，文明乡村创建数均超过“十三五”规定的50%指标。全市13个村镇获第六届全国文明村镇荣誉称号、18个全国文明村镇复查通过被授予全国荣誉称号；24个乡镇、114个行政村被授予湖北省文明村镇荣誉称号。

17. 新时代文明实践中心建设和县级融媒体中心建设。全市10个县市区新时代文明实践中心全部成立指导中心，建立了127个新时代文明实践所、3702个新时代文明实践站，实现了县、乡、村三级志愿服务队伍全覆盖。探索创造了“四五六”工作法、“13856”服务模式、“八心”志愿服务、“六传六兴”实践活动等一批经验品牌。注册志愿服务组织8010支，注册志愿者85.09万余人，组织开展文明实践活动91.03万次。全市所有县市均已挂牌成立县级融媒体中心，均通过省委宣传部验收。

18. 乡村综合文化服务中心建设情况。全市建成87个乡镇综合文化服务中心；94.8%以上的村级综合文化服务中心建筑面积超过200平方米，并配套建有文化广场。推行“1+10+N”图书馆分馆建设模式，市图书馆与10个县级图书馆实现通借通还，建成148个图书馆分馆；县级文化馆分馆实现乡镇综合文化服务中心全覆盖。

（四）治理有效。

19. 农村基层党组织建设质量。开展软弱涣散村级党组织整顿活动，对41名整顿不力的包保责任人进行通报、约谈问责，先后撤换不胜任不称职村级党组织书记165人，其中软弱涣散村书记35人；深入推进扫黑除恶专项斗争，认真核查、限期办结中央及省、市扫黑办移交的96条问题线索；推动县（市、区）兜底落实185个薄弱村集体经济发展资本金8635万元，撬动社会资金1.7亿元。

20. 群众安全感。对全市的138乡镇（街道）群众安全感进行了测评，2020年度的群众安全感达97%以上，超过省定95%标准。阳光信访平台全网登记“农业农村”类信访件共计668件。

21.平安乡村建设。加强农村警务建设，共建有城乡社区警务室191个，配备社区和驻村民警928名，设立警民联系点或治安中心户1.38万个，化解矛盾纠纷1.58万起。95%以上的村（社区）“法律明白人”达到3人以上，村（社区）每年至少组织2次基层干部和普法骨干法治培训。

（五）生活富裕。

22. 农村居民人均可支配收入。农村居民人均可支配收入达到14693元，比上年增加203元，同比增长1.4%，高于城镇居民人均可支配收入增速4.5个百分点。

23.农村自来水普及率。全市投入资金2.1亿元，巩固提升20.29万农村人口饮水安全保障，农村自来水普及率4.7%，较2019年提高1.39个百分点。

24.健康乡村建设。全市完成标准化建设乡镇卫生院共计127家，完成基本医疗设备配备共计107家，全市3237家村卫生室投资1.35亿元，群众满意度超过90%。全市建立健康档案602万份，其中电子建档率94.24%；传染病和突发公共卫生事件报告率100%，创建国家卫生乡镇10个、省级卫生村1166个。

25.金融支持“三农”发展。全市普惠金融贷款余额合计659.77亿元，较年初增加了74.43亿元。据专项统计口径，全市单户授信1000万元以下小微企业贷款余额为331亿元，较年初新增了56.50亿元。企业融资成本显著降低，各银行机构新增创新产品普遍在2个以上，办贷周期普遍较去年同期要短1至2个工作日。

疫情最重期间，在做好疫情防控的前提下，抢抓时机，积极稳妥推动春耕生产和恢复农村生活秩序，确保全年粮食种植面积不减，确保夏粮稳产，最大限度减少农民因疫因灾损失。坚持科学应对疫情灾情影响，持续加大稳岗就业、消费扶贫力度，深入推进农村综合改革，有效促进农民增加收入。2021年，黄冈市将认真贯彻落实中央、省委关于“三农”工作的决策部署，坚持农业农村优先发展，坚持“全面推进乡村振兴，加快农业农村现代化”这个主线，推进脱贫攻坚与乡村振兴有效衔接，加快推进建设农业强市，确保“十四五”黄冈农业农村开好局、起好步。

撰稿：汪小平

聚焦农村环境整治　强化农业人才振兴

——咸宁乡村振兴战略监测报告

实施乡村振兴战略是党的十九大提出的重大战略任务，也是做好新时代“三农”工作的重要抓手。2021年中共中央国务院《关于全面推进乡村振兴加快农业农村现代化的意见》中明确提出大力实施乡村建设行动，结合我市实际，围绕农村环境整治和乡村人才振兴等方面做了如下工作：

一、聚焦环境整治，建设美丽宜居乡村

（一）开展农村人居环境整治“百日巩固”行动。

开展“治四乱”、“督四员”、“评四美”活动，全面治理乱抛乱洒、乱堆乱放、乱倒乱排、乱搭乱建现象；加强对生态护林员、农村保洁员、河湖库巡查员、农村道路护路员的监督和管理；分级开展“最美乡镇”、“最美村湾”、“最美庭院”、“最美乡亲”评比活动。“百日巩固”行动以来，全市共投入资金4.57亿元，清理垃圾23.6万吨，清理沟渠3739.6公里，清理水塘2930.1万平方米，拆除破旧违章建筑25万平方米，绿化植树771.5万株。全市配备“四员”13745人，开展最美评比活动709次。全市农村人居环境脏乱差现象得到革命性变化。

（二）在农村厕所革命中重点突出“四水共治”。

持续推进厕所革命三年攻坚行动，全市已完成农户无害化厕所建改18.9万户，超额完成省定计划任务。建成农村公厕725座，公厕改建达到省定三年计划数的80.3%。以“四水共治”为突破点，在赤壁、嘉鱼、咸安三地6个村组试点，全力做好农村改厕数量、质量双达标。

（三）治理农村污水垃圾。

指导各县（市、区）完成县域农村生活污水治理专项规划初稿。新建集中式生活污水处理设施17座，建成污水收集管网505.65公里，污水处理能力约700吨/日。全市新增垃圾收集车14辆、垃圾转运车15辆、垃圾收集桶（箱、池）6771个，整治村基本实现自然村湾户均至少1个垃圾桶，每村配套至少4—5名保洁员。组织申报中央环保投资项目（农村环境综合整治类）13个，其中，纳入中央项目实施库项目5个，成功争取涉农中央环保专项资金3237万元，纳入中央专项资金储备库项目8个，计划投资总额1.22亿元。

（四）打造了一批美丽乡村示范样板。

申报2020年度省级美丽乡村建设示范村41个和整治村161个，目前已完成示范村村庄规划编制工作，建成了G107赤壁段、幕阜山旅游公路等一批示范路段；创建了白水村、宝塔村、熊家湾村等一批美丽村湾。我市美丽乡村建设经验得到了农业农村部高度肯定并在微信公众号上做了宣传推介。

二、聚焦人才建设，强化人才振兴支撑

（一）夯实人才政策支持。

咸宁在全省率先印发《关于全面推进乡村人才振兴的实施意见》文件，并高质量编制完成了《咸宁市乡村振兴战略规划（2019—2022）》。组织、财政、农业、人社等部门同向发力，先后实施“贫困地区专业技术人才奉献岗位计划”“大学生村官”“南鄂英才”“寻找创业合伙人”等各类人才工程，打好政策、政治、亲情、特色“四张牌”，在创业融资，场地技术、子女就学等方面为人才深入基层、干在基层、留在基层提供政策保障，助力乡村产业振兴取得新成效。2020年，我市新增特色农业产业基地7.13万亩，实现农林牧渔业增加值231.29亿元，农产品加工产值突破千亿大关。

（二）激发乡村产业活力。

全市大力实施“三乡”工程。一方面，以乡土亲情为纽带，真情真意“喊能人回家”，涌现出一批产业带头人和乡贤。联乐集团创始人周明炎出资8000万元资金，助力嘉鱼四邑村新建、改造房屋480户，四邑新村被评为“全国幸福农村社区”；通城县五里镇相思山下，县委、县政府和瀛通公司董事长黄晖共同投资1.3亿元，打造美丽乡村典范“善缘谷”。另一方面，龙头企业对乡村振兴特色产业的壮大与繁荣有着明显的规模效应、带动效应和聚集效应。赤壁御屏山村引入郑州思念集团旗下的赤壁神山兴农科技有限公司，建设御屏山半岛猕猴桃小镇基地，带动村民自主种植、邻村种植形成良性循环，引领片区致富。

（三）着眼人才素质提升。

一是坚守“服务三农”初心，制定并实施“一村多名大学生计划”“新型职业农民培育”等各类人才培养计划，为农村打造一支“回得去、用得上、留得住”的“农村基层组织接班人、脱贫致富带头人、电商创业合伙人”。如“一村多”效果显著，为全市 905 个行政村定向培养了 2000 多名学员，在乡村振兴中发挥“排头兵”“先行者”的作用。二是引进专家团队一线讲学。从市直涉农部门、科研院所、大中专院校等机构中，选拔人才组建农技推广、生产技能、电子商务等 6 类“讲师人才库”，开展一线讲学送教。同时柔性引进市级“科技副总”“院士专家咸宁行”等专家深入贫困地区，攻克技术难题，破解发展困境。

三、存在的问题

（一）群众参与人居环境整治意识有待加强。

经过宣传带动，群众思想、行动已较前期有了很大的进步，但群众发挥主体作用仍待加强。部分村湾，由于长期外出务工人员多与教育资源整合等原因，农村青壮年和有条件的家庭，大多在集镇、县城和市区购房、租房居住，一面务工、一面供学，对农村老家的归属感日益淡化，对现有农村住房改造、周边环境整治的积极性不高、主动性不强。项目建设以旁观者自居，珍惜和爱护生活环境的意识不强。农民自治共治程度不高，各项建设设施缺少有责任心的人或有技术的专业人员管理。

（二）美丽乡村建设资金支持力度仍需加大。

一方面财政支持力度有限。虽然我市农村人居环境整治工作有了一些成绩，但对于全市农村环境的改善，资金支持力度还需要进一步加大。有的乡镇、村庄面积较广，经费有限。另一方面社会资本参与度不高。由于农村基础设施不够完善，农业用地、融资等方面支持政策有限，再加上农村环境整治投资大、面积广、回报低，社会资本进入该领域还不够活跃。

（三）农业技术人才引入依旧困难。

1.本地人才外流严重。随着城市化的推进及工业化的建设，农村大多数青壮年选择进入城市，农村的留守人口以老人、儿童、妇女居多，农村人力资源不足。

2.吸引外来人才的能力不足。农村地区工作条件相对艰苦，基础设施及资金的投入不足，农村土地流转困难，违约风险大。农业生产本身具有的的周期性、季节性、脆弱性的特点，导致咸宁农村吸引外来人才的能力严重不足。

（四）现有人才综合质量总体偏低。

1.现有人才质量不高。当前乡村人才队伍主要是由乡村能人组建而成，一些乡村能人因为年龄偏大，无论是在知识更新速度、接受新事物能力还是发展视野等方面，都具有一定的局限。人才综合素质不高，使得乡村振兴战略各项政策的落实以及各项工作的开展缺少有力的支撑。

2.人才需求种类多，专业性强，现有人才难以满足。随着农业产业的发展，乡村振兴呈现出规模化、市场化、农旅融合的新情况，对人才的需求更细，更专业，而现有乡村人才难以满足发展需求。

四、有关建议

（一）建立全民动员格局。

建立工作队伍，发挥离任村干部、退休教师的示范作用，用他们的言行影响带动周围群众自觉搞好家庭环境卫生；发挥中小学生的劝导作用，逐步改变家庭成员不良卫生习惯；发挥公益岗的日常作用。各村充分利用现有网格员、信息员加强宣传教育，确保村村有人抓、组组有人管。

（二）加强项目建设带动。

聚焦农村基础设施和基本公共服务上的突出短板和弱项，以规划编制、道路建设、垃圾治理、厕所改造、污水治理等为突破口，基本补齐公共基础设施和基本公共服务短板，为乡村振兴奠定坚实基础。扎实开展农村人居环境整治“百日巩固”行动，推进乡村环境向全域美、持久美、内在美和生活美转变，高标准打造一批美丽乡村示范村。

（三）强化措施留住人才。

以产业集聚带动人才集聚，因地制宜发展本地特色产业，引进适合回乡人员投资和建设的项目，鼓励农民创办家庭农场、专业合作社和农村新产业新业态等，带动人才流向农村，调动创业创新热情，创造更多的就业机会。支持退伍军人、大学生、城镇居民等人员下乡创业创新，以乡情乡愁为纽带，鼓励“新乡贤”回乡，引导企业家、专家学者、专业人才、退休党政干部职工等各类人才上山下乡创新创业，给予返乡创业人员政策、资金上的扶持。

（四）引导挖掘本地人才。

加强政策宣传工作和群众思想引导工作，坚持以精神扶志为抓手，充分激发群众用勤劳双手致富的决心和信心，调动农民的积极性、主动性和创造性，挖掘本地农民自身潜力，努力实现由单纯

“输血”向帮助“造血”转变，提高农民技能，确保稳定增收，逐步改变“农村发展不如城市”、“农民低人一等”的观念。做好政府服务，加强农田水利道路等公共基础设施建设，在土地流转、市场信息、技术支持等方面发挥好政府桥梁作用，让农业成为有奔头的产业，让农民成为有吸引力的职业。

撰稿：隋同玲

2020年随州乡村振兴战略实施进度监测报告

近年来，随州坚持把实施乡村振兴战略作为“三农”工作的总抓手，深入推进美丽乡村建设，加快建设“现代农港”，着力提升乡村治理水平，呈现农业持续发展、农村持续稳定、农民持续增收的良好态势，但战略实施推进过程中仍存在诸多难点和短板，实现目标任重道远。

一、乡村振兴战略实施进度

根据《2020年湖北省乡村振兴统计监测指标体系》初步测算，对比2020年各项评价指标完成情况，随州乡村振兴规划指标2020年目标实现程度为91.8%。（因随州市乡村振兴战略规划未包含“绿色食品认定个数”和“建有社区服务站的村占比”两个指标，在测算评价指数时将这两个指标剔除，总分按93分测算。）

产业兴旺、生态宜居、乡风文明、治理有效和生活富裕五个部分2020年目标实现程度分别为84.5%、97.9%、97.8%、81.3%、97.9%。从监测的24项具体指标来看，2020年实现程度达到100%以上的指标有14项，实现程度在80%—100%之间的有6项；在80%以下的有4项。（见表1）

表1:2020年随州乡村振兴监测分项实现进度明细表

2020年目标实现程度	指标个数	指标名称
100%	共计14个。其中产业兴旺类3个、生态宜居类5个、乡风文明类2个、治理有效类2个、生活富裕类2个	农田灌溉水有效利用系数、主要农作物耕种收综合机械化水平、农业劳动生产率、畜禽污粪综合利用率、村庄绿化覆盖率（森林覆盖率）、生活垃圾治理的村占比、生活污水治理的村占比、农村自来水普及率、县级及以上文明村占比、村综合性文化服务中心覆盖率、有村规民约的村占比、村庄规划管理覆盖率、城乡居民人均收入比、农村贫困发生率
80%—100%	共计6个。其中产业兴旺类2个、生态宜居类1个、乡风文明类1个、生活富裕类2个	粮食综合生产能力、农业科技进步贡献率、农村卫生无害化厕所覆盖率、农村居民教育文化娱乐支出占比、农村居民人均可支配收入、农村居民恩格尔系数
80%以下	共计4个。其中产业兴旺类3个、治理有效类1个	农产品加工与农业总产值比（70.5%）、农产品网络销售额（60.5%）、休闲农业和乡村旅游接待人次（42.0%）、集体经济强村比重（57.0%）

二、乡村振兴战略发展成效

（一）紧盯产业兴旺，综合实力不断增强。

1.总量攀升，发展基础夯实。2020年全市农林牧渔业增加值184.6亿元，增速3.1%，高于全省2.8个百分点，增速位于全省市州前列。全市粮食和重要农产品稳产保供，其中，粮食播种面积310.4万亩，产量146.2万吨，同比分别增7%、2.6%。年末生猪存栏95.12万头，恢复到2017年末生猪存栏（107.49万头）的88.5%，为经济社会发展提供了有力支撑。

2.主体扩大，发展后劲更足。全市规模经营的耕地面积大38.56万亩，连续2年增幅超过7%。新型农业经营主体不断壮大，种植业和畜禽规模户分别达到2289户、3028户；农业企业数达371家，同比增长2.8%；家庭农场个数达到470户，同比增长29.5%；开展网上销售农产品的户数达1572户，同比增长23.2%；营业面积大于50m^{2}的综合商店或超市达2456个，同比增长5.9%。

3.质效提升，发展活力释放。特色优品产业不断发展，全市香菇种植规模2.6亿袋，同比增长18%，香稻面积发展到45.6万亩，油茶种植面积发展到46万亩。全市主要农作物耕种收综合机械化水平达到76.9%，同比增长1.28%。农药使用总量保持零增长，全市三大粮食作物重大病虫害综合危害损失率为2.2%。主要农作物耕种收综合机械化水平为76.86%，同比增长1.3%。

（二）坚持以人为本，持续优化乡村生活。

1.改善基础设施，生活更便捷。新建通村公路346公里，提档升级改造300公里，20户以上自然村通硬化路已全部完成，完成农村公路生命防护工程建设840公里。2020年进村道路为柏油或水泥的村占比、村内主要道路硬化的村占比分别达99.9%、99.7%。农村互联网进一步普及，目前20户以上自然村4G网络已全覆盖，20户以上自然村宽带已基本开通。

2.优化人居环境，生活更卫生。2020年全市畜禽规模养殖废弃物资源化综合利用率达到90.32%，规模养殖场粪污处理设施装备配套率达到99.49%。通过农村人居环境整治、厕所革命等美丽乡村建设项目，“三污”治理成效明显，生活垃圾集中或部分集中处理村占比为99.8%；生活污水集中或部分集中处理村占比48.1%，比上年提高8.8个百分点，常住户数中使用自来水户数达63.1%，比上年提高6.1个百分点；完成整村推进厕所革命的村有645个、建改完成农村无害化卫生厕所31698户、农村公厕461座，常住户数中使用卫生厕所户数达61.6%，比上年提高7.6个百分点。

3.推进乡风文明，生活更文雅。2020年全市有省级文明镇8个、省级文明村24个，市级文明镇30个、市级文明村87个，县级文明镇35个、县级文明村544个，县级及以上文明村镇占比65%。全市行政村实现红白理事会100%全覆盖、村规民约修订100%全覆盖，有合法村庄规划的村占比84.9%，有综合服务中心的村占比83.6%。

（三）完善制度保障，不断提升民生福祉。

1.配强班子促发展。配强配硬“两委”班子，建好“头雁”工程。举办9期村党组织书记示范培训班，示范带动村党组织书记县级培训全覆盖。截至目前，全市社区党组织书记大专及以上学历占比达到78.38%，村“两委”主职“一肩挑”比例达到98.35%。选派驻村工作队897个、帮扶干部2821名，实现应派尽派。

2.政策兜底促稳定。健全农村特殊群体关爱服务体系，实现乡镇儿童督导员和村(居)儿童主任全覆盖，连续四年支出102万元，为700余人次留守、困境儿童开展福彩助学资助。2020年农村低保平均标准为5388元/人·年，同比增长10.5%。农村特困救助供养人数达1.45万人，同比下降2.9%，村集体创办的养老机构90个，收养和救助人数712人，实现了应保尽保、应救尽救。

3.加强服务提民生。扎实发展农村教育事业，截止2020年底，九年义务教育巩固率达到98%以上。新建、改扩建13所幼儿园，基本达到一个乡镇一所公办幼儿园，学前三年毛入园率达90.9%。2020年农民业余文化组织663个，同比增长14.1%；体育健身场所1062个，同比增长11.6%；图书室(馆)、文化站864个，同比增长3.6%；卫生室959个，执业（助理）医师1290个。受疫情影响，2020年农民人均可支配收入略有下降，为17624元，下降2.6%，比2018年增长6.6%。

三、推进乡村振兴战略的难题和短板

（一）产业发展后劲不足。

1.农产品精深加工不足，附加值低。近年来，我市持续推进农产品加工，香菇、茶叶等一些特色农产品加工业快速发展，但精深加工能力不强，农业产业价值链还不健全。2020年，全市农产品加工业规上企业195家，农产品加工业产值465.9亿元，农产品加工产值与农业总产值比为1.48，仅为2020年目标值的70.5%，比值比2019年下降0.31，比2018年下降0.27。

2.一二三产业融合不够，产业链短。近年我市积极发展观光农业、特色民宿等乡村旅游，打造农村电商网络，但农业与旅游、康养等新业态融合比例不高，特色品质不显，农村电子商务配套设施薄弱，制约了农业的产业化发展。2020年农产品网络销售额11.5亿元，仅为2020年目标值的60.5%；再加上疫情影响，2020年休闲农业和乡村旅游接待人次420万，同比下降55.0%，仅为2020年目标值的42.0%。

（二）集体经济活力不够。

2020年全市村集体收入合计4.02亿元，其中，村集体收入中经营收入仅0.9亿元，有30%的村集体经营收入为0，集体经济强村(年集体经营收入达到50万元以上的村)比重为2.34%，仅为2020年目标值的57.0%。村集体经济自主发展活力不够，造血功能不强，主要表现在两方面，一是缺乏人才带动。2020年我市农村劳动力外出从业人员50.7万人，占全市农村从业人员的47.2%，年轻劳动力输出多，留守的务农人员老龄化程度深且受教育水平低，农业新技术新产业新模式难以推广，新型职业农民和复合型人才更少。二是缺乏特色引领。我市村集体产业主要以香菇、香稻、油茶、小龙虾等种植养殖、光伏发电等扶贫产业为主，产业特色不突出，产品多而不优同质化严重，品牌杂而不亮竞争力不强。

(三)基层基础还需加强。

1. 农业生产基础设施还很薄弱。我市水利、电力、机械等农业基础设施建设进展缓慢,抗旱排涝设施年久失修、机械化生产作业条件不佳,农业生产仍以传统生产经营方式为主,抵御风险能力差,农作物产出的可持续性得不到保障。2020 年我市粮食总产量为 146.2 万吨,同比增长 2.6%,比 2018 年下降 3.9%。

2.农村公共服务体系还不完善。虽然经过近几年脱贫攻坚和乡村振兴战略的推进,农村公共服务体系逐步建立,但由于历史欠账较多,农村在养老、医疗、教育等方面基础仍然较弱。2020 年村集体创办的养老机构有 90 个,收养和救助人数 712 人,同比分别下降 17.4%、10.8%;村卫生室有 959 个,同比下降 1.2%,执业(助理)医师人数 1290 人,仅为全市总数的 26.9%。农村义务教育学校专任教师本科以上学历比例为 73.5%。农村居民教育文化娱乐指出占比为 9.9%,比去年下降 0.4 个百分点;医疗保健支出占比为 11.9%,比去年上升 0.8 个百分点。

四、对策建议

(一)立足融合发展,实现产业振兴新突破。

一是大力发展农产品精深加工。以特色优质农产品为重点,培育一批管理规范、带动力强的龙头企业、合作社、家庭农场,促进小农户和现代农业有效衔接,推进现代农港建设,以精深加工延伸价值链。二是深入发展新产业新业态。围绕城乡高质量融合发展,推进生态旅游、生态农业、文化创意和康养养老等新型产业发展,进一步加强农村电商平台建设,推进线上线下产销融合发展。

(二)推进农村改革,激发经济发展新动能。

一是加快推进农业农村改革,不断完善土地"三权置"改革,推进农村集体经营性建设用地入市,加强农村宅基地制度改革,加快推进农村集体产权制度改盘活农村资产资源。二是大力培育培育新型农业经营主体。高度重视农村干部培养,培养造就一支懂农业、爱农村、爱农民的干部队伍,鼓励有能力的新型职业农民、乡村致富带头人参与发展壮大新型农村集体经济经营。

(三)补齐短板弱项,展现宜居乡村新气象。

一是聚焦农业生产基础设施短板,夯实生产基础。围绕县乡村区位特色、产业现状,统筹规划编制道路、水利、电网等基础设施布局,进一步加强农田水利、电商物流、农村公路等基础设施建设,推动互联互通。二是聚焦基本公共服务供给体系,提升服务质量。完善农村社会保障和救助体系,同步提升医疗卫生、基础教育、文化娱乐等公共服务的软件和硬件条件。

撰稿:刘　虹

2020年恩施州乡村振兴监测报告

近年来，恩施州委、州政府按照党中央、国务院和省委、省政府决策部署，以《湖北省乡村振兴战略规划（2018—2022年）》为指引，坚持优先发展农业农村，全面推进乡村振兴。围绕“产业兴旺、生态宜居、乡风文明、治理有效、生活富裕”的总要求，全力建设“一谷、两基地、三示范区、四大产业集群”，各项工作稳步推进、成效初显。

一、工作成效

（一）聚焦产业兴旺，提升发展质量。

1.壮大产业规模。围绕“四大产业集群”，推进全产业链发展，全州规上农产品加工企业137家；建成2个省级农业产业示范园区、6个省级现代农业产业园；全州特色产业总面积达698万亩（不含马铃薯），茶叶、蔬菜、中药材、烟叶面积全省第一。6个县市进入“中国茶叶百强县”，创建18个全国“一村一品”示范村镇，位居全省第一。

2.提升产品品质。在全省率先出台《恩施州农业生产化学投入品管理办法》，化肥农药使用量连续5年下降。建成国家级、省级绿色和有机标准化原料基地17个，总面积140.20万亩。利川市忠路镇杨家坡千亩茶园获得德米特转换期认证，成为全国第一家获此认证的有机茶园。

3.打造农业品牌。“恩施土豆”成功注册国家地理标志证明商标，“恩施硒茶”品牌价值达到20.88亿元，影响力指数达71.833，农业品牌价值不断凸显。

4.坚持融合化发展。大力发展休闲农业与乡村旅游，新增全国乡村旅游重点村3个，新增省级休闲农业与乡村旅游示范点22个，建始县花坪镇、利川市东城街道办事处白鹊山村分别成功创建湖北旅游名镇、湖北旅游名村。

（二）聚焦生态宜居，强化绿色引领。

1.坚守生态底色，稳步推进村庄绿化美化。精准灭荒3336.9亩，占计划的123%；义务植树700万株。鹤峰县、利川市入选2020年全国森林康养基地试点建设县（市）。11个乡镇被命名为国家卫生乡镇。巴东县被评为第四批国家生态文明建设示范县。

2.补齐设施短板。实现规模以上自然村通硬化路，行政村通客运班车率保持100%。“四好农村路”创建持续推进，建成美丽农村路1855公里、提档升级公路3089公里。实现现行标准下的安全饮水问题“清零”目标，农村饮水工程长效运行机制初步建立。

3.建设美丽乡村。扎实推进42个乡村振兴试点村、203个美丽乡村示范村建设和384个整治村建设。乡镇垃圾、生活污水无害化处理设施、村庄清洁行动实现全覆盖。深入推进农村“厕所革命”，累计建改农村户厕38.5万户、农村公厕2478座。

（三）聚焦乡风文明，促进文化兴盛。

1.大力开展文明实践。县市新时代文明实践中心、乡镇（街道）实践所实现全覆盖，行政村（社区）实践站覆盖率达91.9%。鹤峰县“最美评选”经验入选中宣部《新时代农村思想整治工作创新案例选编》。

2.大力开展乡风文明行动。全州新建乡风文明建设示范村40个，22个村镇被评为第六届全国文明村镇，19个乡镇被评为湖北省文明乡镇、71个村被评为湖北省文明村。恩施市盛家坝乡二官寨村入选农业农村部《全国村级“乡风文明建设”优秀典型案例名单》。

3.弘扬乡村优秀传统文化。深度挖掘民族文化精髓，建始县3个村被评为中国少数民族特色村寨。

（四）聚焦治理有效，建设和谐家园。

1.加强农村基层党组织建设。每年按照全州村（社区）总数10%左右的比例，建立常态化整顿机制。着力建强“红色头雁”队伍，深化村党组织书记县级党委备案管理机制，推广实施乡镇党委书记主持、村党组织书记参加的“书记论坛”活动。

2.完善农村基层治理工作体系。组建乡镇综治维稳中心，全面推行律师进村、一村一警，明确驻村“尖刀班”农村基层治理职责任务，加强农村基层治理力量。

3.大力推动移风易俗，村规民约全面制订，普遍成立了红白理事会、乡风文明理事会，移风易俗工作实现制度化、规范化。完善志愿服务长效机制，成立志愿服务队2000余支，开展志愿服务活动近1.3万余场次，在战疫战贫战洪中发挥了重要作用。

(五)聚焦生活富裕,增进民生福祉。

1.扛牢脱贫攻坚政治责任。扎实做好脱贫攻坚收官之年各项工作,全州“两不愁三保障”问题全面解决,防止返贫措施全面落实,扶贫领域各类问题整改全面完成。

2.提升公共服务水平。强化基层公共卫生应急管理,大力改善教育配套设施,全州义务教育阶段入学率、初中三年巩固率均达到100%。全面落实兜底保障政策,累计发放社会救助资金12.6亿元。健全特殊群体关爱服务体系,建成养老床位2.46万张,困境儿童和事实无人抚养儿童全部关爱到人、保障到家。全面落实基本医疗保障,全州“一站式、一票制”和“先诊疗、后付费”制度全面落实。

3.深化农业农村改革。农村基本经营制度进一步巩固,恩施州承包地确权登记颁证工作获农业农村部表彰。农村土地“三权”分置体系初步确立,18.6万农户流转土地90.7万亩。恩施市全国农村宅基地“三权分置”改革试点顺利启动。农村集体产权制度改革稳步推进,2431个村清产核资全面完成。村级集体经济不断壮大,729个贫困村全部消除集体经济“空壳村”。

二、存在的问题

(一)产业大而不强。

一是农业加工企业少而弱,产业带动性不强,市场竞争力不强。二是农业产品形态主要以初级农产品和主,精深加工少,产业链不长,产品附加值不高。三是小品牌多杂且同质化严重,不利于龙头企业成长和名优品牌培育。

(二)农村人才匮乏。

恩施州农村产业基础较弱,农民增收主要靠外出务工,全州外出务工总人数常年在85万左右。偏远村劳动力大量外出务工,“空心化”现象越来越严重。农村发展缺乏活力,各种人才匮乏。

(三)基础设施水平不高。

农村水、电、路建设标准低,农产品集散、冷链物流等基础设施差距大、欠账多,难以支撑乡村更高水平的发展。

三、几点建议

(一)加大政策配套。

围绕县乡推进乡村振兴“人地钱技”问题,推进省级乡村振兴战略实施专项政策措施。特别是针对生态主体功能区乡村振兴项目用地问题、绿色发展投入不足、农村基础设施短板等问题等出台针对性强、含金量大的支持政策,建议在生态主体功能区,开展绿色发展示范试点,并出台相关的资金支持政策。

(二)加强人才培育。

优化人才结构,做好招录选拔乡村人才管理,科学选拔聘用乡村技术服务人才,建优建强乡村人才队伍,加强人才队伍管理。大力培育土专家、非遗传承人、乡村工匠等乡土人才,调动乡村居民积极参与乡村振兴建设。

撰稿:汪文霞

2020年仙桃乡村振兴监测报告

2020年，仙桃市委、市政府坚持以习近平新时代中国特色社会主义思想为指导，全面贯彻落实党的十九大、中央农村工作会议、省委、市委农村工作会议精神，深入领会习近平总书记视察湖北时的重要指示，践行新发展理念和高质量发展要求，把实施乡村振兴发展战略作为新时代“三农”工作的总抓手，着力打造高质量发展、融合发展、绿色发展、开放发展的农业产业振兴的仙桃样板，推动仙桃市由农业大市向农业强市转变，取得了初步成效。现结合仙桃市实际，积极对标对表自评，现将仙桃市实施《仙桃市乡村振兴战略规划(2018—2022年)》情况报告如下：

一、以深化农业供给侧结构性改革为主线，扎实推进乡村产业振兴

(一)粮食和重要农产品稳产保供。

1.粮食生产。2020年，粮食播种面积172.97万亩，产量13.9481亿斤，粮食生产保持基本稳定。

2.生猪生产恢复。生猪存栏28.45万头，出栏36.99万头，生猪生产恢复度为60.35%。

3.农业主推技术到位率。印发《仙桃市2020年农业主推技术指南的通知》(仙农业函〔2020〕11号)，遴选了12项农业主推技术在全市进行示范推广，通过400户科技示范主体和4个市级示范基地及17个镇级示范基地，每项主推技术均有示范主体或示范基地。

4.基层农技推广服务体系建设。一是基层农技人员配备情况。全市应配备基层农技人员163人，实有基层农技人员163人。二是基层农技人员收入情况。全市基层农技人员在职平均年收入7.85万元，高于同级别其他事业单位人员年收入0.83万元。

5. 主要农作物耕种收综合机械化率。水稻、小麦、玉米的耕种收综合机械化水平分别为88.3%、95.84%、86.5%，超过考核要求。

6.重大动物疫病防控。春季集中免疫高致病性禽流感免疫密度100%、免疫抗体合格率91.6%，春季集中免疫口蹄疫免疫密度100%、免疫抗体合格率85.8%，秋季集中免疫高致病性禽流感免疫密度100%、免疫抗体合格率91.7%，秋季集中免疫口蹄疫免疫密度100%、免疫抗体合格率86.1%。动物疫病预防控制机构兽医实验室面积400平方米，动物疫病预防控制机构专职人员17人。设立了动物卫生监督机构，名称为仙桃市农业综合行政执法支队二大队，从事动物卫生监督检疫人员数量78人。所有指标均达到或超过考核要求。

(二)乡村产业发展。

1. 农业产业化发展水平。疫情解封后，全市3000多家农业主体在3月底全部实现“应复尽复”、“应开尽开”。同时，积极落实疫后重振政策，争取农业产业化发展资金3312万元，支持96个重点农业主体发展壮大；争取信贷资金6.656亿元，帮助76个重点农业主体缓解资金困难。全市农业主体重振，其中农业产业化重点龙头企业持续发挥龙头带动作用，主营收入、增幅实现稳中有升，带动基地增效、农户增收成效明显。

2.乡村旅游。全年接待游客415.6万人次，实现旅游综合收入21.08亿元。

(三)耕地保护和高标准农田建设。

1.耕地保护。省政府下达全市耕地保护目标任务，2020年耕地保有量不得低于178万亩，永久基本农田面积143.68万亩。2019年度土地利用变更调查初步成果显示全市耕地面积180.3682万亩，扣减2020年全市新增建设用地占用耕地7793.04亩，耕地面积179.5889万亩，实现了耕地保有量目标。

2.高标准农田建设。2019年度8万亩高标准农田建设任务全部完成，总投资15401万元。2020年度长埫口镇、西流河镇高标准农田建设完成规划设计方案，已开工建设。

3.“两区”划定。全市共划定“两区”126.41万亩，比划定任务多0.41万亩，用于不可预见性的调整。两区划定涉及18镇(办、场)，597个行政村。签订县—乡级责任书18份，乡—村级责任书597份，制作乡镇级标志牌18个，共划定“两区”片块4000个，两区地块51730个。

(四)农村气象防灾体系建设。

构建完善政府主导、部门联动、社会参与的气象灾害防御机制，明确将气象灾害防御纳入乡镇基本公共服务职能，全市所有乡镇成立了气象灾害防御机构，建立了“叫应”机制，有效突破气象防灾减灾指挥“最后一公里”的关键瓶颈。大力提升气象灾害预警信息发布能力，推进气象预报预警信息接入“村村响”网络、“网格化平台”以及12316信息平台等，与移动、联通、电信建立了预警信号发布绿色通道，气象预警信息公众覆盖率达到90%。

二、以补齐农业农村发展短板为抓手，深入推进乡村生态宜居

（一）美丽乡村建设。

2019年度27个省级美丽乡村示范村、108个整治村已全部建成，完成率100%。2020年，农村户厕完工29049户，超额完成省级下达的24149户目标任务。卫生改厕整村推进申报计划457个村，实际完成457个，整村推进完成率100%。农村公厕申报数114座，实际完成280座，超额完任务。农村人居环境整治三年行动成效评估被评为“优秀”等次。

（二）“四好农村路”建设。

全年改造升级农村公路200公里，改造农村公路危桥20座，完成生命防护工程300公里，创建“美丽农村路”100公里。完善安全保障网，成立了农村公路管理处，严厉打击超载及各种损坏公路设施不法行为，维护路产路权。15个乡镇均成立了农村公路管理养护站。完善养护管理网，围绕“有路必养”目标，按照县道县管、乡道乡管、村道村管的原则，分级分层划分养护责任，在市、镇、村三级配备专职保洁员，确保农村公路养护一寸不落。

（三）村庄绿化和林地保护。

1.村庄绿化。全市共计植树410万株（不含苗圃建设），折合造林面积3.4万亩，其中利用中央长江防护林项目、造林补贴项目共计900万元支持乡村绿化。创建15个省级森林乡村，仙桃市杨林尾镇荣获2020年度“湖北省森林城镇”称号。

2.林地保护。完成审核审批工程建设征占用林地10件，实际占用林地12.0175公顷，低于省林业局下达的15公顷限额指标。

（四）农村互联网普及水平。

2020年，全市大力实施电信普遍服务工程，推进通信基础设施建设，加强信息网络普及应用，1000个村组的光纤网络工程已全部竣工完成，建设5G基站584个。农村手机用户47.95万户，农村固定宽带用户25.94万户，农村互联网普及率79%，高于互联网普及率平均水平。

三、以加快农村基本公共服务体系建设为重点，着力推进乡村文化振兴

（一）文明村镇建设。

全市市级及以上文明镇总数达10个，占乡镇总数（15个）的66.7%，其中2个全国文明镇、3个省级文明镇。市级及以上文明村总数达376个，占行政村总数（617个）的60.9%，涌现出三伏潭镇栗林嘴村、杨林尾镇兴隆村、毛嘴镇古堤村、胡场镇潭湖村、郭河镇经纬村等5个全国文明村，以及郑场镇潭口村、毛嘴镇闵台村、剅河镇赵湾村等19个省级文明村。

（二）新时代文明实践中心建设和县级融媒体中心建设。

建立由1个中心、22个所、715个站组成的志愿服务全覆盖网络，建成新时代文明实践云平台志愿服务“点单”系统，形成“五单”运行模式。全市28.2万名注册志愿者以“五传五强五培育”为主要内容，发布服务项目3375项，组织宣传宣讲活动240余次，开展典型评选、道德评议、评比表彰等文明创建活动300多项，扶持、指导民间文艺社团和业余文化队伍180多支，开展文明实践志愿服务活动1.13万场，服务群众约69.5万人。

（三）乡（镇）村文化服务中心建设。

全市共建成22个乡镇文化站，695个村（社区）综合文化服务中心，已实现全市镇村综合文化服务中心全达标。2020年投入300多万元支持综合文化服务中心建设，促进乡镇文化站建设提档升级。

（四）扎实推进农村教育发展。

1.学前教育公益普惠情况。2020年全市学前教育在园幼儿数36072人，其中公办园在园幼儿数为9238人，公办园在园幼儿占比25.61%。全市幼儿园共183所，其中公办园52所，民办普惠园104所，普惠园占比85.25%。

2.义务教育有保障情况。2020年本地建档立卡学生4128人，全部在校就读，无一人辍学。全市义务教育班数为2682个，小学56人以上的大班额364个，初中56人以上的大班额209个，义务教育大班额共计573个，义务教育大班额比例21.36%。

3.普通高中建设情况。全市普通高中高一年级总班数142，其中56—60人的班数为58个，61—65的班数为20个，大班额比例为54.93%，高于全省平均水平。

4.中等职业教育整合情况。全市公办中等职业学校1所，共有14个专业，在校学生4983人，专任教师185人，其中中级以上职务108人。学校占地面积262800平方米，校舍建筑面积71450平方米。全市公办中职学校整合到位。

（五）宗教事务管理。

全市认真贯彻中央关于宗教工作的重大决策部署，全面完成中央、省委宗教工作专项督查和省委巡视反馈涉及宗教工作问题整改，全覆盖开展宗教场所安全生产督查活动。坚持依法管理宗教事务，2020年全市无违规新建、改建、扩建宗教活动场所问题，无宗教商业化行为。全市“四进”活动开展规范，实现“八无”“三上墙”全覆盖。持续推动城市少数民族工作和在仙新疆有组织务工服务管理工作，全市获评全省唯一的“全国少数民族流动人口服务管理示范城市”，并在全省现场会上作经验交流发言。

四、以加强基层党组织建设为引领，着力提升乡村治理现代化水平

（一）农村基层党组织建设质量。

持续实施“红色头雁”工程，选派620名驻村第一书记，新选聘141名大学生到村（社区）任职。市级联审筛除不合格村“两委”干部44人，整顿软弱涣散村党组织45个，全覆盖开展基层党组织书记培训，基层党组织领航力明显增强。2020年，仙桃胡场镇党委被授予“2018—2019年度全省党建工作示范单位”。杨林尾镇安家村支部委员会被评为全省先进基层党组织。彭场第四联合支部委员会被评为全国先进基层党组织。

（二）村民自治组织能力建设。

做好换届选举资格审查，严格人选资格条件，把政治标准放在首位，严格“四选”“六不宜”“九不选”标准，制定村监督职责制度，做好相关档案保存工作，接受党员群众和上级监督。严格落实“四议两公开”，规范村务、财务、党务、政务的公开内容、时间、形式和程序，建立“6+X”民主协商模式。推动全市617个村严格按“征集民意、拟定草案、提请审核、审议表决、备案公布”的程序，规范制定（修订）务实管用的村规民约。2020年，向省民政厅推荐优秀村规民约制定村24个。

（三）法治乡村建设。

深入推进“律师进村、法律惠民”活动，一村一名法律顾问实现全覆盖。集中开展“法援惠民生，助力农民工”行动，制作法治宣传专栏800余个，为1万余人提供法律咨询服务，办理法律援助案件和事项9000余件。《全国首家县域综合法学研究会在仙桃成立》被评为“湖北省十大法治事件”。彭场镇共同村被评为第八批“全国民主法治示范村”。

（四）协调推进乡村治理。

1.成立农村集体经济组织完成率。全市完成登记赋码农村集体经济组织664个，纳入农村集体产权制度改革范围的村664个，完成率100%。

2.统筹协调推进乡村治理。抢抓全国乡村治理体系建设首批试点单位机遇，出台《仙桃市全国乡村治理体系建设试点方案》。坚持党建引领，以实现治理有效为目标，注重探索创新，大力推进乡村自治、法治、德治建设，积极探索可复制、可推广的仙桃乡村治理模式。坚持边试点边总结，初步挖掘了胡场镇蔡滩村“一核两委三会四议”、陈场镇“一约四会”、郑场镇潭口村“小微权力清单”、通海口镇熊庙村新时代文明实践站引领乡村治理、毛嘴镇“村集体经济发展模式”等乡村治理典型案例。

3.高素质农民培养。一是培育资金落实率。省级下达资金93万元（中央资金51万元、省级资金42万元），已经全部落实到位，到位率100%。二是在线评价参评率和培训学员满意度。省级下达全市高素质农民培育任务1073人，其中参加省级培训3人，市级组织培训1070人。目前培训任务已全部完成，累计培训1755人，任务完成率、学员在线评价参评率和学员满意度均达到了100%。

五、以高质量打赢脱贫攻坚战为目标，决胜全面小康

（一）农村居民人均可支配收入。

2020年农村居民人均可支配收入20647元，同比增长3.8%，远高于经济增速，居全省第1位。

（二）农村特殊群体关爱服务体系建设。

1.健全农村低保兜底机制。全年农村低保新增1836户2121人，取消1414户1821人；农村特困新增223人，取消181人。全年发放农村低保、特困供养救助保障资金12000万元。

2.健全农村留守老年人关爱服务机制。建立以“三帮四查”为主要内容的关爱服务体系。建立留守老人台账，严格按要求落实农村留守老年人定期巡访制度。加强农村幸福食堂建设，全市累计建成80个幸福食堂。

3. 健全农村特殊困难儿童关爱服务机制。建立部门联动机制，共同做好困境儿童、事实无人抚养儿童教育、生活救助，举办村（社区）儿童主任专项业务培训班。提高孤儿保障金标准到社会散居孤儿 1400 元/人/月，集中供养孤儿 2240 元/人/月，将事实无人抚养儿童纳入保障范围，全年发放儿童抚育资金 520 万元，共资助助学资金 12 万元。创新关爱服务，投入资金 100 多万元，购买专业社会组织服务，帮扶 800 名留守儿童、残疾未成年人弥补感情缺失、提高道德素养。

（三）城乡居民基本养老保险预算完成率。

2020 年，仙桃市城乡居民养老保险人数任务完成率 100%，收入任务完成率 90.68%，预算完成率 95.34%，达到考核要求。

六、以全面加强党对农村工作的领导为保障，确保乡村振兴取得实效

（一）市县主要领导履行乡村振兴职责情况。

仙桃市委、市政府始终坚持把“五级书记”抓乡村振兴主体责任扛在肩上，成立了市委书记任组长的市委农村工作领导小组，高位推进全市乡村振兴。强化考核指挥棒作用。制定了实施乡村振兴战略考核细则，将乡村振兴工作纳入年底政绩目标考核。

（二）巩固脱贫攻坚成果。

按照“五级书记抓扶贫”要求和“六个精准”“五个一批”脱贫路径，紧紧围绕“两不愁三保障”目标，精准施策、靶向治贫，扎实推进脱贫攻坚责任落实、政策落实和工作落实。全市 95 个贫困村全部出列，2.6 万户 7.7 万人全部脱贫，建档立卡贫困户人均纯收入由 2015 年的 3618 元增加到 2019 年的 10417 元，年均增幅 30.3%。仙桃顺利通过国家脱贫攻坚成效考核第三方评估。

撰稿：杨艺华

2020年潜江乡村振兴战略监测报告

今年来，潜江市委、市政府贯彻落实中央、省委省政府关于乡村振兴的战略部署，深度融入全省“一主引领、两翼驱动、全域协同”区域经济布局，坚持农业农村优先发展，深入实施“东进南扩、产城融合，四区联动、全域振兴”发展布局，取得了较好成效。我市被评为全国新型城镇化补短板强弱项示范市、全国农村电商激励县市、全国县域数字农业农村发展先进县市，被表彰为农村集体产权制度改革工作全国试点典型经验推广单位，被评为乡村振兴优秀示范单位、中国名优农产品示范基地；再次跻身全国县域经济百强县市、全国县域营商环境百强县；在全省2019年乡村振兴实绩考核中被评定为优秀等次；成功举办全省地理标志农产品保护工程启动会、全省道地药材“一县一品”现场交流会、全省关心下一代工作暨现场经验交流会。潜江实施乡村振兴战略工作作为典型案例在全省推广。

一、坚持全力推动，实现三个全面

（一）加强思想指引，实现全面宣贯。

深入学习习近平新时代特色社会主义思想，切实加强宣贯《中华人民共和国乡村振兴促进法（草案）》《湖北省乡村振兴促进条例》《湖北省实施乡村振兴战略2020年工作要点》。出台市委一号文件，明确了6个方面30项重点工作。开展全市农村“听党话、感党恩、跟党走”宣讲活动，实现市、镇、村全覆盖。充分利用主流媒体开设专题专栏，全国首家以“乡村振兴”命名的电视频道在潜江开播，推动政策宣传走深走实。

（二）加强组织领导，实现全面带动。

市委、市政府高度重视乡村振兴工作，市委常委会会议、市政府常务会议及时传达学习、研究部署推进乡村振兴战略实施。充实完善了市实施乡村振兴战略领导小组，增设了产业、生态、组织人才、文化和平安乡村建设等五个小组，建立了领导小组办公室综合协调、专项小组分工负责的工作机制，加强了对全面推动乡村振兴工作的领导。

（三）加强项目谋划，实现全面建设。

结合工作实际，做大乡村振兴项目资金池、做活资产池，争取中央、省级政策性补贴等财政预算资金近60亿元。建立完善全市乡村振兴项目库，筹资48.88亿元推进32个乡村振兴项目建设。编制了乡村振兴（产城融合）一期5个项目，总投资14.55亿元。及时谋划全市“十四五”乡村振兴项目，策划2021年乡村振兴项目66个，总投资额332亿元。

二、坚持优先发展，实现产业三个升级

（一）聚力标准打造，实现优势升级。

加快构建“南红北绿”特色农业产业格局，引领乡村产业振兴。坚持高标准打造虾—稻产业，全市建成“虾稻共作”基地80万亩，其中万亩基地13个、千亩基地70个。虾—稻产业综合产值达500亿，亩平纯收入5000元以上，从业人数超过20万人。发挥潜江模式、技术、人才、物流等各方面优势，逐渐形成了潜江虾—稻产业“总部经济”格局，带动全省发展“虾稻共作”面积800多万亩、全国发展“虾稻共作”面积1600多万亩。抢抓全省道地药材发展机遇，大力发展半夏产业，全市半夏种植面积达到1.1万亩，总产量达到6600吨，总产值近2亿元，“潜半夏”品牌价值达6.55亿元。

（二）聚力产销对接，实现链条升级。

全力推动虾—稻一二三产业融合发展，延伸产业链、供给链、利益链。抢抓各大媒体平台“搭把手、拉一把”的机遇，精心组织“鄂粤同心 抗疫发展”“粤过千里 吃援鄂货”各类直播带货活动，有效破解了潜江龙虾供销堵点。建设集中国小龙虾交易中心、虾—稻大数据中心等于一体的冷链物流网，在周边省市设立了17个交易分中心，覆盖全国480多个大中城市，形成国内最具规模、影响力的龙虾产品流通生态圈。2020年，潜江龙虾产品销售量达33万吨，销售额逾100亿元，线上销量比上年增长了4倍。

（三）聚力推广运营，实现品牌升级。

深化潜江虾—稻产业品牌建设，持续打响虾—稻产业知名度。连续成功举办了十一届湖北（潜江）龙虾节和四届虾稻产业博览会，我市被评为“全国小龙虾美食地标城市”。大力实施“走出去”战略，开展潜江龙虾走进上海、重庆、山西系列活动，登录中超联赛。我市与全国19个地区和62家企业签订战略合作协议，近40个县市、100多家市场主体开展潜江龙虾品牌运营合作。“潜

江龙虾”区域公用品牌价值达227.9亿元、蝉联全国龙虾区域品牌第一。

三、坚持同步建设，实现农村三个进步

（一）聚力建管并重，实现基础设施进步。

加大建设改造投资力度，全力提升农田、水利、交通等基础设施短板。筹资1.12亿元推进7.14万亩高标准农田建设。扎实推进厕所革命，完成农村户厕7.5万座，受益人数51万人。全面开展了中小河流治理、重点中型灌区节水改造、农业水价综合改革等项目。大力推进“四好农村路”建设，3个乡镇被评选为全省“四好农村路”示范乡镇。开通73条城乡公交线，在全省率先实现全域公交。

（二）聚力防治结合，实现生态环境进步。

打好“蓝天、碧水、净土”保卫战，大力改善人居环境。全力推动长江全面禁捕，1039名渔民全部上岸转产安置。持续推进“散乱污”企业综合整治、机动车污染防治、工业炉窑综合治理等，全市环境优良率93.6%，同比提高15.7%。持续开展水质监测预警，纳入国家考核的3个地表水断面水质达标率100%，纳入省考核的4个跨界断面水质综合达标率97.2%，2个县级以上集中式饮用水源地水质达标率100%。加强农用地分类管理，开展受污染耕地安全利用，严格建设用地环境准入，指导农业面源污染治理。开展危险废物专项整治三年行动，检查考核生产经营企业41家，合格率98%。

（三）聚力先破后立，实现治理体系进步。

纵深推进扫黑除恶专项斗争，建设更高水平的平安乡村。累计侦破黑社会性质组织2个，恶势力团伙28个，恶势力犯罪集团3个，破获刑事案件185起，抓获涉黑涉恶人员319人，刑拘252人，缴获枪支5支，查封扣押冻结涉案资产8128余万元。规范化推进23个乡镇社会治安综合治理中心建设，打造社会治理、矛盾化解、法律服务、应急管理“四位一体”工作平台。坚持和发展新时代“枫桥经验”，落实好人民调解等社会矛盾纠纷多元调处化解机制，1885名人民调解员共参与矛盾调解5354件，调解成功率99%，信访案件、治安纠纷、突发性事件分别降低68%、24%、44%。

四、坚持补缺补短，实现农民三个提高

（一）聚力精准脱贫，农民收入持续提高。

全面完成脱贫攻坚任务，67237名贫困人口全部脱贫、51个贫困村全部出列。加强对脱贫监测户、边缘户“两类对象”精准帮扶，建立健全返贫预警干预和精准帮扶机制，动态监测325户1024人边缘户和165户526人脱贫监测户，无一例新增致贫和返贫对象。引导贫困户因地制宜从事特色产业种养殖，全市建档立卡贫困户从事发展生产扶贫9505户、户均年纯收入1.24万元，特色产业带动有劳动能力贫困户比率达100%。

（二）聚力思想扶贫，农民素质不断提高。

深入推进农村精神文明建设，成功创建国家级、省级文明乡镇、文明村16个。全市23个乡镇、100个社区、334个行政村综合文化服务中心已全部挂牌，建设图书馆分馆17个。评选了200户“十星级文明示范户”，建立了332个红白事理事会。坚持开展“三送三进”、“潜江大舞台”文化展演、“荆楚红色文艺轻骑兵”下基层等群众文化活动，成立群众文化队伍84支，开展送戏下乡60场，送流动图书1.5万册，惠及群众近18万人次。

（三）聚力“补血”减贫，公共服务能力提高。

围绕“关键少数”，选优配强村级班子，深入推进“党建+”模式。实施“红色物业”，招聘50名大学生指导居民小区成立党支部和业主委员会。深入开展“双报到双服务”活动，1.2万名党员干部就近服务基层，实现了党员群众对接“零距离”。持续实施“一村多名大学生计划”，择优录取31名农村青年服务乡村建设。充分发挥产权制度改革成果，努力盘活农村资产资源，积极发展壮大村级集体经济，全市村级集体经营性收入4808万元，有经营性收入村达256个，占总村数72%，盈余村达137个，占总村数39%。

撰稿：杨　隽

坚持城乡融合发展　统筹推进乡村振兴

——天门乡村振兴监测报告

2020年，天门深入贯彻落实习近平总书记关于乡村振兴的重要论述以及省委、省政府工作要求，统筹推进疫情防控和乡村振兴战略实施，全力弥补新冠肺炎疫情和暴雨洪涝灾害带来的损失，粮食和重要农产品实现稳产保供，脱贫攻坚圆满收官，美丽乡村建设初见成效，农村社会事业全面发展。

一、加快农业结构调整，现代农业提质增效

（一）农业生产综合实力不断增强。

2020年，全市农林牧渔服务业总产值159.78亿元，第一产业增加值90.25亿元，占全市GDP的14.6%。农产品加工产值与农业总产值之比为1.96∶1。粮食总产达到80.06万吨，“全国粮食生产先进县市”地位稳定。蔬菜总产86.75万吨，肉类总产4.25万吨，禽蛋总产4.2万吨，水产品产量11.6万吨，全力保障了居民的“米袋子”和“菜篮子”。

（二）农业产业发展实现新突破。

1.持续加强市场主体培育。充分发挥农业产业化龙头企业在乡村产业振兴中的带动作用，全市市级以上农业产业化龙头企业达到85家，农民专业合作社发展到3154家，家庭农场发展到2186家。

2.持续调强农业品牌。2020年新增“二品一标”农产品6个，其中绿色食品企业2家产品4个。地标产品2个（岳口芋环、天门黄花菜），天门黄花菜被评为2020年湖北省20强农产品区域公共品牌。依托张港“和玉牌”花椰菜、红日子“北极源”泡菜、多宝“小花生”等8个我市特色农产品，打造区域性农产品公共品牌，农产品标准化、品牌化水平进一步提升。

3.农村电商产业加快发展。引导电商企业集聚发展，新增16家企业入驻电商产业园；深入开展省级电子商务进农村综合示范工作，新增2个电商示范乡镇、5个电商特色村。

（三）农业科技创新水平不断提高。

1.加强农业社会化服务水平。全市主要农作物统防统治覆盖率45%，绿色防控覆盖率40%，测土配方施肥覆盖率98%，农药利用率提高明显。全年农机装备总动力167.8万千瓦，全市主要农作物耕种收综合机械化水平达到87.8%。

2.推进农业科技创新。深入实施农业科技“五个一”行动，全市17家企业签订了“五个一行动”入百企协议，开展技术攻关。2020年农业科技进步率达到57.84%。

二、坚持城乡融合发展，乡村面貌显著改善

（一）美丽乡村建设亮点纷呈。

1.坚持规划先行，引领建设方向。按照“突出重点、点面结合、分类推进、整体实施”的原则，2020年确定了124个美丽乡村建设试点村。

2.挖掘文化特色，留住乡愁记忆。对村标建设、微景观打造、文化墙绘制、功能场所建设等方面根据村落格局、建筑和自然人文环境进行灵活设计，采取绘画、书法、手工艺和镶嵌老器物等各种表现手法，营造出与农村环境浑然一体、相映成趣的人文新景观，做到“一村一文化、一村一特色”。

3.厚植生态底色，打造绿色乡村。大力实施精准灭荒工程和“绿满天门”扩绿提质行动。突出乡村道路绿化、河塘沟渠绿化、房前屋后绿化、坡地荒地绿化，做到应绿尽绿，宜果则果，建设市级绿色示范乡村124个，完成造林绿化4.6万亩，绿化覆盖率达到30%。

（二）农村人居环境明显改善。

持续推进垃圾污水厕所“三大革命”。以农村人居环境整治三年行动收官为契机，开展“百日攻坚”行动。一是持续开展清洁农户“十户联创”活动，2020年，农村生活垃圾收集率达到100%。二是完成天门市乡镇生活污水管网延伸工程，共建成主管网76.41公里，入户管网102.91公里。新建20个乡镇生活污水处理厂试运营合格，总处理规模2.55万吨/日。三是持续推进厕所革命，2020年建改完成农户无害化厕所11218户、农村公厕109座，三年累计完成19.97万户，农户卫生厕所普及率达到99.6%。

（三）公共基础设施短板加快补齐。

2020年天门继续把公共基础设施建设的重点放在农村。一是推进农村道路交通改造升级。完成"四好农村路"377 公里，建设自然村公路 200 公里，提档升级 288 公里，改造危桥 15 座；二是推进农村安全饮水巩固提升，投资 4310 万元实施二水厂联网工程、天门工业园水厂联网工程、张港水厂新建工程及供水工程维修养护主体工程建设，农村自来水普及率达到 97.8%；三是推进农村供水经营体制改革，完成乡镇水厂清产核资任务，成立了国有水务公司统一运营管理。四是推进数字乡村建设。全市光缆总长度达到 8.5 万公里，行政村已全部实现光纤通达，宽带用户数 38 万户，宽带普及率达到 30%。

三、强化精神文明建设，乡风文明成效初显

（一）农村教育条件持续改善。

1.2020 年安排资金 4829 万元用于农村义务教育学校薄弱环节改造与能力提升，实施校舍建设项目 20 个。安排学前教育建设资金 1299 万元，新建岳口第二幼儿园、竟陵第二幼儿园、西关小学附属幼儿园；

2.深化教师"市管校聘"和学区化集团化办学模式改革。推进 8 个乡镇学区化办学，实施城区 6 所学校与 18 所乡镇学校联盟办学。全市参与交流教师 395 人，其中城区学校交流到乡镇学校 92 人，推动城乡教师合理流动，促进农村教育优质均衡发展。2020 年受过学前教育的学生占比达到 100%。

（二）文化惠民活动丰富多彩。

1. 大力创建省级公共文化服务体系示范区。26 个乡镇综合文化服务中心以及群艺馆、图书馆分馆全部建成达标。全市建有村（社区）综合文化服务中心 621 家、农村文体小广场 384 个、农家书屋 621 家、悦读驿站 13 个。市、镇、村三级藏书总量 166.35 万册。"三馆一站"覆盖率 136%，农家书屋覆盖率达到 100%，健身场地、设备和活动覆盖率达到 90%。

2.深入开展文化下乡活动。在疫情期间，积极开展线上读书、教学、展播、展演等活动。2020 年送戏下乡 28 场、送图书下基层 4 万余册、送电影下乡 7882 场。组织文化惠民志愿服务队创作戏曲、歌舞、小品等节目，常态化巡回开展惠民活动 1000 余次，编排录制天门文明 20 条渔鼓、快板、三句半等视频，宣传群众 9 万多人次，有效提升了乡村群众精气神。

（三）乡土文化传承保护力度不断加大。

1. 夯实乡土文化传承基础。成立了非物质文化遗产保护工程领导小组，组建了民族民间文化保护工程专家委员会。建成了市—乡镇—村（社区）三级传承基地体系。

2. 加大教育普及力度。积极推动优秀传统文化进校园。每年在全市中小学校开展戏曲进校园 173 场，其中演出 100 余场、讲座 30 余场、辅导和培训 40 余场，每年服务学生近 14 万人次。

四、始终强化党建引领，乡村治理更加高效

（一）基层组织建设不断加强。

一是选优配强村"两委"班子。制定了《天门市村（社区）党组织书记市级备案管理办法》，加强村主职干部专职化管理，推行村干部"半小时工作法"、社区"一刻钟服务圈"。二是加强农村党员队伍建设，将党员发展工作与村干部培养选拔、后备干部队伍建设有机结合，发展贫困村致富能手、农民专业合作社负责人等党员 198 名。三是"一村一景"打造村级党员群众服务中心。按照"五务合一"标准，真正把农村党员群众服务中心建设成培训党员、联系群众、服务乡村发展的"主引擎"和美丽乡村建设的"主阵地"，2020 年，建有综合服务站的村占比 88.1%。

（二）乡土人才队伍不断壮大。

一是深入实施农村"123"人才工程。每村聘请 1 名荣誉书记（发展顾问）、储备 2 名后备干部、培养 3 名以上入党积极分子，全市共聘请荣誉书记（发展顾问）716 人、储备后备干部 1349 人、培养入党积极分子 3000 人。二是加强农业科技人才队伍建设。大力培养乡土实用技术人才，通过政府主导和市场推动相结合的方式，聘请专业种植、市场营销、品牌建设等方面专家，开展专题讲座、实地观摩和技能实践，全市共举办乡村产业致富带头人培训班 28 期，培训各类乡土技术人员 2259 人。

（三）社会医疗保障逐步完善。

一是逐步完善社会保障体系。全市城镇职工基本养老保险、城乡居民养老保险、医疗保险参保人数分别达到 21.49 万人、83.96 万人、126.72 万人，合计新增 15.8 万人次，城乡居民基本医疗保险预算完成率 100%。社会救助兜底政策全面落实，发放各类救助资金 3.47 亿元。加大临时救助力度，救助 4300 余人次，人均救助金额同比增长 31.3%。二是全面提升基层卫生医疗水平。投资 5.65 亿元，启动侯口社区卫生服务中心、卢市中心卫生院等 12 个基层公共卫生补短板基础设施建

设项目；全市22个乡镇卫生院和4个社区卫生服务中心均新建了规范的发热门诊，均建有通过省级验收的国医堂，共配备全科医生186名，平均每个乡镇有7名以上全科医生。医疗保健支出占比14.2%，比上年增长3.3个百分点。

五、聚力各项目标落地，脱贫攻坚顺利收官

（一）脱贫攻坚目标任务如期完成。

一是全面打赢脱贫攻坚战。2020年底，全市119个贫困村全部出列，贫困人口28668户78492人实现稳定脱贫，未发生监测户返贫、边缘户致贫现象。二是"两不愁三保障"问题有效解决。自2014年以来，财政扶贫资金投入逐年增加，累计投入资金100154.68万元用于脱贫攻坚。"两不愁三保障"和安全饮水突出问题有效解决，全面完成农村危房改造，"四类对象"住房安全有保障比例达到100%。三是贫困群众收入渠道不断拓宽。虾稻共作、精品蔬菜等特色产业带动贫困户8078户，户均增收4000元以上。2014年至2020年，我市建档立卡贫困户人均纯收入由2579.8元增加到11538.76元。四是贫困村发展后劲明显增强。2014年以来，累计新建农村公路1928.5公里，实现村村通硬化路。累计投入1.26亿元，实施贫困村电力改造项目590个，实现村村通动力电，光纤覆盖率100%。

（二）脱贫攻坚与乡村振兴有效衔接。

一是建立健全长效机制，加大政策支持、项目建设等工作力度，坚决防止返贫，推进全面脱贫与乡村振兴有效衔接。将"巩固拓展脱贫攻坚成果与乡村振兴有效衔接"内容，纳入天门市"十四五"规划和2035年远景目标建议，做好领导体制、工作体系、发展规划等有效衔接。二是制定《天门市巩固提升脱贫质量防止返贫实施方案》，全面落实"一户一档""一户一策""一户一专班"的办法，抓好动态监测，从产业、就业、消费、技能培训、小额信贷、综合保障、扶志扶智和防贫保险等方面开展针对性帮扶，坚决防止返贫新致贫。

撰稿：曾　珍

2020年神农架乡村振兴背景下人居环境建设现状

党的十九大报告提出了“实施乡村振兴战略”,提出了“产业兴旺、生态宜居、乡风文明、治理有效、生活富裕”的总要求。林区党委、政府全面贯彻落实党中央、国务院的安排部署,努力让“产业兴旺、生态宜居、乡风文明、治理有效、生活富裕”的总要求在神农架落实落地。人居环境建设是实现“生态宜居”目标的重要内容之一。区党委、政府高度重视,通过攻坚,全区农村人居环境建设取得了卓越成效。

一、人居环境建设取得的成效

(一)乡镇、村基本状况。

据2020年乡村社会经济调查资料显示,全区8个乡镇,其中:重点镇2个,松柏镇、木鱼镇;特色乡镇2个,红坪镇(国家级)、木鱼镇(省级);行政村67个,居委会(社区)12个。通公路村67个,占比100%;通宽带村52个,占比77.6%;通有线电视村67个,占比98.5%;通自来水村57个,占比85.0%,同比增长3.0%。通过开展“三绿一护”“四旁”“三水”“两道”“一屋”、村庄“一段一景”、“一村一品”行动,98%的行政村做到应绿尽绿,农户房前屋后干净整洁,物品有序排放,基本实现全区美丽乡村、清洁家园质的蜕变。

(二)主要工作及成效。

1.林区党委、政府把人居环境建设列入重要工作议程,年初全面安排部署,年中督促检查,年底全面考核。近年来,林区党委、政府对“人居环境建设”高度重视,在深入调研、掌握实情的前提下,先后召开会议进行精心研究、科学谋划,制定出了符合区情的科学合理的实施方案,下发全区各乡镇组织实施。为确保方案落实落地,相关部门快速跟进,神农架林区农村工作领导小组、神农架林区实施乡村振兴战略领导小组联合制定并下发了《〈神农架林区“三农”暨乡村振兴战略实绩考评办法(试行)〉的通知》(神农组发〔2020〕3号)文件,农业农村局制定下发了《关于进一步明确“三农”暨乡村振兴实绩考核有关指标办法的通知》,明确了检查、考核、评比、验收标准,规定了奖励、惩罚措施。在出台政策的同时,林区党委、政府也加大了人居环境建设资金投入力度,仅2020年就投资1000万元用于开展环境整治建设。科学合理的政策措施,加之大力度的资金投入,短期内神农架林区农村“人居环境”面貌得到极大改善,成效明显。

2.强化措施,农村厕所革命再上新台阶。厕所革命实施三年来,林区共完成农户无害化厕新建、改造8469座,卫生厕所普及率达到95%(含接入污水管网数),在小集镇、公路沿线建设、改造水冲公厕108座,实际建设数是计划建设数的161%。在推进厕所革命的时,结合农户生活习惯,把厕所革命与猪圈、牛栏、鸡舍改造结合起来,深入推进圈栏、厕所、化粪池一体化建设模式,全区95%的行政村已经达到人、畜粪污资源化利用,厕所清洁、圈栏干净、空气无味道的目标正逐渐变为现实。

2020年下半年,林区政府开展了“农村人居环境督查整改百日攻坚”行动,对发现的些许问题和不足进行“清单化”的对应督办、整改,明确整改责任领导、责任人员,规定整改达到的目标和完成时限,实行验收合格“销号制”。由于安排部署科学合理,组织实施措施得力,建设资金全面得到保障,检查督办及时到位,奖惩措施严格,2020年度农村“厕所革命”愿改尽改,完成170座户厕因生态移民搬迁及纳入污水管网,户厕建改541座,公厕6座,已销号清零,实现农村厕改工作圆满成功。

3.农村生活垃圾分类试点取得成功,“以点带面”正在全区逐步铺开。在农村生活垃圾是影响居住环境优美的主要原因,分类、规范收集生活垃圾是解决这一问题的主要措施之一。为探索经验,找准解决问题的路子,在各乡镇选择了部分村进行试点,以探索路子,为今后的正式推广做准备。各乡镇试点村对垃圾分类持续开展发挥了积极的引导作用。全区67个行政村中,已经有62个开展了垃圾集中分类处理,占93.9%,比2019年增长1.5个百分点。在垃圾分类处理实践中,不少乡镇、村结合自身实际,探索出了不少切合乡村实际的经验,如:红坪镇的垃圾收集分类处置屋、新华镇的智能垃圾分类收集系统、新安洁的“爱心小屋”等,都起到了一定的示范带动作用,特别是大九湖镇实施的垃圾分类处理全覆盖,受到了央媒的高度关注,《人民日报》等多个媒体进行了专题采访报道,在全省乃至全国都产生了较大影响。另外,有的乡镇、村探索的农村生活垃圾转运归集市场化运作,有的乡镇实施生活垃圾转运站、餐厨垃圾转运站和生活垃圾分拣站三合一,实施建设垃圾场站一个点、运营管理一班人等等,都取得了比较好的效果。这些措施有效推动了人居环境建设。

4.因地制宜,强化农村污水治理。由于农村住户居住分散,加之缺少甚至没有污水排放设施民,普遍存在污水横流现象,成为影响居住环境的主要因素。对此,全区8个乡镇都有针对性的采取了治理措施,2020年全区67个行政村中建立污水处理设施的有17个,占25.8%,比2019年增长12个百分点。除在人口住户集中区域的集镇建设生活污水处理建设项目外,对居住人口相对较少、居住相对分散的自然村镇,采取建设多分散式污水处理设施的办法解决污水处理问题,如:木鱼镇龙降坪小区、红花四季小镇小区、车沟小区、红坪镇柏杉园小区,都建设有比较完善的污水排放管网,这种"以城带村"、"以镇带村"、"以园区带村"等方式的污水管网建设,带动了村污水排放管网建设力度,有效的解决了农村居民污水排放难题,推动了农村人居环境建设顺利实施。

5.开展村庄清洁行动,管护机制制度基本基本形成。调查结果显示,全区8个乡镇年年开展以清理房前屋后、沟渠河道、路边田间、林间树下垃圾为主要内容的村庄清洁行动,全面清理畜禽粪污、农业生产垃圾、生活垃圾等垃圾,村庄清洁行动基本成为常态化,如:松柏镇古水沿路、九湖镇黄柏阡、下谷乡周边村庄整洁亮点突出。同时,全区各乡、村都根据自身特点建立健全了人居环境管理制度,安排了管理及保洁人员,落实了必须的工作经费,基本实现了"制度、人员、资金"三落实。

二、存在的问题

(一)农村居民传统的"不良"生活习惯一时难以改变。保持目前良好成果还需要相关部门、相关人员经常进行督促检查。

(二)垃圾收转机制不健全。受诸多因素影响,部分村的垃圾清理、收集、转运还存在一定障碍,清理、收集、转运滞缓现象不同程度存在。保洁等相关人员对人居环境建设意义认识不高、责任心不强,工作不到位现象时常存在。

(三)宣传不够。涉及环境卫生的相关制度、村规民约还没有深入人心,不遵守甚至违反制度、约定现象时常发生,且缺乏处理力度,让制度、约定形成约束力、威慑力的工作有待加强。

三、几点建议

(一)突出重点,全面推进。

通过三年来的工作,各乡镇农村人居环境虽然全面改观,但还存在着不少薄弱环节,离"生态宜居"的要求还有不小的差距,因此,在今后的工作中,各乡镇、村要不等不靠、主动作为,在着眼全局的前提下,突出抓好重点部位,解决好影响全局的关键环节,进一步深化、细化各项措施,常态化的进行督导检查,推动人居环境建设向纵深发展。

(二)巩固提升,健全机制。

解决农村环境差的问题,一靠教育引导,让村民转变观念,二靠制度管理,让村民遵章守约,三靠资金投入,完善必须的设施,必须从这三方面入手,建立长效机制。在教育引导上,要利用好各种宣传平台,以村民喜闻乐见方式进行宣传引导,让"爱护环境、保护环境、维持环境"入脑入心;在管理方面,首先要充分用好公益性岗位人员,继续发挥好"以城带村"、"以镇带村"、"以园区带村"等优势,明确任务,落实责任,建立一套符合本地实际、行之有效的管理办法或村规民约,以确保做到"日常保洁有人做、乱堆乱放有人管、工作过程受监督、违规违约有处罚",形成常态化的监督管理机制;在资金投入方面,一要逐步"还欠帐、补短板",切实加大基础设施建设力度,为人居环境建设创造必要的条件;二是要有一定的工作经费投入,切实做到"保洁人员能做事,垃圾清运车辆能运转"。

(三)不断总结经验做法,更好地"扬长避短"。

神农架林区在人居环境建设上涌现出了不少好的经验和做法,这些经验做法比较切合林区乡村实际,具有很好的推广应用价值,如大九湖镇的垃圾分类全覆盖等等,必要时可组织大家相互参观学习交流,相互取长补短,最终达到扬长避短的目的,以推动全区人居环境建设全面健康发展。

撰稿:金立新

二、数据篇

《湖北农村统计年鉴—2021》

1.农村基本情况 √

2.农业产值

3.种植业

4.林业及土特产

5.畜牧业

6.渔业

7.农业机械化

8.农村主要能源及物资消耗

9.农业技术推广及应用

10.水利建设

11.农垦及监狱系统农场

农村基层组织情况

单位：个

地区	乡镇政府个数	其中：镇个数	办事处个数	村民委员会个数	村民小组个数
湖北省	**922**	**761**	**329**	**22997**	**201852**
武汉市	**4**	**1**	**156**	**1909**	**16616**
武汉市辖区	1		104	121	736
汉南区			7	70	219
蔡甸区	1		8	283	2032
江夏区			10	268	2656
黄陂区	1		15	590	6166
新洲区	1	1	12	577	4807
黄石市	**28**	**27**	**19**	**790**	**7763**
黄石市辖区	1	1	14	15	106
阳新县	16	16		419	3696
大冶市	11	10	5	356	3961
十堰市	**106**	**72**	**13**	**1808**	**10018**
茅箭区	3	1	4	41	209
张湾区	4	2	4	70	418
郧阳区	19	16		340	1753
郧西县	16	9		275	2020
竹山县	17	9		231	1311
竹溪县	15	11		332	1748
房县	20	12		293	1445
丹江口	12	12	5	226	1114
宜昌市	**86**	**67**	**24**	**1336**	**8082**
宜昌市辖区	5	2	18	72	583
夷陵区	11	9	1	177	1104
远安县	7	6		102	494
兴山县	8	6		89	502
秭归县	12	8		174	1117
长阳自治县	11	8		154	970
五峰自治县	8	5		96	689
宜都市	9	8	1	123	828
当阳市	7	7	3	155	935
枝江市	8	8	1	194	860
襄阳市	**78**	**74**	**28**	**2282**	**14435**
高新区	2	2	4	13	81
襄城区	3	2	6	118	655
樊城区	2	2	8	70	555
襄州区	12	12	2	425	2947
南漳县	10	10		269	1246
谷城县	10	9		241	1229
保康县	11	10		257	1217
老河口	8	7	2	217	1577
枣阳市	12	12	3	482	3537
宜城市	8	8	3	190	1391
鄂州市	**21**	**18**	**4**	**313**	**3899**
梁子湖	5	5		87	1006
华容区	6	4		106	1334
鄂城区	10	9	4	120	1559
荆门市	**50**	**48**	**10**	**1321**	**9791**
东宝区	7	6	2	162	1020
掇刀区	2	2	4	78	657
沙洋县	13	13		232	2419
钟祥市	16	15	1	492	3347
京山市	12	12	3	357	2348
孝感市	**95**	**72**	**13**	**2194**	**22398**

续表

地区	乡镇政府个数	其中:镇个数	办事处个数	村民委员会个数	村民小组个数
孝感市辖区				19	79
孝南区	11	8	4	200	2951
孝昌县	12	8		219	3474
大悟县	17	14		362	3685
云梦县	12	9		283	2411
应城市	10	10	5	297	3260
安陆市	13	9	2	337	2837
汉川市	20	14	2	477	3701
荆州市	**100**	**88**	**18**	**1486**	**16802**
荆州开发区	1		1	14	84
沙市区	4	4	7	50	379
荆州区	7	7	4	111	880
公安县	16	14		259	3274
监利县	21	18		323	3684
江陵县	9	7		107	784
石首市	12	11	2	153	2473
洪湖市	15	14	2	234	2744
松滋市	15	13	2	235	2500
黄冈市	**115**	**99**	**12**	**3960**	**37442**
龙感湖农场				56	56
黄州区	4	3	5	95	861
团风县	10	8		294	2343
红安县	11	10		403	3828
罗田县	12	10		414	4090
英山县	11	8		309	2579
浠水县	13	12		623	5817
蕲春县	14	13		564	4867
黄梅县	16	12		460	4047
麻城市	16	15	3	453	6210
武穴市	8	8	4	289	2744
咸宁市	**64**	**52**	**6**	**885**	**9939**
咸安区	10	9	3	125	2209
嘉鱼县	8	8		79	511
通城县	11	9		167	1997
崇阳县	12	8		187	1875
通山县	12	8		187	1753
赤壁市	11	10	3	140	1594
随州市	**37**	**37**	**8**	**848**	**8481**
曾都区	5	5	4	149	1504
随县	19	19		347	2943
广水市	13	13	4	352	4034
恩施自治州	**83**	**54**	**5**	**2305**	**22440**
恩施市	13	6	3	172	1773
利川市	12	8	2	545	5820
建始县	10	7		366	3228
巴东县	12	10		294	3448
宣恩县	9	5		276	2653
咸丰县	10	7		263	2366
来凤县	8	6		184	1786
鹤峰县	9	5		205	1366
仙桃市	**15**	**15**	**3**	**633**	**4501**
潜江市	**10**	**10**	**7**	**332**	**2583**
天门市	**22**	**21**	**3**	**528**	**6336**
神农架林区	**8**	**6**		**67**	**326**

耕地情况

单位：公顷

地区	耕地	水田	水浇地	旱地
湖北省	**4754888**	**2543522**	**372554**	**1838812**
武汉市	**237828**	**124734**	**64512**	**48582**
武汉市辖区	17042	5257	10493	1292
汉南区	8872	575	8266	31
蔡甸区	29415	13605	15014	797
江夏区	50638	30966	258	19414
黄陂区	79974	50294	3906	25773
新洲区	51887	24038	26576	1273
黄石市	**105689**	**58229**	**1227**	**46233**
黄石市辖区	1497	445	349	703
阳新县	56986	29865	695	26426
大冶市	47205	27919	183	19104
十堰市	**184255**	**28555**	**1564**	**154136**
十堰市辖区	2288	53	269	1966
郧阳区	39101	2254	414	36433
郧西县	38585	2678	111	35796
竹山县	26846	6212	212	20422
竹溪县	22660	5015	8	17637
房县	31784	7241	181	24362
丹江口市	22991	5102	369	17520
宜昌市	**292853**	**94957**	**17475**	**180422**
宜昌市辖区	2653	605	255	1793
夷陵区	28532	10438	117	17977
远安县	15689	9757	465	5466
兴山县	15524	1062	9	14454
秭归县	22323	326	44	21953
长阳县	44346	2617	12	41717
五峰县	20533	42		20491
宜都市	14121	2392		11728
当阳市	81135	46690	16508	17938
枝江市	47996	21028	65	26903
襄阳市	**671104**	**246904**	**9275**	**414924**
襄阳市辖区	49548	24221	1865	23462
襄州区	167190	40088	1224	125878
南漳县	69597	33569	1435	34593
谷城县	33364	18204	851	14310
保康县	28510	3155	3	25352
老河口市	57552	14019	685	42848
枣阳市	160836	65671	1496	93669
宜城市	104506	47977	1717	54812
鄂州市	**45759**	**22146**	**14617**	**8996**
梁子湖区	14981	9252	538	5191
华容区	15840	6168	8454	1218
鄂城区	14937	6726	5624	2587
荆门市	**497365**	**314500**	**3570**	**179294**
荆门市辖区	63123	47895	766	14462
京山市	111828	71950	619	39259
沙洋县	123427	100492	1288	21647
钟祥市	198987	94164	898	103926
孝感市	**385232**	**246697**	**47120**	**91415**

续表 单位：公顷

地区	耕地	水田	水浇地	旱地
孝南区	44956	28927	2608	13421
孝昌县	54340	36509	561	17269
大悟县	59053	28755	147	30151
云梦县	35687	25613	5931	4142
应城市	59638	46309	201	13128
安陆市	60154	48310	67	11777
汉川市	71404	32273	37605	1527
荆州市	**690380**	**519016**	**158781**	**12583**
沙市区	22959	18099	4859	
荆州区	49659	33624	15952	83
公安县	133195	90628	40681	1887
监利县	184585	162781	21803	
江陵县	67778	57067	10711	
石首市	70776	45644	24078	1054
洪湖市	75367	57789	17575	3
松滋市	86060	53383	23122	9556
黄冈市	**484163**	**321078**	**15999**	**147086**
黄州区	8518	3841	3656	1021
团风县	25471	18493	2449	4528
红安县	59104	31091	764	27250
罗田县	32976	28969	6	4001
英山县	18249	11617	170	6462
浠水县	67917	49571	1309	17037
蕲春县	60390	45762	471	14156
黄梅县	74558	46682	458	27419
麻城市	89804	52702	2232	34870
武穴市	47177	32351	4484	10342
咸宁市	**171943**	**122676**	**17451**	**31816**
咸安区	25060	19276	642	5141
嘉鱼县	32840	15515	14482	2843
通城县	26069	22941	120	3008
崇阳县	27578	19965	1457	6156
通山县	24806	13853	523	10430
赤壁市	35590	31126	227	4237
随州市	**231045**	**168475**	**4809**	**57761**
曾都区	41222	32154	891	8177
随县	114105	86280	2094	25730
广水市	75718	50041	1823	23854
恩施州	**349075**	**58159**	**218**	**290698**
恩施市	64558	4940		59617
利川市	80981	19775		61205
建始县	41945	2871	2	39073
巴东县	49973	1315	135	48523
宣恩县	33617	7904	69	25644
咸丰县	36950	10329		26620
来凤县	22011	10208	2	11802
鹤峰县	19041	816	11	18214
仙桃市	**114000**	**64523**	**6159**	**43317**
潜江市	**122849**	**74317**	**5254**	**43279**
天门市	**166250**	**78529**	**4285**	**83437**
神农架林区	**5099**	**27**	**238**	**4834**

农村劳动力文化程度和年龄状况

单位：万人

地区	外出从业人员	其中：男性	从业人员文化程度			从业人员年龄状况		
			小学及以下	初中	高中及以上	20岁以下	21岁–49岁	50岁以上
湖北省	**1143.72**	**686.21**	**114.72**	**622.55**	**406.44**	**138.25**	**821.00**	**184.47**
武汉市	**70.80**	**44.45**	**6.62**	**37.66**	**26.52**	**9.26**	**47.39**	**14.15**
武汉市辖区	3.30	1.80	0.21	1.69	1.39	0.21	2.41	0.68
汉南区	1.65	1.00	0.04	0.37	1.24	0.25	1.33	0.06
蔡甸区	6.24	3.30	0.45	3.17	2.62	0.64	1.33	1.39
江夏区	11.14	6.48	1.89	5.40	3.85	1.67	1.33	2.55
黄陂区	26.81	17.87	3.31	14.77	8.74	3.61	1.33	5.26
新洲区	21.65	13.99	0.73	12.26	8.67	2.89	1.33	4.22
黄石市	**50.71**	**32.12**	**5.41**	**26.46**	**18.85**	**5.58**	**35.97**	**9.17**
黄石市辖区	0.91	0.59	0.04	0.40	0.46	0.09	0.66	0.16
阳新县	31.42	18.88	3.24	16.74	11.44	3.46	22.34	5.62
大冶市	18.38	12.65	2.12	9.32	6.94	2.03	12.96	3.39
十堰市	**77.32**	**47.76**	**11.19**	**42.42**	**23.71**	**8.58**	**54.63**	**14.11**
茅箭区	0.92	0.62	0.13	0.40	0.39	0.05	0.68	0.19
张湾区	1.52	1.00	0.28	0.77	0.47	0.18	0.99	0.34
郧阳区	15.67	9.71	1.92	9.05	4.70	2.26	10.60	2.81
郧西县	15.05	8.63	2.04	8.47	4.54	1.25	10.86	2.94
竹山县	13.24	8.56	2.24	7.03	3.97	1.56	9.26	2.41
竹溪县	8.63	5.59	1.62	4.65	2.36	1.19	5.88	1.57
房县	14.00	8.52	2.25	7.51	4.24	1.47	10.24	2.30
丹江口市	8.30	5.13	0.71	4.55	3.04	0.63	6.12	1.55
宜昌市	**69.28**	**41.53**	**5.72**	**34.28**	**29.29**	**6.70**	**48.63**	**13.96**
宜昌市辖区	4.35	2.51	0.31	1.61	2.42	0.31	2.92	1.12
夷陵区	10.44	6.15	1.00	4.57	4.87	1.06	6.95	2.43
远安县	4.75	2.92	0.36	2.82	1.58	0.62	3.32	0.81
兴山县	2.27	1.59	0.15	1.26	0.86	0.16	1.70	0.41
秭归县	8.87	5.05	0.70	5.00	3.16	0.73	6.94	1.20
长阳土家族自治县	10.61	6.57	1.23	5.31	4.07	1.19	6.71	2.71
五峰土家族自治县	3.83	2.31	0.48	1.87	1.48	0.45	2.62	0.76
宜都市	9.96	5.95	0.72	5.30	3.94	0.95	7.22	1.79
当阳市	7.28	4.39	0.54	3.47	3.27	0.85	5.47	0.96
枝江市	6.93	4.08	0.23	3.05	3.64	0.38	4.78	1.77
襄阳市	**104.21**	**60.01**	**7.00**	**49.64**	**47.58**	**10.21**	**76.65**	**17.35**
高新区	2.89	1.81	0.18	1.29	1.42	0.20	2.23	0.46
襄城区	6.12	3.23	0.30	3.71	2.10	0.51	4.17	1.44
樊城区	5.55	3.02	0.70	2.86	2.00	0.31	2.56	2.68
襄州区	23.56	12.40	0.56	3.57	19.43	0.81	21.62	1.13
南漳县	11.77	7.33	1.62	6.63	3.51	1.41	8.27	2.09
谷城县	11.38	6.75	1.00	7.07	3.30	1.17	8.11	2.09
保康县	5.64	3.67	0.58	2.55	2.50	0.30	4.29	1.05
老河口市	8.19	4.52	0.52	5.06	2.61	1.69	5.70	0.80
枣阳市	18.83	11.42	0.90	11.37	6.56	2.67	13.05	3.10
宜城市	10.28	5.86	0.63	5.52	4.13	1.13	6.64	2.50
鄂州市	**15.13**	**9.80**	**0.62**	**9.07**	**5.44**	**2.04**	**10.44**	**2.66**
梁子湖区	4.49	3.11	0.19	2.64	1.66	0.51	3.34	0.64
华容区	3.57	2.27	0.07	2.04	1.46	0.21	2.53	0.83
鄂城区	7.07	4.42	0.36	4.39	2.32	1.32	4.57	1.18
荆门市	**55.21**	**34.06**	**3.26**	**29.03**	**22.92**	**5.25**	**43.04**	**6.92**
东宝区	3.84	2.44	0.19	1.31	2.34	0.37	2.92	0.55
掇刀区	1.53	1.00	0.03	0.71	0.78	0.22	1.01	0.30
沙洋县	13.20	7.76	1.17	6.60	5.43	1.07	10.86	1.28
钟祥市	21.61	14.04	1.53	12.49	7.59	2.42	16.85	2.34
京山市	15.03	8.81	0.33	7.91	6.78	1.18	11.40	2.46
孝感市	**134.65**	**91.36**	**10.70**	**82.52**	**41.44**	**17.41**	**98.88**	**18.36**

续表 单位：万人

地区	外出从业人员	其中：男性	从业人员文化程度			从业人员年龄状况		
			小学及以下	初中	高中及以上	20岁以下	21岁−49岁	50岁以上
孝感市辖区	0.51	0.31	0.10	0.19	0.23	0.08	0.24	0.19
孝南区	15.21	9.92	1.44	10.14	3.63	1.07	12.02	2.12
孝昌县	19.48	12.54	1.85	12.52	5.11	3.01	14.69	1.78
大悟县	19.62	12.63	1.08	11.42	7.12	3.23	13.53	2.86
云梦县	18.40	17.54	1.90	12.35	4.15	2.21	13.59	2.60
应城市	19.26	11.58	0.97	11.57	6.72	2.06	14.18	3.02
安陆市	16.54	11.49	0.96	9.38	6.21	1.80	13.21	1.54
汉川市	25.62	15.34	2.40	14.95	8.27	3.95	17.41	4.25
荆州市	**116.15**	**63.88**	**10.33**	**63.38**	**42.44**	**15.70**	**83.60**	**16.85**
荆州开发区	0.43	0.26		0.25	0.18	0.01	0.37	0.05
沙市区	2.74	1.46	0.20	0.94	1.60	0.37	2.14	0.23
荆州区	6.65	3.72	0.38	3.32	2.95	0.55	4.96	1.14
公安县	18.27	9.69	1.25	10.06	6.96	2.45	13.05	2.77
监利县	34.14	18.39	4.63	19.06	10.45	6.42	21.36	6.37
江陵县	6.39	3.54	0.63	3.19	2.58	0.84	5.34	0.20
石首市	12.81	7.48	0.79	6.24	5.78	1.18	9.95	1.68
洪湖市	15.94	8.85	1.45	9.29	5.20	1.97	11.73	2.24
松滋市	18.78	10.48	1.01	11.03	6.74	1.91	14.70	2.17
黄冈市	**167.72**	**100.36**	**24.10**	**92.07**	**51.56**	**19.84**	**119.36**	**28.52**
龙感湖农场	0.31	0.18	0.01	0.20	0.11	0.03	0.24	0.05
黄州区	4.57	2.60	0.73	2.59	1.26	0.82	3.14	0.62
团风县	10.79	6.76	1.58	6.18	3.03	0.99	6.86	2.93
红安县	15.32	8.98	2.28	8.52	4.52	3.36	7.56	4.40
罗田县	16.51	9.46	1.41	8.48	6.61	1.23	12.56	2.72
英山县	10.23	6.79	1.28	5.85	3.10	0.99	8.06	1.18
浠水县	25.20	14.52	4.34	13.38	7.48	3.08	17.67	4.45
蕲春县	24.89	14.43	4.21	13.64	7.04	3.07	16.71	5.11
黄梅县	13.67	7.36	2.44	7.91	3.32	1.48	12.04	0.15
麻城市	26.42	16.55	3.82	14.81	7.79	3.09	19.78	3.55
武穴市	19.81	12.72	1.99	10.51	7.31	1.70	14.75	3.36
咸宁市	**54.77**	**32.11**	**5.74**	**30.76**	**18.27**	**8.60**	**38.57**	**7.59**
咸安区	6.56	4.23	1.09	3.10	2.37	1.17	4.57	0.82
嘉鱼县	7.07	4.16	0.74	3.53	2.80	0.95	4.39	1.73
通城县	11.46	6.24	1.08	7.06	3.33	2.60	8.03	0.84
崇阳县	10.69	6.00	1.18	5.94	3.57	1.37	8.04	1.29
通山县	10.07	6.57	1.05	6.18	2.83	1.34	7.23	1.49
赤壁市	8.91	4.91	0.60	4.94	3.37	1.17	6.32	1.42
随州市	**50.73**	**28.37**	**5.10**	**29.13**	**16.50**	**7.46**	**35.91**	**7.36**
曾都区	9.54	5.77	0.67	5.16	3.71	1.46	6.91	1.18
随县	18.01	10.13	1.93	10.39	5.68	3.25	12.56	2.20
广水市	23.18	12.47	2.50	13.57	7.11	2.76	16.44	3.98
恩施土家族苗族自治州	**89.21**	**52.50**	**11.70**	**50.68**	**26.83**	**10.92**	**65.35**	**12.94**
恩施市	14.61	8.54	1.67	8.75	4.19	1.76	10.32	2.53
利川市	20.77	12.35	2.11	12.61	6.05	2.74	15.69	2.34
建始县	12.55	7.36	1.68	7.67	3.20	1.27	9.51	1.77
巴东县	8.62	5.16	1.26	4.66	2.70	1.08	5.53	2.01
宣恩县	10.68	6.06	1.69	6.65	2.34	1.32	7.48	1.88
咸丰县	7.55	4.71	0.64	4.05	2.86	0.97	6.05	0.53
来凤县	9.58	5.44	2.19	3.91	3.49	1.50	6.85	1.22
鹤峰县	4.85	2.89	0.46	2.38	2.01	0.28	3.91	0.65
仙桃市	**31.83**	**16.10**	**2.15**	**17.01**	**12.67**	**4.55**	**23.08**	**4.20**
潜江市	**20.04**	**11.14**	**1.69**	**10.75**	**7.60**	**2.54**	**15.01**	**2.49**
天门市	**34.94**	**20.00**	**3.23**	**17.11**	**14.61**	**3.57**	**23.73**	**7.65**
神农架林区	**1.01**	**0.66**	**0.16**	**0.60**	**0.25**	**0.05**	**0.79**	**0.18**

农村劳动力外出渠道和从业时间

单位:万人

地区	外出渠道				外出从业时间		
	政府有关部门组织	中介组织介绍	企业招收	自发及其他	1个月—3个月	3个月—6个月	6个月以上
湖北省	**152.09**	**78.60**	**165.76**	**747.27**	**95.18**	**250.04**	**798.50**
武汉市	**7.52**	**3.74**	**11.61**	**47.93**	**6.49**	**20.17**	**44.14**
武汉市辖区	0.43	0.20	1.06	1.61	0.24	0.91	2.15
汉南区	0.26		0.87	0.52	0.01	0.24	1.40
蔡甸区	0.80	0.47	0.96	4.01	0.88	1.60	3.77
江夏区	1.16	0.72	1.98	7.28	1.52	4.10	5.53
黄陂区	2.82	0.92	2.63	20.44	2.32	7.87	16.62
新洲区	2.06	1.42	4.11	14.06	1.53	5.45	14.67
黄石市	**4.07**	**2.62**	**9.05**	**34.97**	**3.78**	**10.19**	**36.74**
黄石市辖区	0.18	0.05	0.19	0.49	0.07	0.17	0.68
阳新县	2.16	1.51	5.51	22.24	1.98	4.98	24.46
大冶市	1.72	1.07	3.36	12.23	1.74	5.04	11.60
十堰市	**9.81**	**6.83**	**10.49**	**50.18**	**6.05**	**17.32**	**53.95**
茅箭区	0.05	0.05	0.18	0.64	0.04	0.11	0.77
张湾区	0.11	0.24	0.14	1.04	0.10	0.28	1.14
郧阳区	1.51	1.30	2.68	10.17	1.35	3.87	10.44
郧西县	2.99	1.48	2.08	8.49	0.74	2.95	11.36
竹山县	1.36	1.39	1.33	9.16	1.72	3.49	8.02
竹溪县	1.26	0.30	1.70	5.38	0.45	1.46	6.73
房县	1.77	1.34	1.27	9.62	0.82	2.41	10.78
丹江口市	0.76	0.74	1.12	5.68	0.84	2.75	4.71
宜昌市	**9.37**	**6.07**	**12.67**	**41.17**	**7.09**	**18.00**	**44.19**
宜昌市辖区	0.27	0.43	0.93	2.71	0.56	1.17	2.62
夷陵区	1.21	1.01	1.99	6.23	1.18	2.78	6.48
远安县	0.62	0.45	1.02	2.67	0.40	0.78	3.57
兴山县	0.12	0.08	0.26	1.81	0.08	0.59	1.61
秭归县	1.20	0.71	0.99	5.97	0.74	1.67	6.46
长阳土家族自治县	1.86	1.03	1.80	5.92	1.46	4.25	4.90
五峰土家族自治县	1.04	0.34	0.40	2.05	0.50	1.14	2.19
宜都市	1.73	0.86	1.90	5.47	0.78	2.19	6.99
当阳市	0.85	0.70	1.78	3.95	0.69	1.45	5.14
枝江市	0.47	0.46	1.60	4.39	0.71	1.98	4.24
襄阳市	**11.16**	**7.25**	**20.73**	**65.07**	**7.99**	**19.24**	**76.98**
高新区	0.06	0.32	0.42	2.09	0.47	0.76	1.67
襄城区	0.35	0.44	1.13	4.21	0.68	1.51	3.93
樊城区	1.27	0.45	1.40	2.43	0.49	1.22	3.85
襄州区	1.40	1.68	10.00	10.48	1.60	3.08	18.87
南漳县	0.80	0.79	2.35	7.83	1.02	2.40	8.35
谷城县	2.42	0.38	0.76	7.82	0.70	2.32	8.36
保康县	0.43	0.33	0.70	4.18	0.56	1.25	3.84
老河口市	0.33	0.79	0.63	6.44	0.54	1.22	6.44
枣阳市	2.08	1.36	1.10	14.28	0.69	3.22	14.91
宜城市	2.03	0.70	2.23	5.32	1.24	2.27	6.77
鄂州市	**0.87**	**1.08**	**2.34**	**10.84**	**1.53**	**3.78**	**9.82**
梁子湖区	0.46	0.32	0.52	3.20	0.32	1.38	2.79
华容区	0.16	0.18	0.73	2.51	0.27	0.87	2.43
鄂城区	0.25	0.59	1.10	5.14	0.94	1.52	4.61
荆门市	**7.93**	**4.66**	**7.97**	**34.65**	**4.59**	**10.80**	**39.82**
东宝区	0.87	0.42	0.32	2.22	0.38	0.78	2.67
掇刀区	0.33	0.14	0.31	0.75	0.14	0.36	1.03
沙洋县	1.43	0.86	2.49	8.41	1.52	2.53	9.14
钟祥市	2.31	2.02	2.92	14.35	1.88	4.26	15.47
京山市	2.99	1.21	1.92	8.91	0.66	2.85	11.51
孝感市	**14.41**	**9.83**	**20.13**	**90.28**	**13.31**	**35.18**	**86.16**

续表 单位:万人

地区	外出渠道				外出从业时间		
	政府有关部门组织	中介组织介绍	企业招收	自发及其他	1个月－3个月	3个月－6个月	6个月以上
孝感市辖区	0.05	0.15		0.31	0.02	0.05	0.44
孝南区	1.56	1.27	1.33	11.05	1.23	4.08	9.90
孝昌县	2.87	1.79	2.31	12.51	2.43	6.52	10.53
大悟县	2.89	1.41	2.65	12.68	1.65	3.94	14.04
云梦县	1.62	1.08	1.35	14.35	1.05	5.29	12.06
应城市	0.62	0.92	3.76	13.96	1.24	3.30	14.72
安陆市	1.70	1.14	2.97	10.72	2.35	5.17	9.02
汉川市	3.09	2.06	5.76	14.71	3.34	6.82	15.46
荆州市	**7.96**	**7.67**	**11.68**	**88.85**	**6.02**	**19.89**	**90.24**
荆州开发区	0.02	0.01	0.04	0.35		0.04	0.39
沙市区	0.08	0.09	0.81	1.77	0.08	0.46	2.20
荆州区	0.32	0.36	0.78	5.19	0.59	1.39	4.67
公安县	1.55	0.77	1.11	14.83	0.81	2.51	14.95
监利县	2.33	2.48	2.87	26.46	1.28	6.56	26.30
江陵县	0.48	0.23	0.26	5.42	0.44	0.95	5.01
石首市	1.49	1.22	2.75	7.36	0.72	2.79	9.31
洪湖市	0.32	0.46	1.17	13.99	1.05	2.08	12.81
松滋市	1.35	2.06	1.90	13.47	1.06	3.11	14.61
黄冈市	**22.07**	**12.55**	**23.54**	**109.56**	**17.52**	**39.84**	**110.37**
龙感湖农场			0.04	0.27	0.01	0.01	0.30
黄州区	0.56	0.38	0.73	2.90	0.41	1.11	3.06
团风县	1.20	0.84	1.72	7.02	1.54	3.26	5.98
红安县	1.85	1.19	3.48	8.80	2.43	4.25	8.64
罗田县	1.76	1.59	2.98	10.17	1.46	5.16	9.89
英山县	1.46	1.22	1.21	6.34	0.91	2.20	7.11
浠水县	2.23	1.85	4.31	16.81	2.12	4.11	18.97
蕲春县	4.44	1.85	3.54	15.06	2.16	5.42	17.31
黄梅县	0.80	0.07	0.09	12.72	0.41	3.32	9.95
麻城市	1.79	2.28	3.56	18.80	4.21	6.72	15.49
武穴市	5.99	1.28	1.88	10.66	1.86	4.27	13.68
咸宁市	**5.84**	**3.93**	**8.07**	**36.93**	**4.38**	**11.37**	**39.02**
咸安区	1.11	0.50	1.33	3.63	0.58	1.67	4.31
嘉鱼县	0.53	0.85	1.03	4.65	0.52	1.51	5.04
通城县	0.83	0.75	1.82	8.06	0.91	2.32	8.23
崇阳县	1.37	0.83	1.84	6.65	1.05	2.37	7.27
通山县	1.35	0.42	1.01	7.29	0.61	1.94	7.52
赤壁市	0.64	0.58	1.04	6.65	0.72	1.55	6.65
随州市	**4.14**	**4.47**	**8.37**	**33.75**	**4.30**	**11.74**	**34.69**
曾都区	0.68	0.90	1.87	6.10	0.48	1.83	7.23
随县	1.74	1.93	1.95	12.39	1.01	4.63	12.37
广水市	1.72	1.65	4.54	15.27	2.81	5.27	15.10
恩施土家族苗族自治州	**39.25**	**4.24**	**5.75**	**39.97**	**7.40**	**16.30**	**65.51**
恩施市	5.11	0.78	0.93	7.79	1.45	2.88	10.28
利川市	19.05	0.55	0.51	0.65	1.87	2.84	16.05
建始县	3.62	0.65	1.13	7.14	1.01	2.49	9.05
巴东县	2.32	0.74	1.36	4.20	0.69	1.49	6.43
宣恩县	1.13	0.32	0.45	8.78	0.66	1.61	8.41
咸丰县	2.91	0.21	0.40	4.04	0.65	2.10	4.80
来凤县	1.81	0.73	0.58	6.46	0.65	1.71	7.22
鹤峰县	3.30	0.27	0.38	0.90	0.42	1.17	3.26
仙桃市	**1.93**	**0.40**	**3.70**	**25.80**	**1.51**	**4.56**	**25.75**
潜江市	**1.70**	**1.24**	**4.34**	**12.77**	**0.97**	**5.68**	**13.40**
天门市	**4.06**	**2.03**	**5.31**	**23.54**	**2.18**	**5.83**	**26.93**
神农架林区		**0.01**	**0.02**	**0.98**	**0.07**	**0.16**	**0.78**

农村劳动力转移地点

单位：万人

地区	外出地点				
	县内乡外	省内县外	省外（不含港澳台及境外）	港、澳、台	境外
湖北省	**194.79**	**314.55**	**632.40**	**0.91**	**1.08**
武汉市	**17.23**	**36.52**	**17.01**	**0.02**	**0.02**
武汉市辖区	1.87	1.14	0.29		
汉南区	1.26	0.36	0.03		
蔡甸区	1.78	3.52	0.94		
江夏区	3.37	4.68	3.09		
黄陂区	6.18	17.05	3.56	0.01	0.01
新洲区	2.77	9.76	9.11	0.01	
黄石市	**10.14**	**11.89**	**28.50**	**0.07**	**0.12**
黄石市辖区	0.34	0.28	0.30		
阳新县	4.43	6.14	20.75	0.05	0.05
大冶市	5.37	5.47	7.45	0.02	0.07
十堰市	**14.36**	**20.15**	**42.51**	**0.09**	**0.21**
茅箭区	0.68	0.03	0.18		0.03
张湾区	0.89	0.36	0.26		
郧阳区	3.20	6.69	5.69	0.01	0.08
郧西县	1.47	4.30	9.26		0.01
竹山县	2.72	2.59	7.89	0.01	0.03
竹溪县	1.42	1.43	5.77		
房县	1.77	2.43	9.69	0.07	0.05
丹江口市	2.21	2.32	3.77		0.01
宜昌市	**18.83**	**22.49**	**27.88**	**0.03**	**0.05**
宜昌市辖区	1.54	1.65	1.14	0.01	0.01
夷陵区	3.01	3.49	3.92		0.01
远安县	1.07	1.37	2.30		
兴山县	0.40	0.88	0.99		
秭归县	2.88	2.57	3.41		
长阳土家族自治县	2.18	4.22	4.21		0.01
五峰土家族自治县	0.65	1.58	1.60		
宜都市	2.78	3.12	4.05		
当阳市	2.27	1.52	3.48		
枝江市	2.03	2.11	2.78		
襄阳市	**13.24**	**24.04**	**66.85**	**0.05**	**0.03**
高新区	1.10	0.69	1.10		
襄城区	1.33	1.16	3.64		
樊城区	1.41	1.50	2.63	0.01	
襄州区	3.31	6.41	13.84		
南漳县	1.20	2.17	8.37	0.02	0.01
谷城县	0.57	2.73	8.05	0.01	0.01
保康县	0.81	1.61	3.21		0.01
老河口市	0.59	1.19	6.42		
枣阳市	1.02	4.80	13.00	0.01	
宜城市	1.90	1.77	6.59		
鄂州市	**5.09**	**5.41**	**4.56**	**0.01**	**0.06**
梁子湖区	1.35	1.77	1.36		
华容区	1.24	1.45	0.85		0.04
鄂城区	2.50	2.18	2.35	0.01	0.02
荆门市	**8.68**	**15.49**	**30.96**	**0.07**	**0.01**
东宝区	0.82	1.18	1.83		
掇刀区	0.49	0.67	0.36		
沙洋县	2.31	4.66	6.22		
钟祥市	3.60	6.38	11.60	0.03	
京山市	1.46	2.59	10.95	0.03	
孝感市	**20.80**	**40.81**	**72.63**	**0.13**	**0.29**

续表 单位：万人

地区	外出地点				
	县内乡外	省内县外	省外（不含港澳台及境外）	港、澳、台	境外
孝感市辖区	0.05	0.08	0.38		
孝南区	2.17	3.85	9.18		
孝昌县	2.80	5.04	11.58	0.04	0.02
大悟县	3.98	6.53	9.02	0.02	0.07
云梦县	1.90	4.67	11.80	0.03	
应城市	2.47	6.35	10.40	0.01	0.04
安陆市	2.16	4.57	9.62	0.03	0.16
汉川市	5.26	9.72	10.64		
荆州市	**15.95**	**25.77**	**74.40**	**0.02**	**0.01**
荆州开发区	0.19	0.14	0.09		
沙市区	0.92	0.52	1.30		
荆州区	1.46	1.90	3.28		
公安县	2.34	4.84	11.09		
监利县	4.12	6.06	23.95		
江陵县	0.54	1.53	4.33		
石首市	2.04	2.72	8.05		
洪湖市	1.45	4.78	9.71		
松滋市	2.87	3.28	12.61	0.01	
黄冈市	**24.10**	**47.37**	**95.83**	**0.23**	**0.19**
龙感湖农场	0.04	0.08	0.20		
黄州区	1.52	1.13	1.93		
团风县	2.29	4.37	4.05	0.01	0.06
红安县	3.23	5.94	6.12	0.02	0.01
罗田县	1.46	4.05	10.98		0.01
英山县	1.36	2.30	6.55	0.01	0.01
浠水县	2.24	7.10	15.78	0.02	0.06
蕲春县	3.63	6.36	14.78	0.10	0.02
黄梅县	2.41	5.37	5.88	0.01	0.01
麻城市	4.11	6.62	15.65	0.05	
武穴市	1.82	4.06	13.91	0.02	0.01
咸宁市	**8.47**	**13.46**	**32.73**	**0.07**	**0.03**
咸安区	1.21	1.55	3.80		
嘉鱼县	1.20	2.10	3.77		
通城县	1.58	2.39	7.49		
崇阳县	1.56	3.36	5.71	0.04	0.01
通山县	1.33	2.18	6.55		0.01
赤壁市	1.60	1.87	5.41	0.02	0.01
随州市	**8.83**	**12.72**	**29.11**	**0.04**	**0.02**
曾都区	2.59	2.62	4.30	0.01	0.01
随县	2.50	4.20	11.29	0.01	0.01
广水市	3.74	5.90	13.52	0.02	0.01
恩施土家族苗族自治州	**15.71**	**16.57**	**56.87**	**0.02**	**0.03**
恩施市	5.30	2.77	6.53	0.01	0.01
利川市	1.79	3.01	15.96		
建始县	1.95	3.05	7.53		0.01
巴东县	1.34	2.26	5.01		
宣恩县	1.66	1.30	7.72		
咸丰县	1.18	1.44	4.93	0.01	
来凤县	1.43	1.43	6.72		
鹤峰县	1.07	1.32	2.46		
仙桃市	**5.21**	**9.28**	**17.30**	**0.04**	
潜江市	**4.52**	**4.63**	**10.88**		**0.01**
天门市	**3.39**	**7.74**	**23.79**	**0.01**	
神农架林区	**0.22**	**0.21**	**0.59**		

农村劳动力外出地域及从事行业

单位：万人

地区	外出地域				外出从业人员从事行业		
	东部	中部	西部	东北地区	第一产业	第二产业	第三产业
湖北省	**492.37**	**546.24**	**68.48**	**34.64**	**58.78**	**618.36**	**466.58**
武汉市	**13.22**	**54.51**	**2.25**	**0.77**	**2.90**	**38.14**	**29.76**
武汉市辖区	0.22	3.05	0.03		0.11	1.56	1.63
汉南区	0.03	1.62				0.90	0.75
蔡甸区	0.78	5.31	0.11	0.04	0.21	3.24	2.79
江夏区	2.39	8.33	0.37	0.05	0.79	5.81	4.55
黄陂区	2.57	23.33	0.54	0.35	1.20	13.41	12.21
新洲区	7.25	12.86	1.20	0.32	0.60	13.22	7.83
黄石市	**24.36**	**22.28**	**2.41**	**1.48**	**2.25**	**27.58**	**20.88**
黄石市辖区	0.21	0.62	0.06	0.02	0.12	0.51	0.29
阳新县	17.59	10.57	1.90	1.25	1.42	16.71	13.29
大冶市	6.55	11.09	0.44	0.21	0.71	10.36	7.31
十堰市	**30.23**	**35.53**	**6.97**	**4.28**	**4.66**	**41.54**	**31.12**
茅箭区	0.12	0.73	0.02	0.02	0.04	0.42	0.46
张湾区	0.14	1.32	0.04	0.02	0.03	0.83	0.66
郧阳区	2.86	9.91	1.17	1.64	1.57	6.53	7.57
郧西县	5.65	5.77	2.42	1.19	0.93	8.44	5.68
竹山县	5.18	5.31	1.77	0.95	1.17	7.88	4.19
竹溪县	5.04	3.16	0.35	0.09	0.37	4.51	3.75
房县	8.25	4.56	0.87	0.22	0.21	7.60	6.19
丹江口市	3.00	4.78	0.33	0.18	0.34	5.33	2.62
宜昌市	**20.48**	**43.88**	**3.59**	**1.26**	**4.94**	**35.06**	**29.28**
宜昌市辖区	0.92	3.24	0.12	0.05	0.47	1.97	1.90
夷陵区	2.93	6.76	0.54	0.19	0.46	5.10	4.87
远安县	1.92	2.51	0.22	0.10	0.47	2.53	1.75
兴山县	0.73	1.28	0.21	0.05	0.13	1.22	0.92
秭归县	2.90	5.61	0.32	0.02	0.89	4.31	3.67
长阳土家族自治县	2.57	7.00	0.68	0.36	1.50	4.93	4.18
五峰土家族自治县	1.18	2.30	0.29	0.05	0.19	1.90	1.74
宜都市	3.18	6.14	0.49	0.14	0.23	5.37	4.36
当阳市	2.21	4.43	0.45	0.19	0.48	3.62	3.18
枝江市	1.94	4.61	0.27	0.11	0.12	4.10	2.71
襄阳市	**50.61**	**42.99**	**7.99**	**2.54**	**5.59**	**57.43**	**41.19**
高新区	0.86	1.84	0.09	0.10	0.39	1.56	0.94
襄城区	2.37	3.11	0.48	0.16	0.42	3.18	2.52
樊城区	1.88	2.97	0.64	0.05	0.42	2.79	2.34
襄州区	9.99	11.44	1.33	0.80	1.25	11.64	10.67
南漳县	5.66	3.63	1.43	1.01	1.00	5.21	5.55
谷城县	6.02	4.24	1.03	0.06	0.70	7.15	3.52
保康县	2.58	2.72	0.18	0.15	0.44	3.42	1.79
老河口市	5.57	2.04	0.49	0.09	0.22	5.42	2.56
枣阳市	10.10	6.77	1.93	0.02	0.29	12.42	6.12
宜城市	5.58	4.23	0.37	0.09	0.46	4.64	5.18
鄂州市	**3.79**	**10.72**	**0.36**	**0.19**	**0.50**	**8.84**	**5.79**
梁子湖区	1.25	3.17	0.07		0.12	2.73	1.64
华容区	0.62	2.81	0.07	0.02	0.09	1.93	1.55
鄂城区	1.92	4.74	0.23	0.16	0.28	4.18	2.61
荆门市	**22.85**	**28.19**	**3.09**	**1.00**	**2.53**	**30.44**	**22.23**
东宝区	1.07	2.15	0.56	0.06	0.26	2.22	1.36
掇刀区	0.30	1.18	0.04	0.01	0.04	0.98	0.51
沙洋县	5.14	7.44	0.46	0.15	0.48	6.96	5.77
钟祥市	7.68	11.97	1.45	0.48	1.18	12.05	8.38
京山市	8.65	5.47	0.57	0.30	0.58	8.24	6.21
孝感市	**47.25**	**66.21**	**10.52**	**10.26**	**5.68**	**73.56**	**55.42**

续表 单位：万人

地区	外出地域				外出从业人员从事行业		
	东部	中部	西部	东北地区	第一产业	第二产业	第三产业
孝感市辖区	0.20	0.13		0.17		0.31	0.20
孝南区	7.41	6.15	0.54	1.10	0.86	8.73	5.62
孝昌县	6.22	7.89	2.20	3.12	1.21	8.73	9.54
大悟县	5.00	10.53	2.64	1.36	1.03	12.52	6.07
云梦县	5.50	10.70	1.16	1.02	0.38	11.38	6.65
应城市	8.77	8.92	0.78	0.74	0.68	10.41	8.18
安陆市	5.62	6.73	1.93	2.06	0.59	9.00	6.95
汉川市	8.53	15.14	1.27	0.68	0.93	12.49	12.20
荆州市	**61.17**	**47.52**	**6.04**	**1.40**	**3.06**	**64.80**	**48.28**
荆州开发区	0.09	0.34				0.28	0.15
沙市区	1.03	1.68	0.03		0.03	2.06	0.65
荆州区	2.73	3.66	0.21	0.05	0.22	3.65	2.78
公安县	9.35	8.19	0.61	0.11	0.63	10.31	7.33
监利县	20.23	11.69	1.62	0.59	1.07	16.68	16.40
江陵县	3.99	2.12	0.26	0.02	0.08	4.11	2.20
石首市	6.26	5.26	1.25	0.04	0.24	7.66	4.91
洪湖市	7.25	7.32	1.06	0.30	0.40	8.83	6.71
松滋市	10.23	7.27	1.00	0.27	0.40	11.23	7.16
黄冈市	**80.26**	**75.83**	**8.45**	**2.76**	**12.63**	**86.42**	**68.67**
龙感湖农场	0.20	0.11			0.06	0.14	0.12
黄州区	1.46	2.67	0.06	0.38	0.52	2.61	1.45
团风县	3.52	6.67	0.14	0.39	1.16	6.06	3.57
红安县	4.51	10.09	0.45	0.24	1.67	8.10	5.55
罗田县	10.41	5.55	0.46	0.07	0.44	10.36	5.70
英山县	4.53	4.09	1.57	0.02	0.86	5.92	3.45
浠水县	13.46	10.99	0.41	0.26	2.00	12.00	11.20
蕲春县	12.96	10.22	1.12	0.47	2.57	12.32	10.00
黄梅县	5.48	8.03	0.14	0.01	0.11	8.01	5.56
麻城市	12.66	11.03	2.59	0.10	2.31	8.46	15.65
武穴市	11.07	6.38	1.52	0.82	0.94	12.45	6.42
咸宁市	**27.92**	**23.83**	**1.54**	**1.38**	**4.70**	**28.01**	**22.05**
咸安区	3.14	3.12	0.26	0.04	0.21	3.05	3.31
嘉鱼县	2.66	4.19	0.15	0.06	0.51	3.45	3.10
通城县	7.02	3.98	0.23	0.24	0.63	6.21	4.63
崇阳县	5.18	4.93	0.19	0.34	1.01	5.17	4.51
通山县	5.26	4.14	0.29	0.36	1.33	5.13	3.61
赤壁市	4.66	3.47	0.42	0.34	1.03	5.00	2.89
随州市	**24.12**	**22.67**	**2.13**	**1.74**	**2.25**	**26.44**	**22.04**
曾都区	3.54	5.34	0.38	0.25	0.64	4.24	4.67
随县	9.33	7.32	0.72	0.62	0.97	8.90	8.14
广水市	11.25	10.02	1.02	0.87	0.64	13.30	9.24
恩施土家族苗族自治州	**44.34**	**34.54**	**7.36**	**2.91**	**3.82**	**54.44**	**30.94**
恩施市	5.49	8.15	0.82	0.14	0.73	9.16	4.72
利川市	10.77	5.05	2.99	1.95	1.35	12.36	7.06
建始县	5.69	5.46	1.24	0.15	0.32	7.96	4.27
巴东县	3.78	3.91	0.79	0.14	0.33	4.19	4.10
宣恩县	6.75	3.63	0.28	0.03	0.28	7.44	2.96
咸丰县	4.18	2.92	0.36	0.09	0.06	5.01	2.47
来凤县	5.52	3.05	0.68	0.34	0.35	5.31	3.91
鹤峰县	2.17	2.39	0.21	0.08	0.39	3.01	1.45
仙桃市	**14.13**	**14.73**	**2.29**	**0.64**	**1.07**	**15.77**	**14.98**
潜江市	**9.59**	**9.33**	**0.82**	**0.30**	**1.52**	**12.55**	**5.97**
天门市	**17.58**	**13.06**	**2.58**	**1.71**	**0.65**	**16.77**	**17.53**
神农架林区	**0.46**	**0.42**	**0.10**	**0.03**	**0.02**	**0.55**	**0.44**

农村劳动力外出从业形式及培训情况

单位：万人

地区	外出从业形式			外出从业人员职业技能培训情况		
	务工	自营	其他	参加过职业技能培训	其中：参加过政府举办的技能培训	持有职业技术资格证书
湖北省	**864.37**	**183.02**	**96.33**	**355.11**	**156.26**	**169.25**
武汉市	**53.96**	**11.60**	**5.23**	**23.96**	**10.22**	**10.49**
武汉市辖区	2.65	0.34	0.32	1.29	0.52	0.79
汉南区	1.45	0.19	0.02	0.53	0.25	1.24
蔡甸区	4.60	1.32	0.33	1.45	0.68	0.66
江夏区	8.12	1.84	1.18	2.47	1.18	1.60
黄陂区	19.98	5.32	1.51	9.41	3.18	3.01
新洲区	17.17	2.60	1.88	8.81	4.41	3.19
黄石市	**37.88**	**7.80**	**5.04**	**6.29**	**4.19**	**7.37**
黄石市辖区	0.75	0.10	0.06	0.18	0.07	0.08
阳新县	23.87	4.36	3.20	3.77	2.51	4.08
大冶市	13.26	3.34	1.77	2.33	1.60	3.21
十堰市	**61.56**	**7.75**	**8.01**	**25.70**	**14.10**	**11.30**
茅箭区	0.69	0.06	0.17	0.31	0.15	0.18
张湾区	1.25	0.10	0.17	0.54	0.26	0.28
郧阳区	11.54	1.77	2.35	4.19	2.23	2.54
郧西县	11.66	1.96	1.42	5.58	3.00	2.13
竹山县	10.54	1.47	1.23	3.47	2.05	1.70
竹溪县	7.02	0.47	1.14	1.74	0.90	0.70
房县	11.86	1.24	0.90	6.07	3.62	1.83
丹江口市	7.00	0.67	0.62	3.81	1.89	1.95
宜昌市	**53.03**	**9.26**	**6.99**	**26.54**	**12.21**	**12.82**
宜昌市辖区	3.30	0.58	0.47	1.48	0.45	0.68
夷陵区	8.03	1.39	1.01	5.03	2.27	2.84
远安县	3.91	0.51	0.33	1.88	0.57	0.64
兴山县	2.01	0.14	0.13	0.98	0.42	0.41
秭归县	6.32	1.06	1.48	1.70	0.93	0.62
长阳土家族自治县	8.09	1.16	1.37	2.94	1.14	1.38
五峰土家族自治县	3.26	0.50	0.08	1.63	0.93	0.66
宜都市	7.21	1.76	0.99	3.75	1.72	1.95
当阳市	5.28	1.44	0.56	4.54	2.52	2.20
枝江市	5.63	0.73	0.57	2.61	1.25	1.46
襄阳市	**84.54**	**12.27**	**7.40**	**37.96**	**14.18**	**19.53**
高新区	2.27	0.20	0.42	0.37	0.08	0.52
襄城区	4.87	0.66	0.59	2.64	0.74	1.12
樊城区	4.73	0.40	0.42	0.79	0.42	0.45
襄州区	18.86	3.64	1.06	9.24	2.34	6.17
南漳县	9.38	0.78	1.61	2.23	1.06	1.19
谷城县	9.56	1.10	0.72	3.87	1.39	1.44
保康县	4.87	0.51	0.27	1.60	0.91	0.65
老河口市	7.05	0.77	0.37	2.90	0.66	1.44
枣阳市	15.64	3.19		11.37	5.12	5.32
宜城市	7.32	1.02	1.94	2.94	1.47	1.23
鄂州市	**12.09**	**2.32**	**0.72**	**6.07**	**3.15**	**3.09**
梁子湖区	3.85	0.52	0.12	1.20	0.26	0.99
华容区	2.99	0.51	0.07	0.86	0.17	0.78
鄂城区	5.25	1.29	0.52	4.02	2.72	1.31
荆门市	**38.77**	**11.60**	**4.84**	**18.90**	**10.20**	**7.10**
东宝区	2.76	0.52	0.56	2.34	1.74	1.38
掇刀区	1.33	0.19	0.01	0.94	0.31	0.29
沙洋县	9.57	2.36	1.27	3.66	2.68	1.75
钟祥市	14.52	5.33	1.77	6.01	3.22	1.88
京山市	10.60	3.20	1.23	5.95	2.24	1.81
孝感市	**94.99**	**32.32**	**7.35**	**48.92**	**19.04**	**26.70**

续表　　　　　　　　　　　　　　　　　　　　　　　　　　　　单位：万人

地区	外出从业形式			外出从业人员职业技能培训情况		
	务工	自营	其他	参加过职业技能培训	其中：参加过政府举办的技能培训	持有职业技术资格证书
孝感市辖区	0.34	0.06	0.12	0.25	0.06	0.16
孝南区	11.78	2.91	0.51	3.07	1.22	1.71
孝昌县	13.76	4.76	0.96	8.10	4.54	11.03
大悟县	12.45	5.56	1.61	6.29	3.59	2.65
云梦县	14.59	3.51	0.30	8.65	1.72	3.07
应城市	14.35	3.90	1.01	4.57	2.32	2.42
安陆市	12.46	3.50	0.58	9.64	2.02	2.35
汉川市	15.26	8.11	2.25	8.35	3.57	3.31
荆州市	**85.55**	**21.94**	**8.67**	**27.17**	**11.38**	**13.18**
荆州开发区	0.39	0.01	0.03	0.02		
沙市区	2.32	0.21	0.21	0.48	0.14	0.42
荆州区	5.19	0.99	0.47	1.94	0.69	0.81
公安县	14.71	2.52	1.04	5.76	1.76	2.08
监利县	20.82	10.08	3.24	4.77	1.88	3.22
江陵县	5.09	1.17	0.13	0.91	0.58	0.68
石首市	9.34	1.85	1.62	3.26	1.50	1.44
洪湖市	11.67	2.82	1.46	2.04	1.42	1.34
松滋市	16.02	2.29	0.47	8.01	3.41	3.20
黄冈市	**129.27**	**21.45**	**17.00**	**49.39**	**23.99**	**23.43**
龙感湖农场	0.24	0.04	0.03	0.09		0.03
黄州区	3.76	0.30	0.52	1.03	0.62	0.62
团风县	7.78	0.88	2.12	2.07	1.03	1.14
红安县	11.65	2.13	1.54	9.03	2.83	2.80
罗田县	13.03	1.99	1.48	3.75	1.19	1.55
英山县	7.91	2.12	0.19	5.92	2.96	2.36
浠水县	18.90	2.01	4.29	7.11	4.20	3.95
蕲春县	18.84	3.01	3.04	4.38	2.08	1.88
黄梅县	10.61	2.48	0.58	4.88	3.90	2.01
麻城市	21.69	2.75	1.98	6.01	2.50	3.11
武穴市	14.85	3.73	1.23	5.13	2.69	3.99
咸宁市	**39.82**	**8.57**	**6.38**	**19.35**	**7.72**	**7.72**
咸安区	5.01	0.80	0.75	2.71	1.33	0.38
嘉鱼县	5.51	0.81	0.74	3.04	1.14	1.28
通城县	7.95	1.74	1.78	3.85	1.61	1.43
崇阳县	8.24	1.31	1.14	5.39	2.19	2.03
通山县	7.13	2.06	0.88	2.17	0.60	1.64
赤壁市	5.98	1.84	1.09	2.19	0.86	0.95
随州市	**35.63**	**9.47**	**5.63**	**18.66**	**6.98**	**8.74**
曾都区	7.33	1.25	0.95	3.58	1.08	2.14
随县	11.99	3.40	2.62	6.27	2.13	3.77
广水市	16.30	4.82	2.06	8.80	3.77	2.83
恩施土家族苗族自治州	**75.76**	**8.22**	**5.23**	**23.01**	**10.73**	**7.10**
恩施市	12.47	1.36	0.78	4.70	3.19	1.58
利川市	17.66	1.53	1.58	3.72	1.49	1.57
建始县	10.78	1.02	0.75	3.06	1.29	0.78
巴东县	7.16	1.15	0.31	2.99	1.26	0.62
宣恩县	8.79	1.34	0.54	1.27	0.84	0.55
咸丰县	6.57	0.61	0.37	2.32	1.12	0.75
来凤县	8.37	0.61	0.60	3.77	0.98	0.74
鹤峰县	3.96	0.60	0.30	1.17	0.56	0.49
仙桃市	**20.72**	**7.12**	**3.98**	**9.17**	**2.44**	**4.06**
潜江市	**16.43**	**2.08**	**1.54**	**6.47**	**2.96**	**3.35**
天门市	**23.48**	**9.18**	**2.29**	**7.10**	**2.51**	**3.16**
神农架林区	**0.89**	**0.08**	**0.04**	**0.46**	**0.25**	**0.11**

农村劳动力外出劳务收入情况

单位：万元、万人

地区	劳务经济总收入(年)	按月收入分的外出务工人数				
		其中：月收入1000元以下	1001元—2000元	2001元—3000元	3001元—4000元	4000元以上
湖北省	**40699175**	**20.37**	**141.92**	**365.41**	**355.84**	**260.18**
武汉市	**2566842**	**3.91**	**12.19**	**24.19**	**19.34**	**11.18**
武汉市辖区	119079		0.17	0.69	1.73	0.71
汉南区	79154		0.07	0.59	0.70	0.29
蔡甸区	213570	0.05	0.55	2.08	2.04	1.51
江夏区	334005	0.20	1.34	5.10	3.05	1.46
黄陂区	1035740	2.97	5.64	7.30	6.09	4.81
新洲区	785294	0.69	4.42	8.43	5.73	2.39
黄石市	**1954507**	**0.26**	**4.21**	**10.98**	**13.82**	**21.44**
黄石市辖区	16449		0.03	0.25	0.34	0.29
阳新县	1282277	0.25	2.22	6.26	9.96	12.73
大冶市	655781	0.01	1.97	4.47	3.52	8.42
十堰市	**2523972**	**0.22**	**9.81**	**18.63**	**27.66**	**21.00**
茅箭区	38956			0.38	0.45	0.09
张湾区	46961		0.27	0.70	0.44	0.11
郧阳区	480214	0.18	3.39	4.29	4.29	3.53
郧西县	475466	0.03	2.20	4.02	5.68	3.12
竹山县	408926	0.01	1.14	3.18	4.85	4.06
竹溪县	362798		0.99	1.50	3.47	2.67
房县	451542		1.45	3.07	6.00	3.49
丹江口市	259109	0.01	0.38	1.51	2.48	3.93
宜昌市	**2400727**	**0.66**	**9.67**	**22.18**	**21.51**	**15.27**
宜昌市辖区	156140	0.07	0.26	0.87	1.78	1.37
夷陵区	421609	0.03	0.97	2.75	3.43	3.26
远安县	129024	0.01	0.93	1.60	1.66	0.55
兴山县	73154		0.18	0.78	0.75	0.56
秭归县	234951	0.12	1.04	3.72	2.44	1.54
长阳土家族自治县	388061	0.13	1.66	3.04	3.03	2.74
五峰土家族自治县	70812		0.52	1.36	1.24	0.71
宜都市	394075	0.16	2.20	3.80	2.24	1.55
当阳市	251548	0.13	1.54	2.68	2.40	0.53
枝江市	281353		0.37	1.57	2.54	2.45
襄阳市	**3733068**	**1.62**	**9.67**	**29.88**	**34.75**	**28.29**
高新区	96522	0.02	0.14	0.83	0.86	1.04
襄城区	243559	0.04	0.41	2.28	2.01	1.39
樊城区	170422	0.03	0.30	1.32	2.23	1.67
襄州区	837286	1.26	2.39	7.62	6.90	5.39
南漳县	466238	0.23	1.46	2.71	3.58	3.79
谷城县	438111	0.01	1.29	2.67	4.83	2.58
保康县	176915	0.01	0.31	1.11	2.32	1.89
老河口市	235850	0.02	0.88	1.81	3.11	2.37
枣阳市	668575		2.13	7.49	4.89	4.32
宜城市	399590		0.36	2.03	4.03	3.85
鄂州市	**537034**	**0.43**	**3.20**	**4.75**	**4.38**	**2.38**
梁子湖区	148466	0.08	1.59	1.74	0.73	0.35
华容区	117071	0.03	0.56	1.38	1.26	0.34
鄂城区	271497	0.31	1.04	1.62	2.39	1.70
荆门市	**2105975**	**0.14**	**7.91**	**17.34**	**19.51**	**10.30**
东宝区	154700	0.01	0.21	0.84	1.80	0.98
掇刀区	58373		0.10	0.32	0.70	0.40
沙洋县	564003	0.07	0.78	3.55	5.08	3.72
钟祥市	782260	0.04	5.82	6.88	6.27	2.60
京山市	546639	0.02	1.01	5.75	5.66	2.60
孝感市	**5282167**	**3.20**	**16.97**	**43.19**	**37.64**	**33.66**

续表

单位:万元、万人

地区	劳务经济总收入(年)	按月收入分的外出务工人数				
		其中:月收入1000元以下	1001元—2000元	2001元—3000元	3001元—4000元	4000元以上
孝感市辖区	25045			0.01	0.20	0.31
孝南区	571988	0.05	0.13	1.96	5.32	7.75
孝昌县	750927	0.57	3.70	7.98	4.05	3.18
大悟县	757512	0.68	4.06	4.78	4.43	5.66
云梦县	693250	0.02	1.05	6.08	8.49	2.76
应城市	862085		1.78	5.56	6.28	5.64
安陆市	701453	0.03	0.79	6.53	4.51	4.68
汉川市	919907	1.84	5.45	10.28	4.36	3.69
荆州市	**4162327**	**1.05**	**13.90**	**46.62**	**36.35**	**18.23**
荆州开发区	16944		0.03	0.14	0.19	0.07
沙市区	119355		0.12	0.62	1.38	0.62
荆州区	255312		0.75	2.66	2.26	0.97
公安县	528917	0.11	1.41	10.64	4.41	1.69
监利县	1153066	0.60	6.69	11.85	10.30	4.69
江陵县	263829		0.61	4.32	1.06	0.40
石首市	475373		0.54	5.95	4.35	1.98
洪湖市	541113	0.24	1.82	5.64	5.78	2.46
松滋市	808418	0.10	1.94	4.80	6.61	5.34
黄冈市	**5803850**	**2.69**	**22.69**	**55.08**	**53.97**	**33.30**
龙感湖农场	12705			0.06	0.12	0.14
黄州区	141892		0.45	1.24	1.74	1.15
团风县	284978	0.17	1.23	2.44	2.94	4.01
红安县	430559	0.87	2.91	5.78	2.36	3.40
罗田县	592801	0.10	0.79	3.47	5.36	6.79
英山县	273588		2.68	6.37	1.15	0.02
浠水县	895883	0.13	4.87	9.00	9.70	1.50
蕲春县	980011	0.27	2.17	5.52	9.38	7.54
黄梅县	512985	0.01	0.92	6.55	5.98	0.21
麻城市	936923	1.13	5.43	8.38	8.55	2.94
武穴市	741525	0.02	1.24	6.26	6.70	5.60
咸宁市	**1786408**	**2.44**	**7.09**	**17.36**	**16.75**	**11.13**
咸安区	225438	0.07	0.72	2.18	2.01	1.59
嘉鱼县	297624		0.91	2.71	1.97	1.47
通城县	351177	1.86	3.47	4.45	1.28	0.40
崇阳县	390126		0.26	3.18	4.36	2.89
通山县	254324	0.20	0.90	2.72	3.73	2.52
赤壁市	267720	0.31	0.82	2.12	3.41	2.25
随州市	**1606917**	**1.28**	**9.67**	**17.35**	**15.17**	**7.26**
曾都区	327102	0.31	2.03	4.54	2.55	0.11
随县	419351	0.54	3.96	5.27	5.06	3.18
广水市	860464	0.44	3.68	7.54	7.56	3.96
恩施土家族苗族自治州	**2800806**	**1.67**	**7.37**	**34.79**	**24.64**	**20.74**
恩施市	565896	0.16	0.99	5.31	4.32	3.83
利川市	541900	0.55	0.14	9.20	3.58	7.29
建始县	331874	0.34	1.09	3.57	4.61	2.94
巴东县	293590	0.23	1.59	3.10	2.50	1.20
宣恩县	254282	0.18	1.63	4.85	3.14	0.89
咸丰县	300248	0.01	0.25	3.46	2.02	1.81
来凤县	339250	0.20	1.49	3.33	2.98	1.58
鹤峰县	173766		0.19	1.97	1.49	1.20
仙桃市	**1156263**	**0.55**	**4.31**	**10.99**	**10.69**	**5.29**
潜江市	**803848**	**0.05**	**0.88**	**4.81**	**7.46**	**6.84**
天门市	**1459872**	**0.21**	**2.35**	**7.12**	**11.86**	**13.40**
神农架林区	**14593**		**0.02**	**0.15**	**0.35**	**0.49**

农村劳动力外出从业环境及社会保障

单位：万人

地区	从业环境				社会保障					
	雇主拖欠工资人数	从事高危、有害工作人数	致伤致残人数	享受劳保补贴人数	与雇主签定劳动合同	参与养老保险人数	参与医疗保险人数	参与失业保险人数	参与生育保险人数	参与工伤保险人数
湖北省	**6.87**	**38.64**	**1.49**	**159.39**	**563.91**	**633.41**	**761.39**	**155.28**	**109.32**	**298.89**
武汉市	**0.55**	**0.95**	**0.03**	**15.48**	**36.78**	**34.11**	**41.39**	**13.25**	**13.33**	**21.33**
武汉市辖区		0.07		1.06	2.42	2.29	1.72	1.36	1.36	2.11
汉南区				1.65	1.65	1.65	1.65	1.65	1.65	1.65
蔡甸区	0.01	0.04		0.84	4.34	3.51	5.67	2.95	2.70	3.03
江夏区		0.06		2.18	5.25	4.87	5.11	2.82	2.37	2.87
黄陂区	0.25	0.41		5.70	11.60	11.70	17.96	2.23	1.98	6.21
新洲区	0.29	0.36	0.03	4.04	11.53	10.08	9.28	2.24	3.27	5.45
黄石市	**0.38**	**2.83**	**0.15**	**8.58**	**24.42**	**24.53**	**28.43**	**10.50**	**8.58**	**18.00**
黄石市辖区		0.02		0.02	0.65	0.62	0.68	0.39	0.36	0.46
阳新县	0.13	1.39	0.15	3.72	16.56	16.35	17.53	8.27	6.95	11.87
大冶市	0.25	1.43		4.84	7.20	7.56	10.23	1.85	1.27	5.66
十堰市	**0.45**	**4.64**	**0.23**	**8.86**	**32.79**	**42.80**	**53.93**	**6.87**	**3.37**	**16.46**
茅箭区	0.01	0.04	0.01	0.22	0.62	0.61	0.72	0.13	0.13	0.21
张湾区		0.02		0.23	0.98	0.93	0.94	0.26	0.14	0.41
郧阳区	0.14	0.62	0.03	2.23	6.24	7.82	11.66	1.36	0.61	2.84
郧西县	0.13	0.85	0.03	0.90	6.05	7.50	9.16	1.11	0.65	2.51
竹山县	0.03	1.08	0.05	0.98	4.22	10.36	12.50	0.52	0.73	2.46
竹溪县	0.05	0.62	0.02	0.87	3.05	3.86	5.65	0.62	0.23	0.90
房县	0.04	1.09	0.04	1.17	6.72	6.01	6.32	1.32	0.30	4.59
丹江口市	0.06	0.32	0.05	2.26	4.90	5.69	6.97	1.55	0.58	2.54
宜昌市	**0.12**	**2.50**	**0.11**	**11.19**	**40.65**	**42.40**	**47.71**	**14.82**	**14.71**	**26.00**
宜昌市辖区	0.01	0.10	0.01	0.53	2.93	3.01	3.67	2.49	2.50	2.50
夷陵区	0.02	0.36	0.02	1.60	6.47	6.71	7.18	2.21	1.65	3.46
远安县	0.01	0.23	0.01	0.58	2.51	2.24	2.49	0.71	0.63	1.23
兴山县		0.05		0.48	1.41	2.27	2.27	0.27	0.15	0.46
秭归县	0.02	0.26	0.01	0.99	3.81	4.22	4.86	2.48	1.98	2.77
长阳土家族自治县	0.05	0.43	0.01	0.62	6.51	6.73	7.40	2.42	3.88	4.30
五峰土家族自治县		0.34		1.31	2.28	2.70	3.73	0.28	0.24	1.59
宜都市		0.31		1.84	5.39	5.26	6.62	1.56	1.07	3.49
当阳市		0.31	0.06	1.72	4.66	4.69	4.97	0.91	1.00	3.22
枝江市		0.12		1.52	4.68	4.56	4.51	1.48	1.60	2.97
襄阳市	**0.25**	**2.26**	**0.06**	**23.38**	**57.57**	**56.35**	**60.65**	**21.14**	**10.92**	**30.40**
高新区				0.15	1.55	1.48	1.41	0.61	0.43	0.84
襄城区		0.13	0.01	1.23	2.44	3.45	4.17	2.07	1.31	1.96
樊城区	0.09	0.29		0.63	1.76	2.49	3.49	0.38	0.31	0.64
襄州区	0.01	0.31	0.01	3.30	12.44	9.12	8.26	7.82	1.56	6.54
南漳县	0.06	0.19	0.01	0.83	4.92	7.67	11.42	1.15	0.97	2.19
谷城县	0.01	0.47	0.01	0.94	5.67	5.88	6.46	2.13	1.73	3.53
保康县	0.02	0.23	0.01	0.35	3.48	3.96	4.30	1.28	1.06	1.66
老河口市	0.01	0.20		1.44	4.05	3.47	4.56	0.53	0.19	2.40
枣阳市		0.19		13.57	17.34	14.02	10.78	4.51	2.95	9.21
宜城市	0.05	0.26	0.01	0.94	3.93	4.82	5.82	0.65	0.42	1.43
鄂州市	**0.05**	**0.21**	**0.01**	**1.04**	**5.26**	**8.73**	**9.02**	**1.19**	**0.98**	**2.98**
梁子湖区		0.04		0.25	1.39	1.03	1.18	0.34	0.52	1.36
华容区	0.01	0.06		0.57	1.20	1.02	1.02	0.50	0.21	0.76
鄂城区	0.03	0.12	0.01	0.23	2.67	6.68	6.82	0.35	0.25	0.86
荆门市		**0.76**	**0.01**	**7.02**	**29.03**	**30.31**	**41.34**	**7.47**	**3.98**	**15.79**
东宝区		0.13		1.57	3.24	3.01	3.09	1.26	0.66	2.57
掇刀区		0.02		0.16	1.29	1.33	1.52	0.33	0.21	0.34
沙洋县		0.08		1.58	5.30	5.44	7.75	2.75	1.89	4.54
钟祥市		0.40	0.01	2.04	9.62	11.72	17.19	1.18	0.74	4.05
京山市		0.13		1.67	9.58	8.81	11.78	1.96	0.48	4.29
孝感市	**1.76**	**8.86**	**0.22**	**11.91**	**66.15**	**86.30**	**100.24**	**15.19**	**6.24**	**26.71**

续表　　　　　　　　　　　　　　　　　　　　　　　　　　　　　　　　　　　　单位：万人

地区	从业环境				社会保障					
	雇主拖欠工资人数	从事高危、有害工作人数	致伤致残人数	享受劳保补贴人数	与雇主签定劳动合同	参与养老保险人数	参与医疗保险人数	参与失业保险人数	参与生育保险人数	参与工伤保险人数
孝感市辖区					0.47	0.38	0.38	0.30	0.28	0.36
孝南区	0.42	0.63		0.80	4.09	13.58	14.34	1.17	0.89	1.54
孝昌县	0.06	2.50	0.09	1.98	8.46	8.01	14.75	1.40	0.34	2.71
大悟县	0.21	1.02	0.04	2.91	12.19	19.19	19.19	3.50	1.23	4.73
云梦县	0.27	2.98	0.03	0.95	9.52	7.25	4.28	1.54	0.06	5.21
应城市		0.08		2.55	10.73	16.62	18.40	2.59	1.10	3.25
安陆市	0.13	1.19	0.04	0.09	9.32	5.91	10.74	1.08	0.22	2.21
汉川市	0.66	0.45	0.01	2.63	11.38	15.35	18.15	3.61	2.13	6.71
荆州市	**0.34**	**1.22**	**0.11**	**9.84**	**48.18**	**53.12**	**71.67**	**6.53**	**4.19**	**24.43**
荆州开发区					0.16	0.16	0.17	0.07	0.01	0.02
沙市区				0.04	0.69	1.93	1.93	0.07	0.05	0.57
荆州区	0.01	0.02	0.02	0.02	3.50	3.72	4.12	0.22	0.20	2.15
公安县	0.02	0.25	0.02	1.34	8.81	10.75	11.26	1.02	0.61	3.75
监利县	0.17	0.29	0.06	1.07	3.51	13.02	24.09	1.17	0.85	3.30
江陵县	0.06	0.12		0.53	4.72	1.22	3.79	0.31	0.11	1.60
石首市		0.24		1.88	6.17	7.04	7.28	2.61	2.05	4.05
洪湖市	0.06	0.09		1.41	6.75	6.91	10.69	0.12	0.09	1.14
松滋市	0.02	0.20		3.56	13.87	8.37	8.35	0.94	0.22	7.85
黄冈市	**1.35**	**6.88**	**0.36**	**33.00**	**81.36**	**106.21**	**117.14**	**24.33**	**18.99**	**42.93**
龙感湖农场				0.02	0.06	0.10	0.24	0.01		0.01
黄州区		0.10		0.46	2.47	3.01	3.20	0.62	0.41	0.83
团风县	0.06	0.48	0.02	1.34	4.02	5.19	5.79	1.11	0.82	2.40
红安县	0.44	0.80	0.02	4.33	5.93	10.80	12.68	2.42	2.42	4.42
罗田县	0.08	0.58	0.03	2.14	9.42	9.50	10.35	6.98	5.68	7.62
英山县	0.06	1.02	0.01	5.31	7.99	7.89	9.57	3.40	2.11	4.15
浠水县	0.18	1.20	0.05	4.48	10.40	20.55	24.96	1.35	1.09	4.96
蕲春县	0.25	0.55	0.20	2.36	9.18	10.97	12.25	3.13	2.04	4.77
黄梅县	0.13	0.08	0.01	1.71	6.12	8.55	8.50	1.15	0.81	0.55
麻城市	0.11	1.53	0.01	6.86	13.56	11.56	11.25	1.30	1.26	7.03
武穴市	0.05	0.53	0.02	3.99	12.20	18.09	18.35	2.86	2.34	6.19
咸宁市	**0.32**	**1.68**	**0.05**	**7.56**	**32.59**	**37.94**	**39.63**	**11.41**	**7.27**	**18.85**
咸安区	0.01	0.04	0.02	0.88	4.20	3.37		2.28	2.12	2.91
嘉鱼县		0.09		1.27	6.03	6.49	6.50	1.62	0.69	3.70
通城县	0.02	0.36		1.15	5.90	5.14	6.22	1.27	0.15	2.96
崇阳县	0.03	0.08	0.01	1.34	5.92	9.72	10.59	2.08	0.98	1.90
通山县	0.04	0.77	0.01	2.51	5.32	7.58	8.10	2.46	2.44	3.63
赤壁市	0.22	0.35		0.42	5.22	5.64	8.22	1.70	0.88	3.74
随州市	**0.62**	**0.84**	**0.05**	**6.00**	**24.78**	**27.74**	**33.04**	**5.47**	**4.38**	**12.98**
曾都区	0.03	0.23	0.01	2.27	3.53	7.49	7.33	0.80	0.60	2.24
随县	0.05	0.22	0.01	1.80	8.73	6.75	8.95	0.61	0.60	2.93
广水市	0.54	0.38	0.03	1.94	12.53	13.49	16.76	4.05	3.18	7.82
恩施土家族苗族自治州	**0.19**	**3.31**	**0.06**	**7.90**	**44.87**	**43.33**	**62.12**	**8.57**	**6.51**	**21.79**
恩施市		0.61		1.80	7.52	5.41	7.66	2.16	0.53	5.19
利川市	0.12	0.49	0.03	1.07	11.28	14.75	19.64	1.06	2.18	4.35
建始县	0.01	0.38	0.01	1.19	6.00	6.88	9.07	1.54	1.05	3.90
巴东县	0.02	0.10		0.30	4.31	4.32	5.01	1.14	0.59	2.07
宣恩县		0.57	0.01	0.44	4.51	4.23	7.25	1.01	0.71	1.45
咸丰县	0.04	0.42	0.01	1.25	4.13		4.25	0.74	0.56	3.25
来凤县		0.58		1.14	4.89	4.85	5.87	0.51	0.29	0.99
鹤峰县		0.16		0.71	2.24	2.89	3.38	0.41	0.61	0.58
仙桃市	**0.29**	**0.80**	**0.03**	**1.85**	**16.11**	**14.02**	**25.78**	**1.20**	**0.84**	**9.28**
潜江市	**0.06**	**0.24**	**0.02**	**4.57**	**13.22**	**11.34**	**14.82**	**3.72**	**2.69**	**5.15**
天门市	**0.14**	**0.63**	**0.01**	**1.16**	**9.60**	**13.49**	**13.72**	**3.58**	**2.31**	**5.62**
神农架林区	**0.01**	**0.04**		**0.05**	**0.54**	**0.68**	**0.75**	**0.05**	**0.03**	**0.19**

《湖北农村统计年鉴—2021》

全省农林牧渔业总产值

（按当年价格计算）　　单位：亿元

年份	农林牧渔业总产值	农业	林业	牧业	渔业	农林牧渔专业及辅助性活动
1978	84.46					
1979	109.85					
1980	94.95	64.7	7.28	17.29	1.46	
1985	192.32	129.61	8.15	39.08	8.18	
1986	219.1	146.79	8.75	43.86	10.77	
1987	249.68	160.13	9.97	54.86	14.19	
1988	297.51	175.12	10.98	80.8	18.83	
1989	335.04	198.56	11.75	91.47	20.66	
1990	402.23	252.92	14.15	98.04	23.88	
1991	405.04	247.01	16.81	102.19	25.06	
1992	435.42	265.53	17.36	110.37	27.59	
1993	501.17	301.99	22.39	134.02	42.77	
1994	786.84	481.82	26.47	219.53	59.01	
1995	988.53	612.12	28.33	268.09	79.98	
1996	1140.76	670.27	33.62	337.02	99.86	
1997	1243.68	711.91	37.33	381.4	113.04	
1998	1222.58	688.06	41.29	371.37	121.86	
1999	1126.1	645.98	40.86	311.43	127.83	
2000	1125.64	615.74	40.24	338.77	130.89	
2001	1172.82	658.26	27.11	352.63	134.82	
2002	1203.3	671.2	28.33	354.84	148.93	
2003	1342.09	733.36	34.78	383.71	170.43	
2004	1695.44	921.59	31.78	514.52	205.68	21.87
2005	1775.58	932.15	37.3	545.4	236.49	24.24
2006	1842.2	995.46	40.5	487.09	221.42	97.73
2007	2281.21	1147.31	41.86	678.27	310.83	102.94
2008	2900.59	1385.21	49.69	985.51	372.98	107.2
2009	2924.66	1490.91	57.67	851.62	413.14	111.33
2010	3407.64	1883.22	65.37	883.09	458.58	117.38
2011	4110.16	2244.55	86.1	1137.84	508.8	132.87
2012	4542.16	2416.35	100.1	1244.29	626.2	155.22
2013	4920.13	2585.15	122	1286.55	748.4	178.03
2014	5162.94	2651.16	157	1301.06	844.2	209.53
2015	5387.13	2674.07	180.6	1354.28	922.77	255.42
2016	5863.98	2794.79	203.43	1527.29	1030.01	308.46
2017	6129.72	2962.49	213.26	1478.1	1089.08	386.79
2018	6207.83	3033.76	235.23	1386.53	1105.95	446.36
2019	6681.85	3257.85	258.47	1521.49	1152.68	491.36
2020	7303.64	3492.54	245.37	1864.78	1156.78	544.16

注：农村牧渔业总产值 2007—2017 年数据依据第三次农业普查结果进行了修订。

全省农林牧渔业增加值

（按当年价格计算）　　单位：亿元

年份	农林牧渔业增加值	农业	林业	牧业	渔业	农林牧渔专业及辅助性活动
1995	639.31	414.41	19.42	148.28	57.19	
1996	716.34	444.17	22.53	179.79	69.85	
1997	767.92	459.2	25.57	207.86	75.28	
1998	748.22	439.51	28.49	197.85	82.37	
1999	694.8	408.26	28.03	175.29	83.21	
2000	684.13	380.24	26.12	194.79	82.98	
2001	711.18	408.53	16.65	200.38	85.62	
2002	734.26	417.11	17.25	201.42	98.48	
2003	808.63	451.46	20.47	217.4	109.02	10.29
2004	1031.06	563.99	18.42	305.57	131.86	11.22
2005	1081.23	571.87	20.54	324.19	152.31	12.32
2006	1140.41	624.96	23.3	311.39	165.87	14.89
2007	1368.49	718.98	25.21	395.24	192.01	37.05
2008	1755.53	877.34	30.22	574.56	233.91	39.49
2009	1758.99	932.07	35.08	490.83	259.35	41.67
2010	2088.38	1207.57	40.06	507.28	288.3	45.18
2011	2518.67	1474.59	46.51	632.22	315.87	49.48
2012	2732.88	1565.46	53.54	672.96	382.84	58.06
2013	2951.62	1666.87	62.02	687.49	467.35	67.89
2014	3080.59	1715.93	76.5	691.13	518.04	79
2015	3210.92	1727.91	100.68	720.92	553.92	107.48
2016	3527.93	1865.06	112.33	810.63	618.44	121.47
2017	3690.3	1962.12	117.57	785.29	663.97	161.34
2018	3733.62	2008.90	128.63	736.19	673.80	186.11
2019	4014.00	2157.30	141.33	808.22	702.24	204.91
2020	4358.69					228.24

分地区农林牧渔业总产值

单位:万元

地区	农林牧渔业总产值	农业	林业	牧业	渔业	农林牧渔专业及辅助性活动
湖北省	**73036366**	**34925414**	**2453731**	**18647766**	**11567821**	**5441635**
武汉市	**6955283**	**4174671**	**134294**	**982100**	**1127982**	**536236**
武汉市辖区	414950	303158	1438	12715	90298	7341
汉南	266671	137974	885	44071	80323	3418
蔡甸	832137	511630	2730	96571	182492	38714
江夏	1791349	1047459	57339	388893	194799	102859
黄陂	2174992	1372161	54864	211004	342321	194642
新洲	1475184	802289	17038	228846	237749	189262
黄石市	**1989455**	**784746**	**88128**	**458372**	**568968**	**89241**
黄石市辖区	25718	10014	209	1103	9433	4959
阳新	1070188	435693	51413	192409	346857	43816
大冶	893549	339039	36506	264860	212678	40466
十堰市	**3352954**	**1749644**	**307969**	**1047954**	**155132**	**92255**
茅箭区	33511	13708	5465	12844	86	1408
张湾区	58227	38964	5263	11089	1673	1238
郧阳区	575821	279537	43167	237693	5290	10134
郧西县	440409	253374	33049	141106	2909	9971
竹山县	558933	317865	71354	135554	17384	16776
竹溪县	448269	270670	34410	127039	3085	13065
房县	634337	323063	70044	184036	37317	19877
丹江口市	603447	252463	45217	198593	87388	19786
宜昌市	**7996680**	**4653502**	**253265**	**2068669**	**465692**	**555552**
宜昌市辖区	172721	122431	3297	35040	1471	10482
夷陵区	1275706	841434	28306	297748	16453	91765
远安县	389286	236020	19639	99675	6062	27890
兴山县	268963	129496	17626	103650	524	17667
秭归县	539393	320699	17259	161158	558	39719
长阳县	791555	447190	14273	239956	35284	54852
五峰县	428629	262353	39843	97273	157	29003
宜都市	929058	517225	43869	276508	30343	61113
枝江市	1600811	864212	41596	381483	202498	111022
当阳市	1600558	912442	27557	376178	172342	112039
襄阳市	**9092925**	**4310017**	**207290**	**3451104**	**484511**	**640003**
高新区	53789	31799	159	11973	4775	5084
襄城区	425384	238337	15298	112927	34951	23871
樊城区	279901	202161	8501	43001	10028	16210
襄州区	1947095	898999	12780	732825	113728	188763
南漳县	1024357	473521	51766	453421	13002	32647
谷城县	819605	336814	46072	372618	30034	34067
保康县	478472	237111	30020	187668	4483	19190
老河口市	1076130	510411	6361	414238	68906	76214
枣阳市	1871319	855616	15940	707769	131533	160461
宜城市	1116872	525247	20392	414665	73072	83496
鄂州市	**1717644**	**433838**	**33028**	**340011**	**809224**	**101543**
梁子湖区	557603	126913	13024	90850	293980	32836
华容区	479814	117322	9216	109585	217190	26501
鄂城区	680226	189603	10787	139577	298053	42206
荆门市	**4516328**	**2090548**	**95765**	**1060698**	**833994**	**435323**
东宝区	399957	190970	9000	113736	63188	23063
掇刀区	245540	149637	5200	33534	35686	21483
沙洋县	1236894	533716	10230	280993	308931	103024
钟祥市	1447168	696315	33234	345839	224847	146933
京山市	1186768	519909	38101	286596	201342	140820
孝感市	**6111608**	**2646010**	**186592**	**1808271**	**998786**	**471949**

续表 单位:万元

地区	农林牧渔业总产值	农业	林业	牧业	渔业	农林牧渔专业及辅助性活动
孝感市辖区	13752	7337	94	3296	1868	1157
孝南区	710080	294674	6346	191297	139735	78028
孝昌县	710628	352715	22986	210304	71044	53579
大悟县	766579	384641	97162	177324	74384	33068
云梦县	738523	382753	8250	219148	93259	35113
应城市	995407	393611	4761	289364	248455	59216
安陆市	755139	291516	24237	309990	67161	62235
汉川市	1421500	538763	22756	407548	302880	149553
荆州市	**8080720**	**3431792**	**133321**	**1325073**	**2412509**	**778025**
开发区	18462	15610	76	413		2363
沙市区	344877	185725	3080	29286	76716	50070
荆州区	852290	449185	8114	154958	164369	75664
公安县	1240745	681634	21652	139942	269524	127993
监利县	1884737	708144	33380	251608	692939	198666
江陵县	526303	282122	6509	118268	57326	62078
石首市	833288	330786	29655	198088	198144	76615
洪湖市	1551399	407428	13374	126969	885522	118106
松滋市	828619	371158	17481	305541	67969	66470
黄冈市	**7731395**	**3422187**	**363399**	**2205981**	**1192465**	**547364**
黄州区	270683	144830	10353	27149	69882	18468
团风县	312426	128043	19224	83197	61655	20308
红安县	483002	212282	44607	160292	21395	44426
罗田县	547444	295848	34633	157197	13930	45836
英山县	621825	463834	36043	71703	7642	42603
浠水县	1229879	481506	43530	380573	265109	59161
蕲春县	1000623	393828	43247	299119	197979	66450
黄梅县(含龙感湖)	1047451	411492	34783	261445	270928	68803
麻城市	1182876	526981	69829	388537	98935	98594
武穴市	1035186	363544	27149	376769	185009	82715
咸宁市	**3886080**	**1906918**	**239798**	**849890**	**570818**	**318657**
咸安区	629751	277112	26957	165134	99800	60747
嘉鱼县	842208	548837	27305	48807	143606	73653
通城县	532751	237264	40297	173804	34001	47385
崇阳县	556319	245728	46538	180911	42672	40469
通山县	476585	173831	60450	173242	43993	25069
赤壁市	848466	424146	38249	107992	206746	71333
随州市	**3144702**	**1422420**	**120801**	**1015573**	**327257**	**258652**
曾都区	677221	205835	11995	356005	48252	55134
随县	1363735	701135	44221	343535	159515	115329
广水市	1103745	515450	64585	316032	119489	88189
恩施自治州	**3705883**	**1977528**	**222600**	**1253962**	**12817**	**238977**
恩施市	630906	330505	42963	213070	3228	41140
利川市	742106	401192	49497	238129	3535	49753
建始县	479943	255138	15572	177050	2978	29205
巴东县	467903	249379	29974	158059	547	29944
宣恩县	388185	210530	20024	133768	414	23448
咸丰县	406787	210477	26615	141436	840	27419
来凤县	311308	168298	20133	103166	636	19074
鹤峰县	278745	152009	17822	89282	638	18994
仙桃市	**1642069**	**567482**	**14806**	**259805**	**708596**	**91381**
潜江市	**1473044**	**590628**	**22820**	**247835**	**481842**	**129919**
天门市	**1597763**	**738384**	**23468**	**263431**	**416937**	**155542**
神农架林区	**41837**	**25101**	**6389**	**9040**	**292**	**1015**

分地区农林牧渔业增加值

单位：万元

地区	农林牧渔业增加值	农林牧渔专业及辅助性活动
湖北省	**43586919**	**2282423**
武汉市	**4239446**	**217562**
武汉市辖区	280550	3172
汉南	160500	1076
蔡甸	522521	15122
江夏	1079253	40748
黄陂	1313098	75945
新洲	883426	81499
黄石市	**1196606**	**38672**
黄石市辖区	14054	2149
阳新	650486	18987
大冶	532066	17536
十堰市	**1941811**	**39333**
茅箭区	18664	569
张湾区	34567	528
郧阳区	329749	4323
郧西县	256422	4254
竹山县	327834	7160
竹溪县	262863	5575
房县	367134	8481
丹江口市	344578	8443
宜昌市	**4833870**	**237115**
宜昌市辖区	181191	8082
夷陵区	775668	39166
远安县	229550	11495
兴山县	161350	7612
秭归县	328606	16953
长阳县	429931	21137
五峰县	237917	11376
宜都市	556919	26083
枝江市	965285	47391
当阳市	967453	47820
襄阳市	**5390514**	**260440**
高新区	31270	9714
襄城区	237886	6597
樊城区	164742	2069
襄州区	1192787	76814
南漳县	576666	13285
谷城县	485672	13864
保康县	269919	7809
老河口市	603527	31014
枣阳市	1159158	65297
宜城市	668887	33977
鄂州市	**1032854**	**40826**
梁子湖区	339954	13350
华容区	288675	11362
鄂城区	404226	16114
荆门市	**2692863**	**178000**
东宝区	262576	9511
掇刀区	130199	8699
沙洋县	737517	42094
钟祥市	861103	60057
京山市	701505	57639
孝感市	**3634196**	**202813**

续表 单位:万元

地区	农林牧渔业增加值	农林牧渔专业及辅助性活动
孝感市辖区	8379	478
孝南区	423276	32763
孝昌县	421575	19884
大悟县	455000	7964
云梦县	447205	15101
应城市	597079	18542
安陆市	435223	25128
汉川市	846459	82953
荆州市	**4845389**	**315200**
开发区	11200	958
沙市区	209209	20332
荆州区	511304	30711
公安县	765911	51836
监利县	1143564	80506
江陵县	313149	25143
石首市	493109	31079
洪湖市	902097	47797
松滋市	495857	26838
黄冈市	**4613277**	**230429**
黄州区	163951	7675
团风县	184060	8737
红安县	297899	19927
罗田县	324870	19762
英山县	394260	18678
浠水县	724278	25253
蕲春县	579022	24481
黄梅县(含龙感湖)	622460	29004
麻城市	704162	41978
武穴市	618315	34936
咸宁市	**2312938**	**138012**
咸安区	367083	21853
嘉鱼县	500200	28603
通城县	321842	25568
崇阳县	337262	22830
通山县	227423	8786
赤壁市	559128	30372
随州市	**1846021**	**112348**
曾都区	382400	23930
随县	811982	50082
广水市	651639	38336
恩施自治州	**2126146**	**102255**
恩施市	361869	17566
利川市	433962	21365
建始县	275282	12304
巴东县	265732	12959
宣恩县	221495	9871
咸丰县	229348	11713
来凤县	178555	8137
鹤峰县	159903	8341
仙桃市	**1003014**	**52600**
潜江市	**887088**	**52600**
天门市	**966314**	**63783**
神农架林区	**24572**	**434**

《湖北农村统计年鉴—2021》

粮食作物播种面积

单位：千公顷

年份	粮食作物	小麦	稻谷	薯类	玉米	大豆
1978	5544.78	1122.28	2894.63	427.23	403.14	173.43
1980	5352.04	1292.29	2708.22	387.46	406.91	138.94
1985	5108.25	1331.42	2538.57	354.01	374.17	134.64
1990	5200.01	1352.10	2636.47	391.90	386.11	164.65
1991	5194.50	1347.53	2622.79	402.38	395.19	150.61
1992	4955.35	1287.91	2537.49	392.59	376.18	140.23
1993	4812.05	1271.23	2377.82	384.33	365.96	181.69
1994	4797.95	1225.60	2373.26	203.39	373.02	201.52
1995	4776.65	1179.93	2408.66	397.65	393.77	188.01
1996	4880.28	1230.14	2448.58	419.53	405.07	174.71
1997	4944.66	1276.52	2467.51	415.74	400.30	182.51
1998	4737.15	1212.08	2244.74	431.02	442.84	201.32
1999	4673.11	1074.43	2284.98	448.72	460.82	207.01
2000	4156.20	845.10	1995.29	467.61	424.10	224.75
2001	4015.73	735.85	1953.77	237.75	401.11	218.01
2002	3816.08	679.02	1888.75	430.61	384.04	217.82
2003	3572.74	603.43	1808.75	208.56	349.81	196.47
2004	3817.89	605.08	2084.02	403.79	357.49	186.05
2005	4068.05	730.61	2162.39	397.75	428.79	179.79
2006	3902.27	1016.93	1975.07	218.67	431.93	118.40
2007	4032.18	1099.41	2027.17	217.51	444.55	117.20
2008	3891.72	1006.35	1956.92	212.20	488.24	115.60
2009	4072.96	1001.98	2093.62	230.05	536.46	111.36
2010	4135.78	1011.70	2087.84	260.83	572.53	109.94
2011	4191.52	1028.32	2081.07	283.93	603.37	108.12
2012	4294.51	1084.08	2086.42	275.94	663.58	105.67
2013	4416.60	1117.11	2202.55	272.53	653.43	103.27
2014	4522.12	1099.38	2201.79	274.15	745.72	136.79
2015	4784.38	1122.15	2383.35	276.80	813.53	144.40
2016	4816.14	1140.67	2358.67	276.35	797.33	202.25
2017	4852.99	1153.21	2368.07	282.72	794.78	212.34
2018	4847.01	1104.96	2390.99	308.13	781.20	219.77
2019	4608.61	1017.75	2286.75	322.48	727.53	211.72
2020	4645.28	1031.38	2280.73	319.23	752.00	219.71

注:2007—2017 年数据依据第三次全国农业普查结果进行了修订。

经济作物播种面积

单位：千公顷

年份	经济作物	棉花	油菜籽	花生	芝麻	黄红麻	甘蔗	甜菜	烤烟
1978	2386.27	593.19	165.27	34.14	102.71	8.39	2.31	0.13	24.75
1980	2125.02	591.67	175.75	40.76	113.51	12.17	1.49	0.12	9.69
1985	2223.46	464.97	361.42	65.94	173.31	94.17	7.85	0.08	37.67
1990	2161.13	455.92	744.31	63.75	126.85	27.33	8.07	0.01	46.35
1991	2229.42	461.55	610.10	61.59	128.17	20.42	8.47	0.02	56.83
1992	2228.48	507.19	534.41	64.73	126.32	18.15	10.64	0.02	72.76
1993	2313.42	486.06	522.14	79.70	127.24	22.41	15	0.03	64.32
1994	2383.48	497.58	615.87	86.97	114.77	11.70	15.73		38.69
1995	2655.06	502.03	838.82	91.91	110.04	10.83	15.97	0.03	41.16
1996	2698.73	474.38	855.26	90.82	107.72	8.59	16.59		51.92
1997	2794.55	480.56	829.80	95.20	107.35	10.10	18		70.99
1998	2958.83	431.58	887.01	121.48	113.62	7.94	19.97		48.47
1999	3115.55	310.70	1003.64	143.87	127.14	4.30	23.34		48.32
2000	3427.87	318.07	1158.94	193.42	143.82	3.14	22.17		48.10
2001	3473.26	346.65	1118.06	210.06	129.93	2.65	18.88		40.43
2002	3465.53	286.37	1155.25	206.04	138.88	5.13	19.18		42.90
2003	3580.50	355.02	1174.63	201.11	124	2.97	17.24		39.45
2004	3407.24	408.30	1186.10	173.03	111.20	1.36	10.01		39.94
2005	3323.25	360.95	1178.65	171.71	102.52	0.98	9.95		43.68
2006	3198.32	496.40	1001.20	140.10	97.24	0.69	3.70		32.13
2007	2961.51	514.22	912.69	139.45	88.14	0.53	3.48		32.42
2008	3241.14	543.00	1056	180.24	87.79	0.41	6.19		45.97
2009	3257.20	460.08	1112.36	190.41	91.45	0.26	9.36		54.42
2010	3244.47	480.05	1089.43	198.50	82.46	0.07	7.04		39.36
2011	3266.40	488.66	1055.39	203.96	77.28	0.06	6.60		45.61
2012	3393.32	472.87	1062.61	257.57	74.28	0.05	6.37		49.40
2013	3318.17	415.59	1098.94	217.77	69.06	0.04	5.95		46.69
2014	3272.64	344.80	1101.62	218.37	71.50	0.02	5.83		36.53
2015	3201.92	264.74	1070.11	221.65	66.75	0.02	6.30		39.60
2016	3092.36	204.96	983.62	232.14	64.31	0.04	6.42	0.02	40.89
2017	3103.14	204.80	971.17	230.53	62.69	0.03	6.57	0.02	36.62
2018	3105.89	159.26	932.97	232.60	67.87	0.01	6.45	0.02	33.63
2019	3207.29	162.83	938.31	243.62	77.22	0.01	6.48		30.38
2020	3329.12	129.73	1034.36	248.72	80.10	0.01	6.63		31.58

注:2007—2017 年数据依据第三次全国农业普查结果进行了修订。

主要农产品产量

单位：万吨

年份	粮食			棉花	油料		
		夏粮	秋粮			花生	油菜籽
1949	578.13	101.85	476.28	5.74	13.37	3.17	4.12
1952	747.54	148.81	598.73	12.17	22.34	4.56	7.09
1957	986.08	180.87	805.21	21.02	25.26	11.23	4.86
1962	960.41	246.34	714.07	14.22	18.30	3.81	4.29
1965	1241.34	255.01	986.33	38.29	22.32	5.15	6.76
1970	1268.67	187.06	1081.62	29.64	14.93	4.82	3.94
1975	1561.51	230.10	1331.41	40.61	21.44	5.12	10.65
1978	1725.60	315.04	1410.56	36.67	23.71	4.90	10.72
1980	1536.43	341.32	1195.11	31.63	20.58	5.85	11.59
1985	2216.13	429.58	1786.56	49.22	72.98	13.52	41.14
1990	2475.03	474.96	2000.07	51.73	95.75	12.79	70.90
1991	2244.10	476.20	1767.90	49.11	106.29	11.44	83.75
1992	2426.60	450.90	1975.70	60.99	99.74	15.72	70.86
1993	2325.70	471.87	1853.85	42.50	111.74	20.68	78.35
1994	2422.10	472.70	1949.40	45.00	137.77	24.81	98.07
1995	2463.84	447.20	2016.64	58.60	189.44	27.28	146.24
1996	2484.40	465.24	2019.16	43.01	181.82	30.77	134.88
1997	2634.40	542.60	2091.80	58.09	195.47	31.24	147.53
1998	2475.79	501.69	1974.10	32.50	216.69	42.87	154.76
1999	2451.88	392.71	2059.17	28.15	228.27	48.15	159.97
2000	2218.49	322.39	1896.10	30.43	269.98	53.46	192.40
2001	2138.49	319.14	1819.35	37.35	279.45	63.99	194.79
2002	2074.00	232.27	1841.73	32.26	245.29	72.25	151.40
2003	1921.02	255.65	1665.37	32.50	272.72	68.37	187.10
2004	2100.12	271.24	1828.96	39.54	314.38	63.19	235.12
2005	2177.38	302.49	1874.89	37.50	293.90	60.19	219.15
2006	2099.10	369.08	1730.02	55.20	254.45	48.40	191.83
2007	2139.07	409.86	1729.21	55.73	252.78	49.01	190.71
2008	2145.47	382.28	1763.19	49.86	279.20	50.24	209.17
2009	2291.05	392.08	1898.97	48.05	306.83	64.21	227.13
2010	2304.26	411.90	1892.36	47.18	302.28	66.64	220.35
2011	2407.45	415.67	1991.78	52.58	293.13	71.67	206.02
2012	2485.14	437.75	2047.39	53.15	305.13	78.16	212.15
2013	2586.21	490.08	2096.13	45.97	315.57	72.21	227.90
2014	2658.26	493.82	2164.44	35.95	321.18	73.83	230.86
2015	2914.75	493.09	2421.66	29.76	316.71	73.21	226.02
2016	2796.35	497.59	2298.76	19.00	305.15	77.98	211.14
2017	2846.12	488.25	2357.87	18.36	307.69	78.37	213.17
2018	2839.47	467.60	2371.87	14.93	302.48	80.67	205.31
2019	2724.99	457.00	2267.99	14.36	313.95	85.71	211.35
2020	2727.44	471.96	2255.48	10.79	344.45	87.10	241.06

注:2007—2017 年数据依据第三次全国农业普查结果进行了修订。

粮食作物生产情况(2019—2020)

单位:千公顷、万吨

指标名称	播种面积		产 量	
	2019 年	2020 年	2019 年	2020 年
全年粮食	4608.61	4645.28	2724.99	2727.44
一、夏收粮食	1253.75	1276.06	457.00	471.96
(一)谷物	1026.86	1039.91	393.50	403.41
1.小麦	1017.75	1031.38	390.68	400.66
2.其他小谷物	9.11	8.53	2.82	2.75
#大 麦	7.65	7.05	2.43	2.35
燕 麦	0.08	0.08	0.02	0.02
荞 麦	0.37	0.37	0.06	0.06
其他小杂粮	1.01	1.03	0.30	0.32
(二)豆类	17.73	16.05	2.84	2.51
#其他小豆类	17.73	16.05	2.84	2.51
(三)薯类	209.16	220.10	60.66	66.04
#马铃薯	209.16	220.10	60.66	66.04
二、秋收粮食	3212.33	3369.22	2183.74	2255.48
(一)谷物	2876.65	2915.99	2101.83	2177.94
1.稻谷	2144.23	2280.73	1792.81	1864.34
#早稻	142.53	122.43	84.25	68.29
中稻	1977.02	1998.97	1678.05	1687.35
晚稻	167.21	159.33	114.76	108.70
2.玉米	727.53	752.00	307.22	311.54
3.其他小谷物	4.90	5.69	1.80	2.06
(二)豆类	222.36	231.67	36.13	37.24
1.大豆	211.72	219.71	34.60	35.54
2.绿 豆	6.27	7.25	0.82	0.97
3.红小豆	2.90	3.05	0.37	0.38
4.其他小豆类	1.47	1.65	0.34	0.36
(三)薯类	113.32	99.13	45.78	40.30
1.马铃薯	27.46	22.61	12.84	10.40
2.甘薯	85.85	76.51	32.94	29.90

分地区粮食作物播种面积

单位：千公顷

地区	粮食作物面积	夏收粮食	小麦	豆类	马铃薯
湖北省	**4645.28**	**1276.06**	**1031.38**	**16.05**	**220.10**
武汉市	**144.00**	**10.49**	**9.52**	**0.23**	**0.68**
武汉市辖区	9.08	0.60	0.59	0.01	
蔡甸区	20.67	1.86	1.59	0.11	0.14
江夏区	31.33	0.65	0.61		0.04
黄陂区	45.54	2.61	2.27	0.03	0.29
新洲区	37.39	4.76	4.46	0.08	0.22
黄石市	**82.95**	**10.04**	**7.34**	**0.18**	**2.50**
黄石市辖区	0.72	0.11	0.09		0.02
大冶市	38.24	4.28	3.16	0.03	1.09
阳新县	43.99	5.64	4.09	0.16	1.38
十堰市	**210.75**	**76.81**	**52.58**	**5.45**	**18.46**
茅箭区	0.36	0.10	0.07		0.03
张湾区	0.49	0.16	0.10		0.06
郧阳区	49.79	23.65	21.09	0.75	1.82
竹山县	39.25	11.46	5.90	1.48	4.08
竹溪县	38.06	12.06	3.51	2.20	6.06
郧西县	36.36	15.42	11.08	0.75	3.59
房县	24.30	4.24	2.16	0.05	2.00
丹江口市	22.13	9.71	8.66	0.23	0.82
宜昌市	**317.81**	**86.78**	**38.52**	**2.04**	**44.08**
宜昌市辖区	3.49	0.26	0.03	0.11	0.11
夷陵区	41.35	8.77	0.01	0.34	8.32
当阳市	83.01	20.47	4.19	0.11	1.62
枝江市	61.00	20.22	4.00	0.54	1.71
宜都市	21.23	4.84	0.10	0.16	4.11
远安县	14.10	2.51	0.17	0.18	1.21
兴山县	14.01	4.48	0.02	0.30	4.11
秭归县	22.67	5.55	0.23	0.07	4.36
长阳县	29.07	8.31	0.14	0.08	7.47
五峰县	27.88	11.36	0.03	0.15	11.07
襄阳市	**786.69**	**375.00**	**355.32**	**1.09**	**17.82**
襄阳市直	52.74	22.29	22.23	0.07	
襄州区	208.18	104.41	100.71	0.25	3.17
南漳县	78.34	37.03	34.23		2.73
谷城县	45.79	18.86	16.87	0.25	1.73
老河口市	68.37	34.13	33.59	0.15	0.39
枣阳市	200.37	99.37	96.81	0.07	2.17
宜城市	102.05	47.57	45.39	0.15	1.98
保康县	30.84	11.33	5.50	0.15	5.65
鄂州市	**38.34**	**5.39**	**4.92**	**0.03**	**0.38**
荆门市	**462.43**	**122.07**	**119.88**	**0.43**	**1.68**
荆门市直	44.64	4.73	4.40	0.13	0.20
京山市	118.18	33.74	32.77	0.19	0.78
沙洋县	126.25	26.26	25.96	0.10	0.20
钟祥市	173.35	57.35	56.76		0.50
孝感市	**348.10**	**79.24**	**75.65**	**0.39**	**3.09**

续表 1

单位：千公顷

地区	粮食作物面积	夏收粮食	小麦	豆类	马铃薯
孝南区	32.49	3.52	3.37	0.04	0.11
孝昌县	39.37	7.89	7.43	0.02	0.45
大悟县	41.61	10.96	9.97	0.09	0.79
云梦县	38.62	7.88	6.74	0.12	1.02
应城市	51.37	6.95	6.87	0.01	0.07
安陆市	63.12	16.86	16.50	0.01	0.35
汉川市	81.52	25.18	24.77	0.11	0.30
荆州市	**707.08**	**167.94**	**162.59**	**1.87**	**0.81**
荆州市直	65.35	14.83	14.38	0.21	0.17
公安县	143.64	42.28	40.45	0.25	0.13
监利县	171.52	17.49	16.39	0.97	0.13
江陵县	88.33	36.40	36.33	0.01	0.05
石首市	53.99	11.55	11.39	0.09	0.05
洪湖市	96.07	19.77	19.39	0.32	0.06
松滋市	88.19	25.62	24.25	0.03	0.23
黄冈市	**394.39**	**46.36**	**35.95**	**0.20**	**10.05**
黄州区	6.40	3.08	3.03		0.05
团风县	17.51	1.92	1.66	0.01	0.25
红安县	30.99	2.23	1.58		0.65
罗田县	41.48	7.88	7.35	0.08	0.42
英山县	18.47	4.56	2.66		1.90
浠水县	54.89	3.15	1.16		1.99
蕲春县	64.72	3.44	0.46	0.06	2.79
黄梅县	64.21	8.56	8.02	0.04	0.51
麻城市	49.68	6.40	5.41		0.99
武穴市	46.04	5.13	4.63	0.01	0.50
咸宁市	**196.53**	**13.42**	**5.75**	**0.90**	**6.63**
咸安区	35.14	1.91	0.25	0.54	1.12
嘉鱼县	28.63	3.46	3.11	0.03	0.32
通城县	29.76	1.56	0.27	0.11	1.18
崇阳县	38.97	2.65	1.14	0.11	1.26
赤壁市	41.59	2.43	0.54	0.05	1.84
通山县	41.59	1.40	0.43	0.06	0.91
随州市	**206.92**	**58.37**	**51.06**	**0.33**	**6.72**
曾都区	38.49	12.26	10.92	0.09	1.20
随县	118.15	38.37	33.33	0.12	4.76
广水市	50.28	7.75	6.81	0.12	0.76
恩施自治州	**369.02**	**106.90**	**1.60**	**2.71**	**102.06**
恩施市	59.41	19.67	0.02	0.71	18.91
利川市	76.88	21.85	0.11	0.67	21.07
建始县	49.28	16.68	0.01	0.34	15.87
巴东县	60.53	19.61	1.46	0.74	17.37
咸丰县	45.48	12.11		0.05	12.06
宣恩县	30.85	6.52		0.04	6.48
来凤县	28.74	4.74		0.16	4.58
鹤峰县	17.84	5.73		0.01	5.73
仙桃市	**115.31**	**27.19**	**25.45**		**0.71**
潜江市	**100.81**	**28.75**	**27.61**	**0.09**	**1.03**
天门市	**158.98**	**59.80**	**57.43**	**0.10**	**2.26**
神农架林区	**5.16**	**1.52**	**0.21**	**0.01**	**1.13**

续表 2　　　　单位:千公顷

地区	秋收粮食面积	稻谷	早稻	中稻和一季晚稻	双季晚稻
湖北省	**3369.22**	**2280.73**	**122.43**	**1998.97**	**159.33**
武汉市	**133.52**	**104.81**	**15.33**	**71.44**	**18.04**
武汉市辖区	8.48	2.95	0.03	2.86	0.06
蔡甸区	18.80	9.40	0.11	9.22	0.08
江夏区	30.68	22.73	3.20	14.81	4.73
黄陂区	42.92	39.76	5.56	28.82	5.37
新洲区	32.63	29.98	6.44	15.73	7.81
黄石市	**72.92**	**57.60**	**2.13**	**50.56**	**4.91**
黄石市辖区	0.61	0.46	0.06	0.33	0.07
大冶市	33.96	27.56	1.83	23.43	2.30
阳新县	38.35	29.58	0.24	26.80	2.54
十堰市	**133.94**	**23.05**		**23.05**	
茅箭区	0.25	0.01		0.01	
张湾区	0.33	0.02		0.02	
郧阳区	26.14	2.68		2.68	
竹山县	27.79	5.02		5.02	
竹溪县	26.00	4.99		4.99	
郧西县	20.94	1.95		1.95	
房县	20.07	4.82		4.82	
丹江口市	12.42	3.56		3.56	
宜昌市	**231.04**	**78.12**	**1.30**	**75.35**	**1.47**
宜昌市辖区	3.24	0.08		0.08	
夷陵区	32.58	9.43		9.43	
当阳市	62.53	32.84		32.84	
枝江市	40.78	22.40	1.30	19.63	1.47
宜都市	16.39	4.12		4.12	
远安县	11.59	6.21		6.21	
兴山县	9.53	0.99		0.99	
秭归县	17.12	1.01		1.01	
长阳县	20.76	0.94		0.94	
五峰县	16.52	0.09		0.09	
襄阳市	**411.69**	**201.93**		**201.93**	
襄阳市直	30.45	20.27		20.27	
襄州区	103.77	41.78		41.78	
南漳县	41.31	25.49		25.49	
谷城县	26.93	16.65		16.65	
老河口市	34.25	10.18		10.18	
枣阳市	100.99	48.71		48.71	
宜城市	54.48	36.49		36.49	
保康县	19.51	2.35		2.35	
鄂州市	**32.95**	**26.71**	**0.73**	**23.39**	**2.59**
荆门市	**340.35**	**254.51**	**2.65**	**246.66**	**5.20**
荆门市直	39.91	34.79		34.79	
京山市	84.45	62.91	2.31	55.75	4.85
沙洋县	99.99	88.89	0.34	88.20	0.36
钟祥市	116.01	67.91		67.91	
孝感市	**268.86**	**248.88**	**2.46**	**241.22**	**5.20**

续表 3 单位：千公顷

地区	秋收粮食面积	稻谷	早稻	中稻和一季晚稻	双季晚稻
孝南区	28.97	28.12	0.28	27.43	0.41
孝昌县	31.48	29.54	0.46	27.31	1.77
大悟县	30.65	29.25	0.02	29.20	0.03
云梦县	30.74	27.42	0.42	25.81	1.19
应城市	44.42	42.40	0.59	41.15	0.66
安陆市	46.26	43.98		43.98	
汉川市	56.34	48.16	0.69	46.33	1.13
荆州市	**539.14**	**460.23**	**30.44**	**389.87**	**39.92**
荆州市直	50.52	41.00	0.10	40.76	0.14
公安县	101.36	85.32	5.94	71.20	8.17
监利县	154.03	145.02	15.59	108.37	21.07
江陵县	51.93	48.23	0.33	47.26	0.64
石首市	42.43	30.80	1.09	28.31	1.39
洪湖市	76.30	67.30	5.96	54.95	6.39
松滋市	62.57	42.57	1.44	39.01	2.12
黄冈市	**348.03**	**312.23**	**39.55**	**224.37**	**48.31**
黄州区	3.32	2.38	0.04	2.27	0.07
团风县	15.59	15.05	1.05	12.63	1.37
红安县	28.76	24.64	3.37	17.33	3.94
罗田县	33.60	27.46	0.43	26.49	0.55
英山县	13.91	11.05	0.46	10.03	0.55
浠水县	51.74	49.24	9.26	28.89	11.09
蕲春县	61.27	57.56	16.66	21.15	19.75
黄梅县	55.65	48.03	2.25	41.86	3.93
麻城市	43.28	39.41	3.65	32.01	3.74
武穴市	40.91	37.42	2.39	31.71	3.32
咸宁市	**183.11**	**140.87**	**23.05**	**91.07**	**26.75**
咸安区	33.23	26.57	1.95	22.43	2.18
嘉鱼县	25.17	18.78	1.51	14.83	2.44
通城县	28.20	23.33	7.46	8.13	7.74
崇阳县	36.31	24.93	5.73	12.17	7.03
赤壁市	39.15	36.34	6.08	23.27	6.99
通山县	21.04	10.91	0.31	10.23	0.37
随州市	**148.55**	**129.19**		**129.19**	
曾都区	26.24	22.52		22.52	
随县	79.78	70.35		70.35	
广水市	42.53	36.32		36.32	
恩施自治州	**262.12**	**47.97**		**47.97**	
恩施市	39.74	3.14		3.14	
利川市	55.03	17.52		17.52	
建始县	32.61	3.16		3.16	
巴东县	40.92	1.90		1.90	
咸丰县	33.38	7.41		7.41	
宣恩县	24.33	5.70		5.70	
来凤县	24.00	8.37		8.37	
鹤峰县	12.10	0.77		0.77	
仙桃市	**88.13**	**64.43**		**64.43**	
潜江市	**72.06**	**59.11**	**0.01**	**59.11**	
天门市	**99.18**	**71.03**	**4.77**	**59.32**	**6.95**
神农架林区	**3.64**	**0.05**		**0.05**	

续表 4 单位：千公顷

地区	秋收粮食面积	玉米	高粱	大豆	秋薯
湖北省	**3369.22**	**752.00**	**5.07**	**219.71**	**99.13**
武汉市	**133.52**	**17.05**	**0.02**	**8.85**	**1.97**
武汉市辖区	8.48	2.91		2.43	0.15
蔡甸区	18.80	7.04		1.91	0.17
江夏区	30.68	6.03		1.26	0.40
黄陂区	42.92	0.86	0.02	1.47	0.72
新洲区	32.63	0.21		1.78	0.52
黄石市	**72.92**	**9.29**	**0.21**	**2.36**	**3.37**
黄石市辖区	0.61	0.11		0.01	0.02
大冶市	33.96	3.82	0.09	0.98	1.47
阳新县	38.35	5.36	0.12	1.37	1.87
十堰市	**133.94**	**76.81**	**0.81**	**14.88**	**14.20**
茅箭区	0.25	0.20		0.04	
张湾区	0.33	0.27		0.04	
郧阳区	26.14	18.43		1.45	2.84
竹山县	27.79	14.54	0.15	4.38	2.75
竹溪县	26.00	11.95	0.27	4.02	3.58
郧西县	20.94	12.43	0.14	2.75	2.88
房县	20.07	13.21	0.16	1.45	0.16
丹江口市	12.42	5.79	0.08	0.75	2.00
宜昌市	**231.04**	**129.51**		**10.11**	**12.56**
宜昌市辖区	3.24	1.99		0.07	1.09
夷陵区	32.58	19.29		1.43	2.38
当阳市	62.53	25.13		1.76	2.58
枝江市	40.78	14.99		2.57	0.81
宜都市	16.39	9.23		0.33	2.51
远安县	11.59	4.64		0.18	0.54
兴山县	9.53	7.87		0.58	0.05
秭归县	17.12	15.27		0.75	0.09
长阳县	20.76	17.78		1.29	0.57
五峰县	16.52	13.32		1.16	1.94
襄阳市	**411.69**	**198.27**	**1.20**	**5.42**	**4.43**
襄阳市直	30.45	9.95	0.01	0.17	0.05
襄州区	103.77	59.18	1.15	0.80	0.85
南漳县	41.31	15.21	0.01	0.25	0.33
谷城县	26.93	8.89		0.87	0.35
老河口市	34.25	23.38	0.01	0.59	0.03
枣阳市	100.99	51.14	0.02	0.45	0.63
宜城市	54.48	16.45		0.66	0.88
保康县	19.51	14.08		1.64	1.33
鄂州市	**32.95**	**1.02**	**1.46**	**2.29**	**1.02**
荆门市	**340.35**	**51.78**		**32.26**	**1.65**
荆门市直	39.91	4.63		0.39	0.10
京山市	84.45	14.53		6.15	0.74
沙洋县	99.99	4.56		6.36	0.14
钟祥市	116.01	28.05		19.37	0.67
孝感市	**268.86**	**13.20**	**0.15**	**5.36**	**0.76**

单位：千公顷

地区	秋收粮食面积	玉米	高粱	大豆	秋薯
孝南区	28.97	0.58		0.26	0.01
孝昌县	31.48	0.68		0.83	0.15
大悟县	30.65	0.22	0.15	0.72	0.27
云梦县	30.74	2.54		0.61	0.09
应城市	44.42	0.68		1.21	0.10
安陆市	46.26	1.54		0.69	0.05
汉川市	56.34	6.96		1.05	0.09
荆州市	**539.14**	**33.05**	**0.05**	**44.39**	**1.05**
荆州市直	50.52	5.89		3.34	0.20
公安县	101.36	3.53	0.02	12.20	0.16
监利县	154.03	0.74		8.11	0.14
江陵县	51.93	0.36		3.31	0.03
石首市	42.43	1.61		9.96	0.07
洪湖市	76.30	2.48	0.03	6.41	0.05
松滋市	62.57	18.44		1.06	0.42
黄冈市	**348.03**	**9.47**	**0.14**	**15.64**	**9.26**
黄州区	3.32	0.46		0.43	0.05
团风县	15.59	0.10		0.24	0.15
红安县	28.76	0.44		0.95	2.73
罗田县	33.60	1.70	0.05	3.14	1.14
英山县	13.91	1.16		0.84	0.84
浠水县	51.74	0.96		1.05	0.30
蕲春县	61.27	0.50	0.09	1.60	1.11
黄梅县	55.65	2.18		4.16	1.02
麻城市	43.28	1.13		1.51	1.05
武穴市	40.91	0.85		1.73	0.88
咸宁市	**183.11**	**21.16**		**8.26**	**11.61**
咸安区	33.23	3.35		1.42	1.51
嘉鱼县	25.17	5.18		0.87	0.17
通城县	28.20	1.23		1.66	1.69
崇阳县	36.31	5.40		1.97	3.92
赤壁市	39.15	1.00		1.35	0.41
通山县	21.04	5.00		1.00	3.91
随州市	**148.55**	**16.15**		**1.42**	**1.55**
曾都区	26.24	3.25		0.15	0.27
随县	79.78	8.88		0.50	0.04
广水市	42.53	4.02		0.77	1.23
恩施自治州	**262.12**	**154.26**	**0.67**	**23.18**	**34.17**
恩施市	39.74	26.26	0.55	5.30	4.07
利川市	55.03	29.52		4.46	3.21
建始县	32.61	23.42		2.68	3.20
巴东县	40.92	29.34	0.12	3.62	5.46
咸丰县	33.38	15.32		2.84	7.61
宣恩县	24.33	12.37		2.13	4.03
来凤县	24.00	8.96		1.60	4.89
鹤峰县	12.10	9.07		0.56	1.71
仙桃市	**88.13**	**13.59**		**9.44**	**0.54**
潜江市	**72.06**	**2.26**	**0.02**	**10.45**	**0.22**
天门市	**99.18**	**3.14**		**24.89**	**0.11**
神农架林区	**3.64**	**1.99**	**0.35**	**0.52**	**0.64**

分地区粮食总产量

单位:吨

地区	粮食总产量	夏粮总产量	小麦	豆类	马铃薯
湖北省	**27274372**	**4719557**	**4006647**	**25076**	**660353**
武汉市	**895956**	**29992**	**27254**	**361**	**2190**
武汉市辖区	38124	1872	1854	18	
蔡甸区	114869	5890	5146	170	485
江夏区	200137	1736	1616		120
黄陂区	315747	6565	5529	36	902
新洲区	227079	13929	13110	136	683
黄石市	**512899**	**28891**	**21893**	**283**	**6669**
黄石市辖区	3890	324	247	5	72
大冶市	246122	12759	9473	42	3225
阳新县	262887	15808	12174	235	3372
十堰市	**823829**	**237050**	**164631**	**8304**	**63487**
茅箭区	1199	345	240		105
张湾区	1634	508	286		222
郧阳区	202839	80141	73212	1119	5809
竹山县	149036	32859	17222	2281	13355
竹溪县	148710	35829	10868	3262	21110
郧西县	121672	45742	32006	1199	12537
房县	107642	13494	5895	73	7484
丹江口市	91096	28132	24900	369	2864
宜昌市	**1510818**	**277757**	**133189**	**3223**	**133931**
宜昌市辖区	13872	584	80	156	347
夷陵区	202583	31438	93	625	30426
当阳市	462735	71974	62795	151	4738
枝江市	317683	69050	59942	851	6351
宜都市	97110	14524	1540	284	12700
远安县	80018	6971	2517	266	3283
兴山县	52385	12328	253	430	11645
秭归县	83547	15878	3386	118	12374
长阳县	106430	23389	2143	134	21094
五峰县	94456	31621	440	209	30972
襄阳市	**4724346**	**1930810**	**1861087**	**1754**	**64223**
襄阳市直	339089	116856	116697	160	
襄州区	1265664	597350	583968	393	11585
南漳县	439202	140351	130039		9952
谷城县	269634	83400	76985	400	6015
老河口市	350933	164839	163223	235	1381
枣阳市	1262883	546833	537074	83	7926
宜城市	662132	240062	232405	242	7216
保康县	134809	41119	20696	242	20148
鄂州市	**245506**	**16190**	**14723**	**46**	**1239**
荆门市	**2867955**	**400880**	**394170**	**675**	**5800**
荆门市直	317523	15130	14170	220	740
京山市	700720	110058	107400	298	2360
沙洋县	895228	87756	86900	156	700
钟祥市	954484	187936	185700		2000
孝感市	**2327138**	**242252**	**232068**	**654**	**9178**

续表 1　　　　单位:吨

地区	粮食总产量	夏粮总产量	小麦	豆类	马铃薯
孝南区	238252	10929	10524	67	338
孝昌县	253343	24712	23510	22	1180
大悟县	287165	29809	27136	155	2166
云梦县	243543	23808	20321	199	3288
应城市	345901	20860	20652	13	195
安陆市	437876	53186	52073	15	1098
汉川市	521058	78949	77852	184	913
荆州市	**4498242**	**518199**	**504436**	**2998**	**2835**
荆州市直	407860	45217	44014	339	663
公安县	875455	134153	129731	440	497
监利县	1261200	51127	49191	1484	434
江陵县	507353	114104	113909	14	133
石首市	299162	34159	33777	154	158
洪湖市	638233	57282	56553	519	210
松滋市	508980	82157	77261	48	740
黄冈市	**2691075**	**145232**	**112506**	**288**	**31925**
黄州区	31426	8562	8402		160
团风县	109793	5802	5023	21	758
红安县	179344	6649	4669		1980
罗田县	258360	27685	26182	128	1287
英山县	105422	13513	7563		5950
浠水县	410915	9859	3710		6149
蕲春县	451826	11775	2158	81	9111
黄梅县	456432	25994	24290	45	1659
麻城市	361047	19586	16480		3106
武穴市	326511	15806	14029	12	1765
咸宁市	**1168291**	**38861**	**17117**	**1498**	**19790**
咸安区	221073	4825	721	912	3192
嘉鱼县	176059	10525	9511	49	965
通城县	164555	4658	769	170	3720
崇阳县	214717	7728	3350	181	3742
赤壁市	275536	7073	1717	84	5272
通山县	116350	4051	1050	102	2900
随州市	**1461663**	**215646**	**191504**	**541**	**22763**
曾都区	264279	44037	39605	154	4139
随县	819271	146288	129342	189	16239
广水市	378113	25321	22557	198	2385
恩施自治州	**1441185**	**290376**	**4876**	**4113**	**279878**
恩施市	205572	54953	80	1081	53758
利川市	313427	52723	302	1020	51401
建始县	204242	49885	40	439	48000
巴东县	200983	52028	4453	1162	46343
咸丰县	198195	32777		77	32700
宣恩县	117678	18171		64	18106
来凤县	130612	12359		257	12102
鹤峰县	70476	17481		12	17469
仙桃市	**697406**	**79015**	**74100**		**2025**
潜江市	**590036**	**87622**	**84095**	**157**	**3276**
天门市	**800600**	**175642**	**168300**	**159**	**7100**
神农架林区	**17428**	**5142**	**699**	**25**	**4044**

注：表头中“夏粮总产量”与“粮食总产量”并列，“小麦”“豆类”“马铃薯”为夏粮总产量的分项。

续表 2 单位：吨

地区	秋粮总产量	稻谷	早稻	中稻和一季晚稻	双季晚稻
湖北省	**22554815**	**18643380**	**682914**	**16873451**	**1087015**
武汉市	**865964**	**768512**	**86208**	**569974**	**112330**
武汉市辖区	36252	19808	143	19325	341
蔡甸区	108979	74119	613	73036	470
江夏区	198401	167327	17952	119546	29829
黄陂区	309181	300083	31335	233905	34843
新洲区	213150	207174	36165	124162	46846
黄石市	**484007**	**436433**	**11794**	**392764**	**31875**
黄石市辖区	3565	3117	323	2393	401
大冶市	233364	213485	10134	188114	15238
阳新县	247078	219830	1337	202257	16237
十堰市	**586779**	**191771**		**191771**	
茅箭区	854	84		84	
张湾区	1126	160		160	
郧阳区	122699	22009		22009	
竹山县	116177	42355		42355	
竹溪县	112881	42976		42976	
郧西县	75930	16065		16065	
房县	94149	38647		38647	
丹江口市	62964	29476		29476	
宜昌市	**1233061**	**650216**	**7566**	**632222**	**10428**
宜昌市辖区	13288	892		892	
夷陵区	171145	78155		78155	
当阳市	390761	277270		277270	
枝江市	248633	182435	7566	164441	10428
宜都市	82586	35302		35302	
远安县	73047	52565		52565	
兴山县	40057	7576		7576	
秭归县	67669	7954		7954	
长阳县	83041	7389		7389	
五峰县	62835	677		677	
襄阳市	**2793536**	**1862496**		**1862496**	
襄阳市直	222233	176998		176998	
襄州区	668314	390860		390860	
南漳县	298852	226824		226824	
谷城县	186234	149161		149161	
老河口市	186094	94595		94595	
枣阳市	716050	462579		462579	
宜城市	422070	341030		341030	
保康县	93690	20448		20448	
鄂州市	**229316**	**209119**	**3952**	**187809**	**17358**
荆门市	**2467074**	**2187307**	**16170**	**2135904**	**35233**
荆门市直	302393	281737		281737	
京山市	590661	514228	14000	467611	32617
沙洋县	807472	779242	2170	774456	2616
钟祥市	766548	612100		612100	
孝感市	**2084886**	**2018158**	**14925**	**1967993**	**35240**

续表 3 单位:吨

地区	秋粮总产量	稻谷			
			早稻	中稻和一季晚稻	双季晚稻
孝南区	227323	224394	1670	220040	2684
孝昌县	228631	223756	2879	208311	12566
大悟县	257357	253526	151	253162	214
云梦县	219735	208471	2522	198343	7605
应城市	325041	319201	3608	311186	4407
安陆市	384689	377286		377286	
汉川市	442110	411524	4096	399665	7763
荆州市	**3980042**	**3746670**	**175606**	**3284171**	**286893**
荆州市直	362643	329681	578	328175	929
公安县	741302	703402	32127	612885	58390
监利县	1210073	1191906	91761	946067	154078
江陵县	393249	385309	1948	378849	4511
石首市	265003	239184	6163	223638	9383
洪湖市	580951	559369	34524	479642	45203
松滋市	426823	337819	8505	314914	14400
黄冈市	**2545843**	**2434639**	**221838**	**1876771**	**336030**
黄州区	22864	19711	213	19000	497
团风县	103991	102199	5672	87786	8741
红安县	172695	158431	18279	116695	23457
罗田县	230675	211731	2397	205762	3572
英山县	91909	82590	2489	76337	3764
浠水县	401056	393113	51749	261046	80318
蕲春县	440051	428243	93608	194193	140443
黄梅县	430438	408095	13017	370048	25030
麻城市	341461	328477	20910	280901	26666
武穴市	310705	302048	13504	265003	23542
咸宁市	**1129431**	**994701**	**118700**	**703300**	**172701**
咸安区	216248	195630	9600	171730	14300
嘉鱼县	165534	144052	8400	119500	16152
通城县	159897	146501	37700	58900	49901
崇阳县	206989	169568	29900	94970	44698
赤壁市	268463	261650	31600	184600	45450
通山县	112299	77300	1500	73600	2200
随州市	**1246017**	**1168089**		**1168089**	
曾都区	220242	204260		204260	
随县	672982	635338		635338	
广水市	352792	328490		328490	
恩施自治州	**1150809**	**383205**		**383205**	
恩施市	150619	24875		24875	
利川市	260704	135097		135097	
建始县	154357	27960		27960	
巴东县	148955	14651		14651	
咸丰县	165418	63005		63005	
宣恩县	99507	45470		45470	
来凤县	118253	66059		66059	
鹤峰县	52995	6090		6090	
仙桃市	**618392**	**542566**		**542566**	
潜江市	**502414**	**475798**	**39**	**475758**	
天门市	**624958**	**573625**	**26116**	**498582**	**48927**
神农架林区	**12287**	**77**		**77**	

续表 4

单位:吨

地区	秋粮总产量	玉米	高粱	大豆	秋薯
湖北省	**22554815**	**3115431**	**18199**	**355403**	**402988**
武汉市	**865964**	**72733**	**67**	**14539**	**8568**
武汉市辖区	36252	11551		4312	514
蔡甸区	108979	30397		3055	778
江夏区	198401	26638		2155	1790
黄陂区	309181	3338	67	2325	3190
新洲区	213150	810		2693	2297
黄石市	**484007**	**30250**	**771**	**3967**	**12467**
黄石市辖区	3565	342		21	74
大冶市	233364	12547	335	1608	5344
阳新县	247078	17361	435	2338	7049
十堰市	**586779**	**299766**	**2809**	**25410**	**61860**
茅箭区	854	700		69	
张湾区	1126	902		63	
郧阳区	122699	83532		2840	13349
竹山县	116177	53773	532	7317	10952
竹溪县	112881	45658	849	6706	15269
郧西县	75930	41727	509	4566	12183
房县	94149	51268	597	2606	712
丹江口市	62964	22205	322	1243	9396
宜昌市	**1233061**	**512273**		**17604**	**52010**
宜昌市辖区	13288	7573		102	4719
夷陵区	171145	80144		2658	10099
当阳市	390761	98768		3329	11116
枝江市	248633	57867		4484	3812
宜都市	82586	36729		548	9727
远安县	73047	18129		299	2042
兴山县	40057	31379		898	185
秭归县	67669	58090		1262	363
长阳县	83041	71011		2110	2304
五峰县	62835	52583		1914	7644
襄阳市	**2793536**	**893814**	**4511**	**9433**	**22607**
襄阳市直	222233	44602	49	341	239
襄州区	668314	266647	4305	1504	4975
南漳县	298852	69277	25	665	2020
谷城县	186234	33525		1407	1895
老河口市	186094	90123	51	1107	119
枣阳市	716050	248563	81	952	3752
宜城市	422070	75421		922	4697
保康县	93690	65656		2536	4909
鄂州市	**229316**	**4600**	**5063**	**4487**	**4698**
荆门市	**2467074**	**225713**		**46795**	**7067**
荆门市直	302393	19704		574	378
京山市	590661	64820		8349	3117
沙洋县	807472	18989		8592	604
钟祥市	766548	122200		29280	2968
孝感市	**2084886**	**54397**	**538**	**8388**	**2743**

续表 5　　　　单位:吨

地区	秋粮总产量	玉米	高粱	大豆	秋薯
孝南区	227323	2490		412	22
孝昌县	228631	2771		1177	586
大悟县	257357	1007	538	1278	956
云梦县	219735	9830		928	389
应城市	325041	3440		1928	437
安陆市	384689	6468		794	142
汉川市	442110	28390		1871	210
荆州市	**3980042**	**150153**	**225**	**78166**	**4324**
荆州市直	362643	26263		5613	933
公安县	741302	15230	81	21717	696
监利县	1210073	3564		14090	488
江陵县	393249	1591		6248	101
石首市	265003	6899		18610	308
洪湖市	580951	11308	144	9952	145
松滋市	426823	85298		1937	1654
黄冈市	**2545843**	**42953**	**549**	**26005**	**39096**
黄州区	22864	2279		744	130
团风县	103991	424		557	650
红安县	172695	1758		1567	10939
罗田县	230675	8030	184	5338	5183
英山县	91909	5091		1308	2890
浠水县	401056	4529		1607	1450
蕲春县	440051	2244	365	2896	5623
黄梅县	430438	10619		6926	3985
麻城市	341461	5156		2462	5050
武穴市	310705	2824		2601	3196
咸宁市	**1129431**	**73116**		**13172**	**46647**
咸安区	216248	11900		2167	6045
嘉鱼县	165534	19100		1434	700
通城县	159897	3850		2762	6249
崇阳县	206989	17516		3079	16700
赤壁市	268463	3200		2087	1458
通山县	112299	17550		1643	15495
随州市	**1246017**	**67615**		**2579**	**7244**
曾都区	220242	14431		244	1180
随县	672982	36538		921	177
广水市	352792	16646		1413	5887
恩施自治州	**1150809**	**598173**	**2977**	**36731**	**126777**
恩施市	150619	99228	2430	7880	15646
利川市	260704	106364		7694	10883
建始县	154357	108921		4269	12853
巴东县	148955	108748	547	4655	19785
咸丰县	165418	70228		5763	26085
宣恩县	99507	37275		3239	13398
来凤县	118253	27732		2352	21776
鹤峰县	52995	39679		877	6350
仙桃市	**618392**	**58281**		**14933**	**2348**
潜江市	**502414**	**10229**	**106**	**15339**	**934**
天门市	**624958**	**13453**		**37349**	**500**
神农架林区	**12287**	**7912**	**581**	**505**	**3100**

经济作物生产情况(2019—2020)

单位:千公顷、万吨

指标名称	播种面积		产量	
	2019年	2020年	2019年	2020年
经济作物	3207.29	3329.12	—	—
一、油料作物	1278.60	1377.93	313.95	344.45
其中:花　生	243.62	248.722	85.71	87.10
油菜籽	938.31	1034.36	211.35	241.06
芝　麻	77.22	80.10	12.92	13.06
胡麻籽				
葵花籽	3.33	2.60	0.60	0.50
二、棉花	162.83	129.73	14.36	10.79
三、麻类合计	2.66	3.33	0.70	0.83
其中:生黄红麻	0.01	0.01	0.0029	0.0028
生苎麻	2.57	3.32	0.67	0.83
生大麻				
生亚麻	0.08		0.0239	
四、糖料	6.48	6.63	27.90	28.15
(一)甘蔗	6.48	6.63	27.90	28.15
(二)甜菜				
五、烟叶(未加工烟草)	35.72	36.37	6.31	6.30
其中:烤烟(未去梗)	30.38	31.58	5.23	5.34
六、中草药材	239.80	269.85	—	—
其中:人　参	0.06		0.01	
甘　草	0.52	0.46	0.01	0.01
枸　杞	0.58	0.54	0.11	0.11
七、蔬菜及食用菌	1257.94	1279.90	4086.71	4119.36
(一)叶菜类	167.63	170.49	497.33	490.11
其中:芹　菜	37.62	37.48	103.61	105.90
油　菜	37.29	38.15	109.94	101.71
菠　菜	34.94	35.01	84.64	86.20
(二)白菜类	226.37	233.80	732.51	752.55
其中:大白菜	172.94	179.69	581.77	599.66
(三)甘蓝类	73.15	73.38	255.02	253.78
其中:卷心菜	56.68	60.40	189.88	196.81
(四)根茎类	205.29	207.11	694.37	695.38
其中:白萝卜	128.72	130.86	469.74	479.31
胡萝卜	26.81	27.58	89.96	90.72
生　姜	8.15	8.43	16.54	17.41
榨菜头	3.92	4.08	10.39	10.17

续表　　　　　　　　　　　　　　　　　　　　　　　　　　　　　单位：千公顷、万吨

指标名称	播种面积		产量	
	2019 年	2020 年	2019 年	2020 年
（五）瓜菜类	123.33	126.35	458.90	484.97
其中：黄　瓜	57.55	60.42	203.63	211.27
南　瓜	24.95	28.41	95.04	114.65
冬　瓜	18.23	17.09	75.05	72.68
（六）豆类	99.22	101.90	288.61	297.38
其中：豇　豆	53.01	54.45	152.68	154.56
四季豆	33.30	34.40	89.43	91.65
（七）茄果菜类	171.45	173.01	476.19	479.97
其中：茄　子	44.35	46.23	127.19	132.99
辣　椒	84.43	84.50	194.41	195.34
西红柿	32.53	33.66	118.94	120.00
（八）葱蒜类	62.61	64.54	177.71	181.00
其中：大　葱	22.60	23.62	62.08	62.57
蒜　头	27.44	27.75	66.87	66.54
（九）水生菜类	77.32	80.69	297.31	296.02
其中：莲 藕	66.38	72.22	261.37	264.73
（十）其它蔬菜	51.56	48.65	161.84	141.83
（十一）食用菌	—	—	46.93	46.37
1.干品	—	—	15.46	15.74
其中:香　菇	—	—	12.19	12.35
黑木耳	—	—	2.43	2.44
2.鲜品	—	—	31.47	30.62
其中:蘑　菇	—	—	21.85	21.73
八、瓜果类	96.91	99.07	349.19	350.45
其中：西　瓜	75.90	77.70	287.46	288.86
香　瓜（甜瓜）	13.72	14.52	43.80	46.38
草　莓	4.30	4.78	7.64	8.39
九、其他农作物	126.35	126.31	—	—
其中：青饲料	63.22	63.73	—	—
十、特种作物	—	—	—	—
花卉	33.72	28.77	—	—
鲜切花（万枝）	—	—	16189.97	15659.08
盆栽观赏植物（万盆）	—	—	4087.80	4086.00
香料	—	—	0.41	0.34
其中：花 椒	—	—	0.23	0.26
八 角	—	—	0.09	0.08

分地区经济作物播种面积

单位：千公顷

地区	经济作物播种面积	油料作物面积	花生	油菜籽	芝麻	棉花面积
湖北省	**3329.12**	**1377.93**	**248.72**	**1034.36**	**80.10**	**129.73**
武汉市	**270.33**	**56.53**	**13.22**	**36.07**	**7.24**	**10.03**
武汉市辖区	26.79	1.07	0.39	0.34	0.33	0.03
汉南区	11.21	0.19	0.02	0.10	0.06	
蔡甸区	36.91	3.01	0.39	1.94	0.67	0.66
江夏区	53.76	12.29	2.03	7.64	2.62	0.07
黄陂区	89.33	23.79	8.33	13.39	2.07	3.54
新洲区	52.31	16.19	2.05	12.66	1.48	5.74
黄石市	**90.69**	**47.14**	**5.27**	**35.80**	**5.89**	**3.14**
黄石市辖区	0.91	0.18	0.05	0.09	0.05	0.02
阳新县	50.86	24.88	2.29	18.65	3.83	1.54
大冶市	38.92	22.08	2.92	17.06	2.01	1.59
十堰市	**202.73**	**76.99**	**17.70**	**45.35**	**13.12**	**0.06**
茅箭区	1.00	0.08	0.01	0.02	0.05	
张湾区	2.60	0.26	0.11	0.11	0.04	
郧阳区	38.22	14.46	2.75	8.80	2.89	0.06
郧西县	37.47	11.08	2.62	5.57	2.80	
竹山县	39.41	20.38	7.41	11.03	1.94	
竹溪县	33.79	14.75	2.00	9.53	2.53	
房县	34.94	9.47	1.42	6.73	1.32	
丹江口市	15.30	6.50	1.37	3.57	1.56	
宜昌市	**308.90**	**95.34**	**11.31**	**81.94**	**2.05**	**5.32**
宜昌市辖区	6.41	1.41	0.17	1.22	0.03	
夷陵区	41.06	12.27	1.67	10.23	0.37	
远安县	10.55	7.05	0.24	6.79	0.02	
兴山县	18.48	4.60	0.26	4.24	0.06	
秭归县	25.83	8.06	1.80	6.14	0.12	
长阳土家族自治县	44.50	8.23	1.51	6.72		
五峰土家族自治县	43.52	2.10	0.20	1.89		
宜都市	15.41	8.57	0.78	7.75	0.04	
当阳市	53.50	26.56	3.40	22.14	1.03	0.57
枝江市	49.63	16.49	1.28	14.82	0.39	4.76
襄阳市	**253.39**	**124.48**	**63.86**	**38.57**	**19.44**	**7.99**
高新区	2.68	1.42	0.92	0.33	0.17	
襄城区	12.20	3.73	2.41	1.32		0.01
樊城区	12.01	3.68	1.43	1.33	0.92	
襄州区	49.98	37.38	28.12	2.38	6.87	1.52
南漳县	24.86	6.12	0.50	5.10	0.51	0.03
谷城县	18.48	7.62	2.22	3.61	0.13	
保康县	24.14	8.78	3.07	5.53	0.17	
老河口市	26.04	6.17	3.19	1.10	1.88	0.22
枣阳市	32.97	24.66	13.33	3.33	8.00	1.20
宜城市	50.03	24.92	8.66	14.53	0.79	5.01
鄂州市	**48.57**	**17.71**	**2.30**	**11.91**	**0.31**	**3.98**
梁子湖区	12.81	5.84	1.18	3.65	0.10	0.38
华容区	16.30	6.65	0.64	4.18	0.13	1.89
鄂城区	19.46	5.22	0.47	4.08	0.08	1.70
荆门市	**214.57**	**140.20**	**16.84**	**118.78**	**4.54**	**3.75**
东宝区	20.20	12.41	0.93	11.10	0.39	0.07
掇刀区	22.32	16.84	1.58	15.21	0.05	0.07
沙洋县	65.24	50.12	4.70	44.15	1.28	0.59
钟祥市	63.82	39.45	6.95	31.64	0.87	1.90
京山市	42.99	21.38	2.69	16.69	1.96	1.13
孝感市	**242.57**	**103.97**	**29.18**	**71.52**	**3.25**	**9.12**

续表 1

单位：千公顷

地区	经济作物播种面积	油料作物面积	花生	油菜籽	芝麻	棉花面积
孝感市辖区	0.66	0.57	0.24	0.28	0.05	
孝南区	33.00	15.97	1.66	13.91	0.40	1.72
孝昌县	31.78	18.86	4.75	13.44	0.67	0.80
大悟县	41.26	23.79	18.86	4.73	0.20	0.34
云梦县	32.17	9.34	0.28	8.92	0.14	1.74
应城市	32.45	12.33	1.13	10.80	0.40	0.90
安陆市	24.63	10.59	1.87	7.53	1.17	1.30
汉川市	46.62	12.52	0.39	11.91	0.22	2.33
荆州市	**373.98**	**199.91**	**1.65**	**192.47**	**5.79**	**36.43**
荆州开发区	0.85	0.10		0.10		
沙市区	10.94	2.79		2.77	0.01	0.22
荆州区	29.43	9.56	0.17	8.62	0.77	1.99
公安县	65.69	33.47	0.24	32.85	0.38	13.33
监利县	113.65	76.58	0.21	75.36	1.01	6.63
江陵县	25.13	17.25	0.45	16.15	0.64	1.00
石首市	35.96	16.02	0.12	15.63	0.27	4.94
洪湖市	50.08	27.54	0.11	25.14	2.29	2.24
松滋市	42.25	16.60	0.35	15.85	0.40	6.07
黄冈市	**434.07**	**202.01**	**47.73**	**144.28**	**9.53**	**24.51**
龙感湖农场	1.37	0.20		0.20		
黄州区	17.21	2.45	0.18	2.04	0.12	2.05
团风县	14.90	6.91	1.21	3.59	2.11	1.97
红安县	41.55	27.34	19.13	7.90	0.31	1.13
罗田县	39.68	14.26	2.20	10.86	1.20	0.26
英山县	27.04	7.04	0.92	5.49	0.32	0.22
浠水县	64.65	26.83	4.35	21.40	1.09	3.70
蕲春县	69.16	23.23	1.89	20.45	0.87	3.56
黄梅县	44.62	31.35	1.13	29.07	1.15	4.81
麻城市	75.65	35.85	15.80	18.46	1.55	4.19
武穴市	38.24	26.56	0.93	24.82	0.81	2.62
咸宁市	**233.98**	**97.08**	**8.42**	**83.77**	**3.45**	**3.51**
咸安区	47.99	29.05	2.10	25.72	0.76	0.21
嘉鱼县	41.49	8.75	0.50	7.43	0.82	0.15
通城县	32.31	12.27	1.47	10.80		
崇阳县	33.92	13.23	1.62	11.54	0.08	0.54
通山县	21.36	7.63	1.13	6.34	0.16	
赤壁市	56.91	26.16	1.61	21.94	1.64	2.61
随州市	**95.40**	**41.46**	**11.31**	**24.11**	**1.18**	**4.88**
曾都区	14.96	5.91	0.45	4.17	0.07	0.63
随县	36.65	15.59	3.67	8.91	0.70	1.05
广水市	43,79	19.96	7.19	11.03	0.41	3.19
恩施自治州	**335.15**	**59.14**	**9.35**	**48.39**	**0.40**	
恩施市	57.92	9.02	1.38	7.56		
利川市	73.15	7.45	0.75	6.01		
建始县	34.07	8.04	1.23	6.68		
巴东县	48.67	15.21	2.45	12.27	0.40	
宣恩县	32.93	3.78	1.40	2.38		
咸丰县	46.58	7.01	1.51	5.50		
来凤县	16.12	5.50	0.46	5.04		
鹤峰县	25.71	3.13	0.18	2.95		
仙桃市	**101.91**	**55.72**	**1.18**	**52.47**	**2.08**	**8.53**
潜江市	**41.25**	**16.09**	**1.46**	**13.74**	**0.89**	**1.36**
天门市	**76.57**	**43.75**	**7.91**	**34.90**	**0.94**	**7.12**
神农架林区	**5.07**	**0.38**	**0.03**	**0.29**		

续表 2　　　　　　　　　　　　　　　　　　　　　　　　　　　　　单位：千公顷

地区	麻类面积	糖料面积	烟叶（未加工烟草）面积	烤烟（未去梗）	中草药材面积	蔬菜及食用菌面积
湖北省	**3.33**	**6.63**	**36.37**	**31.58**	**269.85**	**1279.90**
武汉市		**0.41**			**0.38**	**177.64**
武汉市辖区		0.04				22.77
汉南区					0.03	9.00
蔡甸区						27.26
江夏区						34.26
黄陂区		0.15				57.34
新洲区		0.22			0.35	27.01
黄石市	**1.51**	**0.14**			**5.00**	**29.54**
黄石市辖区						0.68
阳新县	1.43	0.02			4.47	16.27
大冶市	0.08	0.12			0.53	12.58
十堰市	**0.02**	**0.64**	**6.17**	**6.16**	**27.60**	**86.48**
茅箭区					0.13	0.79
张湾区					0.03	2.28
郧阳区	0.02	0.01			3.71	18.93
郧西县		0.58	0.47	0.47	6.41	18.20
竹山县			1.65	1.65	3.33	13.98
竹溪县		0.06	1.43	1.43	4.68	12.49
房县			2.58	2.58	7.36	13.38
丹江口市			0.04	0.02	1.95	6.43
宜昌市		**0.02**	**3.46**	**2.96**	**43.77**	**142.61**
宜昌市辖区					0.04	4.93
夷陵区			0.01	0.01	1.56	25.81
远安县					0.22	2.38
兴山县			1.20	1.20	3.23	9.14
秭归县			1.40	1.40	2.91	13.27
长阳土家族自治县			0.26	0.09	12.12	23.77
五峰土家族自治县			0.58	0.26	23.54	11.24
宜都市			0.02		0.04	6.35
当阳市					0.10	23.65
枝江市		0.01			0.02	22.06
襄阳市		**0.08**	**3.50**	**3.50**	**8.84**	**88.62**
高新区						1.23
襄城区					0.72	6.59
樊城区					0.16	7.81
襄州区			0.02	0.02	0.30	10.10
南漳县		0.01	0.66	0.66	0.78	13.92
谷城县					0.75	8.89
保康县			2.55	2.55	3.01	9.76
老河口市					0.86	16.06
枣阳市		0.05	0.27	0.27	0.90	4.54
宜城市		0.02			1.35	9.72
鄂州市		**0.12**			**0.16**	**22.35**
梁子湖区		0.02			0.07	4.64
华容区		0.04			0.02	6.40
鄂城区		0.06			0.07	11.31
荆门市		**0.23**	**0.01**		**4.01**	**52.20**
东宝区					0.43	5.50
掇刀区		0.03				3.88
沙洋县		0.12			0.06	12.78
钟祥市		0.01			1.87	18.33
京山市		0.07	0.01		1.65	11.71
孝感市	**0.01**	**0.30**			**3.37**	**112.95**

续表 3 单位：千公顷

地区	麻类面积	糖料面积	烟叶（未加工烟草）面积	烤烟（未去梗）	中草药材面积	蔬菜及食用菌面积
孝感市辖区		0.01				0.08
孝南区		0.03			0.07	13.66
孝昌县		0.11			0.78	10.26
大悟县	0.01	0.01			2.13	12.81
云梦县						20.42
应城市						17.79
安陆市		0.04			0.39	10.42
汉川市		0.10			0.01	27.51
荆州市	**0.08**	**1.05**			**2.48**	**96.53**
荆州开发区						0.73
沙市区						7.11
荆州区		0.03			0.45	14.82
公安县	0.07	0.14			0.23	12.13
监利县		0.44			0.04	21.48
江陵县	0.01	0.13			1.11	4.05
石首市		0.12			0.24	10.37
洪湖市		0.11			0.08	11.69
松滋市		0.08			0.34	14.14
黄冈市	**1.00**	**0.98**			**63.52**	**123.08**
龙感湖农场						1.10
黄州区		0.01				9.76
团风县		0.05			0.79	4.30
红安县		0.01			1.30	11.32
罗田县	0.01	0.16			13.67	10.00
英山县		0.05			11.96	7.02
浠水县		0.17			1.40	29.64
蕲春县	0.97	0.35			22.23	13.79
黄梅县		0.02			0.65	7.31
麻城市		0.04			11.26	22.39
武穴市	0.02	0.12			0.26	6.45
咸宁市	**0.72**	**1.37**			**11.63**	**92.58**
咸安区	0.27	0.01			0.27	14.38
嘉鱼县	0.11	0.60				29.27
通城县					7.49	7.54
崇阳县	0.11	0.23			2.89	12.65
通山县	0.16				0.55	8.19
赤壁市	0.07	0.53			0.43	20.55
随州市		**0.05**			**4.16**	**38.69**
曾都区					0.38	7.23
随县		0.01			2.60	14.17
广水市		0.04			1.17	17.29
恩施自治州			**23.21**	**18.96**	**90.08**	**140.31**
恩施市			3.02	2.40	15.43	29.66
利川市			4.68	3.96	15.56	36.88
建始县			2.20	1.44	6.80	12.90
巴东县			3.06	2.79	12.89	16.40
宣恩县			3.55	3.16	10.15	11.14
咸丰县			3.68	2.42	16.99	18.68
来凤县			0.38	0.16	2.61	6.34
鹤峰县			2.63	2.63	9.65	8.29
仙桃市		**1.08**			**0.43**	**31.42**
潜江市		**0.05**			**0.55**	**21.39**
天门市		**0.13**			**2.40**	**20.35**
神农架林区			**0.01**	**0.01**	**1.45**	**3.16**

单位：千公顷

地区	瓜果类面积				其他农作物面积	
		西瓜	香瓜（甜瓜）	草莓		青饲料
湖北省	**99.07**	**77.70**	**14.52**	**4.78**	**126.31**	**63.73**
武汉市	**16.59**	**13.73**	**1.90**	**0.96**	**8.74**	**5.38**
武汉市辖区	1.27	0.85	0.11	0.31	1.63	1.57
汉南区	1.65	1.55	0.10	0.01	0.34	0.21
蔡甸区	4.48	3.74	0.66	0.08	1.50	0.57
江夏区	4.44	3.70	0.64	0.09	2.70	1.25
黄陂区	2.65	2.28	0.18	0.19	1.87	1.25
新洲区	2.10	1.62	0.20	0.28	0.71	0.53
黄石市	**2.38**	**2.09**	**0.06**	**0.20**	**1.83**	**1.04**
黄石市辖区	0.02	0.01				
阳新县	1.43	1.30	0.03	0.08	0.82	0.44
大冶市	0.93	0.78	0.03	0.12	1.01	0.60
十堰市	**1.62**	**1.23**	**0.14**	**0.25**	**3.15**	**1.85**
茅箭区						
张湾区	0.03	0.01		0.02		
郧阳区	0.69	0.51	0.08	0.10	0.34	0.32
郧西县	0.24	0.22		0.02	0.49	0.16
竹山县	0.06	0.06				
竹溪县	0.05	0.03		0.02	0.33	0.32
房县	0.17	0.06	0.04	0.07	1.99	1.05
丹江口市	0.37	0.33	0.02	0.02		
宜昌市	**5.19**	**2.79**	**2.05**	**0.29**	**13.19**	**11.29**
宜昌市辖区	0.02	0.01	0.01	0.01		
夷陵区	0.70	0.43	0.14	0.13	0.71	0.69
远安县	0.04	0.04			0.87	0.51
兴山县	0.10	0.10			0.21	0.21
秭归县	0.10	0.07		0.03	0.09	0.09
长阳土家族自治县	0.04	0.03			0.08	0.07
五峰土家族自治县	0.02	0.02			6.05	6.05
宜都市	0.13	0.06	0.03	0.04	0.30	0.30
当阳市	1.06	0.53	0.45	0.02	1.56	1.09
枝江市	2.98	1.49	1.43	0.06	3.32	2.28
襄阳市	**12.59**	**11.46**	**0.60**	**0.51**	**7.29**	**3.69**
高新区	0.03	0.02		0.01		
襄城区	0.46	0.35	0.05	0.04	0.68	0.20
樊城区	0.24	0.13	0.06	0.05	0.11	
襄州区	0.65	0.51	0.08	0.06	0.02	0.02
南漳县	0.28	0.27			3.06	0.71
谷城县	0.19	0.14	0.03	0.02	1.03	0.52
保康县	0.02	0.01		0.01	0.02	0.01
老河口市	1.48	1.38	0.10		1.25	1.25
枣阳市	1.30	1.05	0.20	0.05	0.05	0.05
宜城市	7.94	7.60	0.08	0.26	1.07	0.94
鄂州市	**2.41**	**0.97**	**0.50**	**0.17**	**1.84**	**0.46**
梁子湖区	0.86	0.36	0.13		1.00	0.25
华容区	0.76	0.49	0.19	0.05	0.55	0.21
鄂城区	0.80	0.13	0.18	0.12	0.29	
荆门市	**7.43**	**5.18**	**1.12**	**0.36**	**6.75**	**3.77**
东宝区	1.42	0.92	0.31	0.07	0.36	0.09
掇刀区	1.28	0.97	0.12	0.12	0.23	0.07
沙洋县	0.83	0.67	0.14	0.02	0.75	0.68
钟祥市	2.16	1.58	0.27	0.09	0.10	0.10
京山市	1.75	1.04	0.29	0.06	5.30	2.83
孝感市	**8.28**	**6.29**	**1.57**	**0.42**	**4.56**	**1.90**

续表 5　　　　单位：千公顷

地区	瓜果类面积				其他农作物面积	
		西瓜	香瓜（甜瓜）	草莓		青饲料
孝感市辖区						
孝南区	1.39	1.11	0.24	0.04	0.16	0.07
孝昌县	0.89	0.59	0.19	0.12	0.08	0.01
大悟县	1.18	0.80	0.34	0.04	1.00	1.00
云梦县	0.54	0.45	0.09		0.12	0.02
应城市	1.41	1.08	0.24	0.09	0.02	0.02
安陆市	1.44	1.08	0.31	0.05	0.46	0.23
汉川市	1.43	1.19	0.16	0.09	2.72	0.55
荆州市	**14.82**	**12.04**	**2.47**	**0.32**	**22.69**	**10.27**
荆州开发区	0.02		0.02			
沙市区	0.47	0.21	0.10	0.16	0.35	0.07
荆州区	2.13	1.35	0.75	0.02	0.46	0.05
公安县	2.11	1.62	0.40	0.09	4.22	1.72
监利县	1.83	1.42	0.40		6.64	2.71
江陵县	1.36	1.17	0.18	0.01	0.22	0.03
石首市	2.00	1.60	0.38	0.02	2.27	0.12
洪湖市	1.48	1.37	0.10		6.94	5.19
松滋市	3.43	3.28	0.13	0.02	1.59	0.38
黄冈市	**4.80**	**3.64**	**0.76**	**0.30**	**14.17**	**4.70**
龙感湖农场	0.07	0.07				
黄州区	0.50	0.36	0.03	0.10	2.45	
团风县	0.38	0.33	0.03	0.02	0.49	0.23
红安县	0.28	0.25		0.03	0.18	0.16
罗田县	0.41	0.29	0.05	0.07	0.91	0.76
英山县					0.75	0.33
浠水县	0.55	0.37	0.07	0.01	2.36	0.70
蕲春县	0.77	0.62	0.11	0.03	4.26	1.92
黄梅县	0.48	0.32	0.16			
麻城市	0.39	0.32	0.06	0.01	1.53	0.31
武穴市	0.97	0.72	0.23	0.02	1.25	0.29
咸宁市	**10.28**	**8.47**	**1.14**	**0.47**	**16.82**	**4.09**
咸安区	2.90	2.62	0.16	0.12	0.90	0.10
嘉鱼县	1.57	1.11	0.36	0.10	1.05	0.72
通城县	0.38	0.33	0.01	0.03	4.63	1.67
崇阳县	1.72	1.44	0.19	0.09	2.56	
通山县	0.49	0.34	0.06	0.09	4.34	
赤壁市	3.23	2.64	0.36	0.04	3.33	1.60
随州市	**3.69**	**2.83**	**0.70**	**0.16**	**2.46**	**1.11**
曾都区	0.53	0.41	0.11	0.01	0.28	0.13
随县	1.37	1.12	0.21	0.04	1.85	0.92
广水市	1.79	1.30	0.38	0.12	0.34	0.06
恩施自治州	**1.83**	**1.50**	**0.10**	**0.21**	**20.59**	**12.25**
恩施市	0.15	0.12	0.02	0.01	0.64	0.16
利川市	0.54	0.36	0.04	0.12	8.04	2.68
建始县	0.06	0.04		0.02	4.06	3.02
巴东县	0.29	0.26	0.02	0.01	0.82	0.70
宣恩县	0.29	0.29			4.01	3.84
咸丰县	0.22	0.20		0.02		
来凤县	0.21	0.18	0.02	0.02	1.08	0.22
鹤峰县	0.07	0.05		0.02	1.93	1.63
仙桃市	**3.14**	**2.41**	**0.70**	**0.04**	**1.58**	**1.45**
潜江市	**1.75**	**1.31**	**0.26**	**0.07**	**0.05**	**0.05**
天门市	**2.27**	**1.76**	**0.46**	**0.05**	**0.54**	**0.37**
神农架林区					**0.07**	**0.07**

分地区经济作物产量

单位:吨

地区	油料产量	花生	油菜籽	芝麻	棉花产量	麻类产量
湖北省	**3444544**	**870980**	**2410594**	**130623**	**107918**	**8301**
武汉市	**139199**	**44205**	**82600**	**12394**	**8185**	
武汉市辖区	3259.00	1864.00	611.00	784.00	33.00	
汉南区	412	63	266	83		
蔡甸区	9577	1850	6516	1211	608	
江夏区	29555	6109	18170	5276	62	
黄陂区	56266	27450	26304	2512	2799	
新洲区	40130	6869	30733	2528	4683	
黄石市	**116618**	**16345**	**82900**	**16876**	**2795**	**3533**
黄石市辖区	1220	260	642	318	18	
阳新县	57178	7348	41187	8337	1264	3317
大冶市	58220	8737	41071	8221	1513	216
十堰市	**164154**	**55422**	**89200**	**18317**	**58**	**57**
茅箭区	182	20	82	80		
张湾区	515	118	340	57		
郧阳区	23465	5268	14652	3521	58	57
郧西县	19721	7557	8004	4005		
竹山县	53174	25667	23752	3755		
竹溪县	28970	5120	19928	2886		
房县	24822	8393	14541	1888		
丹江口市	13305	3279	7901	2125		
宜昌市	**221115**	**34036**	**183522**	**3462**	**5175**	
宜昌市辖区	3006	342	2578	86		
夷陵区	27780	5377	21868	535		
远安县	14990	630	14334	26		
兴山县	9218	514	8472	145		
秭归县	17436	4849	12526	61		
长阳土家族自治县	13777	3652	10124	1		
五峰土家族自治县	3717	425	3284			
宜都市	21939	2300	19536	103		
当阳市	62645	11291	49673	1681	530	
枝江市	46607	4656	41127	824	4645	
襄阳市	**376194**	**249047**	**95642**	**25532**	**6937**	
高新区	6092	4995	891	206		
襄城区	13846	8874	4972		9	
樊城区	11525	6419	3873	1233		
襄州区	132697	115732	6892	10073	1290	
南漳县	16559	1916	13098	1545	34	
谷城县	19834	8326	8222	240		
保康县	15809	5547	10058	180		
老河口市	17627	12326	2828	2473	220	
枣阳市	71760	54460	9500	7800	1053	
宜城市	70445	30452	35308	1782	4331	
鄂州市	**43430**	**7937**	**27900**	**540**	**3312**	
梁子湖区	14710	3774	8969	202	380	
华容区	15541	1971	10109	217	1532	
鄂城区	13179	2192	8822	121	1400	
荆门市	**372067**	**63620**	**301553**	**6853**	**3337**	
东宝区	32132	3438	28096	598	58	
掇刀区	42374	5831	36480	63	53	
沙洋县	136636	18360	116085	2191	537	
钟祥市	105950	25970	78700	1280	1710	
京山市	54975	10021	42192	2721	979	
孝感市	**267442**	**81764**	**180600**	**5006**	**7322**	**40**

续表 1　　　　　　　　　　　　　　　　　　　　　　　　　　　　　　　　　　　　单位:吨

地区	油料产量				棉花产量	麻类产量
		花生	油菜籽	芝麻		
孝感市辖区	1206	392	790	24		
孝南区	39299	6723	31955	621	1440	
孝昌县	49195	12937	35323	935	732	
大悟县	60657	50303	9389	965	242	40
云梦县	25900	1342	24268	290	1386	
应城市	30344	3739	26110	495	688	
安陆市	25172	4641	19182	1277	885	
汉川市	35669	1687	33583	399	1949	
荆州市	**504887**	**6401**	**486739**	**11747**	**28192**	**480**
荆州开发区	329		329			
沙市区	7824		7788	36	168	
荆州区	31759	783	29006	1970	1605	
公安县	106856	1087	104827	942	9908	420
监利县	137702	534	134971	2197	5110	
江陵县	57451	2149	53324	1978	751	50
石首市	42320	494	41341	485	3808	
洪湖市	81384	464	77522	3398	1780	10
松滋市	39262	890	37631	741	5062	
黄冈市	**530123**	**171113**	**344400**	**12341**	**20199**	**2902**
龙感湖农场	466		466			
黄州区	5525	611	4608	131	1643	
团风县	14383	3596	8493	2294	1557	
红安县	85035	66710	18175	150	941	
罗田县	35943	7830	26592	1521	207	6
英山县	17437	3613	12926	302	183	
浠水县	71572	18540	51135	1897	3022	
蕲春县	55396	5763	48278	1296	2919	2880
黄梅县	74527	4759	67768	2000	4028	
麻城市	103196	56571	43700	1486	3433	
武穴市	66643	3120	62259	1264	2266	16
咸宁市	**188152**	**33624**	**145672**	**5884**	**3004**	**1289**
咸安区	56579	11978	43152	1236	256	756
嘉鱼县	17367	2215	13623	1529	162	222
通城县	22198	2596	19602			
崇阳县	28033	9304	18515	214	566	10
通山县	15833	3001	12577	255		115
赤壁市	48142	4530	38203	2650	2020	186
随州市	**102919**	**38833**	**52137**	**1930**	**3517**	
曾都区	13938	1584	9628	74	443	
随县	32923	12874	15503	1038	825	
广水市	56058	24375	27006	818	2249	
恩施土家族苗族自治州	**119018**	**20490**	**96009**	**418**		
恩施市	20890	2809	17897			
利川市	14905	1800	11680			
建始县	17564	1888	15354			
巴东县	25261	5206	19467	418		
宣恩县	6864	2964	3900			
咸丰县	18697	4028	14669			
来凤县	9775	1229	8546			
鹤峰县	5062	566	4496			
仙桃市	**132070**	**4011**	**122310**	**5749**	**8136**	
潜江市	**41933**	**5927**	**34000**	**2006**	**1253**	
天门市	**124913**	**38155**	**85200**	**1558**	**6496**	
神农架林区	**310**	**50**	**210**	**10**		

续表 2　　　　　　　　　　　　　　　　　　　　　　　　　　　　单位：吨

地区	糖料产量	烟叶产量	烤烟	蔬菜及食用菌产量	食用菌	瓜果类产量
湖北省	**281515**	**53373**	**473633**	**41193569**	**463656**	**3504472**
武汉市	**19524**			**7775202**	**109775**	**561001**
武汉市辖区	4302			814672	30923	36587
汉南区				298473	1046	55798
蔡甸区				907749	549	152712
江夏区				1672538	6021	148005
黄陂区	6190			2526336	8580	112015
新洲区	9032			1555434	62656	55884
黄石市	**5614**			**826872**	**21439**	**96505**
黄石市辖区				16456		609
阳新县	793			469463	8430	50087
大冶市	4821			340953	13009	45809
十堰市	**21116**	**11544**	**11527**	**1646354**	**47758**	**49839**
茅箭区				25502	300	
张湾区				100123	163	359
郧阳区	453			391005	10071	19537
郧西县	18773	683	683	297635	3868	8255
竹山县		3431	3431	243121	675	2181
竹溪县	1890	2361	2361	187507	5705	850
房县		4972	4972	235501	25361	1609
丹江口市		97	80	165960	1615	17048
宜昌市	**666**	**7032**	**5811**	**5025285**	**53901**	**213131**
宜昌市辖区				163472	166	463
夷陵区		24	24	853610	347	20250
远安县				137569	46385	1264
兴山县		2093	2093	267062	688	4668
秭归县		2690	2690	404737	496	2786
长阳土家族自治县		671	235	845053	50	1083
五峰土家族自治县		1505	769	290601	110	563
宜都市		49		260349	510	3817
当阳市	72			983665	3017	48730
枝江市	594			819167	2132	129507
襄阳市	**8274**	**5858**	**5858**	**2944413**	**37680**	**514328**
高新区				32846		228
襄城区	122			250856		21523
樊城区				249540	2640	9437
襄州区		35	35	349135	949	23423
南漳县	120	1228	1228	406700	12875	9513
谷城县	263			326163	1264	6283
保康县		4095	4095	218941	5136	457
老河口市	199			574800	330	68863
枣阳市	5625	500	500	223568	12288	44348
宜城市	1945			311864	2198	330253
鄂州市	**5610**			**1044693**	**1937**	**64097**
梁子湖区	1167			233858	1879	27942
华容区	2365			306983	58	21183
鄂城区	2078			503852		14972
荆门市	**11465**	**17**		**1805807**	**35316**	**243440**
东宝区	190			187456	9203	47568
掇刀区	1107			132522	2500	41856
沙洋县	6285			423905	5769	25676
钟祥市	618			658119	11240	73321
京山市	3265	17		403805	6604	55019
孝感市	**18253**			**4378237**	**20239**	**349348**

续表 3　　　　单位:吨

地区	糖料产量	烟叶产量	烤烟	蔬菜及食用菌产量	食用菌	瓜果类产量
孝感市辖区	135			2397		
孝南区	2233			668089	876	71013
孝昌县	6901			465265	1073	55592
大悟县	101			323297	302	16407
云梦县				931938	5027	21021
应城市				643524	4298	70340
安陆市	834			306483	4721	62246
汉川市	8049			1037244	3942	52729
荆州市	**36462**			**3138037**	**10557**	**582077**
荆州开发区				32826		720
沙市区				311279		20812
荆州区	1160			694692	11	98159
公安县	5021			455970	656	91177
监利县	14596			491735	2734	58708
江陵县	5753			164126	81	77330
石首市	4576			398014	3758	64735
洪湖市	2896			322223	2363	42410
松滋市	2460			267172	954	128026
黄冈市	**33522**			**3521130**	**18324**	**151203**
龙感湖农场				23337		3980
黄州区	299			285714	1439	15179
团风县	2152			117791	872	11831
红安县	113			307174	306	9093
罗田县	4568			285675	3083	13009
英山县	1012			196057	1237	
浠水县	2980			835727	9889	17278
蕲春县	14230			367480	357	24222
黄梅县	1080			232196	775	16129
麻城市	1620			654873	94	11968
武穴市	5468			215106	272	28514
咸宁市	**75916**			**2454304**	**9968**	**212203**
咸安区	446			309593	558	43099
嘉鱼县	44659			1185026	4	58547
通城县				144315	467	3936
崇阳县	10280			198717	1248	22857
通山县				172565	3605	5464
赤壁市	20531			444088	4086	78300
随州市	**2047**			**1541922**	**90890**	**154865**
曾都区				248923	3333	6500
随县	476			468617	63950	53058
广水市	1571			824382	23607	95307
恩施土家族苗族自治州		**38472**	**30135**	**2686803**	**4134**	**35718**
恩施市		5825	4152	610973	848	4933
利川市		7505	6500	775825	1388	5792
建始县		4469	2401	219528	1253	1523
巴东县		5875	5078	332180	228	8075
宣恩县		5779	5250	151292	30	3720
咸丰县		5871	3857	266400	246	3337
来凤县		500	249	109814	103	6391
鹤峰县		2648	2648	220791	38	1947
仙桃市	**34000**			**546515**	**1265**	**81302**
潜江市	**3465**			**955674**	**159**	**81233**
天门市	**5581**			**867510**	**103**	**114182**
神农架林区		**42**	**42**	**34811**	**211**	

《湖北农村统计年鉴—2021》

全省林业生产情况

指标名称	计量单位	全省合计
一、荒山荒(沙)地造林面积	公顷	159438
1.人工造林	公顷	111910
2.飞播造林	公顷	
3.无林地和疏林地新封	公顷	47528
(一)按经济成份分		
(1)公有经济造林	公顷	66715
①国有经济造林	公顷	27316
②集体经济造林	公顷	39399
(2)非公有经济造林	公顷	92723
(二)按林种用途分		
(1)用材林	公顷	64581
(2)经济林	公顷	38560
(3)防护林	公顷	53586
(4)薪炭林	公顷	1365
(5)特种用途林	公顷	1346
二、有林地造林面积	公顷	77216
1.林冠下造林	公顷	52433
2.飞播营林	公顷	
3.有林地和灌木林地新封	公顷	24783
三、更新造林	公顷	8592
四、森林抚育	公顷	393385
五、主要林产品产量		
1.板栗	吨	380797
2.油茶籽	吨	221790
3.核桃	吨	104242
4.竹笋干	吨	19896
六、竹木采伐		
1.木材	万立方米	406
2.竹材	万根	3269

茶叶产量

单位：吨

地区	茶叶产量	绿茶	青茶	红茶	黑茶
湖北省	**360805**	**255677**	**1270**	**42280**	**53879**
武汉市	**2636**	**2512**		**44**	
武汉市辖区	34	33		1	
汉南区					
蔡甸区					
江夏区	225	225			
黄陂区	1470	1450		20	
新洲区	907	804		23	
黄石市	**1111**	**1010**		**66**	
黄石市辖区					
阳新县	995	906		66	
大冶市	116	104			
十堰市	**16933**	**13183**	**284**	**1583**	**1489**
茅箭区	280	75			
张湾区	132	119			
郧阳区	563	476		87	
郧西县	320	320			
竹山县	7016	4908		607	1391
竹溪县	6925	5971	283	573	98
房县	892	854		37	
丹江口市	805	460	1	279	
宜昌市	**94960**	**80251**		**12965**	**320**
宜昌市辖区	1832	1756		76	
夷陵区	29757	29432		145	180
远安县	3162	2265		500	
兴山县	2454	2158			
秭归县	6618	6483		66	5
长阳县	6737	6675		3	13
五峰县	24276	17214		6940	122
宜都市	19341	13485		5235	
当阳市	775	775			
枝江市	8	8			
襄阳市	**10566**	**9968**		**214**	**144**
高新区					
襄城区	6	6			
樊城区					
襄州区					
南漳县	773	773			
谷城县	4099	3597		118	144
保康县	5194	5098		96	
老河口市	1	1			
枣阳市	481	481			
宜城市	12	12			
鄂州市	**214**	**212**			**2**
梁子湖区	189	189			
华容区					
鄂城区	25	23			2
荆门市	**265**	**249**		**14**	
东宝区	89	74		14	
掇刀区					
沙洋县	2	2			
钟祥市	150	149			
京山市	24	24			
孝感市	**8489**	**7559**		**868**	

地区	茶叶产量	绿茶	青茶	红茶	黑茶
孝感市辖区	42	42			
孝南区	38	37		1	
孝昌县	1325	1325			
大悟县	6550	5683		867	
云梦县					
应城市	389	389			
安陆市	145	83			
汉川市					
荆州市	**272**	**62**			**210**
荆州开发区					
沙市区					
荆州区					
公安县	11	11			
监利县					
江陵县					
石首市	247	37			210
洪湖市					
松滋市	14	14			
黄冈市	**39287**	**37419**		**755**	**1079**
龙感湖农场					
黄州区					
团风县	275	272			
红安县	2840	2840			
罗田县	1325	1325			
英山县	27631	25826		726	1079
浠水县	1450	1450			
蕲春县	1961	1933		11	
黄梅县	578	570			
麻城市	3200	3180		15	
武穴市	27	23		3	
咸宁市	**59872**	**10004**	**284**	**1774**	**45052**
咸安区	2371	1665	281	2	392
嘉鱼县	1720	670			
通城县	2800	2200		260	340
崇阳县	5418	2369		6	1943
通山县	2063	1290	3	395	
赤壁市	45500	1810		1111	42377
随州市	**3752**	**3677**		**57**	
曾都区	105	76		29	
随县	2761	2720		28	
广水市	886	881			
恩施州	**122350**	**89497**	**689**	**23930**	**5583**
恩施市	26796	22601	2	3970	
利川市	21388	9635		11753	
建始县	893	825		55	
巴东县	3486	3334	6	65	50
宣恩县	18510	16059		1067	1374
咸丰县	11145	6269	681	3109	1014
来凤县	2824	722			
鹤峰县	37308	30052		3911	3145
仙桃市					
潜江市					
天门市					
神农架林区	**98**	**74**	**13**	**10**	

园林水果产量

单位:吨

地区	园林水果	梨	柑桔类	柑	桔	橙	柚
湖北省	**7163831**	**415340**	**5099635**	**1846344**	**2136558**	**937595**	**176004**
武汉市	**148844**	**16188**	**36465**	**4058**	**29635**	**414**	**184**
武汉市辖区	22639	729	2144	519	1610	14	1
汉南区	5252	259	484	150	241	93	
蔡甸区	26135	8426	6864	1329	5180	248	99
江夏区	31987	448	21943	1778	20115	30	20
黄陂区	18890	905	3242		1200		
新洲区	43941	5421	1788	282	1289	29	64
黄石市	**110687**	**2342**	**76243**	**12915**	**57616**	**5063**	**649**
黄石市辖区	679	19	620	14	601	1	4
阳新县	92462	1550	69171	11408	52522	4691	550
大冶市	17546	773	6452	1493	4493	371	95
十堰市	**365063**	**660**	**297959**	**6225**	**286373**	**5361**	
茅箭区	321	5	70		70		
张湾区	2084	49	302		302		
郧阳区	52470	20	28073	5121	22314	638	
郧西县	15634	305	1023	168	855		
竹山县	6739	75	216	165	51		
竹溪县	2999	44	45		45		
房县	6006	41	29		22	7	
丹江口市	278810	121	268201	771	262714	4716	
宜昌市	**3978288**	**28605**	**3863909**	**1544273**	**1429227**	**870976**	**19433**
宜昌市辖区	158492		157095	85134	61823	7564	2574
夷陵区	772601	412	752414	40385	699613	11156	1260
远安县	74521	181	69584		69464		120
兴山县	110015	3303	104114	2397	8190	93527	
秭归县	609206	253	607214	23669	16354	565932	1259
长阳县	155058	453	139949	96131	26421	16754	643
五峰县	15385	3343	9671	3272	5145	537	717
宜都市	690147	23	687881	456640	225028	3178	3035
当阳市	547200	554	529328	230011	294193	3504	1620
枝江市	845663	20083	806659	606634	22996	168824	8205
襄阳市	**640540**	**45372**	**24444**	**2950**	**21463**	**28**	**3**
高新区							
襄城区	8509	2138	137	80	57		
樊城区	5396	423	306	117	189		
襄州区	48600	18171	82		82		
南漳县	32926	209	20731	2166	18547	18	
谷城县	5747	462	1836		1836		
保康县	4209	102	224	40	171	10	3
老河口市	40386	15618	493		493		
枣阳市	420824	5384	550	547	3		
宜城市	73943	2865	85		85		
鄂州市	**45637**	**8518**	**26486**	**1674**	**16673**	**917**	**7066**
梁子湖区	10860	1500	8129	596	4717	105	2711
华容区	14887	1860	8082	158	6654	20	1211
鄂城区	19890	5158	10275	920	5302	792	3144
荆门市	**404719**	**174119**	**130410**	**23088**	**97237**	**8277**	**1624**
东宝区	94482	5102	80878	7653	65605	7000	620
掇刀区	9003	200	6458	64	6300	21	73
沙洋县	22265	6565	7726	1015	6196	71	260
钟祥市	156084	105010	21022	9091	10075	1185	671
京山市	122885	57242	14326	5265	9061		
孝感市	**153849**	**10581**	**19716**	**7314**	**11151**	**573**	**549**

单位：吨

地区	园林水果	梨	柑桔类	柑	桔	橙	柚
孝感市辖区	30		16	16			
孝南区	13676	416	1365	148	1095	122	
孝昌县	76042	1753	12536	4743	6841	403	549
大悟县	14220	1721	122				
云梦县	9003	960	2348	2338		3	
应城市	13969	2771	895	69	826		
安陆市	15034	502	1220		1175	45	
汉川市	11875	2458	1214		1214		
荆州市	**491066**	**14607**	**304465**	**146764**	**97765**	**20167**	**39769**
沙市区	1438	343	277	138	139		
荆州区	28819	6265	9469	2811	1734	3631	1293
公安县	217247	5387	92251	8591	66003	8654	9003
监利县	8863	1739	2910	392	2510	8	
江陵县	15875	86	1093	131	688	38	236
石首市	25259	164	14922	3085	9153	1350	1334
洪湖市	2378	20	873		873		
松滋市	191187	603	182670	131616	16665	6486	27903
黄冈市	**85868**	**5293**	**25761**	**4730**	**19758**	**781**	**456**
龙感湖农场	1345	450	698		698		
黄州区	1327	141	521		521		
团风县	613	113	166	41	113	1	8
红安县	4596	520	780		780		
罗田县	10782	489	1019		986		
英山县	211	39	35	22	13		
浠水县	5488	215	3070	500	1920	500	150
蕲春县	45879	1951	10997	2955	7861	174	7
黄梅县	2220	260	1398	115	1283		
麻城市	6036	1012	910	309	601		
武穴市	7371	103	6167	788	4982	106	291
咸宁市	**97225**	**13893**	**44894**	**10045**	**29480**	**5135**	**161**
咸安区	4483	254	2154	176	1648	183	74
嘉鱼县	6985	50	4262	546	1661	2055	
通城县	9164	83	6500	6500			
崇阳县	21540	9028	1195	81	1026	35	53
通山县	18750	2097	11323	68	10300	955	
赤壁市	36303	2381	19460	2674	14845	1907	34
随州市	**177360**	**7938**	**3407**	**96**	**3311**		
曾都区	3797	46	354		354		
随县	94441	2868	1236		1236		
广水市	79122	5024	1817	96	1721		
恩施州	**369194**	**71306**	**233237**	**79441**	**28068**	**19681**	**106047**
恩施市	34793	4065	15683	2255	9857	306	3265
利川市	47581	39781	3413	1636	607	85	1085
建始县	26423	2060	7687	3534	1549	117	2487
巴东县	85288	1602	64336	38538	1995	18049	5754
宣恩县	122053	6099	115332	24482	1780		89070
咸丰县	21866	13311	3073	64	988	55	1966
来凤县	20287	1694	16075	2233	11102	538	2202
鹤峰县	10903	2694	7638	6699	190	531	218
仙桃市	**16823**	**1417**	**5378**	**1721**	**3569**	**88**	
潜江市	**59565**	**5882**	**2989**	**597**	**2195**	**134**	**63**
天门市	**18863**	**8615**	**3872**	**453**	**3037**		
神农架林区	**240**	**4**					

茶园、果园面积

单位：公顷

地区	年末实有茶园面积	本年采摘面积	年末果园面积	梨园	柑桔园	桃园	葡萄园
湖北省	**358393**	**273947**	**400831**	**24781**	**237400**	**67889**	**16194**
武汉市	**7217**	**5900**	**8959**	**755**	**2399**	**2498**	**1484**
武汉市辖区	77	69	1052	32	131	344	481
汉南区			420	121	26	93	104
蔡甸区			1468	300	240	270	188
江夏区	590	476	2757	28	1688	284	161
黄陂区	4194	3321	927	58	223	251	297
新洲区	2357	2034	2335	216	91	1255	252
黄石市	**4005**	**3323**	**11393**	**356**	**8100**	**1597**	**261**
黄石市辖区			88	2	62	3	3
阳新县	3367	2980	9745	286	7558	1196	124
大冶市	638	343	1560	68	480	398	134
十堰市	**51246**	**33234**	**26044**	**108**	**19568**	**2518**	**298**
茅箭区	260	260	46	1	8	5	6
张湾区	310	173	437	7	10	40	1
郧阳区	1932	693	3141	5	1428	1333	44
郧西县	2465	1333	1147	59	194	222	154
竹山县	18603	13729	964	10	12	68	38
竹溪县	20335	11855	509	6	39	181	13
房县	4333	3333	1044	5	16	361	16
丹江口市	3007	1858	18756	15	17861	308	26
宜昌市	**64052**	**53630**	**151138**	**1365**	**139829**	**3271**	**483**
宜昌市辖区	1474	1440	6676		6409	101	16
夷陵区	15552	14602	24355	40	22325	305	191
远安县	3455	2379	4302	12	3166	475	56
兴山县	3303	2105	6933	93	6721	30	13
秭归县	7620	5178	25577	48	23257	134	32
长阳土家族自治县	8663	6771	9439	23	7849	117	43
五峰土家族自治县	14698	13206	439	107	267	7	0
宜都市	8657	7417	22083	9	21749	275	13
当阳市	611	515	24537	45	23400	820	71
枝江市	17	17	26798	987	24687	1007	48
襄阳市	**19532**	**14172**	**32143**	**1735**	**2123**	**24900**	**784**
襄城区	29	14	487	114	10	202	68
樊城区			282	20	12	193	27
襄州区			2432	498	35	1492	141
南漳县	2244	1279	3217	27	1780	454	118
谷城县	7487	6679	352	22	102	63	42
保康县	8619	5386	593	24	19	120	32
老河口市	1	1	2546	693	56	1413	68
枣阳市	1133	793	18633	259	26	17757	233
宜城市	20	20	3600	78	82	3206	56
鄂州市	**438**	**392**	**3214**	**463**	**1080**	**250**	**205**
梁子湖区	400	384	1735	126	500	80	50
华容区			631	60	236	109	99
鄂城区	38	8	849	277	344	61	56
荆门市	**877**	**859**	**18955**	**4727**	**7352**	**4434**	**1106**
东宝区	389	389	5082	236	4123	230	230
掇刀区			663	13	446	95	24
沙洋县	38	35	1237	216	452	234	203
钟祥市	316	301	6470	2720	1663	1109	363
京山市	133	133	5503	1542	667	2766	286
孝感市	**22171**	**16546**	**6401**	**384**	**618**	**3645**	**426**

续表 单位：公顷

地区	年末实有茶园面积	本年采摘面积	年末果园面积	梨园	柑桔园	桃园	葡萄园
孝感市辖区	203	193	22		5	4	
孝南区	460	356	750	36	93	573	26
孝昌县	6460	3675	2970	64	297	1543	72
大悟县	14541	11854	950	48	3	832	
云梦县			220	30	59	39	59
应城市	252	246	249	55	33	70	82
安陆市	255	223	709	57	85	409	88
汉川市			531	94	43	175	99
荆州市	**723**	**720**	**23122**	**609**	**16887**	**1330**	**4024**
沙市区			75	15	34	3	19
荆州区			942	261	281	53	325
公安县	51	51	6513	222	2817	442	2971
监利县			341	71	99	122	36
江陵县			834	4	111	372	329
石首市	446	446	1206	7	803	195	184
洪湖市			114	1	51	10	27
松滋市	225	222	13098	28	12691	134	132
黄冈市	**30241**	**25610**	**10782**	**554**	**2588**	**4707**	**1078**
龙感湖农场			46	12	23	7	3
黄州区			197	20	60	39	53
团风县	576	429	119	21	37	2	43
红安县	2950	2382	692	52	38	83	496
罗田县	1504	1152	859	90	64	66	60
英山县	17201	15431	43	4	3	16	10
浠水县	1115	1106	1035	33	259	131	75
蕲春县	1990	1627	5524	99	1000	4052	55
黄梅县	770	373	410	45	135	9	21
麻城市	4001	3001	740	167	73	201	195
武穴市	134	109	1118	12	896	100	67
咸宁市	**33196**	**23112**	**25931**	**4026**	**9089**	**3211**	**929**
咸安区	6086	3674	1376	28	266	467	22
嘉鱼县	1464	1250	843	13	481	130	20
通城县	4965	3927	3575	50	2519	408	51
崇阳县	5880	3667	7347	2527	723	1467	376
通山县	3935	2594	8766	955	4045	513	230
赤壁市	10867	8001	4024	453	1056	226	229
随州市	**6142**	**5875**	**16095**	**418**	**186**	**11149**	**1154**
曾都区	388	260	961	38	39	561	28
随县	3168	3094	11975	129	42	8928	804
广水市	2586	2521	3159	251	105	1660	322
恩施土家族苗族自治州	**117443**	**89729**	**63307**	**8893**	**27184**	**3517**	**2442**
恩施市	24773	22204	6740	930	1708	651	553
利川市	16514	12623	4341	2536	829	160	112
建始县	2709	2267	4153	384	483	272	821
巴东县	10699	4548	13011	381	8665	1338	236
宣恩县	15317	12163	15045	678	12139	611	8
咸丰县	18868	12753	16009	3513	1566	321	598
来凤县	3336	2992	2955	167	1501	76	104
鹤峰县	25226	20180	1053	304	293	88	9
仙桃市			**565**	**38**	**143**	**158**	**171**
潜江市			**2260**	**201**	**126**	**624**	**1261**
天门市	**34**		**466**	**144**	**126**	**70**	**85**
神农架林区	**1076**	**844**	**55**	**4**		**10**	**4**

主要林产品产量

单位:吨

地　区	油茶籽	核桃	板栗	竹笋干
全省合计	**221790**	**104242**	**380797**	**19896**
武汉市	**6879**		**2540**	
蔡甸区				
江夏区	36		9	
黄陂区	6463		1841	
新洲区	380		690	
黄石市	**20200**	**180**	**1270**	**1355**
大冶市	6000		520	
阳新县	14200	180	750	1355
十堰市	**1867**	**38582**	**32232**	**3139**
茅箭区		82	206	10
张湾区	30	11	1480	6
郧阳区	50	6500	9850	50
郧西县	327	8688	2774	116
竹山县	350	3209	2108	692
竹溪县	400	3220	964	1234
房县	164	14356	10273	954
丹江口市	330	2510	4570	75
武当山特区	216	6	7	2
宜昌市	**891**	**30455**	**7461**	**3374**
西陵区				
伍家岗区				
点军区		41	27	
猇亭区				
夷陵区	165	3447	1902	1200
远安县	10	528	1651	1780
兴山县	10	15079	1267	80
秭归县		9633	1260	
长阳自治县	350	1500	575	100
五峰自治县	302	180	260	
宜都市	48	45	492	59
当阳市	6	2	27	155
枝江市				
襄阳市	**38116**	**20399**	**24687**	**390**
襄城区	1500	312	800	
樊城区		15		
襄州区	540	12	21	
南漳县	2375	5870	9065	322
谷城县	24920	430	2041	68
保康县	700	12612	12041	
老河口市		300		
枣阳市	8000	780	450	
宜城市	81	68	269	
鄂州市	**3543**		**700**	**2721**
荆门市	**3915**	**1342**	**20013**	**122**
东宝区	650	88	1650	6
掇刀区			130	8
漳河新区			7	
京山县	3150	495	15985	108
沙洋县	5		93	
钟祥市	110	759	2148	
屈家岭管理区				
孝感市	**19566**	**5**	**42180**	**89**

续表

单位:吨

地区	油茶籽	核桃	板栗	竹笋干
孝南区	60			
孝昌县	880		1380	
大悟县	16000		39500	89
云梦县				
应城市	65			
安陆市	2561	5	1300	
汉川市				
荆州市	**1030**	**47**	**273**	**230**
沙市区				
荆州区				
公安县				
监利县				
江陵县				
石首市			250	
洪湖市				
松滋市	1030	47	23	230
黄冈市	**34209**	**21**	**221796**	**1294**
黄州区				
团风县	426		4420	12
红安县	3160		36900	
罗田县	1060	21	85935	158
英山县	7996		7021	
浠水县	1320		14086	897
蕲春县	4000		2880	60
黄梅县	247		1130	25
麻城市	16000		69237	10
武穴市			187	132
龙感湖管理区				
咸宁市	**67526**		**4289**	**6382**
咸安区	2000		99	945
嘉鱼县	3500		67	
通城县	41326		2698	162
崇阳县	2160		603	2954
通山县	17685		729	216
赤壁市	855		93	2105
随州市	**16490**	**1406**	**8036**	
曾都区	520	39	1371	
广水市	8900	117	1541	
随县	6320	1250	5124	
恩施自治州	**7558**	**11679**	**12886**	**800**
恩施市	1204	1822	2619	9
利川市	419	2955	1216	656
建始县	52	1420	125	
巴东县	22	2532	2223	50
宣恩县	1000	1612	2145	25
咸丰县	2051	117	1931	25
来凤县	2500	13	1172	30
鹤峰县	310	1208	1455	5
仙桃市				
潜江市				
天门市				
神农架林区		**126**	**2434**	

长江防护林工程建设情况

单位：公顷

地 区	荒山荒(沙)地造林面积(公顷)	人工造林	飞播造林	无林地和疏林地新封	退化林修复面积(公顷)	人工更新面积(公顷)
全省合计	**17167**	**13835**		**3332**	**5468**	**1013**
武汉市						
蔡甸区						
江夏区						
黄陂区						
新洲区						
黄石市	**200**	**200**			**133**	
阳新县	133	133			133	
大冶市	67	67				
十堰市	**1866**	**933**		**933**		
郧阳区						
郧西县						
竹山县	267	267				
竹溪县	666	333		333		
房县	667	200		467		
丹江口市	266	133		133		
宜昌市	**1068**	**202**		**866**		
夷陵区						
远安县	400	67		333		
兴山县						
秭归县						
长阳自治县	267	67		200		
五峰自治县	333			333		
宜都市						
当阳市						
枝江市	68	68				
襄阳市	**1435**	**768**		**667**		
襄阳市直	267	267				
襄州区	167	167				
南漳县	267	267				
谷城县						
保康县	734	67		667		
荆门市	**533**	**533**				
沙洋县	133	133				
钟祥市	133	133				
京山市	267	267				
漳河新区						
孝感市	**1068**	**1068**				
孝南区	67	67				
孝昌县	200	200				
大悟县	467	467				
安陆市	334	334				
汉川市						

续表 1 单位：公顷

地　区	荒山荒(沙)地造林面积（公顷）	人工造林	飞播造林	无林地和疏林地新封	退化林修复面积（公顷）	人工更新面积（公顷）
荆州市	**4599**	**4466**		**133**	**667**	**1013**
荆州区	333	333				
公安县	933	933				
监利市	1000	1000			667	1013
江陵县	200	200				
石首市	1067	1067				
洪湖市	733	733				
松滋市	333	200		133		
黄冈市	**1465**	**1332**		**133**	**1134**	
黄州区	133	133				
团风县	200	200				
红安县						
罗田县	133	133			467	
英山县					67	
浠水县	267	267			333	
蕲春县	133	133				
黄梅县	133	133				
麻城市	266	133		133	200	
武穴市	67	67			67	
龙感湖管理区	133	133				
咸宁市	**2467**	**2134**		**333**	**3534**	
咸安区	467	467			533	
嘉鱼县	800	800			1067	
通城县					467	
崇阳县	466	133		333	867	
通山县	267	267			600	
赤壁市	467	467				
随州市	**466**	**466**				
曾都区	133	133				
随县	133	133				
广水市	200	200				
恩施自治州	**734**	**467**		**267**		
恩施市						
利川市						
建始县						
巴东县	267	267				
宣恩县						
咸丰县						
来凤县						
鹤峰县	467	200		267		
仙桃市	**933**	**933**				
潜江市						
天门市	**333**	**333**				

续表 2　　　　单位：万元

地　区	全部林业投资完成额（万元）	中央预算内基本建设资金	中央财政资金	地方财政资金	金融贷款
全省合计	**20152**	**9565**	**7886**	**1901**	
武汉市					
蔡甸区					
江夏区					
黄陂区					
新洲区					
黄石市	**1250**	**350**		**300**	
阳新县	1200	300		300	
大冶市	50	50			
十堰市	**630**	**250**	**380**		
郧阳区					
郧西县					
竹山县	100	100			
竹溪县	150		150		
房县	230		230		
丹江口市	150	150			
宜昌市	**280**	**180**	**50**		
夷陵区					
远安县	100	100			
兴山县					
秭归县					
长阳自治县	80	80			
五峰自治县	50		50		
宜都市					
当阳市					
枝江市	50				
襄阳市	**650**	**650**			
襄阳市直	200	200			
襄州区	100	100			
南漳县	200	200			
谷城县					
保康县	150	150			
荆门市	**400**	**400**			
沙洋县	100	100			
钟祥市	100	100			
京山市	200	200			
漳河新区					
孝感市	**1338**	**550**	**688**	**100**	
孝南区	150	50		100	
孝昌县	250	250			
大悟县	688		688		
安陆市	250	250			
汉川市					

续表 3 单位：万元

地　区	全部林业投资完成额（万元）	中央预算内基本建设资金	中央财政资金	地方财政资金	金融贷款
荆州市	**4838**	**2575**	**1538**	**575**	
荆州区	250	250			
公安县	1150	575		575	
监利市	1500	750	750		
江陵县	300	150			
石首市	888	700	188		
洪湖市	550		550		
松滋市	200	150	50		
黄冈市	**2330**	**2100**	**110**	**120**	
黄州区	200	200			
团风县	150	150			
红安县					
罗田县	450	450			
英山县	50	50			
浠水县	620	500		120	
蕲春县	150	150			
黄梅县	100	100			
麻城市	350	350			
武穴市	100	50	50		
龙感湖管理区	160	100	60		
咸宁市	**6058**	**2110**	**3848**	**100**	
咸安区	300	300			
嘉鱼县	500	500			
通城县	430	430			
崇阳县	630	530		100	
通山县	3848		3848		
赤壁市	350	350			
随州市	**342**	**300**	**42**		
曾都区	42		42		
随县	50	50			
广水市	250	250			
恩施自治州	**1236**		**530**	**706**	
恩施市					
利川市					
建始县					
巴东县	856		150	706	
宣恩县					
咸丰县					
来凤县					
鹤峰县	380		380		
仙桃市	**700**		**700**		
潜江市					
天门市	**100**	**100**			

天然林保护工程建设情况

单位：公顷

地　区	工程区造林面积（公顷）	人工造林	飞播造林	无林地和疏林地新封	退化林修复面积（公顷）
全省合计	**5531**	**599**		**4932**	**2200**
十堰市	**1532**	**400**		**1132**	**2000**
十堰市直	133			133	
茅箭区					
张湾区					
郧阳区	333			333	
郧西县	200	200			
竹山县					1333
竹溪县	666			666	667
房县	133	133			
丹江口市	67	67			
武当山特区					
宜昌市	**2866**	**199**		**2667**	**200**
宜昌市直					
西陵区					
伍家岗区					
点军区					
猇亭区					
夷陵区					
远安县	667			667	
兴山县					
秭归县					
长阳自治县	1133	133		1000	
五峰自治县	1066	66		1000	200
宜都市					
当阳市					
枝江市					
襄阳市					
南漳县					
谷城县					
保康县					
恩施自治州	**1133**			**1133**	
恩施市					
利川市					
建始县	200			200	
巴东县	467			467	
宣恩县	133			133	
咸丰县					
来凤县					
鹤峰县	333			333	
神农架林区					

续表 单位：万元

地　区	全部林业投资完成额（万元）	中央预算内基本建设资金	中央财政资金	地方财政资金	金融贷款
全省合计	**10191**	**2050**	**3933**	**1711**	
十堰市	**4272**	**1180**	**155**	**490**	
十堰市直	538	70	155	272	
茅箭区	50	50			
张湾区	903	50		218	
郧阳区	50	50			
郧西县	180	180			
竹山县	936	100			
竹溪县	1035	100			
房县	480	480			
丹江口市	100	100			
武当山特区					
宜昌市	**600**	**600**			
宜昌市直					
西陵区					
伍家岗区					
点军区					
猇亭区					
夷陵区					
远安县	100	100			
兴山县					
秭归县					
长阳自治县	250	250			
五峰自治县	250	250			
宜都市					
当阳市					
枝江市					
襄阳市	**48**		**48**		
南漳县					
谷城县					
保康县	48		48		
恩施自治州	**5171**	**170**	**3730**	**1221**	
恩施市					
利川市	5001		3730	1221	
建始县	30	30			
巴东县	70	70			
宣恩县	20	20			
咸丰县					
来凤县					
鹤峰县	50	50			
神农架林区	**100**	**100**			

退耕还林工程建设情况

单位:公顷、万元

地区	退耕地造林面积(公顷)	全部林业投资完成额(万元)	中央预算内基本建设资金	中央财政资金	地方财政资金	金融贷款
全省合计	**7453**	**13037**	**4272**	**4340**	**4274**	
宜昌市	**694**	**936**	**416**	**520**		
长阳自治县	187	252	112	140		
五峰自治县	507	684	304	380		
襄阳市	**667**	**450**	**200**	**250**		
南漳县						
谷城县						
保康县	667	450	200	250		
黄冈市	**1333**	**800**	**800**			
红安县	1333	800	800			
罗田县						
英山县						
麻城市						
咸宁市	**260**	**4720**	**156**	**195**	**4274**	
崇阳县						
通山县	260	4720	156	195	4274	
赤壁市						
恩施自治州	**4166**	**5681**	**2500**	**3125**		
恩施市						
利川市						
建始县						
巴东县	1507	2034	904	1130		
宣恩县	393	531	236	295		
咸丰县	933	1260	560	700		
来凤县	1333	1856	800	1000		
鹤峰县						
神农架林管局	**333**	**450**	**200**	**250**		

《湖北农村统计年鉴—2021》

全省畜牧生产情况

指标名称	计量单位	湖北省
一、畜禽期末存栏(笼)数		
(一)猪存栏	万头	2161.46
其中:能繁殖母猪	万头	220.68
(二)牛存栏	万头	242.08
其中:肉牛	万头	165.97
奶牛	万头	4.28
(三)羊存栏	万只	553.26
1.山羊	万只	553.26
2.绵羊	万只	
(四)活家禽存笼	万只	38289.98
二、畜禽当年出栏(笼)数		
(一)猪出栏	万头	2631.12
(二)牛出栏	万头	101.96
(三)羊出栏	万只	532.68
1.山羊	万只	532.68
2.绵羊	万只	
(四)活家禽出笼	万只	59325.84
三、畜产品产量		
(一)猪肉产量	万吨	203.84
(二)牛肉	万吨	15.40
(三)羊肉	万吨	8.86
(四)禽肉	万吨	79.00
(五)禽蛋产量	万吨	193.09
(六)生牛奶	万吨	13.39

其它畜牧业生产情况

指标名称	计量单位	湖北省
一、存栏		
1.活牲畜存栏(除猪牛羊外)	万头	0.20
(1)马	万头	0.11
(2)驴	万头	0.06
(3)骡	万头	0.02
(4)骆驼	万头	
2.家兔	万只	89.47
二、出栏		
1.活牲畜出栏(除猪牛羊外)	万头	0.08
(1)马	万头	0.02
(2)驴	万头	0.07
(3)骡	万头	
(4)骆驼	万头	
2.家兔	万只	89.47
三、肉、产品产量		
1.活牲畜出栏(除猪牛羊外)	吨	84.42
(1)马	吨	22.22
(2)驴	吨	61.70
(3)骡	吨	0.50
(4)骆驼	吨	
2.家兔	吨	1766.33
3.其他肉产量	吨	1551.46
4.其他奶产量	吨	
5.山羊毛产量	吨	61.94
其中:山羊粗毛	吨	43.24
6.天然蜂蜜	吨	20240.07
7.其它禽蛋产量	吨	1378.21
8.蚕茧产量	吨	1090.30
其中:桑蚕茧	吨	991.27
柞蚕茧	吨	99.03

分地区畜禽出栏(笼)

地区	猪出栏（万头）	牛出栏（头）	羊出栏（只）	山羊出栏（只）	家禽出笼（万只）
湖北省	**2631.12**	**1019631**	**5326820**	**5326820**	**59325.84**
武汉市	**113.94**	**19757**	**20138**	**20138**	**3446.30**
武汉市辖区	0.31	410	48	48	18.57
汉南区	6.98				29.89
蔡甸区	12.17	4128	399	399	312.99
江夏区	52.69	1816	1667	1667	1518.17
黄陂区	22.78	8560	8126	8126	328.89
新洲区	19.01	4843	9899	9899	1237.78
黄石市	**65.39**	**8223**	**28415**	**28415**	**1995.59**
黄石市辖区	0.23		231	231	1.30
阳新县	34.89	5752	22332	22332	499.08
大冶市	30.27	2471	5852	5852	1495.22
十堰市	**114.02**	**58672**	**765157**	**765157**	**3051.49**
十堰市辖区	2.39	188	15506	15506	145.67
郧阳区(郧县)	45.97	11821	83029	83029	251.07
郧西县	12.56	7603	185589	185589	145.64
竹山县	11.15	7051	44553	44553	207.86
竹溪县	13.60	11868	51926	51926	121.90
房县	15.25	4676	343382	343382	260.49
丹江口市	13.10	15465	41172	41172	1918.86
宜昌市	**355.95**	**42409**	**1132251**	**1132251**	**2855.95**
宜昌市辖区	5.61	245	3261	3261	21.74
夷陵区	48.01	2375	48872	48872	451.00
远安县	21.16	1146	22072	22072	40.58
兴山县	22.54	1051	116365	116365	42.59
秭归县	44.40	852	51196	51196	74.20
长阳县	50.06	1681	429233	429233	76.54
五峰县	25.95	1985	81582	81582	40.23
宜都市	40.66	12505	275945	275945	471.66
当阳市	46.16	3864	90282	90282	1063.24
枝江市	51.39	16705	13443	13443	574.16
襄阳市	**383.62**	**301912**	**1034397**	**1034397**	**7729.49**
襄阳市辖区	25.49	9456	34954	34954	506.85
襄州区	43.39	104780	229340	229340	1673.60
南漳县	54.64	44315	185602	185602	652.17
谷城县	50.45	23187	98393	98393	600.12
保康县	26.48	6003	78196	78196	217.65
老河口市	73.47	25283	73249	73249	810.00
枣阳市	51.10	64786	302956	302956	2402.00
宜城市	58.60	24102	31707	31707	867.10
鄂州市	**44.60**	**8646**	**10984**	**10984**	**1095.20**
荆门市	**223.31**	**84515**	**401397**	**401397**	**4405.99**
荆门市辖区	28.69	6500	219500	219500	561.69
京山市	57.77	14500	52600	52600	1239.55
沙洋县	51.63	39500	21300	21300	1450.63
钟祥市	85.22	24000	108000	108000	1154.12
孝感市	**188.90**	**71547**	**186875**	**186875**	**9886.79**
孝感市辖区	0.22	103	1805	1805	7.44
孝南区	14.64	5989	2773	2773	787.10

续表

地区	猪出栏（万头）	牛出栏（头）	羊出栏（只）	山羊出栏（只）	家禽出笼（万只）
孝昌县	23.61	23705	45693	45693	904.30
大悟县	21.01	15000	43197	43197	469.40
云梦县	21.54	5401	3608	3608	1170.84
应城市	23.20	4516	11418	11418	1566.80
安陆市	46.02	15786	74339	74339	1327.84
汉川市	38.66	1047	4042	4042	3653.06
荆州市	**209.42**	**23974**	**86166**	**86166**	**6241.47**
荆州市辖区	23.36	1324	6566	6566	1674.63
公安县	20.14	2236	9940	9940	580.44
监利县	31.29	4493	1670	1670	1769.52
江陵县	18.27	4039	5703	5703	544.38
石首市	31.67	5690	3747	3747	698.23
洪湖市	22.52	2071	839	839	357.32
松滋市	62.18	4121	57701	57701	616.95
黄冈市	**258.42**	**230632**	**576622**	**576622**	**4834.86**
黄冈市辖区（龙感湖农场）	2.02				34.81
黄州区	2.96	1200	2100	2100	89.55
团风县	4.83	10900	21300	21300	463.79
红安县	27.25	18900	26500	26500	174.43
罗田县	9.59	21100	168800	168800	1214.30
英山县	9.07	4200	90600	90600	140.33
浠水县	36.97	21000	39600	39600	985.46
蕲春县	33.74	77200	65600	65600	431.50
黄梅县	33.40	7800	12500	12500	412.82
麻城市	45.88	62900	136600	136600	478.26
武穴市	52.71	5400	13000	13000	409.61
咸宁市	**141.91**	**12937**	**136862**	**136862**	**3381.26**
咸安区	27.83	1310	5532	5532	2238.00
嘉鱼县	7.25	650	1820	1820	151.78
通城县	37.53	1440	6430	6430	89.00
崇阳县	36.30	3170	29500	29500	312.00
通山县	19.50	3155	81400	81400	178.00
赤壁市	13.50	3212	12180	12180	412.47
随州市	**136.91**	**60774**	**368776**	**368776**	**6698.84**
曾都区	36.75	14649	45146	45146	1875.21
随县	50.13	25725	190301	190301	3419.96
广水市	50.02	20399	133329	133329	1403.67
恩施州	**282.89**	**60771**	**536289**	**536289**	**1148.52**
恩施市	64.37	16250	83488	83488	210.22
利川市	43.92	13220	45883	45883	265.03
建始县	43.29	3882	147981	147981	179.11
巴东县	44.30	3140	156353	156353	100.83
宣恩县	30.49	10200	34001	34001	109.57
咸丰县	30.95	8870	15809	15809	118.80
来凤县	13.51	3280	14449	14449	125.57
鹤峰县	12.06	1940	38325	38325	39.39
仙桃市	**36.99**	**5797**	**2883**	**2883**	**593.09**
潜江市	**36.70**	**14369**	**17103**	**17103**	**953.33**
天门市	**35.29**	**13508**	**8750**	**8750**	**974.00**
神农架	**2.88**	**1141**	**13757**	**13757**	**33.66**

分地区主要畜禽产品产量

地区	猪肉（吨）	牛肉（吨）	羊肉（吨）	禽肉（吨）	禽蛋（吨）
湖北省	**2038391**	**154000**	**88600**	**790000**	**1930887**
武汉市	86269	2984	335	45892	104721
武汉市辖区	193	62	1	156	291
汉南区	3605			305	659
蔡甸区	10611	633	7	3252	9363
江夏区	40938	264	22	20376	16634
黄陂区	17498	1283	166	7935	21982
新洲区	13424	741	140	13868	55792
黄石市	**50661**	**1242**	**473**	**26574**	**49190**
黄石市辖区	226		4	17	12
阳新县	27256	869	366	7071	27131
大冶市	23179	373	102	19486	22048
十堰市	**90332**	**8862**	**12727**	**40635**	**67060**
十堰市辖区	1896	30	258	1940	1128
郧阳区	36420	1785	1381	3343	18397
郧西县	9953	1148	3087	1939	6272
竹山县	8833	1065	742	2768	7911
竹溪县	10774	1792	863	1623	3754
房县	12080	706	5711	3469	11596
丹江口市	10376	2336	685	25552	18002
宜昌市	**278964**	**6405**	**18833**	**38031**	**67982**
宜昌市辖区	4447	37	54	290	697
夷陵区	37247	359	813	6006	9735
远安县	17969	173	367	540	1988
兴山县	18850	159	1935	567	1299
秭归县	35010	129	852	988	2797
长阳县	39238	254	7139	1019	2401
五峰县	19071	300	1357	536	1702
宜都市	31550	1889	4590	6281	6483
当阳市	35650	584	1502	14158	27454
枝江市	39930	2523	224	7646	13426
襄阳市	**297201**	**45601**	**17205**	**102928**	**368719**
襄阳市辖区	19200	1553	643	5935	10398
襄州区	34100	14230	2767	22502	58950
南漳县	42900	8827	4706	7791	31952
谷城县	38500	3181	1521	8248	63626
保康县	21000	800	1055	2168	8027
老河口市	56500	3482	1104	8521	29139
枣阳市	39600	9754	4937	36672	119049
宜城市	45400	3773	472	11091	47578
鄂州市	**34456**	**1306**	**183**	**14584**	**42717**
荆门市	**170001**	**12765**	**6676**	**58671**	**134869**
荆门市辖区	19400	1000	3500	8900	14300
京山市	44542	1800	960	20100	46500
沙洋县	39997	6900	510	15800	38200
钟祥市	66041	3100	1700	13900	35900
孝感市	**146346**	**10806**	**3108**	**131655**	**263154**
孝感市辖区	171	31	30	99	222
孝南区	11344	905	46	10481	23370

续表

地区	猪肉（吨）	牛肉（吨）	羊肉（吨）	禽肉（吨）	禽蛋（吨）
孝昌县	18287	3580	760	12042	21096
大悟县	16247	2266	718	6251	19894
云梦县	16653	816	60	15591	36677
应城市	18144	682	190	20864	93779
安陆市	35357	2369	1236	17682	34844
汉川市	30119	158	67	48645	33270
荆州市	**160246**	**3621**	**1433**	**83113**	**189136**
荆州市辖区	17414	204	101	18931	22718
公安县	15884	346	159	8588	31454
监利县	24451	658	28	26523	52310
江陵县	13972	618	92	6402	17323
石首市	23952	854	62	9225	31316
洪湖市	17185	317	14	4321	18971
松滋市	47388	624	977	9123	15044
黄冈市	**200205**	**34835**	**9591**	**64382**	**314484**
黄冈市辖区（龙感湖农场）	1700			400	800
黄州区	2400	200	35	1200	3600
团风县	3800	1600	357	6200	43100
红安县	21500	2900	524	2300	16100
罗田县	7400	3400	2764	16200	17800
英山县	7000	700	1448	1900	4800
浠水县	28500	3000	646	13100	78000
蕲春县	25900	11800	1087	5800	68500
黄梅县	26100	1200	216	5500	28600
麻城市	35200	9200	2276	6400	41800
武穴市	40700	800	247	5400	11400
咸宁市	**109939**	**1954**	**2276**	**45026**	**52189**
咸安区	24800	198	77	29500	13559
嘉鱼县	4500	93	25	2020	4600
通城县	28695	216	94	1200	2180
崇阳县	28300	478	429	3900	9820
通山县	14600	488	1486	2406	9030
赤壁市	9044	481	165	6000	13000
随州市	**106068**	**9179**	**6134**	**89204**	**145270**
曾都区	29067	2213	751	24971	61823
随县	38558	3886	3165	45541	29508
广水市	38443	3081	2218	18692	53939
恩施州	**221162**	**9179**	**8920**	**15294**	**44223**
恩施市	49091	2453	1485	3194	5823
利川市	33675	1996	761	3530	11347
建始县	33594	576	2456	2329	6060
巴东县	34370	454	2415	1349	7833
宣恩县	24912	1462	694	1503	3844
咸丰县	25142	1349	242	1486	2813
来凤县	10122	598	239	1451	3942
鹤峰县	10324	292	636	416	2521
仙桃市	**28225**	**876**	**48**	**7898**	**19576**
潜江市	**28734**	**2170**	**284**	**12695**	**25338**
天门市	**27314**	**2040**	**146**	**12970**	**41963**
神农架	**2228**	**172**	**229**	**448**	**310**

乡镇畜牧兽医站基本情况

地区	一、基层畜牧兽医站数(个)	二、职工总数		三、离退休人员(人)
		职工总数(人)	其中:在编人数(人)	
湖北省	**866**	**8839**	**2982**	**3691**
武汉市	**45**	**554**	**90**	**414**
东西湖区	5	10	6	24
汉南区	4	8	5	
蔡甸区	11	82	1	121
江夏区	12	176	58	131
黄陂区				
新洲区	13	278	20	138
黄石市	**36**	**317**	**100**	**321**
黄石市辖区	3	60	5	
黄石港区				
西塞山区				
下陆区	1	1	1	6
阳新县	18	140	64	228
大冶市	13	113	29	83
黄石新港(物流)工业园区	1	3	1	4
十堰市	**122**	**957**	**192**	**457**
武当山特区				
茅箭区	7	19	7	7
张湾区	7	16	16	2
郧阳区	20	175	23	106
郧西县	18	158	33	51
竹山县	17	28	24	
竹溪县	15	160	32	71
房县	20	315	45	75
丹江口市	18	86	12	145
白浪经济技术开发区				
宜昌市	**69**	**943**	**358**	**513**
宜昌市辖区	1	7	4	
西陵区				
伍家岗区	1	3	3	2
点军区				
猇亭区				
夷陵区	13	168	37	57
远安县				
兴山县	8	55	55	10
秭归县	12	184	3	57
长阳土家族自治县	11	435	221	267
五峰土家族自治县				
宜都市	10	11	11	
当阳市	5	18	18	5
枝江市	8	62	6	115
襄阳市	**66**	**1286**	**629**	**946**
襄阳市辖区	2	9	2	6
襄城区				
樊城区				
襄州区	11	345	24	170
南漳县	12	452	259	343
谷城县	10	165	137	141
保康县	11	23	19	35
老河口市	10	20	20	
枣阳市				
宜城市	10	272	168	251
东津开发区				
鄂州市	**20**	**34**	**29**	**3**
梁子湖区				
华容区				
鄂城区	20	34	29	3
荆门市	**13**	**141**	**25**	**1**
东宝区				
掇刀区				

续表 1

地区	一、基层畜牧兽医站数(个)	二、职工总数		三、离退休人员(人)
		职工总数(人)	其中:在编人数(人)	
京山市				
沙洋县	13	141	25	1
钟祥市				
漳河新区				
屈家岭管理区				
孝感市	**98**	**589**	**169**	**129**
孝南区	12	107	17	34
孝昌县				
大悟县	17	96	20	9
云梦县	12	26	26	2
应城市	17	49	31	
安陆市	16	153	64	7
汉川市	24	158	11	77
荆州市	**75**	**402**	**149**	**10**
市辖区	4	4	4	
沙市区	2	8	2	
荆州区	10	51	13	
公安县				
监利县	22	50	44	10
江陵县				
石首市				
洪湖市	20	159	46	
松滋市	17	130	40	
黄冈市	**128**	**1369**	**639**	**238**
黄州区	9	43	23	
团风县	10	42	17	
红安县	12	151	27	59
罗田县	12	139	1	
英山县	11	86	22	
浠水县	13	146	90	9
蕲春县	15	169	35	
黄梅县	16	85	48	3
麻城市	18	332	332	162
武穴市	12	176	44	5
龙感湖管理区				
咸宁市	**23**	**163**	**157**	**144**
咸安区				
嘉鱼县				
通城县	11	98	92	144
崇阳县	12	65	65	
通山县				
赤壁市				
随州市	**45**	**359**	**79**	**135**
随州市辖区	1	33	5	29
曾都区	8	101	13	99
随县	18	197	33	1
广水市	17	26	26	6
大洪山风景区	1	2	2	
恩施自治州	**88**	**1505**	**295**	**71**
恩施市	17	464	14	18
利川市	12	59	59	18
建始县	10	241	25	8
巴东县	12	279	28	1
宣恩县	9	34	29	22
咸丰县	11	139	113	2
来凤县	8	189	11	1
鹤峰县	9	100	16	1
仙桃市	**18**	**58**	**28**	**45**
潜江市	**20**	**162**	**43**	**264**
天门市				
神农架林区				

续表 2

地区	四、技术职称状况			
	高级技术职称（人）	中级技术职称（人）	初级技术职称（人）	技术员（人）
湖北省	**42**	**925**	**1627**	**1721**
武汉市	**2**	**25**	**53**	**18**
东西湖区		6	2	2
汉南区		1	4	
蔡甸区		1		
江夏区		5	41	16
黄陂区				
新洲区	2	12	6	
黄石市	**3**	**33**	**50**	**32**
黄石市辖区				5
黄石港区				
西塞山区				
下陆区		1		
阳新县	3	27	24	
大冶市		5	25	27
黄石新港（物流）工业园区			1	
十堰市	**1**	**86**	**81**	**161**
武当山特区				
茅箭区				19
张湾区		1	15	
郧阳区		9	8	6
郧西县	1	12	20	125
竹山县		18		6
竹溪县		24	8	
房县		13	27	5
丹江口市		9	3	
白浪经济技术开发区				
宜昌市	**6**	**83**	**186**	**115**
宜昌市辖区		2		
西陵区				
伍家岗区			1	2
点军区				
猇亭区				
夷陵区	1	17	19	
远安县				
兴山县		5	13	28
秭归县		2	1	
长阳土家族自治县		38	126	56
五峰土家族自治县				
宜都市		2	9	
当阳市	4	4	7	2
枝江市	1	13	10	27
襄阳市	**5**	**109**	**340**	**329**
襄阳市辖区			1	8
襄城区				
樊城区				
襄州区	1	40	110	117
南漳县		21	158	116
谷城县	4	16	32	63
保康县		10	3	6
老河口市		6	14	
枣阳市				
宜城市		16	22	19
东津开发区				
鄂州市	**12**	**15**	**2**	
梁子湖区				
华容区				
鄂城区	12	15	2	
荆门市	**2**	**36**	**28**	**55**
东宝区				
掇刀区				

续表 3

地区	四、技术职称状况			
	高级技术职称（人）	中级技术职称（人）	初级技术职称（人）	技术员（人）
京山市				
沙洋县	2	36	28	55
钟祥市				
漳河新区				
屈家岭管理区				
孝感市	**3**	**55**	**79**	**194**
孝南区		5	6	96
孝昌县				
大悟县		15	5	
云梦县	2	1	3	7
应城市	1	21	9	
安陆市		2		
汉川市		11	56	91
荆州市	**2**	**58**	**99**	**60**
市辖区		2		
沙市区		2	6	
荆州区		3	5	
公安县				
监利县		6	16	3
江陵县				
石首市				
洪湖市	1	10	20	15
松滋市	1	35	52	42
黄冈市	**1**	**186**	**344**	**365**
黄州区		5	25	10
团风县		13	19	9
红安县				130
罗田县		2	45	51
英山县	1	10	18	3
浠水县		19	66	39
蕲春县		10	16	
黄梅县		19	23	30
麻城市		88	52	17
武穴市		20	80	76
龙感湖管理区				
咸宁市			**11**	**152**
咸安区				
嘉鱼县				
通城县			11	87
崇阳县				65
通山县				
赤壁市				
随州市		**70**	**46**	**152**
随州市辖区		6	27	
曾都区		3	7	
随县		45	1	151
广水市		14	11	1
大洪山风景区		2		
恩施自治州	**3**	**106**	**250**	**88**
恩施市		32	50	
利川市		22	37	
建始县	2	8	15	
巴东县		12	15	1
宣恩县		11	15	3
咸丰县			113	
来凤县		6	5	
鹤峰县	1	15		84
仙桃市		**7**	**11**	
潜江市	**2**	**56**	**47**	
天门市				
神农架林区				

续表 4

地区	五、经营情况			
	盈余站数（个）	盈余金额（万元）	亏损站数（个）	亏损金额（万元）
湖北省	**192**	**374.77**	**109**	**1063.93**
武汉市	**13**	**0.02**	**12**	**447.09**
东西湖区				
汉南区				
蔡甸区				
江夏区			12	447.09
黄陂区				
新洲区	13	0.02		
黄石市				
黄石市辖区				
黄石港区				
西塞山区				
下陆区				
阳新县				
大冶市				
黄石新港(物流)工业园区				
十堰市	**34**	**58.20**	**19**	**40.74**
武当山特区				
茅箭区				
张湾区				
郧阳区				
郧西县			18	40.31
竹山县				
竹溪县	14	2.20	1	0.43
房县	20	56.00		
丹江口市				
白浪经济技术开发区				
宜昌市	**11**	**31.00**		
宜昌市辖区				
西陵区				
伍家岗区				
点军区				
猇亭区				
夷陵区				
远安县				
兴山县				
秭归县				
长阳土家族自治县	11	31.00		
五峰土家族自治县				
宜都市				
当阳市				
枝江市				
襄阳市	**23**	**75.40**	**11**	**23.40**
襄阳市辖区	2	4.57		
襄城区				
樊城区				
襄州区				
南漳县	12	59.00		
谷城县	3	1.92	7	16.97
保康县	6	9.91	4	6.43
老河口市				
枣阳市				
宜城市				
东津开发区				
鄂州市				
梁子湖区				
华容区				
鄂城区				
荆门市	**7**	**8.94**	**6**	**5.04**
东宝区				
掇刀区				

续表 5

地区	五、经营情况			
	盈余站数（个）	盈余金额（万元）	亏损站数（个）	亏损金额（万元）
京山市				
沙洋县	7	8.94	6	5.04
钟祥市				
漳河新区				
屈家岭管理区				
孝感市	**41**	**35.31**	**21**	**140.68**
孝南区				
孝昌县				
大悟县			5	19.68
云梦县				
应城市	17	2.53		
安陆市			16	121.00
汉川市	24	32.78		
荆州市				
市辖区				
沙市区				
荆州区				
公安县				
监利县				
江陵县				
石首市				
洪湖市				
松滋市				
黄冈市	**32**	**38.39**	**13**	**19.70**
黄州区				
团风县	6	2.23	4	1.01
红安县				
罗田县	12	23.50		
英山县				
浠水县				
蕲春县				
黄梅县	5	6.31		
麻城市	9	6.35	9	18.69
武穴市				
龙感湖管理区				
咸宁市				
咸安区				
嘉鱼县				
通城县				
崇阳县				
通山县				
赤壁市				
随州市	**23**	**84.44**	**14**	**53.79**
随州市辖区	1	1.17		
曾都区				
随县	6	6.00	12	50.00
广水市	15	76.72	2	3.79
大洪山风景区	1	0.55		
恩施自治州			**1**	**231.15**
恩施市				
利川市				
建始县				
巴东县			1	231.15
宣恩县				
咸丰县				
来凤县				
鹤峰县				
仙桃市				
潜江市	**8**	**43.05**	**12**	**102.33**
天门市				
神农架林区				

县级畜牧三站一所机构和人员

单位:个、人

地区	畜牧站		草原工作站		家畜繁育改良站		饲料监察所	
	机构数	职工人数	机构数	职工人数	机构数	职工人数	机构数	职工人数
湖北省	**91**	**1536**	**12**	**44**	**18**	**122**	**29**	**562**
武汉市	**4**	**86**			**1**	**3**	**1**	**31**
东西湖区								
汉南区	1	23						
蔡甸区	1	14						
江夏区	1	35						
黄陂区	1	14			1	3		
新洲区							1	31
黄石市	**4**	**61**						
黄石市辖区								
黄石港区	1	2						
西塞山区								
下陆区	1	1						
阳新县	1	5						
大冶市	1	53						
黄石新港(物流)工业园区								
十堰市	**8**	**152**	**3**	**4**	**2**	**12**	**4**	**27**
武当山特区								
茅箭区	1	2	1	1			1	1
张湾区	1	3						
郧阳区	1	7						
郧西县	1	7						
竹山县	1	63					1	10
竹溪县	1	22	1	2	1	7	1	9
房县	1	43	1	1	1	5	1	7
丹江口市	1	5						
白浪经济技术开发区								
宜昌市	**13**	**135**	**2**	**13**	**3**	**14**	**2**	**80**
宜昌市辖区								
西陵区	1	1						
伍家岗区	1	1						
点军区	1	10						
猇亭区	1	1						
夷陵区	1	6	1	6	1	6	1	47
远安县	1	2						
兴山县	1	3			1	2		
秭归县	1	3						
长阳土家族自治县	1	6	1	7	1	6	1	33
五峰土家族自治县	1	14						
宜都市	1	14						
当阳市	1	25						
枝江市	1	49						
襄阳市	**9**	**163**	**1**	**3**	**2**	**14**	**1**	**3**
襄阳市辖区	1	1						
襄城区	1	9						
樊城区	1	3						
襄州区								
南漳县	1	14	1	3	1	13	1	3
谷城县	1	117						
保康县	1	7						
老河口市	1	5						
枣阳市	1	6			1	1		
宜城市								
东津开发区	1	1						
鄂州市								
鄂州市辖区								
梁子湖区								
华容区								
鄂城区								
荆门市	**5**	**54**					**2**	**6**
东宝区	1	8						
掇刀区	1	13						

续表

地区	畜牧站		草原工作站		家畜繁育改良站		饲料监察所	
	机构数	职工人数	机构数	职工人数	机构数	职工人数	机构数	职工人数
京山市	1	7						
沙洋县	1	15					1	1
钟祥市	1	11					1	5
漳河新区								
屈家岭管理区								
孝感市	**6**	**210**	**1**	**3**	**2**	**15**	**2**	**80**
孝南区								
孝昌县	1	60						
大悟县	1	12			1	10	1	74
云梦县	1	14						
应城市	1	13	1	3	1	5	1	6
安陆市	1	63						
汉川市	1	48						
荆州市	**9**	**162**					**2**	**128**
市辖区	1	2						
沙市区	1	4						
荆州区	1	51						
公安县	1	9					1	3
监利县	1	29					1	125
江陵县	1	29						
石首市	1	21						
洪湖市	1	10						
松滋市	1	7						
黄冈市	**11**	**190**	**3**	**15**	**4**	**50**	**9**	**108**
黄州区	1	18					1	2
团风县	1	24	1	1			1	7
红安县	1	50			1	7	1	4
罗田县	1	4			1	5	1	9
英山县	1	5						
浠水县	1	20	1	1	1	25	1	2
蕲春县	1	2					1	4
黄梅县	1	16					1	3
麻城市	1	9	1	13	1	13	1	76
武穴市	1	41					1	1
龙感湖管理区	1	1						
咸宁市	**5**	**120**			**1**	**1**	**1**	**27**
咸安区	1	4			1	1	1	27
嘉鱼县								
通城县	1	92						
崇阳县	1	3						
通山县	1	8						
赤壁市	1	13						
随州市	**5**	**116**	**1**	**3**			**1**	**5**
随州市辖区	1	32						
曾都区	1	14					1	5
随县	1	17						
广水市	1	51	1	3				
大洪山风景区	1	2						
恩施自治州	**8**	**49**	**1**	**3**	**2**	**11**	**3**	**63**
恩施市	1	2					1	5
利川市	1	3	1	3	1	3		
建始县	1	19						
巴东县	1	3						
宣恩县	1	5						
咸丰县	1	6						
来凤县	1	4			1	8	1	28
鹤峰县	1	7					1	30
仙桃市	**1**	**12**			**1**	**2**		
潜江市	**1**	**5**					**1**	**4**
天门市	**1**	**13**						
神农架林区	**1**	**8**						

畜禽规模养殖情况

地区	1.年出栏500头以上生猪（个、户）	(1)出栏500—999头（个、户）	(2)出栏1000—2999头（个、户）	(3)出栏3000—4999头（个、户）	(4)出栏5000—9999头（个、户）	(5)出栏10000—49999头（个、户）	(6)出栏5万头以上（个、户）
湖北省	**8321**	**4336**	**2818**	**486**	**387**	**244**	**50**
武汉市	**151**	**48**	**26**	**10**	**18**	**43**	**6**
武汉市辖区							
汉南区	5		2	2			1
蔡甸区	2	1					1
江夏区	43	3	5	3	10	19	3
黄陂区	58	23	10	2	7	16	
新洲区	43	21	9	3	1	8	1
黄石市	**245**	**115**	**85**	**22**	**16**	**4**	**3**
黄石市辖区	5	3	2				
阳新县	42	21	9	3	3	4	2
大冶市	198	91	74	19	13		1
十堰市	**306**	**199**	**89**	**6**	**6**	**6**	
十堰市辖区	1	1					
郧阳区	132	90	33	2	3	4	
郧西县	20	17	2		1		
竹山县	10	6	3		1		
竹溪县	44	36	7	1			
房县	87	42	41	2	1	1	
丹江口市	12	7	3	1		1	
宜昌市	**684**	**355**	**223**	**51**	**40**	**14**	**1**
宜昌市辖区	15	9	6				
夷陵区	95	63	25	3	2	2	
远安县	32	15	13	1	3		
兴山县	8	5	1		2		
秭归县	18	9	6		1	2	
长阳县	63	37	19	3	2	2	
五峰县	25	21	3	1			
宜都市	85	44	34	3	3		1
当阳市	145	77	34	22	9	3	
枝江市	198	75	82	18	18	5	
襄阳市	**1274**	**521**	**498**	**101**	**96**	**46**	**12**
襄阳市辖区	2		1				1
襄城区	52	32	13	4	2	1	
樊城区	7			2	4	1	
襄州区	204	74	65	21	26	18	
南漳县	212	74	96	26	13	3	
谷城县	218	108	79	15	11	5	
保康县	6	6					
老河口市	46	23	11	2	1	3	6
枣阳市	322	94	171	22	20	12	3
宜城市	205	110	62	9	19	3	2
鄂州市	**75**	**42**	**18**	**7**	**5**	**1**	**2**
荆门市	**858**	**488**	**251**	**56**	**33**	**25**	**5**
荆门市辖区	27	12	3	6	4	2	
京山县	297	171	94	18	11	3	
沙洋县	299	201	59	14	14	11	
钟祥市	235	104	95	18	4	9	5
孝感市	**1263**	**756**	**434**	**34**	**27**	**11**	**1**
孝南区	44	29	12	2	1		
孝昌县	229	88	130	7	4		

续表 1

地区	1.年出栏 500 头以上生猪（个、户）	(1)出栏 500—999 头（个、户）	(2)出栏 1000—2999 头（个、户）	(3)出栏 3000—4999 头（个、户）	(4)出栏 5000—9999 头（个、户）	(5)出栏 10000—49999 头（个、户）	(6)出栏 5 万头以上（个、户）
大悟县	81	40	33	3	4	1	
云梦县	197	171	20	5	1		
应城市	111	69	26	4	8	4	
安陆市	106	36	49	9	6	5	1
汉川市	495	323	164	4	3	1	
荆州市	**488**	**233**	**165**	**35**	**24**	**19**	**12**
荆州开发区							
沙市区	8		3	2	2	1	
荆州区	5	2			2	1	
公安县	85	26	29	14	11	3	2
监利县	231	141	72	6	4	8	
江陵县	30	18	9	2		1	
石首市	16	6	2			1	7
洪湖市	24	6	13	2	1	2	
松滋市	89	34	37	9	4	2	3
黄冈市	**909**	**460**	**335**	**54**	**46**	**11**	**3**
龙感湖管理区							
黄州区	15	8	1	3	3		
团风县	25	8	12	4	1		
红安县	193	136	44	8	4	1	
罗田县	80	59	18	2	1		
英山县	10	5	3		2		
浠水县	131	68	47	6	7	2	1
蕲春县	105	40	47	11	7		
黄梅县	20	12	6		2		
麻城市	78	36	30	2	7	2	1
武穴市	252	88	127	18	12	6	1
咸宁市	**571**	**192**	**304**	**37**	**23**	**12**	**3**
咸安区	167	107	51	4	2	2	1
嘉鱼县	13	8	5				
通城县	72	22	34	8	5	3	
崇阳县	140	23	98	4	9	5	1
通山县	107	18	72	15	1	1	
赤壁市	72	14	44	6	6	1	1
随州市	**606**	**405**	**129**	**33**	**27**	**10**	**2**
随州市辖区	115	94	14	2	2	3	
曾都区	229	141	58	12	14	4	
随县	153	106	28	9	8	1	1
广水市	109	64	29	10	3	2	1
恩施州	**189**	**113**	**64**	**7**	**1**	**4**	
恩施市	57	28	20	6	1	2	
利川市	35	24	10			1	
建始县	39	26	12	1			
巴东县	30	20	10				
宣恩县	7	5	2				
咸丰县	15	8	7				
来凤县	3	2	1				
鹤峰县	3		2			1	
仙桃市	**160**	**32**	**93**	**17**	**9**	**9**	
潜江市	**245**	**118**	**90**	**13**	**16**	**8**	
天门市	**288**	**254**	**11**	**2**		**21**	
神农架林区	**9**	**5**	**3**	**1**			

续表 2

地区	2.年存笼 2000 只以上蛋鸡（个、户）	(1)存笼 2000—9999 只（个、户）	(2)存笼 1 万—4.99 万只（个、户）	(3)存笼 5 万—9.99 万只（个、户）	(4)存笼 10 万—49.99 万只（个、户）	(5)存笼 50 万只以上（个、户）
湖北省	**9864**	**4749**	**4667**	**316**	**122**	**10**
武汉市	**460**	**153**	**240**	**44**	**21**	**2**
武汉市辖区	1		1			
汉南区						
蔡甸区	1		1			
江夏区	27	4	14	6	3	
黄陂区	91	69	18	1	1	2
新洲区	340	80	206	37	17	
黄石市	**196**	**87**	**100**	**7**	**2**	
黄石市辖区	9	6	3			
阳新县	137	61	68	6	2	
大冶市	50	20	29	1		
十堰市	**337**	**196**	**133**	**6**	**2**	
十堰市辖区	3	2	1			
郧阳区	189	93	93	2	1	
郧西县	29	23	6			
竹山县	13	7	6			
竹溪县	13	11	2			
房县	70	47	20	2	1	
丹江口市	20	13	5	2		
宜昌市	**99**	**32**	**47**	**13**	**6**	**1**
宜昌市辖区	1		1			
夷陵区	22	7	10	5		
远安县	3		2		1	
兴山县	4	1	2	1		
秭归县	2		2			
长阳县	5		4	1		
五峰县	2	2				
宜都市	4	3	1			
当阳市	27	12	10	1	3	1
枝江市	29	7	15	5	2	
襄阳市	**1252**	**499**	**685**	**48**	**18**	**2**
襄阳市辖区	5	5				
襄城区	12	5	5	1	1	
樊城区	6		5	1		
襄州区	103	55	38	9	1	
南漳县	145	95	49	1		
谷城县	190	46	107	27	9	1
保康县	7	6	1			
老河口市	208	48	157	1	1	1
枣阳市	556	229	316	8	3	
宜城市	20	10	7		3	
鄂州市	**84**	**41**	**40**	**2**	**1**	
荆门市	**1640**	**1054**	**550**	**25**	**10**	**1**
荆门市辖区	32	9	22	1		
京山县	884	636	241	1	6	
沙洋县	489	316	150	19	3	1
钟祥市	235	93	137	4	1	
孝感市	**981**	**640**	**300**	**27**	**14**	
孝南区	69	42	22	3	2	
孝昌县	45	28	16	1		

续表 3

地区	2.年存笼 2000 只以上蛋鸡（个、户）	(1)存笼 2000—9999 只（个、户）	(2)存笼 1 万—4.99 万只（个、户）	(3)存笼 5 万—9.99 万只（个、户）	(4)存笼 10 万—49.99 万只（个、户）	(5)存笼 50 万只以上（个、户）
大悟县	70	60	9	1		
云梦县	297	248	48		1	
应城市	151	69	69	12	1	
安陆市	176	76	84	7	9	
汉川市	173	117	52	3	1	
荆州市	**978**	**572**	**375**	**21**	**8**	**2**
荆州开发区	25	19	5	1		
沙市区	37	26	10	1		
荆州区	55	41	10	1	2	1
公安县	294	188	100	4	1	1
监利县	102	53	42	6	1	
江陵县	57	41	16			
石首市	232	152	75	3	2	
洪湖市	103	27	70	4	2	
松滋市	73	25	47	1		
黄冈市	**2602**	**985**	**1507**	**86**	**23**	**1**
龙感湖管理区						
黄州区	46	2	43	1		
团风县	329	66	252	7	4	
红安县	148	114	31	2		1
罗田县	177	108	66	2	1	
英山县	150	93	55	1	1	
浠水县	688	304	347	30	7	
蕲春县	272		250	19	3	
黄梅县	125	23	86	12	4	
麻城市	625	262	353	9	1	
武穴市	42	13	24	3	2	
咸宁市	**104**	**55**	**40**	**6**	**3**	
咸安区	8	1	4	3		
嘉鱼县	27	6	17	1	3	
通城县	3		2	1		
崇阳县	4		3	1		
通山县	19	15	4			
赤壁市	43	33	10			
随州市	**217**	**45**	**148**	**16**	**8**	
随州市辖区	24	11	11	2		
曾都区	44	15	19	5	5	
随县	31	5	20	3	3	
广水市	118	14	98	6		
恩施州	**59**	**29**	**25**	**3**	**2**	
恩施市	7	1	5	1		
利川市	9	2	7			
建始县	14	11	2		1	
巴东县	6	5	1			
宣恩县	11	7	4			
咸丰县	5	1	4			
来凤县	3		2	1		
鹤峰县	4	2		1	1	
仙桃市	**596**	**241**	**349**	**6**		
潜江市	**80**	**21**	**57**		**2**	
天门市	**177**	**97**	**71**	**6**	**2**	**1**
神农架林区	**2**	**2**				

续表 4

地区	3.年存笼2000只以上蛋鸭(个、户)	(1)存笼2000—9999只(个、户)	(2)存笼10000—19999只(个、户)	(3)存笼20000—29999只(个、户)	(4)存笼30000—39999只(个、户)	(5)存笼40000—49999只(个、户)	(6)存笼50000只以上(个、户)
湖北省	**2430**	**2218**	**149**	**29**	**16**	**8**	**10**
武汉市	**15**	**13**	**2**				
武汉市辖区							
汉南区							
蔡甸区							
江夏区							
黄陂区	11	9	2				
新洲区	4	4					
黄石市	**100**	**94**	**5**	**1**			
黄石市辖区	3	3					
阳新县	95	89	5	1			
大冶市	2	2					
十堰市	**10**	**10**					
十堰市辖区							
郧阳区							
郧西县							
竹山县							
竹溪县							
房县	10	10					
丹江口市							
宜昌市	**22**	**21**				**1**	
宜昌市辖区							
夷陵区							
远安县							
兴山县							
秭归县							
长阳县							
五峰县							
宜都市	2	1				1	
当阳市	17	17					
枝江市	3	3					
襄阳市	**229**	**214**	**12**		**1**	**1**	**1**
襄阳市辖区							
襄城区	6	5	1				
樊城区							
襄州区	6	5	1				
南漳县							
谷城县							
保康县							
老河口市	4	4					
枣阳市	10	9				1	
宜城市	203	191	10		1		1
鄂州市	**57**	**40**	**14**	**1**	**1**		**1**
荆门市	**661**	**585**	**46**	**15**	**8**	**3**	**4**
荆门市辖区	3			2	1		
京山县	521	503	13	1	2		2
沙洋县	42	7	20	8	4	1	2
钟祥市	95	75	13	4	1	2	
孝感市	**201**	**180**	**17**	**1**		**1**	**2**
孝南区	1	1					
孝昌县	8	8					

续表 5

地区	3.年存笼2000只以上蛋鸭(个、户)	(1)存笼2000—9999只(个、户)	(2)存笼10000—19999只(个、户)	(3)存笼20000—29999只(个、户)	(4)存笼30000—39999只(个、户)	(5)存笼40000—49999只(个、户)	(6)存笼50000只以上(个、户)
大悟县	63	63					
云梦县							
应城市	41	30	9	1		1	
安陆市	57	51	4				2
汉川市	31	27	4				
荆州市	**596**	**559**	**28**	**4**	**3**	**1**	**1**
荆州开发区	25	23	2				
沙市区	14	13		1			
荆州区	68	68					
公安县	121	112	6	2	1		
监利县	110	102	5		1	1	1
江陵县	148	138	10				
石首市	56	52	2	1	1		
洪湖市	54	51	3				
松滋市							
黄冈市	**126**	**123**	**2**		**1**		
龙感湖管理区							
黄州区	3	3					
团风县	18	18					
红安县	34	34					
罗田县							
英山县	2	2					
浠水县	29	29					
蕲春县							
黄梅县	24	24					
麻城市	3	2	1				
武穴市	13	11	1		1		
咸宁市	**7**	**7**					
咸安区							
嘉鱼县	3	3					
通城县	2	2					
崇阳县							
通山县	2	2					
赤壁市							
随州市	**198**	**181**	**11**	**3**	**1**	**1**	**1**
随州市辖区	18	17	1				
曾都区	41	38	2		1		
随县	3	1	1	1			
广水市	136	125	7	2		1	1
恩施州							
恩施市							
利川市							
建始县							
巴东县							
宣恩县							
咸丰县							
来凤县							
鹤峰县							
仙桃市	**116**	**108**	**3**	**4**	**1**		
潜江市	**65**	**62**	**3**				
天门市	**27**	**21**	**6**				
神农架林区							

续表 6

地区	4.年出笼 1 万只以上肉鸡（个、户）	(1)出笼 1 万—2.99 万只(个、户)	(2)出笼 3 万—4.99 万只(个、户)	(3)出笼 5 万—9.99 万只(个、户)	(4)出笼 10 万—49.99 万只(个、户)	(5)出笼 50 万—99.99 万只（个、户）	(6)出笼 100 万只以上（个、户）
湖北省	**2701**	**1264**	**695**	**473**	**222**	**13**	**34**
武汉市	**356**	**186**	**80**	**81**	**9**		
武汉市辖区							
汉南区							
蔡甸区							
江夏区	312	165	68	74	5		
黄陂区	44	21	12	7	4		
新洲区							
黄石市	**37**	**6**	**12**	**16**	**3**		
黄石市辖区	9		2	7			
阳新县	8	5		1	2		
大冶市	20	1	10	8	1		
十堰市	**138**	**93**	**22**	**14**	**9**		
十堰市辖区	4			1	3		
郧阳区	14	10	2	2			
郧西县	6	6					
竹山县	38	31	6	1			
竹溪县	13	11	2				
房县	34	27	4	3			
丹江口市	29	8	8	7	6		
宜昌市	**200**	**78**	**24**	**81**	**16**	**1**	
宜昌市辖区	8	1	4	2	1		
夷陵区	48	31	7	3	6	1	
远安县	4	3			1		
兴山县							
秭归县							
长阳县	8	8					
五峰县							
宜都市	27	16	9	2			
当阳市	72	16	1	51	4		
枝江市	33	3	3	23	4		
襄阳市	**376**	**119**	**140**	**70**	**33**	**7**	**7**
襄阳市辖区	1	1					
襄城区							
樊城区	1				1		
襄州区	25	10	12	3			
南漳县	99	34	53	12			
谷城县	33	11	9	10	3		
保康县	2	2					
老河口市	2			2			
枣阳市	74	4	15	24	20	7	4
宜城市	139	57	51	19	9		3
鄂州市	**36**	**3**	**16**	**9**	**7**	**1**	
荆门市	**114**	**66**	**20**	**10**	**18**		
荆门市辖区	10	7	1	1	1		
京山县	31	27	3		1		
沙洋县	24	7	2	2	13		
钟祥市	49	25	14	7	3		
孝感市	**687**	**529**	**137**	**17**	**4**		
孝南区	1	1					
孝昌县	4	3	1				

续表 7

地区	4.年出笼 1 万只以上肉鸡（个、户）	（1）出笼 1 万—2.99 万只（个、户）	（2）出笼 3 万—4.99 万只（个、户）	（3）出笼 5 万—9.99 万只（个、户）	（4）出笼 10 万—49.99 万只（个、户）	（5）出笼 50 万—99.99 万只（个、户）	（6）出笼 100 万只以上（个、户）
大悟县							
云梦县							
应城市	3	1			2		
安陆市	26	13	6	5	2		
汉川市	653	511	130	12			
荆州市	**229**	**52**	**106**	**64**	**6**		**1**
荆州开发区							
沙市区							
荆州区	17	4	2	7	3		1
公安县	2		1		1		
监利县	147	5	91	51			
江陵县	20	19			1		
石首市	8	3		5			
洪湖市							
松滋市	35	21	12	1	1		
黄冈市	**148**	**15**	**10**	**18**	**103**	**2**	
龙感湖管理区							
黄州区							
团风县							
红安县	4	1		2	1		
罗田县	68				66	2	
英山县	11				11		
浠水县	2		1	1			
蕲春县	7	1		1	5		
黄梅县	15	8	4	2	1		
麻城市	1			1			
武穴市	40	5	5	11	19		
咸宁市	**281**	**67**	**119**	**86**	**7**		**2**
咸安区	222	55	79	80	6		2
嘉鱼县							
通城县							
崇阳县	12	6	6				
通山县	37	2	31	3	1		
赤壁市	10	4	3	3			
随州市	**68**	**31**	**5**	**5**	**4**		**23**
随州市辖区	7	2	2	1			2
曾都区	14		1	2			11
随县	12		1	1	4		6
广水市	35	29	1	1			4
恩施州	**13**	**5**	**4**	**1**	**2**	**1**	
恩施市	6	1	2	1	1	1	
利川市	4	2	1		1		
建始县	1	1					
巴东县	1	1					
宣恩县							
咸丰县	1		1				
来凤县							
鹤峰县							
仙桃市							
潜江市	**15**	**11**		**1**	**1**	**1**	**1**
天门市							
神农架林区	**3**	**3**					

续表 8

地区	5.年出笼 5000 只肉鸭以上的总户数	(1)出笼 5000—9999 只(个、户)	(2)出笼 10000—29999 只(个、户)	(3)出笼 30000—99999 只(个、户)	(4)出笼 10 万只以上(个、户)	6、年出栏 50 头以上肉牛(个、户)	(1)出栏 50—99 头(个、户)
湖北省	**733**	**401**	**265**	**46**	**21**	**2790**	**1496**
武汉市	**1**		**1**			**20**	**18**
武汉市辖区							
汉南区							
蔡甸区							
江夏区						1	1
黄陂区	1		1			15	13
新洲区						4	4
黄石市	**14**	**10**	**3**		**1**	**40**	**22**
黄石市辖区						3	1
阳新县	14	10	3		1	23	12
大冶市						14	9
十堰市	**1**		**1**			**199**	**111**
十堰市辖区							
郧阳区						54	22
郧西县						27	9
竹山县						32	27
竹溪县						32	12
房县						23	13
丹江口市	1		1			31	28
宜昌市	**5**	**2**	**3**			**149**	**91**
宜昌市辖区						1	1
夷陵区	2	1	1			10	3
远安县						2	
兴山县						3	2
秭归县							
长阳县						6	5
五峰县						3	1
宜都市						29	27
当阳市						18	7
枝江市	3	1	2			77	45
襄阳市	**12**	**11**			**1**	**747**	**341**
襄阳市辖区						3	
襄城区						2	2
樊城区							
襄州区						57	37
南漳县						158	69
谷城县						206	160
保康县	1				1	2	1
老河口市	11	11				49	32
枣阳市						180	33
宜城市						90	7
鄂州市						**14**	**10**
荆门市	**104**	**63**	**39**	**1**	**1**	**215**	**85**
荆门市辖区	3	2			1	6	4
京山县	13	3	10			22	20
沙洋县	45	20	25			75	11
钟祥市	43	38	4	1		112	50
孝感市	**403**	**262**	**106**	**18**	**17**	**378**	**316**
孝南区	1	1				9	7
孝昌县	50	48	2			218	207

续表 9

地区	5.年出笼 5000 只肉鸭以上的总户数	(1)出笼 5000—9999 只(个、户)	(2)出笼 10000—29999 只(个、户)	(3)出笼 30000—99999 只(个、户)	(4)出笼 10 万只以上(个、户)	6.年出栏 50 头以上肉牛(个、户)	(1)出栏 50—99 头(个、户)
大悟县						27	22
云梦县	63	40		7	16	16	14
应城市	17	5	10	2		6	3
安陆市	4		2	2		96	60
汉川市	268	168	92	7	1	6	3
荆州市	**62**		**56**	**6**		**97**	**64**
荆州开发区						1	1
沙市区						3	2
荆州区	3		2	1		5	3
公安县						21	18
监利县	59		54	5		13	10
江陵县						5	5
石首市						25	9
洪湖市							
松滋市						24	16
黄冈市	**91**	**32**	**40**	**18**	**1**	**332**	**172**
龙感湖管理区							
黄州区						1	1
团风县	14		10	3	1	40	9
红安县	4		3	1		114	47
罗田县	1	1				54	25
英山县						11	8
浠水县	1		1			15	13
蕲春县						34	30
黄梅县	32	4	14	14		29	16
麻城市	6	6				21	17
武穴市	33	21	12			13	6
咸宁市	**9**	**4**	**4**	**1**		**39**	**20**
咸安区						6	4
嘉鱼县						3	
通城县						5	5
崇阳县	6	1	4	1		18	5
通山县						7	6
赤壁市	3	3					
随州市	**23**	**10**	**11**	**2**		**444**	**189**
随州市辖区	6	5		1		115	40
曾都区						125	47
随县	13	5	8			59	6
广水市	4		3	1		145	96
恩施州	**7**	**7**				**31**	**19**
恩施市						9	5
利川市	7	7				3	2
建始县						4	3
巴东县						9	4
宣恩县						2	2
咸丰县						2	2
来凤县						1	1
鹤峰县						1	
仙桃市	**1**		**1**			**12**	**10**
潜江市						**19**	**12**
天门市						**54**	**16**
神农架林区							

续表 10

地区	(2)出栏100—499头(个、户)	(3)出栏500—999头(个、户)	(4)出栏1000头以上(个、户)	7.年出栏100只以上肉羊(个、户)	(1)出栏100—199只(个、户)	(2)出栏200—499只(个、户)	(3)出栏500—999只(个、户)
湖北省	**1134**	**104**	**56**	**5043**	**3190**	**1357**	**276**
武汉市	**2**			**17**	**10**	**3**	**2**
武汉市辖区							
汉南区							
蔡甸区				2	2		
江夏区				2			1
黄陂区	2			11	6	3	1
新洲区				2	2		
黄石市	**15**	**3**		**47**	**25**	**18**	**3**
黄石市辖区	2			4	4		
阳新县	9	2		33	15	15	3
大冶市	4	1		10	6	3	
十堰市	**86**	**2**		**996**	**793**	**154**	**38**
十堰市辖区				8	6	2	
郧阳区	31	1		56	23	23	9
郧西县	18			142	82	46	12
竹山县	5			109	74	25	6
竹溪县	20			76	30	32	10
房县	9	1		555	540	14	1
丹江口市	3			50	38	12	
宜昌市	**48**	**6**	**4**	**788**	**618**	**144**	**20**
宜昌市辖区				1	1		
夷陵区	6	1		56	43	10	1
远安县		2		108	92	10	5
兴山县	1			6	3	3	
秭归县				7	4	3	
长阳县	1			482	380	93	6
五峰县	2			8	6	2	
宜都市	2			49	46	2	1
当阳市	10		1	43	28	10	5
枝江市	26	3	3	28	15	11	2
襄阳市	**318**	**53**	**35**	**1004**	**383**	**339**	**117**
襄阳市辖区	3			13	5	7	1
襄城区							
樊城区							
襄州区	18	1	1	54	30	9	10
南漳县	89			259	90	101	44
谷城县	46			241	84	119	36
保康县	1			3	2	1	
老河口市	13	2	2	47	37	9	
枣阳市	70	48	29	283	95	40	17
宜城市	78	2	3	104	40	53	9
鄂州市	**4**			**19**	**12**	**7**	
荆门市	**98**	**22**	**10**	**529**	**221**	**255**	**39**
荆门市辖区	1	1		16	10	4	
京山县	2			173	80	77	11
沙洋县	42	13	9	115	55	57	3
钟祥市	53	8	1	225	76	117	25
孝感市	**61**	**1**		**186**	**93**	**83**	**6**
孝南区	2			4	3		
孝昌县	10	1		11	10	1	

续表 11

地区	(2)出栏 100—499 头（个、户）	(3)出栏 500—999 头（个、户）	(4)出栏 1000 头以上（个、户）	7.年出栏 100 只以上肉羊（个、户）	(1)出栏 100—199 只（个、户）	(2)出栏 200—499 只（个、户）	(3)出栏 500—999 只（个、户）
大悟县	5			30	25	5	
云梦县	2						
应城市	3			35	22	12	1
安陆市	36			95	32	58	4
汉川市	3			11	1	7	1
荆州市	**32**		**1**	**74**	**43**	**26**	**4**
荆州开发区				3	1	2	
沙市区	1						
荆州区	2			3	2	1	
公安县	2		1	23	12	10	1
监利县	3			13	9	4	
江陵县				1	1		
石首市	16			21	13	6	2
洪湖市							
松滋市	8			10	5	3	1
黄冈市	**155**	**3**	**2**	**526**	**402**	**108**	**11**
龙感湖管理区							
黄州区				5		5	
团风县	29	1	1	32	15	16	
红安县	67			190	141	45	3
罗田县	27	1	1	178	161	15	1
英山县	3			31	31		
浠水县	2			24	19	5	
蕲春县	4			10	7	3	
黄梅县	12	1		23	8	13	2
麻城市	4			15	12	1	2
武穴市	7			18	8	5	3
咸宁市	**19**			**85**	**41**	**28**	**7**
咸安区	2			6	4	2	
嘉鱼县	3			6	4	2	
通城县				7	3	2	1
崇阳县	13			52	20	21	4
通山县	1			13	9	1	2
赤壁市				1	1		
随州市	**242**	**9**	**4**	**688**	**480**	**180**	**26**
随州市辖区	70	4	1	102	61	38	2
曾都区	73	4	1	98	58	39	
随县	50	1	2	42	2	18	22
广水市	49			446	359	85	2
恩施州	**10**	**2**		**59**	**52**	**6**	**1**
恩施市	4			8	7	1	
利川市		1		2	1	1	
建始县	1			7	6	1	
巴东县	4	1		13	11	2	
宣恩县				3	3		
咸丰县				4	3		1
来凤县				22	21	1	
鹤峰县	1						
仙桃市	**2**			**5**	**4**	**1**	
潜江市	**5**	**2**		**12**	**8**	**2**	**2**
天门市	**37**	**1**		**8**	**5**	**3**	
神农架林区							

续表 12

地区	(4)出栏1000—2999只(个、户)	(5)出栏3000只以上(个、户)	8.年存栏100头奶牛以上的总户数(个、户)	(1)存栏100—199头(个、户)	(2)存栏200—499头(个、户)	(3)存栏500—999头(个、户)	(4)存栏1000—1999头(个、户)
湖北省	**204**	**16**	**16**	**2**	**8**	**3**	
武汉市	**2**		**3**	**1**	**1**		
武汉市辖区			1				
汉南区							
蔡甸区							
江夏区	1		2	1	1		
黄陂区	1						
新洲区							
黄石市	**1**						
黄石市辖区							
阳新县							
大冶市	1						
十堰市	**10**	**1**					
十堰市辖区							
郧阳区	1						
郧西县	2						
竹山县	3	1					
竹溪县	4						
房县							
丹江口市							
宜昌市	**5**	**1**	**3**	**1**	**2**		
宜昌市辖区							
夷陵区	1	1	3	1	2		
远安县	1						
兴山县							
秭归县							
长阳县	3						
五峰县							
宜都市							
当阳市							
枝江市							
襄阳市	**163**	**2**	**1**			**1**	
襄阳市辖区							
襄城区			1			1	
樊城区							
襄州区	4	1					
南漳县	24						
谷城县	2						
保康县							
老河口市	1						
枣阳市	130	1					
宜城市	2						
鄂州市							
荆门市	**10**	**4**					
荆门市辖区	1	1					
京山县	4	1					
沙洋县							
钟祥市	5	2					
孝感市	**4**						
孝南区	1						
孝昌县							

续表 13

地区	(4)出栏1000—2999只(个、户)	(5)出栏3000只以上(个、户)	8.年存栏100头奶牛以上的总户数(个、户)	(1)存栏100—199头(个、户)	(2)存栏200—499头(个、户)	(3)存栏500—999头(个、户)	(4)存栏1000—1999头(个、户)
大悟县							
云梦县							
应城市							
安陆市	1						
汉川市	2						
荆州市		**1**					
荆州开发区							
沙市区							
荆州区							
公安县							
监利县							
江陵县							
石首市							
洪湖市							
松滋市		1					
黄冈市		**5**	**8**		**5**	**1**	
龙感湖管理区			1		1		
黄州区			1		1		
团风县		1	1		1		
红安县		1	2		1	1	
罗田县		1					
英山县							
浠水县			1		1		
蕲春县							
黄梅县							
麻城市			1				
武穴市		2	1				
咸宁市	**8**	**1**	**1**			**1**	
咸安区							
嘉鱼县							
通城县	1						
崇阳县	6	1					
通山县	1						
赤壁市			1			1	
随州市	**1**	**1**					
随州市辖区	1						
曾都区		1					
随县							
广水市							
恩施州							
恩施市							
利川市							
建始县							
巴东县							
宣恩县							
咸丰县							
来凤县							
鹤峰县							
仙桃市							
潜江市							
天门市							
神农架林区							

续表 14

地区	(5)存栏2000—4999头(个、户)	(6)存栏5000头以上(个、户)	9.年出笼鹅100只以上(个、户)	10.年出笼特禽1000只以上(个、户)	11.年出栏肉兔50只以上(个、户)
湖北省	**3**		**1059**	**429**	**297**
武汉市	**1**		**6**	**33**	**8**
武汉市辖区	1				
汉南区					
蔡甸区					
江夏区					
黄陂区			3	3	3
新洲区			3	30	5
黄石市			**18**	**2**	**1**
黄石市辖区					
阳新县			18	2	1
大冶市					
十堰市			**4**	**11**	**87**
十堰市辖区					
郧阳区					45
郧西县			1		3
竹山县					1
竹溪县					
房县				10	38
丹江口市			3	1	
宜昌市			**19**	**8**	**2**
宜昌市辖区				1	
夷陵区					
远安县					
兴山县					
秭归县					
长阳县					
五峰县					
宜都市				2	1
当阳市			7		
枝江市			12	5	1
襄阳市			**107**	**15**	**41**
襄阳市辖区				2	
襄城区					
樊城区					
襄州区			24		4
南漳县					
谷城县			2		6
保康县					
老河口市			11	2	5
枣阳市			64	11	24
宜城市			6		2
鄂州市				**8**	**2**
荆门市			**335**	**60**	**50**
荆门市辖区			195	12	7
京山县				11	10
沙洋县			134	35	30
钟祥市			6	2	3
孝感市			**399**	**84**	**61**
孝南区			40		
孝昌县					

续表 15

地区	(5)存栏 2000—4999 头(个、户)	(6)存栏 5000 头以上(个、户)	9.年出笼鹅 100 只以上(个、户)	10.年出笼特禽 1000 只以上(个、户)	11.年出栏肉兔 50 只以上(个、户)
大悟县					
云梦县			1	1	
应城市			28	42	5
安陆市				9	30
汉川市			330	32	26
荆州市			**40**	**21**	**4**
荆州开发区					
沙市区			2		
荆州区			2	1	
公安县			10		
监利县			2	9	
江陵县			15		
石首市			5	5	
洪湖市			4	6	4
松滋市					
黄冈市	**2**		**71**	**22**	**11**
龙感湖管理区					
黄州区			61		
团风县			2	6	2
红安县					
罗田县					
英山县			1		
浠水县			1	2	3
蕲春县					
黄梅县			6	12	6
麻城市	1				
武穴市	1			2	
咸宁市			**24**	**1**	**10**
咸安区					4
嘉鱼县					
通城县			18	1	
崇阳县			4		2
通山县					4
赤壁市			2		
随州市			**23**	**154**	**7**
随州市辖区					
曾都区				2	
随县			4	10	7
广水市			19	142	
恩施州			**2**	**8**	**10**
恩施市					
利川市			1	4	10
建始县					
巴东县					
宣恩县			1	1	
咸丰县					
来凤县				3	
鹤峰县					
仙桃市					
潜江市			**1**	**2**	
天门市			**10**		**3**
神农架林区					

畜产品加工企业情况(一)

地区	肉制品			禽蛋制品		
	加工企业个数（个）	固定资产（万元）	年产值（万元）	加工企业个数（个）	固定资产（万元）	年产值（万元）
湖北省	318	634161	3044376	87	134319	605337
武汉市	20	83888	326836	4	33000	6300
黄石市	24	26666	145334	2	550	23100
十堰市	22	14175	79081			
宜昌市	26	21746	286340	4	3080	5160
襄阳市	10	126941	391243	9	12650	103236
鄂州市	10	6290	126875	1	700	826
荆门市	21	49617	318433	8	17614	122169
孝感市	24	36827	156651	8	30741	204858
荆州市	23	42350	149044	21	27814	68162
黄冈市	44	131435	339102	4	110	352
咸宁市	19	5197	41364			
随州市	29	24810	301576	3	1885	7560
恩施州	8	43459	254052	2	350	670
仙桃市	15	12584	62077			
潜江市	15	5220	37910	16	3195	55250
天门市	7	2835	28400	5	2630	7694
神农架林区	1	120	57			

畜产品加工企业情况(二)

地区	乳制品			蜂制品		
	加工企业个数（个）	固定资产（万元）	年产值（万元）	加工企业个数（个）	固定资产（万元）	年产值（万元）
湖北省	14	221518	489834	55	154718	183054
武汉市	3	28710	248000	8	113483	53370
黄石市	1	658	2000			
十堰市				4	2146	3250
宜昌市	4	20500	156000	5	2758	23720
襄阳市	1	1550	1482	11	12912	52072
鄂州市				1	800	1044
荆门市	1	1500	4200	6	4710	12226
孝感市				5	674	1008
荆州市				4	3465	10800
黄冈市	3	160000	61152	3	4300	350
咸宁市	1	8600	17000	1	1700	14030
随州市				2	2260	4920
恩施州				3	3680	2960
仙桃市				1	950	2203
潜江市						
天门市				1	880	1100
神农架林区						

畜牧部门饲料加工情况

指标名称	一、饲料加工厂(站)个数(个)	二、从业人员(人)	三、全年实际产量(吨)	其中			四、年产值(万元)	五、年利润(万元)	六、固定资产(万元)
				预混料	浓缩料	全价料			
年产 1000 吨以下	87	856	87317	41417	2348	36738	32206	2455	27282
年产 1001-2000 吨	26	476	36156	12087	2910	12296	15194	1081	16001
年产 2001-4000 吨	27	728	114581	14636	7814	89331	48632	3626	40034
年产 4001-10000 吨	40	1933	893217	81549	21082	706768	518925	25364	97515
年产 10001 吨以上	142	10628	11899544	265224	412509	9522120	4222952	305786	913260
全省合计	322	14621	13030816	414913	446663	10367254	4837910	339363	1094092

兽药生产企业情况

地区	固定资产（万元）	年销售收入（万元）	年产值（万元）	年利润（万元）	从业人数（人）
全省合计	531464	229265	249852	17364	4055
武汉市	19600	54200	54600	10130	826
黄石市	3607	4200	5000	360	68
十堰市	5104	12669	15875	815	120
宜昌市	431076	32727	33944	−7000	1388
襄阳市	5130	8788	16410	602	103
鄂州市					
荆门市	16290	16419	18111	722	246
孝感市	25550	51375	54375	4622	291
荆州市					
黄冈市	19002	43148	44663	6193	784
咸宁市	900	1600	1700	50	45
随州市					
恩施州					
仙桃市	2000	960	1020	176	27
潜江市	1004	2529	2954	494	95
天门市	2200	650	1200	200	62
神农架林区					

畜禽规模饲养情况

项目	场、户数(个、户)	年存、出栏(笼)量(万头、万只)
生猪出栏 500 头以上	8321	2025.23
商品肉鸡出笼 1 万只以上	2701	24105.11
商品蛋鸡存笼 2000 只以上	9864	16399.52
年存栏奶牛 100 头以上	16	1.60
年出栏肉牛 50 头以上	2790	52.88
年出栏肉羊 100 只以上	5043	139.82
年出笼鹅 100 只以上	1059	187.42
年出笼特禽 1000 只以上	429	1167.19
年出栏肉兔 50 只以上	297	115.65

《湖北农村统计年鉴—2021》

水产品总产量及捕捞产量

单位：吨

地区	合　计	捕捞产量							养殖产量小计	增殖渔业产量小计
		小计	鱼类	甲壳类			贝类	其它类		
				小计	虾	蟹				
湖北省	**4679284**	**75272**	**60267**	**12219**	**11671**	**548**	**1809**	**977**	**4386173**	**217839**
武汉市	**426723**	**8896**	**7213**	**1670**	**1599**	**71**	**13**		**396193**	**21634**
武汉市直	75203	680	570	110	110				74523	
新洲区	106087	952	830	122	122				102717	2418
江夏区	80259	3395	2738	657	657				63890	12974
蔡甸区	65228	2449	2213	236	165	71			59743	3036
黄陂区	99946	1420	862	545	545		13		95320	3206
黄石市	**224497**	**6198**	**4876**	**1009**	**986**	**23**	**307**	**6**	**190646**	**27653**
黄石市直	4012	3	3						2906	1103
大冶市	85693	1760	1675	80	62	18		5	66770	17163
阳新县	134792	4435	3198	929	924	5	307	1	120970	9387
十堰市	**51402**	**17109**	**16279**	**455**	**455**		**230**	**145**	**18277**	**16016**
十堰市直	6								6	
十堰市辖区	910	5	5						905	
丹江口市	35677	15348	14856	262	262		230		10408	9921
郧县	2303	530	436	94	94				1685	88
郧西	1210	80	75	5	5				578	552
竹山县	7300	800	748	52	52				1700	4800
竹溪县	1630	300	120	40	40			140	1080	250
房县	2366	46	39	2	2			5	1915	405
荆州市	**1131843**	**680**	**534**	**118**	**115**	**3**	**28**		**1121784**	**9379**
荆州区	109450								109095	355
沙市区	44503	62	62						44415	26
江陵县	29921	518	423	95	95				28835	568
松滋市	35231								34461	770
公安县	132878								131858	1020
石首市	117538								114738	2800
监利县	270025								266685	3340
洪湖市	392297	100	49	23	20	3	28		391697	500
宜昌市	**181122**	**4068**	**2390**	**1678**	**1678**				**165324**	**11730**
宜昌市直	260								180	80
夷陵区	4545	275	250	25	25				3955	315
宜都市	6295								5295	1000
枝江市	84900	1000	210	790	790				78100	5800
当阳市	75765	2122	1262	860	860				70052	3591
远安县	2310								2190	120
兴山县	41	21	21						4	16
秭归县	120	10	7	3	3				40	70
长阳县	6844	622	622						5492	730
五峰县	42	18	18						16	8
襄阳市	**196537**	**1463**	**1252**	**208**	**203**	**5**	**2**	**1**	**154482**	**40592**
襄阳市辖区	20856								19826	1030
老河口市	36300	50	42	6	3	3	1	1	27450	8800
襄州区	41508								33193	8315
枣阳市	43880	30	25	5	5				26820	17030
宜城市	31610	1022	830	192	192				27336	3252
南漳县	8578	260	260						7500	818
谷城县	12892	21	15	5	3	2	1		11982	889
保康县	913	80	80						375	458
鄂州市	**281367**	**893**	**704**	**158**	**147**	**11**	**1**	**30**	**259608**	**20866**
鄂城区	97926	627	493	103	98	5	1	30	92077	5222
华容区	98705	266	211	55	49	6			85585	12854
梁子湖区	84736								81946	2790
荆门市	**463876**	**6222**	**4050**	**2003**	**1965**	**38**	**71**	**98**	**438596**	**19058**

续表

单位:吨

地区	合　计	捕捞产量							养殖产量小计	增殖渔业产量小计
		小计	鱼类	甲壳类			贝类	其它类		
				小计	虾	蟹				
荆门市辖区										
沙洋县	180840	649	211	438	438				177072	3119
钟祥市	145163								134268	10895
京山县	78559	2800	1785	890	868	22	38	87	75219	540
沙洋农场	5222	12	12						5210	
东宝区	22540	990	767	223	223				19890	1660
掇刀区	16887	873	630	199	184	15	33	11	15461	553
漳河新区	12336	898	645	253	252	1			9197	2241
屈家岭管理区	2329								2279	50
孝感市	**419947**	**7189**	**5444**	**1743**	**1733**	**10**		**2**	**403442**	**9316**
孝南区	70245								69493	752
孝昌县	19233								18878	355
大悟县	25600	1750	1420	330	330				22350	1500
安陆市	27775	1409	1001	406	396	10		2	25436	930
云梦县	53000	75	48	27	27				52895	30
应城市	68964	3954	2974	980	980				63336	1674
汉川市	154769								150694	4075
孝感市辖区	361	1	1						360	
黄冈市	**441464**	**9466**	**6284**	**1496**	**1345**	**151**	**1109**	**577**	**410800**	**21198**
黄州区	34218	1460	1231	13	7	6	214	2	29039	3719
团风县	47883	2						2	46405	1476
红安县	15763	1480	1200	265	265			15	13997	286
麻城市	24850								21850	3000
罗田县	6009	29	29						4885	1095
英山县	6015	391	365	23	23			3	5624	
浠水县	67911	2269	1819	450	450				62621	3021
蕲春县	77101	309	305	1	1		3		71868	4924
武穴市	56045	3526	1335	744	599	145	892	555	50642	1877
黄梅县	93848								92048	1800
龙感湖区	11821								11821	
咸宁市	**223655**	**4887**	**4194**	**665**	**537**	**128**	**23**	**5**	**212828**	**5940**
咸宁市直										
咸安区	48010	400	287	105	95	10	3	5	46660	950
嘉鱼县	64560	1100	1005	95	70	25			62300	1160
赤壁市	72085	900	712	168	125	43	20		68585	2600
通城县	13690	1000	945	55	40	15			11940	750
崇阳县	14060	1037	945	92	57	35			12543	480
通山县	11250	450	300	150	150				10800	
恩施州	**2757**	**138**	**132**	**6**	**6**				**2544**	**75**
恩施市	637	26	22	4	4				611	
建始县	308								293	15
巴东县	120	78	78						42	
利川市	907	13	13						894	
宣恩县	82	3	2	1	1				79	
咸丰县	56	10	9	1	1				46	
来凤县	610	5	5						545	60
鹤峰县	37	3	3						34	
随州市	**84427**	**5004**	**3856**	**1010**	**902**	**108**	**25**	**113**	**68359**	**11064**
曾都区	11198	729	685	41	40	1		3	9023	1446
随县	38781	850	425	360	325	35	25	40	30920	7011
广水市	34448	3425	2746	609	537	72		70	28416	2607
仙桃市	**283811**	**3059**	**3059**						**280752**	
天门市	**115982**								**114097**	**1885**
潜江市	**149874**								**148441**	**1433**
神农架										

水产品养殖产量(一)

单位:吨

地区	养殖产量合计	其中:一、鱼类					
		小计	草鱼	鲢鱼	鲫鱼	鳙鱼	鳊鲂
湖北省	**4386232**	**3162343**	**833339**	**498081**	**353832**	**381637**	**243168**
武汉市	**396193**	**345833**	**104974**	**45699**	**33316**	**29530**	**40804**
武汉市直	74523	69462	14961	12289	10421	5809	8389
新洲区	102717	94985	48404	12753	5570	6892	5748
江夏区	63890	52477	3408	4169	6484	6752	7322
蔡甸区	59743	51273	12546	6975	4523	5217	11350
黄陂区	95320	77636	25655	9513	6318	4860	7995
黄石市	**190646**	**165835**	**26117**	**20265**	**22358**	**28792**	**17785**
黄石市直	2906	2756	508	531	710	240	220
大冶市	66770	59731	13923	10712	11685	7400	5929
阳新县	120970	103348	11686	9022	9963	21152	11636
十堰市	**18277**	**17270**	**4488**	**3406**	**1194**	**3964**	**874**
十堰市直	6	6			4		
十堰市辖区	905	905	164	223	84	136	13
丹江口市	10408	10288	3466	2128	690	2838	384
郧县	1685	1639	165	390	68	155	220
郧西	578	563	122	124	5	80	12
竹山县	1700	1493	180	132	215	255	155
竹溪县	1080	730	146	148	80	120	80
房县	1915	1646	245	261	48	380	10
荆州市	**1121784**	**571289**	**176931**	**75402**	**57661**	**37715**	**19766**
荆州区	109095	91172	15298	8722	5044	3380	6818
沙市区	44415	27897	6892	3178	8107	1886	341
江陵县	28835	13789	4778	1792	693	1328	410
松滋市	34461	21024	4735	4450	2318	1926	830
公安县	131858	76979	21350	6191	4214	7404	4102
石首市	114738	71122	16734	4479	16565	5579	3946
监利县	266685	66845	11432	2835	1142	1822	893
洪湖市	391697	202461	95712	43755	19578	14390	2426
宜昌市	**165324**	**155965**	**24276**	**26215**	**21335**	**16877**	**19419**
宜昌市直	180	180	50	50	30	30	
夷陵区	3955	3715	605	712	825	410	445
宜都市	5295	4960	1350	1150	700	420	369
枝江市	78100	74700	10235	10078	7937	5603	9873
当阳市	70052	65270	10870	13303	10972	9947	8372
远安县	2190	1829	323	366	336	178	115
兴山县	4	4	1	1	1	1	
秭归县	40	40	6	12	9	5	5
长阳县	5492	5251	831	540	520	280	240
五峰县	16	16	5	3	5	3	
襄阳市	**154482**	**135970**	**21175**	**30611**	**14165**	**29188**	**9952**
襄阳市辖区	19826	18273	3045	4948	1350	4533	850
老河口市	27450	23639	3110	3960	3080	4110	1298
襄州区	33193	31545	5275	6420	3323	6644	4012
枣阳市	26820	24524	4051	7964	2393	6484	191
宜城市	27336	22023	3568	4210	2945	4482	1757
南漳县	7500	6556	872	1858	917	1310	449
谷城县	11982	9068	1175	1183	131	1536	1389
保康县	375	342	79	68	26	89	6
鄂州市	**259608**	**247278**	**94380**	**48850**	**18893**	**40231**	**18199**
鄂城区	92077	88172	42718	17788	4779	10019	5931
华容区	85585	83520	32566	17506	7316	10484	7329
梁子湖区	81946	75586	19096	13556	6798	19728	4939
荆门市	**438596**	**316663**	**78585**	**74310**	**45863**	**43007**	**28362**

续表 1 单位：吨

地区	养殖产量合计	其中：一、鱼类					
		小计	草鱼	鲢鱼	鲫鱼	鳙鱼	鳊鲂
荆门市辖区							
沙洋县	177072	115159	36378	27832	15149	11045	9936
钟祥市	134268	111736	26680	25430	20278	16146	12950
京山县	75219	50409	10234	12044	5514	9556	2405
沙洋农场	5210	4528	808	703	474	642	325
东宝区	19890	14165	1390	5058	1990	2335	800
掇刀区	15461	11386	1630	1632	1030	1985	973
漳河新区	9197	7419	1200	1213	1120	872	631
屈家岭管理区	2279	1861	265	398	308	426	342
孝感市	**403442**	**319405**	**93977**	**52909**	**47854**	**34384**	**24133**
孝南区	69493	64171	16523	4034	9857	8617	12204
孝昌县	18878	18009	3130	2340	1650	5210	1860
大悟县	22350	18950	4800	3500	2304	2136	1000
安陆市	25436	21435	3694	2100	4944	4551	1801
云梦县	52895	47384	14638	5528	15447	3638	644
应城市	63336	51891	21300	6920	6103	4872	3117
汉川市	150694	97285	29792	28436	7517	5319	3477
孝感市辖区	360	280	100	51	32	41	30
黄冈市	**410800**	**307158**	**62447**	**50234**	**32028**	**61361**	**30115**
黄州区	29039	26423	7080	2050	2458	3965	3478
团风县	46405	42826	11812	20718	2071	4143	2071
红安县	13997	11370	2513	3220	648	1760	868
麻城市	21850	20954	5573	2767	2579	7236	986
罗田县	4885	4427	97	2841	60	1286	31
英山县	5624	5382	1120	1432	270	1592	112
浠水县	62621	51970	9552	3567	5709	12602	7861
蕲春县	71868	62016	10791	7370	9145	13793	8412
武穴市	50642	30802	7342	2126	3967	9133	2311
黄梅县	92048	43350	4730	3460	3885	4529	3120
龙感湖区	11821	7638	1837	683	1236	1322	865
咸宁市	**212828**	**168498**	**27339**	**19047**	**17160**	**23755**	**12058**
咸宁市直							
咸安区	46660	35762	9752	7784	4391	4241	2354
嘉鱼县	62300	52920	7500	4150	5320	6580	3430
赤壁市	68585	50366	6358	4360	5108	11562	4363
通城县	11940	9420	1855	1152	836	705	1075
崇阳县	12543	10030	1654	1279	1325	447	746
通山县	10800	10000	220	322	180	220	90
恩施州	**2544**	**2417**	**885**	**328**	**170**	**146**	
恩施市	611	557	244	40	53	25	
建始县	293	293	34	10	5		
巴东县	42	42	12	5	3		
利川市	894	894	368	126	85	105	
宣恩县	79	55	13	4	6	4	
咸丰县	46	46	9	6	10	9	
来凤县	545	496	198	130			
鹤峰县	34	34	7	7	8	3	
随州市	**68359**	**57617**	**8495**	**10486**	**10230**	**9659**	**4296**
曾都区	9023	8738	1544	2129	1717	1824	330
随县	30920	26933	3546	4820	5718	3567	2665
广水市	28416	21946	3405	3537	2795	4268	1301
仙桃市	**280752**	**242448**	**81162**	**24434**	**19031**	**10109**	**8023**
天门市	**114097**	**77349**	**15762**	**10763**	**9925**	**8692**	**7932**
潜江市	**148441**	**31289**	**12342**	**5120**	**2649**	**4227**	**1450**
神农架	**59**	**59**	**4**	**2**			

续表 2　　　　单位:吨

地区	其中:一、鱼　类								
	青鱼	鲤鱼	黄鳝	黄颡鱼	鳜鱼	泥鳅	乌鳢	鮰鱼	鲶鱼
湖北省	**181899**	**112000**	**129585**	**135949**	**69776**	**39891**	**27212**	**56661**	**18316**
武汉市	**17250**	**11626**	**6671**	**14618**	**16697**	**3583**	**3408**	**4879**	**2939**
武汉市直	5800	891	2940	1309	3664	138	246	190	292
新洲区	2253	3601	1798	1719	1097	574	726	1226	1001
江夏区	3718	2335	1796	4050	7890		800		782
蔡甸区	1123	547	137	3698	1577	323	750	1879	332
黄陂区	4356	4252		3842	2469	2548	886	1584	532
黄石市	**14173**	**4754**	**2505**	**6661**	**3318**	**6371**	**5148**	**745**	**2048**
黄石市直	91	18	6	86	51	33	45	35	23
大冶市	3362	710	87	1024	810	546	780	710	190
阳新县	10720	4026	2412	5551	2457	5792	4323		1835
十堰市	**228**	**586**	**46**	**70**	**66**	**282**	**12**	**131**	**158**
十堰市直									
十堰市辖区		42			35	187		21	
丹江口市	20	160	34	50	15	21	12		18
郧县	10	30							
郧西		16		6		22			
竹山县	136	140	10	10		20			
竹溪县		126				30			
房县	62	72	2	4	16	2		110	140
荆州市	**54755**	**12475**	**40635**	**42338**	**20386**	**6798**	**3139**	**9655**	**1738**
荆州区	35342	1864	916	9390		205	194		
沙市区	93	26	13	6306	7	695		316	
江陵县	435	55	2120	1325	3	760	60		30
松滋市	1180	1165	1600	620	700	450	80	180	290
公安县	5581	2581	10119	13430	591	536	202	69	267
石首市	3791	4154	2132	3741	5032	645	1274	135	1095
监利县	3950	746	20025	5054	8630	1658	921	3010	12
洪湖市	4383	1884	3710	2472	5423	1849	408	5945	44
宜昌市	**3774**	**7580**	**168**	**24600**	**161**	**1364**	**524**	**1820**	**604**
宜昌市直				20					
夷陵区	135	225		348		10			
宜都市	100	180		20		25			
枝江市	2357	1684	83	22364		855		401	
当阳市	764	5320	85	1523	150	382	524	1061	268
远安县	68	101		125	11	62		18	26
兴山县									
秭归县									
长阳县	350	70		200		30		340	310
五峰县									
襄阳市	**5790**	**14980**	**824**	**2042**	**443**	**1038**	**235**	**445**	**1465**
襄阳市辖区	812	2100	125	37	16	55	34		235
老河口市	2080	2720	201	1010	418	252		110	480
襄州区	248	3535	352	598		352	50	315	363
枣阳市	891	1845	41	143	2	189	58	20	120
宜城市	3	3452	71	26	3	102	5		134
南漳县	54	748	14	98		27	36		38
谷城县	1694	547	20	130	4	61	52		95
保康县	8	33							
鄂州市	**9529**	**5858**	**1271**	**3287**	**1774**	**409**	**491**	**1307**	**75**
鄂城区	2084	1689	616	1817	198	13	16	85	17
华容区	3415	784	615	1139	1478	294	256		41
梁子湖区	4030	3385	40	331	98	102	219	1222	17
荆门市	**8028**	**14102**	**2673**	**7389**	**1283**	**1999**	**2245**	**1940**	**1597**

单位：吨

地区	其中：一、鱼类								
	青鱼	鲤鱼	黄鳝	黄颡鱼	鳜鱼	泥鳅	乌鳢	鮰鱼	鲶鱼
荆门市辖区									
沙洋县	720	6558	1757	1661	583	563	873	247	343
钟祥市	1427	3591	430	1860	43	306	451	1472	176
京山县	3134	1992	215	1140	242	874	157	22	901
沙洋农场	254	58		567	58	48	58		
东宝区	970	720	100	300	23	24	15	52	35
掇刀区	1058	852	20	1284	20		576	62	57
漳河新区	455	321	150	561	312	109	112	85	85
屈家岭管理区	10	10	1	16	2	75	3		
孝感市	**16080**	**16035**	**3948**	**5603**	**3343**	**6172**	**4206**	**2561**	**731**
孝南区	1715	3930	48	850	327	2021	857		
孝昌县	2720	150	120	23	22	687	33	2	1
大悟县	290	2400	150	330		1750	110		80
安陆市	550	1072	295	574	107	422	150	42	143
云梦县	782	903	234	1691	94	163	2196	21	256
应城市	2202	4354	521	877	428	143	545	25	251
汉川市	7818	3203	2580	1258	2365	986	315	2471	
孝感市辖区	3	23							
黄冈市	**19599**	**6120**	**5996**	**13447**	**9803**	**1567**	**3242**	**385**	**1638**
黄州区	4165	756	385	806	460	70	120		130
团风县	414	207	30	20	750	30	20	10	70
红安县	603	234	24	302	35	570		145	
麻城市	420	283	90	430	150	80	150	20	85
罗田县	9	10	2			53	9		9
英山县	85	256	5	11	47	13	11	4	21
浠水县	2721	722	450	2061	2356	175	330		510
蕲春县	4523	2235	512	1160	1869	112	493	150	197
武穴市	1759	1210	470	263	1106	114	197	6	236
黄梅县	4140	130	3920	7689	2985	350	1912	50	380
龙感湖区	760	77	108	705	45				
咸宁市	**12048**	**10017**	**7965**	**4261**	**5274**	**5260**	**2222**	**7982**	**2104**
咸宁市直									
咸安区	1325	2795	493	468	231	279	185		226
嘉鱼县	4600	4200	2980	1740	280	3020	600	7200	850
赤壁市	4930	2095	3807	1432	1557	955	1158	433	853
通城县	920	480	350	68	588	221	102	208	2
崇阳县	213	397	130	448	418	180	112	101	108
通山县	60	50	205	105	2200	605	65	40	65
恩施州	**150**	**400**		**10**	**10**	**11**		**12**	**13**
恩施市		150		5	10	11		5	10
建始县		5							
巴东县		5		5				3	3
利川市		210							
宣恩县		13							
咸丰县		8						4	
来凤县	150								
鹤峰县		9							
随州市	**6937**	**3242**	**636**	**826**	**240**	**937**	**386**	**24**	**671**
曾都区	818	138	27	88	18	11	6	19	14
随县	2791	1974	287	509	56	291	24	5	657
广水市	3328	1130	322	229	166	635	356		
仙桃市	**7595**	**159**	**50677**	**8053**	**5668**	**2522**	**846**	**20447**	**1947**
天门市	**4978**	**2929**	**3768**	**1685**	**1306**	**1297**	**1022**	**4308**	**528**
潜江市	**985**	**1137**	**1800**	**1059**	**4**	**281**	**86**	**20**	**60**
神农架			**2**						

水产品养殖产量(二)

单位:吨

地区	其中:一、鱼类								
	鲟鱼	鲈鱼	罗非鱼	长吻鮠	银鱼	鳗鲡	鮰鱼	其它	其中观赏鱼
湖北省	**6454**	**21317**	**3297**	**1533**	**1525**	**1371**	**32428**	**13072**	**755**
武汉市	**32**	**1360**	**912**			**80**	**7017**	**438**	
武汉市直		340				80	1361	342	
新洲区	32	237					1354		
江夏区		30	750				2191		
蔡甸区		202					94		
黄陂区		551	162				2017	96	
黄石市	**200**	**296**	**215**		**300**		**1369**	**2415**	**5**
黄石市直			30				129		
大冶市	200	110	185				218	1150	
阳新县		186			300		1022	1265	5
十堰市	**190**	**380**	**263**		**171**		**380**	**381**	**16**
十堰市直								2	
十堰市辖区									
丹江口市		65					330	57	6
郧县	60	140	110		170		45	76	10
郧西	130	15					5	26	
竹山县		20						220	
竹溪县									
房县		140	153		1				
荆州市	**1045**	**5043**		**584**	**25**		**4915**	**283**	
荆州区	1030	62		24			2877	6	
沙市区		26					11		
江陵县									
松滋市							500		
公安县		106					225	11	
石首市		11		560	25		1008	216	
监利县		4431					284		
洪湖市	15	407					10	50	
宜昌市	**2274**	**786**	**71**	**533**			**3393**	**191**	
宜昌市直									
夷陵区									
宜都市	600	40		6					
枝江市	126	347		57			2700		
当阳市	460	287	69	40			687	186	
远安县	85	2	2				6	5	
兴山县									
秭归县	3								
长阳县	1000	110		430					
五峰县									
襄阳市	**810**	**417**	**13**		**550**		**1527**	**300**	**215**
襄阳市辖区		13					88	32	21
老河口市		350			460				100
襄州区	27							31	16
枣阳市		5			2		50	75	55
宜城市		2			2		1220	41	
南漳县	36				86		9	4	2
谷城县	747	47	13				160	84	21
保康县								33	
鄂州市		**585**	**100**				**1301**	**738**	
鄂城区		57	100				202	43	
华容区		46					115	136	
梁子湖区		482					984	559	
荆门市	**167**	**828**	**273**		**96**	**621**	**2914**	**381**	**15**

续表　　　　　　　　　　　　　　　　　　　　　　　　　　　　　　　　　　单位:吨

地区	其中:一、鱼类								
	鲟鱼	鲈鱼	罗非鱼	长吻鮠	银鱼	鳗鲡	鲍鱼	其它	其中观赏鱼
荆门市辖区									
沙洋县	17	113	152				1232		
钟祥市		100	10				272	114	
京山县		302	111			621	814	131	
沙洋农场		110					423		
东宝区	150	138			15		50		15
掇刀区		63					48	96	
漳河新区		2			81		70	40	
屈家岭管理区							5		
孝感市	**1**	**475**	**402**				**2422**	**4169**	**1**
孝南区							285	2903	
孝昌县	1	1					36	23	1
大悟县							100		
安陆市		80	145				735	30	
云梦县		120	84				945		
应城市		60	173						
汉川市		214					321	1213	
孝感市辖区									
黄冈市	**120**	**1464**	**392**		**12**	**600**	**4127**	**2461**	**392**
黄州区		500							
团风县		450					10		
红安县		370					78		
麻城市		30					25	50	350
罗田县		8					12		
英山县			392					11	
浠水县		45				600	1254	1455	5
蕲春县	4	3					1018	229	12
武穴市	116	40					360	46	25
黄梅县		18			12		1370	670	
龙感湖区									
咸宁市	**1538**	**6812**	**656**	**200**	**312**		**1786**	**702**	**100**
咸宁市直									
咸安区		992					231	15	
嘉鱼县	15	50		200			150	55	
赤壁市			330				765	300	100
通城县	3	282	1		22		550		
崇阳县	1120	633	257		40		90	332	
通山县	400	4855	68		250				
恩施州	**69**	**23**						**190**	
恩施市	4								
建始县	49							190	
巴东县	6								
利川市									
宣恩县	10	5							
咸丰县									
来凤县		18							
鹤峰县									
随州市	**7**	**12**			**59**		**451**	**23**	**5**
曾都区	7	10					15	23	5
随县		2					21		
广水市					59		415		
仙桃市		**1281**				**70**	**74**	**350**	
天门市		**1513**		**216**			**725**		**5**
潜江市		**42**					**27**		
神农架	**1**							**50**	**1**

水产品养殖产量(三)

单位:吨

地区	二、甲壳类	其中:虾					其中:河蟹
		小计	青虾	克氏原螯虾	南美白对虾	其他	
湖北省	**1150215**	**999352**	**8897**	**982010**	**7612**	**833**	**150863**
武汉市	**46625**	**37018**	**1336**	**34157**	**1374**	**151**	**9607**
武汉市直	4276	2386	40	2106	90	150	1890
新洲区	6875	5129		4596	533		1746
江夏区	10663	9034	814	8204	15	1	1629
蔡甸区	8250	6197	42	6103	52		2053
黄陂区	16561	14272	440	13148	684		2289
黄石市	**23963**	**22534**	**22**	**22457**	**55**		**1429**
黄石市直	150	95		95			55
大冶市	6708	5748		5693	55		960
阳新县	17105	16691	22	16669			414
十堰市	**707**	**689**	**78**	**605**	**4**	**2**	**18**
十堰市直							
十堰市辖区							
丹江口市	92	92		92			
郧县	41	35		31	4		6
郧西	14	14		14			
竹山县	80	70		70			10
竹溪县	340	340		340			
房县	140	138	78	58		2	2
荆州市	**524785**	**418766**	**1063**	**416908**	**783**	**12**	**106019**
荆州区	15532	15532		15532			
沙市区	15271	15271		15193	78		
江陵县	14294	14169		14169			125
松滋市	11571	10898		10898			673
公安县	44786	44564		44564			222
石首市	42977	42529	2	42522	5		448
监利县	194030	154010		154010			40020
洪湖市	186324	121793	1061	120020	700	12	64531
宜昌市	**9028**	**9028**		**9018**	**10**		
宜昌市直							
夷陵区	180	180		180			
宜都市	320	320		320			
枝江市	3400	3400		3400			
当阳市	4546	4546		4536	10		
远安县	360	360		360			
兴山县							
秭归县							
长阳县	222	222		222			
五峰县							
襄阳市	**17158**	**16173**	**124**	**15598**	**451**		**985**
襄阳市辖区	1519	1519		1150	369		
老河口市	3782	2822	32	2780	10		960
襄州区	1500	1500		1472	28		
枣阳市	2268	2253	15	2238			15
宜城市	4265	4255	4	4251			10
南漳县	908	908	21	843	44		
谷城县	2883	2883	52	2831			
保康县	33	33		33			
鄂州市	**12108**	**11879**	**204**	**10764**	**771**	**140**	**229**
鄂城区	3898	3813	74	3565	174		85
华容区	1967	1941	59	1650	92	140	26
梁子湖区	6243	6125	71	5549	505		118
荆门市	**103281**	**103036**	**266**	**102585**	**124**	**61**	**245**

续表 1　　单位：吨

地区	二、甲壳类	其中：虾					其中：河蟹
		小计	青虾	克氏原螯虾	南美白对虾	其他	
荆门市辖区							
沙洋县	59523	59349	44	59220	24	61	174
钟祥市	19587	19587		19587			
京山县	13157	13134	100	13034			23
沙洋农场	682	682		682			
东宝区	5385	5385	80	5205	100		
掇刀区	2858	2858	37	2821			
漳河新区	1715	1715	5	1710			
屈家岭管理区	374	326		326			48
孝感市	**78977**	**58495**	**103**	**58311**	**81**		**20482**
孝南区	5099	4716		4716			383
孝昌县	855	852	1	850	1		3
大悟县	3300	3300		3300			
安陆市	3876	3790	100	3610	80		86
云梦县	5339	5077		5077			262
应城市	7502	7502	2	7500			
汉川市	52926	33178		33178			19748
孝感市辖区	80	80		80			
黄冈市	**100079**	**99318**	**3125**	**93734**	**2277**	**182**	**761**
黄州区	2606	2570	10	1200	1360		36
团风县	3579	3574		3574			5
红安县	2470	2470		2270	200		
麻城市	853	803		803			50
罗田县	371	367		365	2		4
英山县	237	237		237			
浠水县	10336	10336	30	9906	400		
蕲春县	9808	9787	12	9545	215	15	21
武穴市	19616	19561	73	19451		37	55
黄梅县	46020	45430	3000	42200	100	130	590
龙感湖区	4183	4183		4183			
咸宁市	**40942**	**38174**	**2100**	**35767**	**25**	**282**	**2768**
咸宁市直							
咸安区	10786	9931		9931			855
嘉鱼县	6740	6690	1820	4850		20	50
赤壁市	18030	16417	280	16100	25	12	1613
通城县	2335	2270		2270			65
崇阳县	2251	2066		1816		250	185
通山县	800	800		800			
恩施州	**109**	**109**		**100**	**9**		
恩施市	46	46		46			
建始县							
巴东县							
利川市							
宣恩县	24	24		24			
咸丰县							
来凤县	39	39		30	9		
鹤峰县							
随州市	**9153**	**8917**	**441**	**8447**	**26**	**3**	**236**
曾都区	253	253		250		3	
随县	3813	3635	176	3459			178
广水市	5087	5029	265	4738	26		58
仙桃市	**33594**	**26393**	**35**	**24746**	**1612**		**7201**
天门市	**33746**	**32973**		**32973**			**773**
潜江市	**115960**	**115850**		**115840**	**10**		**110**
神农架							

续表 2

单位:吨

地区	三、贝类	其中:河蚌	螺	蚬	四、其它类	其中:龟	鳖	蛙
湖北省	**2943**	**1499**	**1224**	**220**	**70731**	**8970**	**47620**	**14141**
武汉市					**3735**	**224**	**1566**	**1945**
武汉市直					785	199	436	150
新洲区					857			857
江夏区					750			750
蔡甸区					220		220	
黄陂区					1123	25	910	188
黄石市	**326**	**20**	**185**	**121**	**522**	**106**	**203**	**213**
黄石市直								
大冶市					331	106	69	156
阳新县	326	20	185	121	191		134	57
十堰市	**129**	**120**	**3**	**6**	**171**		**167**	**4**
十堰市直								
十堰市辖区								
丹江口市					28		28	
郧县					5		2	3
郧西					1			1
竹山县					127		127	
竹溪县					10		10	
房县	129	120	3	6				
荆州市	**396**	**43**	**350**	**3**	**25314**	**4798**	**18259**	**2257**
荆州区					2391	2391		
沙市区					1247	597	233	417
江陵县					752	231	422	99
松滋市					1866	56	1700	110
公安县	89	38	48	3	10004	77	9885	42
石首市	7	5	2		632	20	460	152
监利县					5810	1086	3329	1395
洪湖市	300		300		2612	340	2230	42
宜昌市	**1**	**1**			**330**	**41**	**153**	**136**
宜昌市直								
夷陵区					60			60
宜都市					15		15	
枝江市								
当阳市	1	1			235	41	118	76
远安县					1		1	
兴山县								
秭归县								
长阳县					19		19	
五峰县								
襄阳市	**18**	**7**	**11**		**1336**	**18**	**860**	**458**
襄阳市辖区					34	1	18	15
老河口市	8	4	4		21	5	8	8
襄州区					148	2	11	135
枣阳市					28		13	15
宜城市					1048	3	790	255
南漳县					36	6	14	16
谷城县	10	3	7		21	1	6	14
保康县								
鄂州市	**1**		**1**		**221**	**16**	**124**	**81**
鄂城区					7		7	
华容区	1		1		97	4	23	70
梁子湖区					117	12	94	11
荆门市					**18652**	**3082**	**14587**	**983**

续表 3　　　　　　　　　　　　　　　　　　　　　　　　　　单位:吨

地区	三、贝类	其中:河蚌	螺	蚬	四、其它类	其中:龟	鳖	蛙
荆门市辖区								
沙洋县					2390	162	2010	218
钟祥市					2945	901	1617	427
京山县					11653	1384	9979	290
沙洋农场								
东宝区					340	300		40
掇刀区					1217	305	904	8
漳河新区					63	21	42	
屈家岭管理区					44	9	35	
孝感市	**198**	**38**	**160**		**4862**	**81**	**4439**	**342**
孝南区					223	17	206	
孝昌县					14	1	10	3
大悟县					100	43	57	
安陆市					125	8	17	100
云梦县					172	12	160	
应城市					3943		3922	21
汉川市	198	38	160		285		67	218
孝感市辖区								
黄冈市	**1190**	**599**	**503**	**88**	**2373**	**31**	**234**	**2108**
黄州区	10		10					
团风县								
红安县					157	1	6	150
麻城市					43	1	12	30
罗田县					87	2	80	5
英山县					5	1	4	
浠水县					315	15	45	255
蕲春县	28	20	8		16	1	3	12
武穴市	114	39	75		110		24	86
黄梅县	1038	540	410	88	1640	10	60	1570
龙感湖区								
咸宁市					**3388**	**250**	**412**	**2726**
咸宁市直								
咸安区					112	8	21	83
嘉鱼县					2640	220	220	2200
赤壁市					189	22	30	137
通城县					185		68	117
崇阳县					262		73	189
通山县								
恩施州					**18**			**18**
恩施市					8			8
建始县								
巴东县								
利川市								
宣恩县								
咸丰县								
来凤县					10			10
鹤峰县								
随州市	**104**	**92**	**10**	**2**	**1485**	**44**	**1313**	**128**
曾都区					32		2	30
随县	104	92	10	2	70	8	61	1
广水市					1383	36	1250	97
仙桃市	**10**	**9**	**1**		**4700**	**121**	**3639**	**940**
天门市	**570**	**570**			**2432**	**82**	**1604**	**746**
潜江市					**1192**	**76**	**60**	**1056**
神农架								

精养鱼池主养名特优水产品面积

面积：公顷；温室面积：平方米

地区	龟		鳖		河蟹	鳜鱼	青虾
	小计	#温室	小计	#温室			
湖北省	**2296**	**301883**	**28495**	**1161643**	**100666**	**80808**	**8296**
武汉市	**26**	**3300**	**463**	**3260**	**5485**	**1915**	**40**
武汉市直	24	3300	337	1260	1012	403	20
新洲区					927	35	
江夏区					982	1052	
蔡甸区			37		2104	316	20
黄陂区	2		89	2000	460	109	
黄石市	**6**	**10000**	**105**	**176**	**657**	**584**	**1**
黄石市直					19	11	
大冶市	6	10000	33		298	160	
阳新县			72	176	340	413	1
十堰市			**47**		**4**		**5**
十堰市直							
十堰市辖区							
丹江口市							
郧县					4		
郧西							
竹山县			45				5
竹溪县			2				
房县							
荆州市	**1372**	**89656**	**15829**	**66120**	**65735**	**42378**	**2**
荆州区	47	5300	624	3450	30		
沙市区	23	3200	60			10	
江陵县	91	73711	445				
松滋市	250	3000	2667	10000	1400	4000	
公安县	267	833	8993	6400	4335	1230	
石首市	26		1075	40000	403	5120	1
监利县	368	3522	1765	6200	26667	18718	
洪湖市	300	90	200	70	32900	13300	1
宜昌市	**22**	**300**	**292**	**500**		**44**	
宜昌市直							
夷陵区							
宜都市			10				
枝江市	2		50				
当阳市	20	300	227	500		44	
远安县							
兴山县							
秭归县							
长阳县			5				
五峰县							
襄阳市	**28**		**374**		**707**	**335**	**301**
襄阳市辖区	1		11			36	
老河口市	20		20		560	260	30
襄州区	6		10				208
枣阳市			60		136	28	45
宜城市	1		267		11	11	4
南漳县			5				9
谷城县			1				5
保康县							
鄂州市			**8**	**1560**	**605**	**468**	**254**
鄂城区			8		124	190	74
华容区					381	71	76
梁子湖区				1560	100	207	104
荆门市	**541**	**171277**	**8366**	**568057**	**505**	**2200**	**1209**

续表 1　　　　面积：公顷；温室面积：平方米

地区	龟		鳖		河蟹	鳜鱼	青虾
	小计	#温室	小计	#温室			
荆门市辖区							
沙洋县	23	14830	1536	98560	407	1915	1180
钟祥市	105	81794	523	52214		44	
京山县	390	49500	6170	408800	12	150	6
沙洋农场						26	
东宝区	5	16313	12	483		2	3
掇刀区	4	3000	90	8000		3	20
漳河新区	3		3		20	60	
屈家岭管理区	11	5840	32		66		
孝感市	**49**	**1600**	**987**	**371250**	**17299**	**10587**	**382**
孝南区	5	1000	166	24500	233	2873	
孝昌县	5		5		5	5	
大悟县	9		26				
安陆市	30		112		140	154	380
云梦县		600	210	400	208	182	
应城市			468	346350	900	2273	2
汉川市					15813	5100	
孝感市辖区							
黄冈市	**1**	**150**	**103**	**2920**	**2532**	**8082**	**4644**
黄州区					24	70	5
团风县					2	34	
红安县						630	
麻城市					42	350	
罗田县		150		2400	4		8
英山县	1		2			9	
浠水县						60	
蕲春县			3		22	809	96
武穴市			26		105	2110	620
黄梅县			72	520	2333	4010	3915
龙感湖区							
咸宁市	**5**		**7**	**1100**	**2808**	**12575**	**1235**
咸宁市直							
咸安区	5		7	1100	2500	415	
嘉鱼县					33	330	
赤壁市					160	10265	1235
通城县					40	135	
崇阳县					75	1260	
通山县						170	
恩施州						**1**	
恩施市						1	
建始县							
巴东县							
利川市							
宣恩县							
咸丰县							
来凤县							
鹤峰县							
随州市	**35**		**409**	**38000**	**210**	**354**	**184**
曾都区						5	
随县	4		15		124	23	55
广水市	31		394	38000	86	326	129
仙桃市	**80**	**3400**	**1163**	**4300**	**3685**	**647**	**39**
天门市	**91**	**22000**	**329**	**104000**	**434**	**638**	
潜江市	**40**	**200**	**13**	**400**			
神农架							

续表 2　　　　面积：公顷；温室面积：平方米

地区	克氏螯虾	鲌鱼	黄颡鱼	鳝鱼	鮰鱼	泥鳅	鲈鱼
湖北省	**169896**	**14307**	**53389**	**23325**	**6755**	**5872**	**2343**
武汉市	**2647**	**712**	**889**	**773**	**304**	**67**	**236**
武汉市直	166	148	249	503	12	8	57
新洲区	27	65	25	127	135	16	93
江夏区	104	293	197	133			13
蔡甸区	529	34	253	10	127	22	18
黄陂区	1821	172	165		30	21	55
黄石市	**1709**	**224**	**767**	**169**	**67**	**409**	**56**
黄石市直	13	15	5		2	2	
大冶市	600	20	200	3	65	40	20
阳新县	1096	189	562	166		367	36
十堰市	**115**	**30**	**27**	**25**	**1**	**28**	**42**
十堰市直							
十堰市辖区					1	8	
丹江口市	5	10					
郧县	20	20					30
郧西							
竹山县	80		27	25		20	5
竹溪县	10						
房县							7
荆州市	**51562**	**2616**	**10475**	**9039**	**1247**	**890**	**380**
荆州区		1220	1334			8	3
沙市区	156	15	597		30	37	10
江陵县	361		226	796		259	
松滋市		1065	250	180	120	50	
公安县	333	151	4788	2156	104	121	13
石首市	710	142	610	571	47	135	3
监利县	26667	3	1770	3011	38	202	322
洪湖市	23335	20	900	2325	908	78	29
宜昌市	**2863**	**531**	**5832**	**40**	**145**	**106**	**186**
宜昌市直			1				
夷陵区	20		60			1	
宜都市			6			5	10
枝江市	1600	180	5500	25	45	35	30
当阳市	1093	351	253	15	79	62	139
远安县							
兴山县							
秭归县							
长阳县	150		12		21	3	7
五峰县							
襄阳市	**2829**	**13**	**823**	**339**	**40**	**120**	**72**
襄阳市辖区	52			43			
老河口市	160		210	12			60
襄州区			375	220	21		
枣阳市	196	5	160	45	19	75	5
宜城市	2189		14	16		11	1
南漳县	152	5	63	3		13	4
谷城县	40	3	1			21	2
保康县	40						
鄂州市	**1351**	**189**	**1134**	**579**	**99**	**2**	**67**
鄂城区	704	23	968	573	4		50
华容区	251	90	125				3
梁子湖区	396	76	41	6	95	2	14
荆门市	**6989**	**1031**	**3269**	**590**	**803**	**221**	**225**

续表 3

面积：公顷；温室面积：平方米

地区	克氏螯虾	鲌鱼	黄颡鱼	鳝鱼	鮰鱼	泥鳅	鲈鱼
荆门市辖区							
沙洋县	3821	672	1266	232	392	12	18
钟祥市	880	30	583	30	158	17	20
京山县	963	258	788	21	7	40	150
沙洋农场	90	35	48			6	8
东宝区	2	14	47	156	16	5	15
掇刀区	621		375	8	20		10
漳河新区	402	21	152	143	210	122	4
屈家岭管理区	210	1	10			19	
孝感市	**16327**	**537**	**9689**	**723**	**301**	**875**	**46**
孝南区	1542		2000	167		332	
孝昌县	720	60	1880	150	1	70	
大悟县	862					332	
安陆市	80	420	600	28	124	76	18
云梦县	1250	30	3750	95	11	13	10
应城市	5000	2	1044	83	4	1	
汉川市	6873	25	415	200	161	51	18
孝感市辖区							
黄冈市	**39248**	**6169**	**9723**	**2226**	**168**	**964**	**311**
黄州区	200		180	50		10	27
团风县	106	10		1	7	2	33
红安县	1370	110	717	30	105	520	58
麻城市	589		1000	50	28	45	62
罗田县	122			2		50	8
英山县	117		7	2	3		
浠水县	60	45	20	15		8	7
蕲春县	1516	129	508	95	20	19	1
武穴市	11400	660	1500	225	5	100	15
黄梅县	20000	5215	5210	1750		210	100
龙感湖区	3768		581	6			
咸宁市	**30666**	**590**	**8880**	**935**	**1453**	**857**	**285**
咸宁市直							
咸安区	7300	100	500	200		160	70
嘉鱼县	3313		330	200	1000	650	10
赤壁市	15733	160	7375	330	28		
通城县	1420	105	25	90	55	35	65
崇阳县	2400	225	560	35	195	12	50
通山县	500		90	80	175		90
恩施州	**26**		**2**		**3**	**2**	**1**
恩施市			2		3	2	
建始县							
巴东县							
利川市	16						
宣恩县							
咸丰县							
来凤县	10						1
鹤峰县							
随州市	**3279**	**324**	**379**	**392**	**21**	**246**	**25**
曾都区	135	50	47	13	16	44	20
随县	2101	135	221	147	5	20	5
广水市	1043	139	111	232		182	
仙桃市	**4769**		**832**	**6895**	**1817**	**177**	**241**
天门市	**2607**	**1341**	**557**	**226**	**281**	**881**	**168**
潜江市	**2909**		**111**	**374**	**5**	**27**	**2**
神农架							

养殖产量、面积(按水面分类)(一)

地区	池塘养殖面积				稻田综合养殖面积				
	小计	其中:精养鱼池		普通池塘	小计	其中:稻田养虾	稻田养鳅	稻田养鳖	其它品种养殖面积
		小计	其中:尾水治理面积						
	公顷	公顷	公顷	公顷	公顷	公顷	公顷	公顷	公顷
湖北省	**525886**	**391965**	**34771**	**133921**	**490266**	**477753**	**3026**	**5147**	**4340**
省直属									
武汉市	**39219**	**29558**	**1853**	**9661**	**15347**	**15068**	**37**		**242**
武汉市直	6967	5735	233	1232	829	580	37		212
新洲区	11146	10674	650	472	2785	2755			30
江夏区	4813	3782	533	1031	5733	5733			
蔡甸区	7293	4691	304	2602	4333	4333			
黄陂区	9000	4676	133	4324	1667	1667			
黄石市	**15334**	**13337**	**497**	**1997**	**9674**	**9352**	**95**	**155**	**72**
黄石市直	197	192		5	21	21			
大冶市	5887	4705	80	1182	4333	4167	33	66	67
阳新县	9250	8440	417	810	5320	5164	62	89	5
十堰市	**6888**	**480**	**146**	**6408**	**131**	**93**	**1**	**24**	**13**
十堰市直	1			1					
十堰市辖区	50	22	22	28					
丹江口市	1168	46	20	1122	5			5	
郧县	2040	140	80	1900	3	3			
郧西	580	35	10	545					
竹山县	2407	200		2207	50	45		5	
竹溪县	160	10		150	38	22	1	14	1
房县	482	27	14	455	35	23			12
荆州市	**129887**	**119334**	**3251**	**10553**	**182913**	**180381**	**737**	**1006**	**789**
荆州区	7047	7047	280		8666	8666			
沙市区	2237	1990	46	247	8800	8744			56
江陵县	4466	3953	300	513	11333	10958	220	20	135
松滋市	7140	4310	213	2830	6900	6867			33
公安县	12633	12633	133		30213	29811	120	250	32
石首市	7187	6567	99	620	14000	13667	133	133	67
监利县	31677	25334	180	6343	54667	54000	64	403	200
洪湖市	57500	57500	2000		48334	47668	200	200	266
宜昌市	**13274**	**9998**	**3627**	**3276**	**5278**	**5208**	**6**	**42**	**22**
宜昌市直	150	150	40						
夷陵区	1200	700		500	200	200			
宜都市	993	200	10	793	103	103			
枝江市	4800	4400	2500	400	1350	1350			
当阳市	5400	4180	1025	1220	3175	3125	1	37	12
远安县	581	231	15	350	300	280	5	5	10
兴山县	12	12							
秭归县	12	12							
长阳县	113	113	37		150	150			
五峰县	13			13					
襄阳市	**29209**	**17629**	**3981**	**11580**	**12053**	**11081**	**79**	**395**	**498**
襄阳市直									
襄阳市辖区	3047	2392	1270	655	518	495	6	5	12
老河口市	4070	3110	1020	960	2580	2300	10	10	260
襄州区	7020	4449	1552	2571	1189	1071	13	55	50
枣阳市	6380	2430	20	3950	1798	1668	50	60	20
宜城市	3863	1662	31	2201	2100	1682		265	153
南漳县	2280	1082	62	1198	1626	1626			
谷城县	2528	2483	5	45	2202	2199			3
保康县	21	21	21		40	40			
鄂州市	**14894**	**12098**	**588**	**2796**	**7202**	**6920**	**92**	**97**	**93**
鄂城区	5126	3844	30	1282	2030	2030			
华容区	4865	4144	374	721	1672	1538	31	10	93
梁子湖区	4903	4110	184	793	3500	3352	61	87	
荆门市	**50869**	**31363**	**6426**	**19506**	**57767**	**53578**	**89**	**2959**	**1141**

续表

地区	池塘养殖面积				稻田综合养殖面积				
	小计	其中:精养鱼池		普通池塘	小计	其中:稻田养虾	稻田养鳅	稻田养鳖	其它品种养殖面积
		小计	其中:尾水治理面积						
	公顷	公顷	公顷	公顷	公顷	公顷	公顷	公顷	公顷
荆门市直									
荆门市辖区									
沙洋县	14067	8419	77	5648	24018	23399	72	80	467
钟祥市	13227	7672	250	5555	13603	11330	17	2030	226
京山县	12100	7800	307	4300	11666	10725		616	325
沙洋农场	808	503		305	328	322		6	
东宝区	4400	4400	4400		4035	4002			33
掇刀区	3347	1159	842	2188	2707	2497		200	10
漳河新区	2240	900	500	1340	1133	1093			40
屈家岭管理区	680	510	50	170	277	210		27	40
孝感市	**62944**	**42026**	**4065**	**20918**	**31909**	**31146**	**628**	**116**	**19**
孝南区	10495	5006	121	5489	686	686			
孝昌县	5460	4260	2700	1200	1536	1420	98	18	
大悟县	5707	1250		4457	1254	754	500		
安陆市	5633	2445	157	3188	1740	1669	29	32	10
云梦县	6801	4130	800	2671	1100	1100			
应城市	6842	4465	287	2377	5000	4924	1	66	9
汉川市	21833	20447		1386	20533	20533			
孝感市辖区	173	23		150	60	60			
黄冈市	**53276**	**31418**	**2824**	**21858**	**54888**	**53838**	**558**	**101**	**391**
黄州区	2912	2539	1101	373	533	533			
团风县	4800	3651	300	1149	2693	2678	10		5
红安县	5967	3434	47	2533	1530	1370	142		18
麻城市	4350	1333	430	3017	589	489	20	20	60
罗田县	1479	149	15	1330	511	495	8		8
英山县	1765	212	11	1553	173	162		11	
浠水县	8406	3544	200	4862	8195	8165			30
蕲春县	8088	5642	260	2446	8451	8381			70
武穴市	7746	4446		3300	8445	8397	45	3	
黄梅县	6405	5110	300	1295	20000	19400	333	67	200
龙感湖区	1358	1358	160		3768	3768			
咸宁市	**28176**	**22946**	**807**	**5230**	**30241**	**29417**	**235**	**169**	**420**
咸宁市直									
咸安区	5860	4860	20	1000	6880	6670	30	30	150
嘉鱼县	6700	6073	213	627	4894	4627	67		200
赤壁市	7055	6655	40	400	14067	14000	33	34	
通城县	2236	1280	200	956	1500	1420	25	25	30
崇阳县	4200	2973	201	1227	2400	2200	80	80	40
通山县	2125	1105	133	1020	500	500			
恩施州	**743**	**236**	**17**	**507**	**513**	**15**			**498**
恩施市	190	75	16	115					
建始县	31	7		24					
巴东县	15			15					
利川市	363	143		220	498				498
宣恩县	11			11	15	15			
咸丰县	16	7		9					
来凤县	105		1	105					
鹤峰县	12	4		8					
随州市	**24135**	**8868**	**3120**	**15267**	**6768**	**6650**	**27**	**83**	**8**
曾都区	4535	1965	20	2570	348	333		7	8
随县	12100	4000		8100	2319	2279	20	20	
广水市	7500	2903	3100	4597	4101	4038	7	56	
仙桃市	**35866**	**35866**	**400**		**14987**	**14987**			
天门市	**11982**	**9375**		**2607**	**17775**	**17333**	**442**		
潜江市	**9190**	**7433**	**3169**	**1757**	**42820**	**42686**			**134**
神农架									

养殖产量、面积(按水面分类)(二)

地区	池塘养殖产量			稻田综合养殖产量				
	小计	其中:精养鱼池	普通池塘	小计	其中:小龙虾	泥鳅	鳖	其它品种产量
	吨	吨	吨	吨	吨	吨	吨	吨
湖北省	**3521374**	**3061790**	**459584**	**864227**	**835486**	**4954**	**5487**	**18300**
省直属								
武汉市	**374995**	**301706**	**73289**	**23882**	**22639**	**28**		**1215**
武汉市直	74473	61704	12769	1138	752	28		358
新洲区	97763	95277	2486	5453	4596			857
江夏区	53799	44519	9280	8590	8590			
蔡甸区	53640	40725	12915	6103	6103			
黄陂区	95320	59481	35839	2598	2598			
黄石市	**174629**	**165275**	**9354**	**16017**	**15556**	**70**	**123**	**268**
黄石市直	2865	2835	30	41	41			
大冶市	60774	53386	7388	5996	5693	37	48	218
阳新县	110990	109054	1936	9980	9822	33	75	50
十堰市	**17197**	**2362**	**14835**	**999**	**702**	**30**	**165**	**102**
十堰市直	6		6					
十堰市辖区	905	257	648					
丹江口市	10207	520	9687	120	92		28	
郧县	1683	525	1158	2	2			
郧西	578	195	383					
竹山县	1453	400	1053	247	70		127	50
竹溪县	690	90	600	390	340	30	10	10
房县	1675	375	1300	240	198			42
荆州市	**761178**	**728668**	**32510**	**360606**	**349026**	**754**	**1564**	**9262**
荆州区	93563	93563		15532	15532			
沙市区	29625	27888	1737	14790	14373			417
江陵县	15158	14393	765	13677	13181	340	30	126
松滋市	23563	19691	3872	10898	10898			
公安县	83768	83768		48090	47868	23	157	42
石首市	75561	71045	4516	39177	38924	85	123	45
监利县	162943	141323	21620	103742	103250	106	54	332
洪湖市	276997	276997		114700	105000	200	1200	8300
宜昌市	**151589**	**139539**	**12050**	**9141**	**8852**	**25**	**113**	**151**
宜昌市直	180	180						
夷陵区	3775	3050	725	180	180			
宜都市	4075	2200	1875	320	320			
枝江市	74700	72900	1800	3400	3400			
当阳市	65270	57766	7504	4649	4370	23	111	145
远安县	1829	1699	130	370	360	2	2	6
兴山县	4	4						
秭归县	40	40						
长阳县	1700	1700		222	222			
五峰县	16		16					
襄阳市	**135374**	**94495**	**40879**	**17392**	**15309**	**74**	**355**	**1654**
襄阳市直								
襄阳市辖区	18024	15010	3014	1266	1156	18	6	86
老河口市	24600	19200	5400	2850	2310			540
襄州区	29021	21199	7822	3301	2352	41	78	830
枣阳市	24360	13760	10600	2647	2606	15	5	21
宜城市	23640	12231	11409	3542	3113		266	163
南漳县	6691	4215	2476	809	809			
谷城县	9038	8880	158	2944	2930			14
保康县				33	33			
鄂州市	**250465**	**224931**	**25534**	**7193**	**6992**	**71**	**76**	**54**
鄂城区	89506	84104	5402	2421	2421			
华容区	84448	75213	9235	1137	1060	21	2	54
梁子湖区	76511	65614	10897	3635	3511	50	74	
荆门市	**348586**	**277458**	**71128**	**93098**	**88479**	**218**	**2559**	**1842**

续表

地区	池塘养殖产量			稻田综合养殖产量				
	小计	其中:精养鱼池	普通池塘	小计	其中:小龙虾	泥鳅	鳖	其它品种产量
	吨	吨	吨	吨	吨	吨	吨	吨
荆门市直								
荆门市辖区								
沙洋县	133523	124143	9380	46120	45550	162	61	347
钟祥市	113420	73723	39697	21049	19587	56	980	426
京山县	60466	53066	7400	14753	13034		1090	629
沙洋农场	4726	2712	2014	686	682		4	
东宝区	14500	9400	5100	5545	5205			340
掇刀区	12583	7744	4839	2878	2405		408	65
漳河新区	7431	4925	2506	1726	1710			16
屈家岭管理区	1937	1745	192	341	306		16	19
孝感市	**351127**	**289461**	**61666**	**50624**	**49310**	**1205**	**61**	**48**
孝南区	64099	44664	19435	2785	2785			
孝昌县								
大悟县	19050	8795	10255	3300	2200	1100		
安陆市	21730	16362	5368	3706	3565	103	13	25
云梦县	52895	40395	12500	1808	1808			
应城市	42659	28551	14108	7459	7386	2	48	23
汉川市	150694	150694		31524	31524			
孝感市辖区				42	42			
黄冈市	**319221**	**251363**	**67858**	**94485**	**91110**	**798**	**112**	**2465**
黄州区	27815	25787	2028	800	800			
团风县	42723	38336	4387	3452	3399	49		4
红安县	11127	7797	3330	2870	2270	450		150
麻城市	21162	8497	12665	1053	803	100	100	50
罗田县	3251	1446	1805	477	365	54		58
英山县	5325	1186	4139	239	239			
浠水县	51694	36074	15620	10046	9791			255
蕲春县	62016	50096	11920	9545	9409			136
武穴市	33732	27206	6526	16910	16851	45	2	12
黄梅县	47938	42500	5438	44110	42200	100	10	1800
龙感湖区	12438	12438		4983	4983			
咸宁市	**176797**	**160003**	**16794**	**36981**	**34886**	**994**	**216**	**885**
咸宁市直								
咸安区	37400	31900	5500	9260	9050	30	30	150
嘉鱼县	57000	55000	2000	5550	4850	200		500
赤壁市	52500	49200	3300	16785	16100	630	55	
通城县	9420	7060	2360	2520	2270	34	31	185
崇阳县	10477	8843	1634	2066	1816	100	100	50
通山县	10000	8000	2000	800	800			
恩施州	**2376**	**1041**	**1335**	**170**	**24**			**146**
恩施市	611	385	226					
建始县	293	99	194					
巴东县	42		42					
利川市	748	514	234	146				146
宣恩县	55		55	24	24			
咸丰县	48	22	26					
来凤县	545		545					
鹤峰县	34	21	13					
随州市	**61690**	**38578**	**23112**	**6499**	**6251**	**112**	**104**	**32**
曾都区	8738	6725	2013	285	250		3	32
随县	29642	16646	12996	1278	1178	55	45	
广水市	23310	15207	8103	4936	4823	57	56	
仙桃市	**267147**	**267147**		**13605**	**13605**			
天门市	**88910**	**83800**	**5110**	**25187**	**24702**	**485**		
潜江市	**40093**	**35963**	**4130**	**108348**	**108043**	**90**	**39**	**176**
神农架								

养殖产量、面积(按水面分类)(三)

地区	养殖面积中:							
	网箱面积(池塘)	网箱产量(池塘)	工厂化面积			工厂化产量		
				其中:流道养殖	循环水养殖		其中:流道养殖	循环水养殖
	千立方米	吨	千立方米	千立方米	千立方米	吨	吨	吨
湖北省	**576940**	**57539**	**7763**	**471**	**7199**	**12826**	**3994**	**7966**
省直属								
武汉市	**1089**	**3746**	**4132**	**46**	**4086**	**1059**	**653**	**406**
武汉市直		15	74		74	110		110
新洲区	510	1798	36	28	8	315	283	32
江夏区	539	1796	4013	11	4002	150	50	100
蔡甸区	40	137	4	4		224	224	
黄陂区			5	3	2	260	96	164
黄石市	**226**	**696**	**341**	**213**	**99**	**237**	**160**	**64**
黄石市直								
大冶市			1		1	12		12
阳新县	226	696	340	213	98	225	160	52
十堰市			**78**	**10**	**68**	**81**	**45**	**36**
十堰市直								
十堰市辖区								
丹江口市			78	10	68	81	45	36
郧县								
郧西								
竹山县								
竹溪县								
房县								
荆州市	**568998**	**32797**	**1060**	**8**	**1025**	**135**	**83**	**32**
荆州区			46	4	20	24	1	3
沙市区			1	1		20	20	
江陵县	445	2286						
松滋市								
公安县	3143	10119	1000		1000	24		24
石首市			5			42	42	
监利县	2400	20025						
洪湖市	563010	367	8	3	5	25	20	5
宜昌市			**1806**	**105**	**1701**	**6451**	**1750**	**4701**
宜昌市直								
夷陵区								
宜都市			300		300	1100		1100
枝江市			7	7		800	800	
当阳市			99	98	1	1000	950	50
远安县								
兴山县								
秭归县								
长阳县			1400		1400	3551		3551
五峰县								
襄阳市			**74**	**74**		**1482**	**870**	**612**
襄阳市直								
襄阳市辖区								
老河口市			1	1		12	12	
襄州区								
枣阳市								
宜城市								
南漳县			4	4		246	246	
谷城县			69	69		1224	612	612
保康县								
鄂州市	**100**	**150**						
鄂城区	100	150						
华容区								
梁子湖区								
荆门市	**383**	**2336**	**103**	**9**	**94**	**1438**	**318**	**1120**

续表

地区	养殖面积中：							
	网箱面积（池塘）	网箱产量（池塘）	工厂化面积			工厂化产量		
				其中：流道养殖	循环水养殖		其中：流道养殖	循环水养殖
	千立方米	吨	千立方米	千立方米	千立方米	吨	吨	吨
荆门市直								
荆门市辖区								
沙洋县	363	2196	5		5	510		510
钟祥市	2	30	1	1		25	25	
京山县	18	110	90	1	89	625	15	610
沙洋农场								
东宝区								
掇刀区			4	4		238	238	
漳河新区			3	3		40	40	
屈家岭管理区								
孝感市	**1043**	**2723**	**52**		**51**	**405**		**405**
孝南区								
孝昌县			50		50	380		380
大悟县								
安陆市	9	94						
云梦县			2		1	25		25
应城市								
汉川市	1034	2629						
孝感市辖区								
黄冈市	**1149**	**4941**	**78**	**4**	**74**	**551**	**35**	**515**
黄州区	18	424						
团风县	3	12	2		2	15		15
红安县			1	1		25	25	
麻城市			2		2	1		
罗田县								
英山县								
浠水县			73	3	70	510	10	500
蕲春县								
武穴市	160	470						
黄梅县	930	3920						
龙感湖区	38	115						
咸宁市	**689**	**3530**	**1**		**1**	**75**		**75**
咸宁市直								
咸安区	175	400						
嘉鱼县	460	3000						
赤壁市			1		1	75		75
通城县								
崇阳县	54	130						
通山县								
恩施州								
恩施市								
建始县								
巴东县								
利川市								
宣恩县								
咸丰县								
来凤县								
鹤峰县								
随州市			**36**			**832**		
曾都区								
随县								
广水市			36			832		
仙桃市			**2**	**2**		**80**	**80**	
天门市	**912**	**3768**						
潜江市	**2351**	**2852**						
神农架								

水产苗种生产投放

地区	投放鱼种总量（吨）	鱼种产量（吨）	鱼苗生产数量(亿尾)		扣蟹（公斤）	稚龟（万只）	稚鳖（万只）	虾类育苗（亿尾）	贝类育苗（万粒）
			合计	其中:黄颡鱼					
湖北省	**1011438**	**1037079**	**1218**	**58.73**	**2734896**	**2166**	**6278**	**2047.35**	**291**
武汉市	**79495**	**89695**	**99**	**7.05**	**1392**	**116**	**152**	**7.13**	
武汉市直	16538	21018	5	0.80	640	116	103	0.97	
新洲区	18390	18830	46					1.86	
江夏区	11860	17210	27	6.20	752			1.00	
蔡甸区	16287	14573	15				24		
黄陂区	16420	18064	7	0.05			25	3.30	
黄石市	**40223**	**35549**	**63**	**10.05**		**4**	**157**	**13.25**	
黄石市直	881	891	3	0.05					
大冶市	17480	14020	8			1	1	8.00	
阳新县	21862	20638	52	10.00		3	156	5.25	
十堰市	**4634**	**957**	**3**	**0.05**	**140**		**2**	**0.42**	
十堰市直									
十堰市辖区	292								
丹江口市	2600	320	1				2		
郧县	345	325			140			0.40	
郧西	276	15							
竹山县	335	165	1	0.05				0.02	
竹溪县	280	48	1						
房县	506	84							
荆州市	**273061**	**259072**	**255**	**17.01**	**2227509**	**411**	**2867**	**720.80**	**14**
荆州区	25022	30009	30					6.00	
沙市区	6015	2397	9	6.00		50	10		
江陵县	11410	8216	22	0.01		14	112	3.10	
松滋市	12000	12500	10	1.00	15000	30	300		
公安县	32400	31845	32	1.00	7409	27	799	196.00	14
石首市	35587	33286	17		21332	2	110	22.00	
监利县	44500	48255	45	1.00	463206	274	1266	103.70	
洪湖市	106127	92564	90	8.00	1720562	14	270	390.00	
宜昌市	**46365**	**32546**	**18**	**1.00**		**55**	**60**	**14.85**	
宜昌市直	35								
夷陵区	1180	860							
宜都市	1050	600	1				5		
枝江市	22846	20135	5	0.55				0.50	
当阳市	20490	10251	10	0.45		55	55	13.65	
远安县	500	580	1					0.70	
兴山县	3								
秭归县	7								
长阳县	250	120	1						
五峰县	4								
襄阳市	**36042**	**37306**	**25**	**3.15**	**4850**	**2**	**35**	**25.92**	
襄阳市辖区	2810	5600			50	1	1	2.10	
老河口市	5480	8810	2		4500			6.00	
襄州区	7732	4996	3	3.10			1	7.22	
枣阳市	9600	7500	2	0.05	300				
宜城市	5961	5095	4				32	5.20	
南漳县	1709	3363	8					2.40	
谷城县	2610	1542	6			1	1	3.00	
保康县	140	400							
鄂州市	**53264**	**28997**	**25**	**11.00**			**6**	**301.90**	
鄂城区	17165	11691	15	10.00				228.00	
华容区	22910	13821	7	1.00				0.90	
梁子湖区	13189	3485	3				6	73.00	
荆门市	**116349**	**115767**	**66**	**2.25**	**3860**	**1552**	**1844**	**45.80**	

续表

地区	投放鱼种总量（吨）	鱼种产量（吨）	鱼苗生产数量（亿尾）		扣蟹（公斤）	稚龟（万只）	稚鳖（万只）	虾类育苗（亿尾）	贝类育苗（万粒）
			合计	其中:黄颡鱼					
荆门市辖区									
沙洋县	45372	46573	27	0.80		85	42	11.10	
钟祥市	33717	35048	7	0.55		520	252	14.00	
京山县	18450	21950	16	0.60	360	650	1400	7.50	
沙洋农场	1286	946							
东宝区	8500	2800	2	0.30		38		5.00	
掇刀区	6200	5037	6			11	100	4.00	
漳河新区	2402	3008	9					4.20	
屈家岭管理区	422	405			3500	248	50		
孝感市	**94707**	**113152**	**76**	**1.00**	**433765**	**6**	**17**	**600.55**	
孝南区	16000	16200	16				5	0.75	
孝昌县	9985	7850	3	1.00					
大悟县	6400	4800	4			2	9	0.80	
安陆市	7205	7980	3						
云梦县	12900	12200	1			4	3		
应城市	9682	10069	13						
汉川市	32300	53941	37		433765			599.00	
孝感市辖区	235	112							
黄冈市	**95497**	**116933**	**299**	**3.11**	**11380**	**5**	**8**	**83.00**	**230**
黄州区	9760	10762	160	0.56	6260		1	2.00	
团风县	8640	5760	25					1.00	
红安县	6000	5680	10						
麻城市	6550	5200	3	0.43	3000			2.00	
罗田县	1536	140	3		120	5			
英山县	2316	2066	3						
浠水县	19000	19540	44	1.00	1000		1	40.00	
蕲春县	9697	30692	18					2.00	
武穴市	10950	13720	18				4	11.00	230
黄梅县	17200	19600	12	0.12	1000		2	25.00	
龙感湖区	3848	3773	2	1.00					
咸宁市	**47250**	**96535**	**49**	**0.04**	**49000**	**2**	**29**	**15.80**	
咸宁市直									
咸安区	7200	15900	9	0.01	30000	1	2	10.20	
嘉鱼县	12800		16					2.20	
赤壁市	17300	72085	16	0.03	19000	1	15	2.10	
通城县	3700	1650	1						
崇阳县	3950	4900	2				12	1.30	
通山县	2300	2000	4						
恩施州	**1012**	**283**							
恩施市	340	105							
建始县	1	1							
巴东县	8								
利川市	582	165							
宣恩县	7	7							
咸丰县	23	3							
来凤县	36								
鹤峰县	15	2							
随州市	**17773**	**14173**	**30**	**0.02**			**284**	**4.73**	
曾都区	2000	1691	3	0.02				3.00	
随县	8195	6620	1					0.21	
广水市	7578	5862	26				284	1.52	
仙桃市	**56415**	**56141**	**35**			**3**	**413**	**4.00**	
天门市	**27360**	**26652**	**40**			**8**	**352**	**22.00**	**47**
潜江市	**21991**	**13321**	**136**	**3.00**	**3000**	**2**	**52**	**187.20**	
神农架									

水产加工业(一)

地区	水产加工企业			水产冷库				部分水产品年加工量(吨)		
	总数(个)	加工能力(吨/年)	其中:规模以上的加工企业个数(个)	座数(座)	冻结能力(吨/日)	冷藏能力(吨/次)	制冰能力(吨/日)	克氏螯虾	鳊鲂	斑点叉尾鮰
湖北省	**251**	**1810855**	**111**	**384**	**74806**	**171273**	**5468**	**292546**	**11568**	**10808**
武汉市	**19**	**94513**	**7**	**25**	**268**	**20710**	**155**	**7850**	**100**	**3890**
武汉市直	3	10020	1	1	8	60				
新洲区	11	32540	4	2	100		35	1250		3890
江夏区	2	50050	1	8	150	20000	120	6000	50	
蔡甸区	2	1543		10		600		600		
黄陂区	1	360	1	4	10	50			50	
黄石市	**24**	**36766**	**11**	**13**	**166**	**1225**	**196**	**1007**	**4669**	**52**
黄石市直										
大冶市	16	28950	8	8	80	600	100	990	1350	38
阳新县	8	7816	3	5	86	625	96	17	3319	14
十堰市	**8**	**30000**	**3**	**12**	**100**	**7800**	**20**	**660**	**173**	**296**
十堰市直										
十堰市辖区										
丹江口市	8	30000	3	12	100	7800	20	660	173	296
郧县										
郧西										
竹山县										
竹溪县										
房县										
荆州市	**50**	**619500**	**36**	**131**	**44405**	**61230**	**2153**	**136010**	**1320**	**5240**
荆州区	1	50000		1	10000	10000	1	20000		
沙市区	1	10000	1	2	150	200		1500		
江陵县	4	5750	4	2	190	300		1350		
松滋市	2	5000	2	5	1000	1100	3	3000		
公安县	5	85100	3	4	26800	26800	16	16000	1300	
石首市	6	52000	4	4	1200	1320	26	9600		
监利县	8	111650	6	63	1415	5870	707	16020		240
洪湖市	23	300000	16	50	3650	15640	1400	68540	20	5000
宜昌市	**12**	**86800**	**7**	**13**	**550**	**4750**	**240**	**419**	**400**	**600**
宜昌市直										
夷陵区										
宜都市	4	12800	4	4	200	600	40			
枝江市	4	50000	3	4	250	1050	100	19		100
当阳市				2		1600				
远安县										
兴山县										
秭归县										
长阳县	4	24000		3	100	1500	100	400	400	500
五峰县										
襄阳市	**11**	**18135**	**1**	**7**	**132**	**155**	**31**	**20**		
襄阳市辖区	1	760								
老河口市	5	15200	1	3	50	50		20		
襄州区	2	993								
枣阳市	1	150		1	2	25	1			
宜城市	2	1032								
南漳县										
谷城县				3	80	80	30			
保康县										
鄂州市	**16**	**137566**	**9**	**18**	**1123**	**1913**	**320**		**3570**	**700**
鄂城区	5	58860	4	7	493	1040			1800	700
华容区										
梁子湖区	11	78706	5	11	630	873	320		1770	
荆门市	**14**	**142575**	**7**	**19**	**3160**	**5885**	**650**	**45170**		**30**

续表

地区	水产加工企业			水产冷库				部分水产品年加工量(吨)		
	总数（个）	加工能力（吨/年）	其中：规模以上的加工企业个数（个）	座数（座）	冻结能力（吨/日）	冷藏能力（吨/次）	制冰能力（吨/日）	克氏螯虾	鳊鲂	斑点叉尾鮰
荆门市辖区										
沙洋县	4	75600	3	6	2600	2650	150	38000		
钟祥市	3	30000	2	7	300	2050	280	3500		30
京山县	2	12200	1	4	180	1100	140	670		
沙洋农场										
东宝区	3	3775	1					3000		
掇刀区										
漳河新区	2	21000		2	80	85	80			
屈家岭管理区										
孝感市	**28**	**39312**	**3**	**13**	**1540**	**3200**	**120**	**5100**		
孝南区	1	2200								
孝昌县	1	12	1							
大悟县										
安陆市	1	300	1	1	150	1000				
云梦县	15	30500		6	1300	2000				
应城市	2	4000		3	50	200		1550		
汉川市	8	2300	1	3	40		120	3550		
孝感市辖区										
黄冈市	**36**	**86500**	**6**	**38**	**8402**	**30675**	**443**	**7850**	**110**	
黄州区	4	1750		1	15	65	14			
团风县										
红安县	2	1200		5	25	50	9			
麻城市	5	3550	1	2	15	6		50		
罗田县	10	150		4	4	12	2			
英山县										
浠水县	6	40000	2	9	1000	10000	100			
蕲春县	1	1850		4	160	220	60		10	
武穴市	1	10000	1	2	130	42	51	800		
黄梅县	5	23000	2	9	7050	20200	107	7000	100	
龙感湖区	2	5000		2	3	80	100			
咸宁市	**8**	**25360**	**4**	**30**	**433**	**1700**	**203**	**2000**		
咸宁市直										
咸安区										
嘉鱼县	4	15000	1	20	300	300				
赤壁市	3	9860	2	5	33	1000	3	2000		
通城县										
崇阳县										
通山县	1	500	1	5	100	400	200			
恩施州										
恩施市										
建始县										
巴东县										
利川市										
宣恩县										
咸丰县										
来凤县										
鹤峰县										
随州市	**1**	**25000**	**1**	**1**	**45**	**6000**	**37**	**16914**	**1226**	
曾都区										
随县										
广水市	1	25000	1	1	45	6000	37	16914	1226	
仙桃市	**12**	**41428**	**5**	**35**	**12277**	**17520**	**700**	**7146**		
天门市	**3**	**30800**	**2**	**3**	**32**	**1510**	**154**	**10700**		
潜江市	**9**	**396600**	**9**	**26**	**2173**	**7000**	**46**	**51700**		
神农架										

水产加工业(二)

地区	水产加工品(吨)						
	总量	(一)水产品冷冻			(二)鱼糜制品及干腌制品		
		小计	#冷冻品	#冷冻加工品	小计	#鱼糜制品	#干腌制品
湖北省	**1538116**	**731608**	**278857**	**452751**	**460481**	**230285**	**230196**
武汉市	**89014**	**46357**	**100**	**46257**	**41405**	**37775**	**3630**
武汉市直	10015				10015	10015	
新洲区	24580	6250		6250	18330	15740	2590
江夏区	53187	39927		39927	13020	12000	1020
蔡甸区	922				10		10
黄陂区	310	180	100	80	30	20	10
黄石市	**29716**	**1326**	**806**	**520**	**28270**	**13274**	**14996**
黄石市直							
大冶市	18553	1326	806	520	17112	4152	12960
阳新县	11163				11158	9122	2036
十堰市	**9772**	**9533**	**1285**	**8248**	**239**	**164**	**75**
十堰市直							
十堰市辖区							
丹江口市	9772	9533	1285	8248	239	164	75
郧县							
郧西							
竹山县							
竹溪县							
房县							
荆州市	**402734**	**146604**	**111401**	**35203**	**254950**	**116170**	**138780**
荆州区	18500	3000	2900	100	15500	15000	500
沙市区	21100	3600		3600	17500	14500	3000
江陵县	183	3		3			
松滋市	3800	3000	3000		800	800	
公安县	47170	18650	12100	6550	28520	25600	2920
石首市	6830	5230		5230	1600	300	1300
监利县	74151	58821	46201	12620	15330	6770	8560
洪湖市	231000	54300	47200	7100	175700	53200	122500
宜昌市	**42368**	**22590**	**7260**	**15330**	**19758**	**2960**	**16798**
宜昌市直	230				230		230
夷陵区	620				620		620
宜都市	7520	500		500	7000		7000
枝江市	23460	17290	7260	10030	6170	2760	3410
当阳市	3400				3400	200	3200
远安县							
兴山县	8				8		8
秭归县	25				25		25
长阳县	7100	4800		4800	2300		2300
五峰县	5				5		5
襄阳市	**8323**	**7499**	**7433**	**66**	**824**	**84**	**740**
襄阳市辖区	760	520	520		240	56	184
老河口市	5470	5280	5280		190	18	172
襄州区	763	623	623		140	10	130
枣阳市	150	150	150				
宜城市	661	661	643	18			
南漳县	305	85	76	9	220		220
谷城县	214	180	141	39	34		34
保康县							
鄂州市	**52830**	**12734**	**3394**	**9340**	**29754**	**7919**	**21835**
鄂城区	26296	4000		4000	15716	3783	11933
华容区							
梁子湖区	26534	8734	3394	5340	14038	4136	9902
荆门市	**135823**	**80147**	**9045**	**71102**	**31336**	**20722**	**10614**

续表 1

地区	水产加工品（吨）						
	总量	（一）水产品冷冻			（二）鱼糜制品及干腌制品		
		小计	#冷冻品	#冷冻加工品	小计	#鱼糜制品	#干腌制品
荆门市辖区							
沙洋县	77236	42600		42600	11096	6146	4950
钟祥市	35800	20500	2500	18000	14500	12000	2500
京山县	16225	12850	2500	10350	3375	1695	1680
沙洋农场	260				260	100	160
东宝区	3775	3775	3775				
掇刀区							
漳河新区	2339	422	270	152	1917	703	1214
屈家岭管理区	188				188	78	110
孝感市	**14430**	**9980**	**6750**	**3230**	**4450**	**258**	**4192**
孝南区	38				38	38	
孝昌县	12				12		12
大悟县							
安陆市	300				300		300
云梦县	3800	300		300	3500		3500
应城市	1000	1000		1000			
汉川市	9280	8680	6750	1930	600	220	380
孝感市辖区							
黄冈市	**66462**	**22634**	**7163**	**15471**	**32575**	**19099**	**13476**
黄州区	2333	68		68	2265	1396	869
团风县	7500				1250	1100	150
红安县	1375	1036	756	280	339	215	124
麻城市	4670	550	430	120	4120	4005	115
罗田县	1058				1058	257	801
英山县	1028				1028	169	859
浠水县	8763	900	750	150	7860	4110	3750
蕲春县	11665	5620	3567	2053	6045	3597	2448
武穴市	5770	3660	310	3350	2110	650	1460
黄梅县	17300	10800	1350	9450	6500	3600	2900
龙感湖区	5000						
咸宁市	**11771**	**7461**	**4706**	**2755**	**3790**	**1360**	**2430**
咸宁市直							
咸安区							
嘉鱼县							
赤壁市	9134	6961	4361	2600	2173	1303	870
通城县	600				600		600
崇阳县	460				460		460
通山县	1577	500	345	155	557	57	500
恩施州	**12**	**12**	**12**				
恩施市							
建始县							
巴东县							
利川市	12	12	12				
宣恩县							
咸丰县							
来凤县							
鹤峰县							
随州市	**6189**	**4327**		**4327**	**1862**		**1862**
曾都区							
随县							
广水市	6189	4327		4327	1862		1862
仙桃市	**32797**	**5029**	**366**	**4663**	**768**		**768**
天门市	**272675**	**2675**		**2675**			
潜江市	**363200**	**352700**	**119136**	**233564**	**10500**	**10500**	
神农架							

续表 2

地区	水产加工品（吨）					用于加工的水产品总量（吨）
	（三）罐制品	（四）水产饲料（鱼粉）	（五）鱼油制品	（六）其它水产品加工		
				小计	#助剂和添加剂	
湖北省	**11104**	**332340**		**2583**	**240**	**1915405**
武汉市	**100**			**1152**	**240**	**181521**
武汉市直						51000
新洲区						43920
江夏区				240	240	86101
蔡甸区				912		
黄陂区	100					500
黄石市	**119**			**1**		**56656**
黄石市直						
大冶市	115					35620
阳新县	4			1		21036
十堰市						**13687**
十堰市直						
十堰市辖区						
丹江口市						13687
郧县						
郧西						
竹山县						
竹溪县						
房县						
荆州市		**1000**		**180**		**676688**
荆州区						47000
沙市区						45000
江陵县				180		1530
松滋市						5200
公安县						59800
石首市						10500
监利县						172050
洪湖市		1000				335608
宜昌市	**20**					**91493**
宜昌市直						650
夷陵区						1550
宜都市	20					
枝江市						62500
当阳市						9700
远安县						
兴山县						30
秭归县						57
长阳县						17000
五峰县						6
襄阳市						**12242**
襄阳市辖区						290
老河口市						8900
襄州区						1455
枣阳市						200
宜城市						956
南漳县						441
谷城县						
保康县						
鄂州市	**10342**					**108629**
鄂城区	6580					49108
华容区						
梁子湖区	3762					59521
荆门市		**24340**				**175675**

续表 3

地区	水产加工品（吨）					用于加工的水产品总量（吨）
	（三）罐制品	（四）水产饲料（鱼粉）	（五）鱼油制品	（六）其它水产品加工		
				小计	#助剂和添加剂	
荆门市辖区						
沙洋县		23540				93719
钟祥市		800				52000
京山县						28900
沙洋农场						610
东宝区						
掇刀区						
漳河新区						
屈家岭管理区						446
孝感市						**29010**
孝南区						50
孝昌县						
大悟县						
安陆市						900
云梦县						4500
应城市						5000
汉川市						18560
孝感市辖区						
黄冈市	**3**	**10000**		**1250**		**116959**
黄州区						7235
团风县		5000		1250		1250
红安县						3000
麻城市						11650
罗田县						3180
英山县						2377
浠水县	3					17282
蕲春县						16625
武穴市						20560
黄梅县						33800
龙感湖区		5000				
咸宁市	**520**					**15610**
咸宁市直						
咸安区						
嘉鱼县						
赤壁市						13160
通城县						
崇阳县						
通山县	520					2450
恩施州						
恩施市						
建始县						
巴东县						
利川市						
宣恩县						
咸丰县						
来凤县						
鹤峰县						
随州市						**25035**
曾都区						
随县						
广水市						25035
仙桃市		**27000**				**6300**
天门市		**270000**				**10700**
潜江市						**395200**
神农架						

渔业人口与从业人员

地区	渔业乡（个）	渔业村（个）	渔业户（户）	渔业人口（人）		渔业从业人员（人）		
				小计	其中：传统渔民	合计	其中：专业从业人员	
							小计	捕捞
湖北省	**63**	**863**	**449954**	**1453979**	**520113**	**1127480**	**751431**	**18801**
武汉市	**1**	**90**	**36240**	**119821**	**49519**	**87674**	**55982**	**3914**
武汉市直	1	23	4943	12411	8932	8736	8128	102
新洲区		44	11618	36359	13652	28614	18558	876
江夏区		6	1393	4509	1803	10246	5046	805
蔡甸区		17	6301	21107	8566	19396	8972	412
黄陂区			11985	45435	16566	20682	15278	1719
黄石市	**1**	**15**	**9234**	**36832**	**7704**	**36761**	**14677**	**852**
黄石市直			168	430		670	160	
大冶市	1	4	4000	15000	1860	10300	4500	760
阳新县		11	5066	21402	5844	25791	10017	92
十堰市		**1**	**4892**	**16725**	**775**	**9027**	**4386**	**2126**
十堰市直								
十堰市辖区								
丹江口市		1	1686	4215	453	1686	1589	1136
郧县			2120	9540		3711	1484	854
郧西			226	1030	210	656	536	120
竹山县			72	216		1250	323	
竹溪县			501	1052		1052	162	
房县			287	672	112	672	292	16
荆州市	**14**	**322**	**97658**	**287939**	**138945**	**248936**	**199055**	**2032**
荆州区		1	4324	16167	1570	15523	11561	
沙市区			4983	9326	4732	7948	5698	12
江陵县			4198	15760	2634	8221	6355	340
松滋市		16	5586	15285	3500	12979	9845	
公安县		32	8066	23350	9145	28893	23350	974
石首市			383	706		3754	3068	706
监利县	3	132	33166	119091	49110	74264	50924	
洪湖市	11	141	36952	88254	68254	97354	88254	
宜昌市		**6**	**19772**	**57642**	**5933**	**53010**	**30254**	**282**
宜昌市直			45	112		112	112	
夷陵区			4015	8242	458	5971	1287	154
宜都市			200	1000		1400	600	
枝江市		4	8767	31911	1397	21061	14161	
当阳市		2	6730	16351	4078	20822	11798	128
远安县						2758	1848	
兴山县			4	6		6	6	
秭归县						60	60	
长阳县						780	362	
五峰县			11	20		40	20	
襄阳市	**4**	**20**	**38123**	**89818**	**24340**	**44604**	**28984**	**128**
襄阳市辖区		1	5155	10310	8655	7720	4464	
老河口市	1	5	14460	24400	12650	5800	3570	120
襄州区				706		706	706	
枣阳市			8200	25000	1530	13980	8680	
宜城市	1	4	5574	16275		3223	3223	
南漳县	2	10	3192	9484	1500	9537	6562	
谷城县			1542	3578		3578	1741	
保康县				65	5	60	38	8
鄂州市	**1**	**15**	**13527**	**53157**	**21524**	**46746**	**34361**	**825**
鄂城区	1	4	6015	17963	10572	13497	11233	647
华容区		5	2392	14962	1090	9710	7784	178
梁子湖区		6	5120	20232	9862	23539	15344	
荆门市	**9**	**123**	**34798**	**96689**	**28959**	**73746**	**50360**	**2183**

续表 1

地区	渔业乡（个）	渔业村（个）	渔业户（户）	渔业人口（人）		渔业从业人员（人）		
				小计	其中：传统渔民	合计	其中：专业从业人员	
							小计	捕捞
荆门市辖区								
沙洋县	6	46	7080	23573	8824	17382	14149	
钟祥市		44	9286	32776	9776	25997	17761	533
京山县	3	29	7696	20499	8420	18607	11299	910
沙洋农场			1298	3712		2471	2051	
东宝区			5020	8003	350	2077	880	202
掇刀区			1504	4558		2615	2100	282
漳河新区		4	2542	2610	1589	3941	1583	256
屈家岭管理区			372	958		656	537	
孝感市	**1**	**41**	**35774**	**131259**	**79866**	**116935**	**76646**	**1877**
孝南区			6498	20503	13898	9537	8825	
孝昌县			3160	10907	9880	10907	10267	152
大悟县			3247	11850	3003	10880	5780	50
安陆市		1	5476	21426	11097	21426	11783	806
云梦县			2715	8400	3650	10340	7140	
应城市			5381	18458	7552	14645	10300	849
汉川市	1	40	8826	37864	30246	37932	22141	
孝感市辖区			471	1851	540	1268	410	20
黄冈市	**11**	**112**	**48576**	**167287**	**64676**	**146948**	**82155**	**1814**
黄州区	1	7	4420	14670	12940	15910	13310	
团风县		5	4454	12712	6051	6723	5223	
红安县	1	1	4210	13000	1526	13290	8660	130
麻城市		3	5140	14500	3365	14660	10500	150
罗田县			984	1989	317	939	332	
英山县	1	12	1895	3795	400	6937	1036	97
浠水县	1	21	7435	24110	11502	23988	10736	987
蕲春县	1	22	5216	20238	6231	19592	8965	
武穴市		2	5030	25150	3593	16212	8732	450
黄梅县			9160	35476	17340	27023	13460	
龙感湖区	6	39	632	1647	1411	1674	1201	
咸宁市	**19**	**87**	**22451**	**100019**	**27834**	**57902**	**27771**	**1804**
咸宁市直								
咸安区	8	26	2500	10000	3900	6865	4145	465
嘉鱼县	1	8	8421	33749	4579	15235	6305	
赤壁市	5	17	4300	21000	13060	18470	7700	320
通城县			2050	7170	2135	4880	3800	50
崇阳县		4	3750	15000	960	7338	1813	469
通山县	5	32	1430	13100	3200	5114	4008	500
恩施州			**750**	**1711**		**1978**	**921**	**61**
恩施市			164	480		503	196	30
建始县			5	14		31	16	
巴东县			130	340		106	14	
利川市			273	695		826	426	
宣恩县			15			21	21	
咸丰县			36	104		168	56	16
来凤县			105			258	163	8
鹤峰县			22	78		65	29	7
随州市			**19670**	**70041**	**4199**	**28373**	**13254**	**903**
曾都区			593	1033	978	1137	1102	135
随县			14691	53156		18370	10211	612
广水市			4386	15852	3221	8866	1941	156
仙桃市			**38179**	**131995**	**44493**	**101703**	**81778**	
天门市			**12499**	**45962**		**33747**	**19788**	
潜江市	**2**	**31**	**17811**	**47082**	**21346**	**39390**	**31059**	
神农架								

续表 2

地区	渔业从业人员(人)						
	其中:专业从业人员		专业从业人员中:女性	兼业从业人员		临时从业人员	
	养殖	其它		小计	其中:女性	小计	其中:女性
湖北省	**686323**	**46307**	**184420**	**261296**	**63958**	**114753**	**29639**
武汉市	**46171**	**5897**	**19564**	**24302**	**5950**	**7390**	**1388**
武汉市直	7863	163	3125	599	171	9	4
新洲区	17189	493	4223	8295	1971	1761	162
江夏区	3845	396	2676	3474	1172	1726	666
蔡甸区	8560		1060	7548	774	2876	
黄陂区	8714	4845	8480	4386	1862	1018	556
黄石市	**13138**	**687**	**3352**	**18232**	**2185**	**3852**	**1190**
黄石市直	102	58		270	50	240	180
大冶市	3430	310	870	4300	620	1500	300
阳新县	9606	319	2482	13662	1515	2112	710
十堰市	**1849**	**411**	**410**	**3075**	**641**	**1566**	**409**
十堰市直							
十堰市辖区							
丹江口市	195	258		40	26	57	
郧县	630		190	1560	310	667	67
郧西	370	46	25	91	32	29	11
竹山县	216	107	137	320	140	607	290
竹溪县	162		32	860	87	30	2
房县	276		26	204	46	176	39
荆州市	**184763**	**12260**	**51947**	**32140**	**12270**	**17741**	**7564**
荆州区	11561		1659	3092	496	870	117
沙市区	5310	376	590	960	530	1290	550
江陵县	5920	95	1695	1385	783	481	195
松滋市	9560	285	1057	2574	580	560	118
公安县	21308	1068	5153	3389	1210	2154	936
石首市	2030	332	273	418	39	268	29
监利县	48820	2104	18520	16320	5422	7020	2750
洪湖市	80254	8000	23000	4002	3210	5098	2869
宜昌市	**28825**	**1147**	**11251**	**14830**	**5045**	**7926**	**2071**
宜昌市直	112		12				
夷陵区	985	148	230	2216	664	2468	545
宜都市	500	100	100	400	100	400	100
枝江市	13750	411	6000	4100	1600	2800	890
当阳市	11441	229	4475	7150	2054	1874	427
远安县	1630	218	393	812	621	98	91
兴山县	6						
秭归县	60		15				
长阳县	321	41	26	132	4	286	18
五峰县	20			20	2		
襄阳市	**25263**	**3593**	**2067**	**9320**	**2069**	**6300**	**944**
襄阳市辖区	3488	976	396	1770	770	1486	561
老河口市	3260	190	210	1610	280	620	72
襄州区	706						
枣阳市	8500	180	900	3300	300	2000	260
宜城市	3201	22					
南漳县	4356	2206		2315	705	660	
谷城县	1722	19	561	313	14	1524	51
保康县	30			12		10	
鄂州市	**32503**	**1033**	**9101**	**6696**	**2662**	**5689**	**2384**
鄂城区	10123	463	2651	1610	673	654	290
华容区	7374	232	1375	361	71	1565	329
梁子湖区	15006	338	5075	4725	1918	3470	1765
荆门市	**45367**	**2810**	**13212**	**17642**	**5721**	**5744**	**1722**

续表 3

地区	渔业从业人员（人）						
	其中：专业从业人员		专业从业人员中：女性	兼业从业人员		临时从业人员	
	养殖	其它		小计	其中：女性	小计	其中：女性
荆门市辖区							
沙洋县	13071	1078	6194	1965	880	1268	430
钟祥市	16537	691	2972	5106	1366	3130	1022
京山县	10079	310	2741	6787	2901	521	192
沙洋农场	2051			420	68		
东宝区	600	78	260	800	123	397	20
掇刀区	1502	316	575	328	44	187	23
漳河新区	1025	302	332	2124	312	234	32
屈家岭管理区	502	35	138	112	27	7	3
孝感市	**67788**	**6981**	**12178**	**26683**	**3790**	**13606**	**2244**
孝南区	8472	353	1668	247	32	465	62
孝昌县	10115		198	310	65	330	56
大悟县	5160	570	1210	4300	1200	800	120
安陆市	8027	2950	3551	7682	210	1961	724
云梦县	7140		3000	2100	298	1100	58
应城市	7981	1470	502	3498	510	847	232
汉川市	20528	1613	2013	8128	1425	7663	903
孝感市辖区	365	25	36	418	50	440	89
黄冈市	**74126**	**6215**	**12780**	**38558**	**8307**	**26235**	**4899**
黄州区	12810	500	1080	2000	100	600	80
团风县	4973	250	890	1310	150	190	12
红安县	8000	530	1110	3330	750	1300	380
麻城市	10050	300	200	3360	50	800	
罗田县	332		3	483	12	124	11
英山县	728	211	217	2768	402	3133	522
浠水县	9234	515	1820	7802	4530	5450	1195
蕲春县	8330	635	2325	4519	1102	6108	1249
武穴市	8120	162	1680	5380	345	2100	320
黄梅县	10348	3112	3056	7183	630	6380	1100
龙感湖区	1201		399	423	236	50	30
咸宁市	**25309**	**658**	**5948**	**26395**	**2351**	**3736**	**506**
咸宁市直							
咸安区	3650	30	1120	1890	550	830	220
嘉鱼县	6120	185		8930			
赤壁市	7380		3360	8930	1210	1840	143
通城县	3630	120	450	500	120	580	100
崇阳县	1329	15	8	5165	221	360	13
通山县	3200	308	1010	980	250	126	30
恩施州	**854**	**6**	**85**	**650**	**100**	**407**	**42**
恩施市	166		32	195	50	112	15
建始县	10	6	3	5	2	10	2
巴东县	14		2	50	3	42	
利川市	426		28	230	32	170	21
宣恩县	21		3				
咸丰县	40		7	73	4	39	4
来凤县	155		8	75	5	20	
鹤峰县	22		2	22	4	14	
随州市	**11806**	**545**	**2324**	**10949**	**3006**	**4170**	**1178**
曾都区	930	37	115	10	5	25	10
随县	9091	508	1964	4609	1185	3550	998
广水市	1785		245	6330	1816	595	170
仙桃市	**79085**	**2693**	**20530**	**12884**	**3305**	**7041**	**2319**
天门市	**18922**	**866**	**7395**	**11563**	**2388**	**2396**	**417**
潜江市	**30554**	**505**	**12276**	**7377**	**4168**	**954**	**362**
神农架							

渔业船舶拥有量

地区	机动渔船合计			机动渔船按船长分		
				24米以上		
	艘	总吨	千瓦	艘	总吨	千瓦
湖北省	**10904**	**21981**	**94468**	**6**	**444**	**2748**
武汉市	**713**	**1180**	**10680**	**3**	**202**	**1473**
武汉市直	142	374	3377	2	152	1153
新洲区	148	192	1044			
江夏区	46	109	1242	1	50	320
蔡甸区	134	158	2666			
黄陂区	243	347	2351			
黄石市	**847**	**1051**	**6714**			
黄石市直	23	71	379			
大冶市	45	76	410			
阳新县	779	904	5925			
十堰市	**679**	**7463**	**10994**	**1**	**86**	**240**
十堰市直						
十堰市辖区						
丹江口市	54	245	1042			
郧县	580	7050	8670			
郧西	39	60	738			
竹山县	6	108	544	1	86	240
竹溪县						
房县						
荆州市	**4603**	**5432**	**26266**			
荆州区	3	19	274			
沙市区						
江陵县						
松滋市	27	85	314			
公安县	126	418	1549			
石首市	4	57	1400			
监利县	404	462	2328			
洪湖市	4039	4391	20401			
宜昌市	**153**	**519**	**2408**			
宜昌市直	4	164	746			
夷陵区	77	103	506			
宜都市	3	64	382			
枝江市						
当阳市	64	138	410			
远安县	2	2	33			
兴山县	1	8	105			
秭归县	2	40	226			
长阳县						
五峰县						
襄阳市	**988**	**2203**	**12478**			
襄阳市辖区	83	166	1245			
老河口市	198	353	2696			
襄州区	114	385	1450			
枣阳市	201	666	2713			
宜城市	101	202	1515			
南漳县	154	192	980			
谷城县	113	207	1781			
保康县	24	32	98			
鄂州市	**94**	**222**	**675**			
鄂城区	73	162	473			
华容区	21	60	202			
梁子湖区						
荆门市	**135**	**175**	**1522**			

续表 1

地区	机动渔船合计			机动渔船按船长分		
				24 米以上		
	艘	总吨	千瓦	艘	总吨	千瓦
荆门市直	111	151	1354			
荆门市辖区						
沙洋县						
钟祥市						
京山县						
沙洋农场						
东宝区	7	6	37			
掇刀区	9	10	63			
漳河新区	8	8	68			
屈家岭管理区						
孝感市	**354**	**560**	**2355**			
孝南区	3	3	101			
孝昌县	65	90	292			
大悟县	69	241	542			
安陆市	129	103	730			
云梦县	27	41	174			
应城市	11	22	56			
汉川市						
孝感市辖区	50	60	460			
黄冈市	**590**	**1276**	**7744**	**2**	**156**	**1035**
黄冈市直	95	417	3000	2	156	1035
黄州区	49	153	797			
团风县	64	192	651			
红安县	7	18	215			
麻城市	39	52	355			
罗田县	17	21	100			
英山县	23	23	153			
浠水县	63	88	454			
蕲春县	126	145	813			
武穴市	107	167	1206			
黄梅县						
龙感湖区						
咸宁市	**1132**	**938**	**6889**			
咸宁市直						
咸安区	2	12	171			
嘉鱼县	198	305	3048			
赤壁市	315	315	1079			
通城县	124	306	735			
崇阳县	493		1856			
通山县						
恩施州	**9**	**73**	**988**			
恩施州直	2	27	310			
恩施市	3	21	339			
建始县	1	7	103			
巴东县						
利川市						
宣恩县	2	11	133			
咸丰县	1	7	103			
来凤县						
鹤峰县						
随州市	**434**	**687**	**3511**			
曾都区	20	33	180			
随县	209	429	1902			
广水市	205	225	1429			
仙桃市	**5**	**13**	**362**			
天门市	**168**	**189**	**882**			
潜江市						
神农架						

续表 2

地区	机动渔船按船长分						非机动渔船合计	
	12 — 24 米			12 米以下				
	艘	总吨	千瓦	艘	总吨	千瓦	艘	总吨
湖北省	**754**	**6380**	**14556**	**10144**	**15157**	**77164**	**17592**	**15874**
武汉市	**7**	**36**	**441**	**703**	**942**	**8766**	**75**	**189**
武汉市直	1	9	180	139	213	2044	75	189
新洲区				148	192	1044		
江夏区	1	7	105	44	52	817		
蔡甸区	4	12	52	130	146	2614		
黄陂区	1	8	104	242	339	2247		
黄石市	**13**	**42**	**542**	**834**	**1009**	**6172**	**300**	**300**
黄石市直				23	71	379		
大冶市	1	9	103	44	67	307	300	300
阳新县	12	33	439	767	871	5486		
十堰市	**365**	**4573**	**5664**	**313**	**2804**	**5090**	**33**	**7**
十堰市直								
十堰市辖区								
丹江口市	43	215	632	11	30	410	33	7
郧县	322	4358	5032	258	2692	3638		
郧西				39	60	738		
竹山县				5	22	304		
竹溪县								
房县								
荆州市	**277**	**703**	**1850**	**4326**	**4729**	**24416**	**11405**	**10830**
荆州区				3	19	274		
沙市区								
江陵县								
松滋市	25	75	167	2	10	147		
公安县				126	418	1549		
石首市				4	57	1400		
监利县	1	50	260	403	412	2068	11405	10830
洪湖市	251	578	1423	3788	3813	18978		
宜昌市	**5**	**214**	**981**	**148**	**305**	**1427**	**50**	**30**
宜昌市直	4	164	746					
夷陵区				77	103	506		
宜都市	1	50	235	2	14	147	50	30
枝江市								
当阳市				64	138	410		
远安县				2	2	33		
兴山县				1	8	105		
秭归县				2	40	226		
长阳县								
五峰县								
襄阳市	**26**	**291**	**750**	**962**	**1912**	**11728**	**70**	**74**
襄阳市辖区				83	166	1245	20	40
老河口市				198	353	2696		
襄州区				114	385	1450		
枣阳市	26	291	750	175	375	1963	50	34
宜城市				101	202	1515		
南漳县				154	192	980		
谷城县				113	207	1781		
保康县				24	32	98		
鄂州市				**94**	**222**	**675**	**10**	**28**
鄂城区				73	162	473		
华容区				21	60	202	10	28
梁子湖区								
荆门市	**2**	**14**	**208**	**133**	**161**	**1314**	**196**	**202**

续表 3

地区	机动渔船按船长分						非机动渔船合计	
	12 — 24 米			12 米以下				
	艘	总吨	千瓦	艘	总吨	千瓦	艘	总吨
荆门市直	2	14	208	109	137	1146		
荆门市辖区								
沙洋县								
钟祥市								
京山县								
沙洋农场								
东宝区				7	6	37		
掇刀区				9	10	63		
漳河新区				8	8	68	196	202
屈家岭管理区								
孝感市	**4**	**90**	**52**	**350**	**470**	**2303**	**2185**	**1738**
孝南区				3	3	101	820	278
孝昌县				65	90	292	160	240
大悟县	4	90	52	65	151	490	40	40
安陆市				129	103	730		
云梦县				27	41	174		
应城市				11	22	56	1165	1180
汉川市								
孝感市辖区				50	60	460		
黄冈市	**52**	**336**	**1958**	**536**	**784**	**4751**	**303**	**242**
黄冈市直	10	106	932	83	155	1033	16	10
黄州区	3	66	457	46	87	340	30	45
团风县	38	144	466	26	48	185	85	21
红安县				7	18	215	34	31
麻城市				39	52	355	11	12
罗田县				17	21	100	14	10
英山县				23	23	153		
浠水县				63	88	454		
蕲春县				126	145	813		
武穴市	1	20	103	106	147	1103	113	113
黄梅县								
龙感湖区								
咸宁市	**1**	**54**	**1800**	**1131**	**884**	**5089**	**1492**	**1492**
咸宁市直								
咸安区				2	12	171		
嘉鱼县	1	54	1800	197	251	1248		
赤壁市				315	315	1079	1492	1492
通城县				124	306	735		
崇阳县				493		1856		
通山县								
恩施州	**2**	**27**	**310**	**7**	**46**	**678**		
恩施州直	2	27	310					
恩施市				3	21	339		
建始县				1	7	103		
巴东县								
利川市								
宣恩县				2	11	133		
咸丰县				1	7	103		
来凤县								
鹤峰县								
随州市				**434**	**687**	**3511**	**1473**	**742**
曾都区				20	33	180	23	17
随县				209	429	1902		
广水市				205	225	1429	1450	725
仙桃市				**5**	**13**	**362**		
天门市				**168**	**189**	**882**		
潜江市								
神农架								

渔业船舶拥有量（机动渔船中的生产渔船）

地区	机动渔船中：生产渔船					
	生产渔船合计			捕捞渔船小计		
	艘	总吨	千瓦	艘	总吨	千瓦
湖北省	**10762**	**18742**	**77403**	**2913**	**6829**	**18669**
武汉市	**690**	**874**	**7071**	**416**	**524**	**2007**
武汉市直	132	165	1163	104	104	533
新洲区	147	184	939	123	147	630
江夏区	36	36	159	36	36	159
蔡甸区	133	150	2563			
黄陂区	242	339	2247	153	237	685
黄石市	**838**	**1004**	**5891**	**571**	**674**	**3241**
黄石市直	20	54	115			
大冶市	43	63	211			
阳新县	775	887	5565	571	674	3241
十堰市	**662**	**5220**	**9924**	**428**	**3664**	**6325**
十堰市直						
十堰市辖区						
丹江口市	43	215	632			
郧县	580	4948	8670	427	3663	6310
郧西	37	55	590	1	1	15
竹山县	2	2	32			
竹溪县						
房县						
荆州市	**4583**	**5247**	**23226**	**292**	**314**	**1343**
荆州区						
沙市区						
江陵县						
松滋市	25	75	167			
公安县	124	402	1371			
石首市						
监利县	400	400	1760	199	199	876
洪湖市	4034	4370	19928	93	115	467
宜昌市	**141**	**241**	**916**	**141**	**241**	**916**
宜昌市直						
夷陵区	77	103	506	77	103	506
宜都市						
枝江市						
当阳市	64	138	410	64	138	410
远安县						
兴山县						
秭归县						
长阳县						
五峰县						
襄阳市	**1006**	**2157**	**12546**			
襄阳市辖区	83	166	1245			
老河口市	198	353	2696			
襄州区	82	305	1650			
枣阳市	251	700	2713			
宜城市	101	202	1383			
南漳县	154	192	980			
谷城县	113	207	1781			
保康县	24	32	98			
鄂州市	**94**	**222**	**675**	**67**	**159**	**532**
鄂城区	73	162	473	56	127	389
华容区	21	60	202	11	32	143
梁子湖区						
荆门市	**133**	**161**	**1314**	**28**	**29**	**210**

续表 1

地区	机动渔船中:生产渔船					
	生产渔船合计			捕捞渔船小计		
	艘	总吨	千瓦	艘	总吨	千瓦
荆门市直	109	137	1146	7	8	60
荆门市辖区						
沙洋县						
钟祥市						
京山县						
沙洋农场						
东宝区	7	6	37	5	4	27
掇刀区	9	10	63	9	10	63
漳河新区	8	8	68	7	7	60
屈家岭管理区						
孝感市	**340**	**530**	**2063**			
孝南区						
孝昌县	65	90	292			
大悟县	69	241	542			
安陆市	129	103	730			
云梦县	27	41	174			
应城市						
汉川市						
孝感市辖区	50	55	325			
黄冈市	**546**	**849**	**4768**			
黄冈市直	61	112	941			
黄州区	46	87	340			
团风县	64	192	651			
红安县	5	5	44			
麻城市	37	39	334			
罗田县	17	21	100			
英山县	23	23	153			
浠水县	63	88	454			
蕲春县	124	135	648			
武穴市	106	147	1103			
黄梅县						
龙感湖区						
咸宁市	**1127**	**1361**	**4615**	**891**	**1074**	**3417**
咸宁市直						
咸安区						
嘉鱼县	196	247	1048			
赤壁市	315	315	1079	315	315	1079
通城县	123	306	632	123	306	632
崇阳县	493	493	1856	453	453	1706
通山县						
恩施州						
恩施市						
建始县						
巴东县						
利川市						
宣恩县						
咸丰县						
来凤县						
鹤峰县						
随州市	**434**	**687**	**3512**	**79**	**150**	**678**
曾都区	20	33	181	19	32	175
随县	209	429	1902	60	118	503
广水市	205	225	1429			
仙桃市						
天门市	**168**	**189**	**882**			
潜江市						
神农架						

续表 2

地区	机动渔船中:生产渔船								
	捕捞渔船小计						养殖渔船小计		
	45—440 千瓦(61—599 马力)			44 千瓦(60 马力)以下			艘	总吨	千瓦
	艘	总吨	千瓦	艘	总吨	千瓦			
湖北省				**2913**	**6829**	**18669**	**7849**	**11913**	**58734**
武汉市				**416**	**524**	**2007**	**274**	**350**	**5064**
武汉市直				104	104	533	28	61	630
新洲区				123	147	630	24	37	309
江夏区				36	36	159			
蔡甸区							133	150	2563
黄陂区				153	237	685	89	102	1562
黄石市				**571**	**674**	**3241**	**267**	**330**	**2650**
黄石市直							20	54	115
大冶市							43	63	211
阳新县				571	674	3241	204	213	2324
十堰市				**428**	**3664**	**6325**	**234**	**1556**	**3599**
十堰市直									
十堰市辖区									
丹江口市							43	215	632
郧县				427	3663	6310	153	1285	2360
郧西				1	1	15	36	54	575
竹山县							2	2	32
竹溪县									
房县									
荆州市				**292**	**314**	**1343**	**4291**	**4933**	**21883**
荆州区									
沙市区									
江陵县									
松滋市							25	75	167
公安县							124	402	1371
石首市									
监利县				199	199	876	201	201	884
洪湖市				93	115	467	3941	4255	19461
宜昌市				**141**	**241**	**916**			
宜昌市直									
夷陵区				77	103	506			
宜都市									
枝江市									
当阳市				64	138	410			
远安县									
兴山县									
秭归县									
长阳县									
五峰县									
襄阳市							**1006**	**2157**	**12546**
襄阳市辖区							83	166	1245
老河口市							198	353	2696
襄州区							82	305	1650
枣阳市							251	700	2713
宜城市							101	202	1383
南漳县							154	192	980
谷城县							113	207	1781
保康县							24	32	98
鄂州市				**67**	**159**	**532**	**27**	**63**	**143**
鄂城区				56	127	389	17	35	84
华容区				11	32	143	10	28	59
梁子湖区									
荆门市				**28**	**29**	**210**	**105**	**132**	**1104**

续表 3

地区	机动渔船中：生产渔船								
	捕捞渔船小计						养殖渔船小计		
	45—440 千瓦(61—599 马力)			44 千瓦(60 马力)以下			艘	总吨	千瓦
	艘	总吨	千瓦	艘	总吨	千瓦			
荆门市直				7	8	60	102	129	1086
荆门市辖区									
沙洋县									
钟祥市									
京山县									
沙洋农场									
东宝区				5	4	27	2	2	10
掇刀区				9	10	63			
漳河新区				7	7	60	1	1	8
屈家岭管理区									
孝感市							**340**	**530**	**2063**
孝南区									
孝昌县							65	90	292
大悟县							69	241	542
安陆市							129	103	730
云梦县							27	41	174
应城市									
汉川市									
孝感市辖区							50	55	325
黄冈市							**546**	**849**	**4768**
黄冈市直							61	112	941
黄州区							46	87	340
团风县							64	192	651
红安县							5	5	44
麻城市							37	39	334
罗田县							17	21	100
英山县							23	23	153
浠水县							63	88	454
蕲春县							124	135	648
武穴市							106	147	1103
黄梅县									
龙感湖区									
咸宁市				**891**	**1074**	**3417**	**236**	**287**	**1198**
咸宁市直									
咸安区									
嘉鱼县							196	247	1048
赤壁市				315	315	1079			
通城县				123	306	632			
崇阳县				453	453	1706	40	40	150
通山县									
恩施州									
恩施市									
建始县									
巴东县									
利川市									
宣恩县									
咸丰县									
来凤县									
鹤峰县									
随州市				**79**	**150**	**678**	**355**	**537**	**2834**
曾都区				19	32	175	1	1	6
随县				60	118	503	149	311	1399
广水市							205	225	1429
仙桃市									
天门市							**168**	**189**	**882**
潜江市									
神农架									

渔业船舶拥有量（机动渔船中的辅助渔船）

地区	机动渔船中:辅助渔船								
	艘	总吨	千瓦	其中:捕捞辅助船			其中:渔业执法船		
				艘	总吨	千瓦	艘	总吨	千瓦
湖北省	**274**	**2237**	**24873**	**48**	**143**	**409**	**226**	**2094**	**24464**
武汉市	**23**	**306**	**3609**				**23**	**306**	**3609**
武汉市直	10	209	2214				10	209	2214
新洲区	1	8	105				1	8	105
江夏区	10	73	1083				10	73	1083
蔡甸区	1	8	103				1	8	103
黄陂区	1	8	104				1	8	104
黄石市	**9**	**47**	**823**				**9**	**47**	**823**
黄石市直	3	17	264				3	17	264
大冶市	2	13	199				2	13	199
阳新县	4	17	360				4	17	360
十堰市	**24**	**268**	**2109**				**24**	**268**	**2109**
十堰市直									
十堰市辖区									
丹江口市	11	30	410				11	30	410
郧县	6	119	930				6	119	930
郧西	2	5	154				2	5	154
竹山县	4	106	512				4	106	512
竹溪县	1	8	103				1	8	103
房县									
荆州市	**20**	**185**	**3042**				**20**	**185**	**3042**
荆州区	3	19	274				3	19	274
沙市区									
江陵县									
松滋市	2	10	147				2	10	147
公安县	2	16	178				2	16	178
石首市	4	57	1400				4	57	1400
监利县	4	62	568				4	62	568
洪湖市	5	21	475				5	21	475
宜昌市	**12**	**278**	**1492**				**12**	**278**	**1492**
宜昌市直	4	164	746				4	164	746
夷陵区									
宜都市	3	64	382				3	64	382
枝江市									
当阳市									
远安县	2	2	33				2	2	33
兴山县	1	8	105				1	8	105
秭归县	2	40	226				2	40	226
长阳县									
五峰县									
襄阳市	**13**	**33**	**626**				**13**	**33**	**626**
襄阳市辖区	5	10	100				5	10	100
老河口市	4	14	154				4	14	154
襄州区	1	2	17				1	2	17
枣阳市	1	2	75				1	2	75
宜城市	1	2	15				1	2	15
南漳县	1	3	66				1	3	66
谷城县			199						199
保康县									
鄂州市	**2**		**82**				**2**		**82**
鄂城区									
华容区	2		82				2		82
梁子湖区									
荆门市	**45**	**88**	**1222**	**37**	**25**	**322**	**8**	**63**	**900**

续表

地区	机动渔船中:辅助渔船								
	艘	总吨	千瓦	其中:捕捞辅助船			其中:渔业执法船		
				艘	总吨	千瓦	艘	总吨	千瓦
荆门市直	2	14	208				2	14	208
荆门市辖区									
沙洋县									
钟祥市	42	71	948	37	25	322	5	46	626
京山县									
沙洋农场									
东宝区	1	3	66				1	3	66
掇刀区									
漳河新区									
屈家岭管理区									
孝感市	**20**	**141**	**1537**				**20**	**141**	**1537**
孝南区	3	3	101				3	3	101
孝昌县									
大悟县	1	4	85				1	4	85
安陆市	4	16	330				4	16	330
云梦县	3	3	200				3	3	200
应城市	6	21	300				6	21	300
汉川市	2	87	386				2	87	386
孝感市辖区	1	7	135				1	7	135
黄冈市	**55**	**504**	**3935**	**11**	**53**	**87**	**44**	**451**	**3848**
黄冈市直	34	305	2059	11	53	87	23	252	1972
黄州区	3	66	457				3	66	457
团风县	2	9	203				2	9	203
红安县	2	13	171				2	13	171
麻城市	2	13	21				2	13	21
罗田县	3	21	299				3	21	299
英山县									
浠水县	2	11	169				2	11	169
蕲春县	2	10	166				2	10	166
武穴市	1	20	103				1	20	103
黄梅县	4	36	287				4	36	287
龙感湖区									
咸宁市	**21**	**190**	**3730**		**58**		**21**	**132**	**3730**
咸宁市直									
咸安区	2	12	171				2	12	171
嘉鱼县	2	58	2000		58		2		2000
赤壁市	8	46	743				8	46	743
通城县	1	8	103				1	8	103
崇阳县	3						3		
通山县	5	66	713				5	66	713
恩施州	**13**	**133**	**1380**		**7**		**13**	**126**	**1380**
恩施州直	2	27	310				2	27	310
恩施市	3	21	339				3	21	339
建始县	1	7	103				1	7	103
巴东县	3	50	326				3	50	326
利川市	1	3	66				1	3	66
宣恩县	2	11	133				2	11	133
咸丰县	1	14	103		7		1	7	103
来凤县									
鹤峰县									
随州市	**8**	**36**	**569**				**8**	**36**	**569**
曾都区	2	3	111				2	3	111
随县	2	17	208				2	17	208
广水市	4	16	250				4	16	250
仙桃市	**5**	**13**	**362**				**5**	**13**	**362**
天门市	**4**	**15**	**355**				**4**	**15**	**355**
潜江市									
神农架									

渔业灾情(一)

地区	一、水产品损失					
	数量损失(吨)	价值损失(万元)	#台风、洪涝		#病害	
			数量	价值	数量	价值
湖北省	**372119**	**348502**	**360019**	**321276**	**7523**	**9816**
省直属						
武汉市	**41250**	**17320**	**41247**	**17272**		
武汉市直	1688	4476	1685	4428		
新洲区	2846	3182	2846	3182		
江夏区	29808	2414	29808	2414		
蔡甸区	4578	4896	4578	4896		
黄陂区	2330	2352	2330	2352		
黄石市	**37545**	**27465**	**37545**	**27465**		
黄石市直	1794	2500	1794	2500		
大冶市	14468	300	14468	300		
阳新县	21283	24665	21283	24665		
十堰市	**157**	**430**	**153**	**418**	**3**	**10**
十堰市直						
十堰市辖区						
丹江口市						
郧县						
郧西	14	30	10	18	3	10
竹山县	23	150	23	150		
竹溪县	120	250	120	250		
房县						
荆州市	**36935**	**53925**	**36005**	**52204**	**839**	**1525**
荆州区	252	1554	252	1554		
沙市区	570	890	460	730	110	160
江陵县	3111	5835	3067	5729	29	70
松滋市	1058	5060	1058	5060		
公安县	436	537	112	148	324	389
石首市	3480	7520	3300	7300	180	220
监利县	2756	7037	2756	7037		
洪湖市	25272	25492	25000	24646	196	686
宜昌市	**627**	**3101**	**157**	**1938**	**370**	**1035**
宜昌市直						
夷陵区	45	12			45	12
宜都市	110	220			110	220
枝江市		2100		1750		300
当阳市	327	277	14	12	213	187
远安县	145	180	143	176	2	4
兴山县						
秭归县						
长阳县		312				312
五峰县						
襄阳市	**4443**	**4758**	**382**	**432**	**2352**	**2254**
襄阳市直						
襄阳市辖区	270	308	40	32	15	76
老河口市	482	368			32	58
襄州区	267	349	38	36		6
枣阳市	1800	2150	300	350	1500	1800
宜城市	319	254			9	9
南漳县	504	965	4	14	84	94
谷城县	801	364			712	211
保康县						
鄂州市	**12373**	**21280**	**11895**	**20660**	**447**	**595**
鄂城区	5486	13772	5008	13152	447	595
华容区	4270	4368	4270	4368		
梁子湖区	2617	3140	2617	3140		
荆门市	**11980**	**14203**	**10413**	**11565**	**939**	**926**

续表 1

地区	一、水产品损失					
	数量损失（吨）	价值损失（万元）	#台风、洪涝		#病害	
			数量	价值	数量	价值
荆门市直						
荆门市辖区						
沙洋县	2751	3838	1195	1205	928	921
钟祥市	4420	4750	4420	4750		
京山县	1934	2988	1934	2988		
沙洋农场						
东宝区	1487		1487			
掇刀区	750	1737	750	1737		
漳河新区	272	505	261	500	11	5
屈家岭管理区	366	385	366	385		
孝感市	**7396**	**11268**	**6630**	**10425**	**521**	**583**
孝南区	216	218			216	218
孝昌县	4870	9020	4870	8960		60
大悟县	1350	1050	1050	750	300	300
安陆市	960	980	710	715	5	5
云梦县						
应城市						
汉川市						
孝感市辖区						
黄冈市	**61504**	**78012**	**58500**	**63967**	**1443**	**1492**
黄州区	8022	9703	8022	9703		
团风县	8411	9252	8411	9252		
红安县	1792	2867	1792	2867		
麻城市	2720	2170	2550	2000	150	150
罗田县	2312	3012	2312	3012		
英山县	35	326				
浠水县	14865	13228	14325	12768	540	460
蕲春县	6131	9167	6098	9113	33	54
武穴市	6086	7287	5210	6252	720	828
黄梅县	11130	21000	9780	9000		
龙感湖区						
咸宁市	**20613**	**20955**	**20613**	**20955**		
咸宁市直						
咸安区	4600	5000	4600	5000		
嘉鱼县	8433	5683	8433	5683		
赤壁市	5800	7000	5800	7000		
通城县	540	972	540	972		
崇阳县	1240	2300	1240	2300		
通山县						
恩施州	**152**	**258**	**152**	**258**		
恩施市	53	70	53	70		
建始县	64	90	64	90		
巴东县						
利川市						
宣恩县	15	43	15	43		
咸丰县						
来凤县	20	55	20	55		
鹤峰县						
随州市	**47242**	**14879**	**47242**	**14879**		
曾都区	870	2000	870	2000		
随县	4000	8800	4000	8800		
广水市	42372	4079	42372	4079		
仙桃市	**81520**	**65216**	**81520**	**65216**		
天门市	**4116**	**6990**	**4116**	**6990**		
潜江市	**4266**	**8442**	**3449**	**6632**	**609**	**1396**
神农架						

续表 2

地区	一、水产品损失						二、人员损失(人)		
	#干旱		#污染		#其它		失踪	死亡	重伤
	数量	价值	数量	价值	数量	价值			
湖北省	**1906**	**2497**	**126**	**173**	**2545**	**14740**		**1**	
省直属									
武汉市					**3**	**48**			
武汉市直					3	48			
新洲区									
江夏区									
蔡甸区									
黄陂区									
黄石市									
黄石市直									
大冶市									
阳新县									
十堰市	**1**	**2**							
十堰市直									
十堰市辖区									
丹江口市									
郧县									
郧西	1	2							
竹山县									
竹溪县									
房县									
荆州市	**37**	**113**			**54**	**83**			
荆州区									
沙市区									
江陵县	15	36							
松滋市									
公安县									
石首市									
监利县									
洪湖市	22	77			54	83			
宜昌市	**100**	**128**							
宜昌市直									
夷陵区									
宜都市									
枝江市		50							
当阳市	100	78							
远安县									
兴山县									
秭归县									
长阳县									
五峰县									
襄阳市	**1254**	**1521**			**455**	**551**			
襄阳市直									
襄阳市辖区	210	200			5				
老河口市					450	310			
襄州区	229	282				25			
枣阳市									
宜城市	310	245							
南漳县	416	641				216			
谷城县	89	153							
保康县									
鄂州市	**31**	**25**							
鄂城区	31	25							
华容区									
梁子湖区									
荆门市					**628**	**1712**		**1**	

续表 3

地区	一、水产品损失						二、人员损失(人)		
	#干旱		#污染		#其它		失踪	死亡	重伤
	数量	价值	数量	价值	数量	价值			
荆门市直									
荆门市辖区									
沙洋县					628	1712			
钟祥市								1	
京山县									
沙洋农场									
东宝区									
掇刀区									
漳河新区									
屈家岭管理区									
孝感市	**245**	**260**							
孝南区									
孝昌县									
大悟县									
安陆市	245	260							
云梦县									
应城市									
汉川市									
孝感市辖区									
黄冈市	**35**	**44**	**121**	**163**	**1405**	**12346**			
黄州区									
团风县									
红安县									
麻城市					20	20			
罗田县									
英山县					35	326			
浠水县									
蕲春县									
武穴市	35	44	121	163					
黄梅县					1350	12000			
龙感湖区									
咸宁市									
咸宁市直									
咸安区									
嘉鱼县									
赤壁市									
通城县									
崇阳县									
通山县									
恩施州									
恩施市									
建始县									
巴东县									
利川市									
宣恩县									
咸丰县									
来凤县									
鹤峰县									
随州市									
曾都区									
随县									
广水市									
仙桃市									
天门市									
潜江市	**203**	**404**	**5**	**10**					
神农架									

渔业灾情(二)

地区	三、损毁渔业设施(一)									
	损失数量	经济损失（万元）	池塘		网箱(池塘)		围栏		沉船	
			公顷	价值	个	价值	千米	价值	艘	价值
湖北省		**131636**	**72414**	**89842**	**19883**	**368**	**63**	**772**		
省直属										
武汉市		**546**	**5489**	**37**	**37**	**7**				
武汉市直			974							
新洲区		129	36	37						
江夏区		417	4479		37	7				
蔡甸区										
黄陂区										
黄石市		**28754**	**9422**	**16168**	**226**		**12**			
黄石市直		2406	525	210						
大冶市		19098	2338	14358						
阳新县		7250	6559	1600	226		12			
十堰市		**293**	**28**	**293**						
十堰市直										
十堰市辖区										
丹江口市										
郧县										
郧西		17	6	17						
竹山县		200	10	200						
竹溪县		76	12	76						
房县										
荆州市		**14126**	**8477**	**10521**	**510**	**3**	**47**	**744**		
荆州区		150	20	150						
沙市区										
江陵县		64	794	35			19	20		
松滋市										
公安县										
石首市		67	420	40	510	3	18	24		
监利县		1145	3703	296						
洪湖市		12700	3540	10000			10	700		
宜昌市		**274**	**183**	**170**						
宜昌市直										
夷陵区										
宜都市										
枝江市		257	183	170						
当阳市		17								
远安县										
兴山县										
秭归县										
长阳县										
五峰县										
襄阳市		**1499**	**383**	**1402**						
襄阳市直										
襄阳市辖区			6							
老河口市										
襄州区		890		890						
枣阳市		120	150	120						
宜城市										
南漳县		392	227	392						
谷城县		97								
保康县										
鄂州市		**5203**	**246**	**3842**						
鄂城区		3953	216	3200						
华容区		1250	30	642						
梁子湖区										
荆门市		**5193**	**3488**	**1848**						

续表 1

地区	三、损毁渔业设施(一)									
	损失数量	经济损失（万元）	池塘		网箱(池塘)		围栏		沉船	
			公顷	价值	个	价值	千米	价值	艘	价值
荆门市直										
荆门市辖区										
沙洋县		1335	1528	1213						
钟祥市		550	1960	450						
京山县										
沙洋农场										
东宝区		3200		185						
掇刀区		108								
漳河新区										
屈家岭管理区										
孝感市		**558**	**55**	**30**		**8**		**12**		
孝南区										
孝昌县		508	55	30		8		12		
大悟县		50								
安陆市										
云梦县										
应城市										
汉川市										
孝感市辖区										
黄冈市		**23775**	**14149**	**12266**	**10**	**5**	**4**	**16**		
黄州区			2318							
团风县		960	200	726						
红安县		843	390	210						
麻城市										
罗田县		356	80	128	10	5	1			
英山县		326	538	326						
浠水县		5488	1500	1125						
蕲春县		5238	3460	4410						
武穴市		1464	2130	341			3	16		
黄梅县		9100	3533	5000						
龙感湖区										
咸宁市		**4536**	**3062**	**2960**						
咸宁市直										
咸安区		1000	467	800						
嘉鱼县		3196	2135	1860						
赤壁市										
通城县		340	460	300						
崇阳县										
通山县										
恩施州		**55**	**16**	**39**						
恩施市		38	5	22						
建始县		17	11	17						
巴东县										
利川市										
宣恩县										
咸丰县										
来凤县										
鹤峰县										
随州市		**10204**	**1533**	**6377**						
曾都区										
随县										
广水市		**10204**	**1533**	**6377**						
仙桃市		**33280**	**25086**	**31222**						
天门市										
潜江市		**3340**	**797**	**2667**	**19100**	**345**				
神农架										

续表 2

地区	三、损毁渔业设施（二）									
	堤坝		船损		泵站		涵闸		码头	
	米	价值	艘	价值	座	价值	座	价值	米	价值
湖北省	**418**	**625**	**1310129**	**19395**	**354**	**2791**	**739**	**3947**		
省直属										
武汉市	**15**	**9**	**878**	**70**	**26**	**52**	**12**	**26**		
武汉市直										
新洲区			827	66			2	26		
江夏区	15	9	51	4	26	52	10			
蔡甸区										
黄陂区										
黄石市	**206**	**550**	**126999**	**5843**	**118**	**1075**	**147**	**1358**		
黄石市直			16000	1773	5	25	19	38		
大冶市	35	70	2699	2300	28	250	33	120		
阳新县	171	480	108300	1770	85	800	95	1200		
十堰市										
十堰市直										
十堰市辖区										
丹江口市										
郧县										
郧西										
竹山县										
竹溪县										
房县										
荆州市	**34**	**19**	**43000**	**2280**	**17**	**542**	**33**	**10**		
荆州区										
沙市区										
江陵县					3	2				
松滋市										
公安县										
石首市	2				5		6			
监利县	32	19	35000	280	9	540	27	10		
洪湖市			8000	2000						
宜昌市										
宜昌市直										
夷陵区										
宜都市										
枝江市										
当阳市										
远安县										
兴山县										
秭归县										
长阳县										
五峰县										
襄阳市			**1023**	**94**	**2**		**3**			
襄阳市直										
襄阳市辖区										
老河口市										
襄州区										
枣阳市										
宜城市										
南漳县										
谷城县			1023	94	2		3			
保康县										
鄂州市			**7626**	**1195**	**18**	**96**	**2**	**12**		
鄂城区			2000	753						
华容区			5626	442	18	96	2	12		
梁子湖区										
荆门市	**8**	**8**	**39000**	**198**	**32**	**94**	**10**	**10**		

续表 3

地区	三、损毁渔业设施（二）									
	堤坝		船损		泵站		涵闸		码头	
	米	价值	艘	价值	座	价值	座	价值	米	价值
荆门市直										
荆门市辖区										
沙洋县			22000	110	6	12				
钟祥市			1000	30	14	70				
京山县										
沙洋农场										
东宝区	8	8	10000		12	12	10	10		
掇刀区			1000	58						
漳河新区			5000							
屈家岭管理区										
孝感市		**5**		**75**		**10**				
孝南区										
孝昌县		5		25		10				
大悟县				50						
安陆市										
云梦县										
应城市										
汉川市										
孝感市辖区										
黄冈市	**81**	**12**	**466530**	**7419**	**61**	**54**	**140**	**592**		
黄州区			234000		21		5			
团风县	10	2	800	30	15	30	10	20		
红安县			27000	520			2	2		
麻城市										
罗田县	2	1	4310	124						
英山县										
浠水县	65	7	11000	1500	4	2	35	4		
蕲春县			5520	705	12	18	20	10		
武穴市	4	2	18900	1040	9	4	12	6		
黄梅县			165000	3500			56	550		
龙感湖区										
咸宁市	**71**	**20**	**4800**	**486**	**7**	**440**	**10**	**610**		
咸宁市直										
咸安区			500	140	3	60				
嘉鱼县	71	20	3000	326	4	380	10	610		
赤壁市										
通城县			1300	20						
崇阳县										
通山县										
恩施州	**3**	**2**	**1000**	**2**	**4**	**2**	**5**	**3**		
恩施市	3	2	1000	2	4	2	5	3		
建始县										
巴东县										
利川市										
宣恩县										
咸丰县										
来凤县										
鹤峰县										
随州市			**120518**	**1078**	**13**	**24**	**13**	**65**		
曾都区			120000							
随县			500		5					
广水市			18	1078	8	24	13	65		
仙桃市			**426000**	**426**	**53**	**371**	**309**	**1236**		
天门市										
潜江市			**72755**	**229**	**3**	**31**	**55**	**25**		
神农架										

渔业灾情(三)

地区	三、损毁渔业设施(二)								
	护岸		防波堤		工厂化养殖		苗种繁育场		其他
	米	价值	米	价值	座	价值	个	价值	价值
湖北省	**30182**	**1302**	**9720**	**3026**	**7**	**511**	**23**	**3736**	**5321**
省直属									
武汉市					**2**	**108**	**3**	**237**	
武汉市直									
新洲区									
江夏区					2	108	3	237	
蔡甸区									
黄陂区									
黄石市	**1000**	**900**	**1000**	**1000**			**1**	**360**	**1500**
黄石市直								360	
大冶市	1000	900	1000	1000					100
阳新县							1		1400
十堰市									
十堰市直									
十堰市辖区									
丹江口市									
郧县									
郧西									
竹山县									
竹溪县									
房县									
荆州市							**2**	**7**	
荆州区									
沙市区									
江陵县							2	7	
松滋市									
公安县									
石首市									
监利县									
洪湖市									
宜昌市	**13260**	**102**				**1**		**1**	
宜昌市直									
夷陵区									
宜都市									
枝江市	12100	85				1		1	
当阳市	1160	17							
远安县									
兴山县									
秭归县									
长阳县									
五峰县									
襄阳市									**3**
襄阳市直									
襄阳市辖区									
老河口市									
襄州区									
枣阳市									
宜城市									
南漳县									
谷城县									3
保康县									
鄂州市	**712**	**58**							
鄂城区									
华容区	712	58							
梁子湖区									
荆门市			**8000**		**2**	**50**			**2985**

续表 1

地区	三、损毁渔业设施（二）								
	护岸		防波堤		工厂化养殖		苗种繁育场		其他
	米	价值	米	价值	座	价值	个	价值	价值
荆门市直									
荆门市辖区									
沙洋县									
钟祥市									
京山县									
沙洋农场									
东宝区			8000						2985
掇刀区					2	50			
漳河新区									
屈家岭管理区									
孝感市		**20**		**18**				**380**	
孝南区									
孝昌县		20		18				380	
大悟县									
安陆市									
云梦县									
应城市									
汉川市									
孝感市辖区									
黄冈市	**13210**	**217**	**720**	**8**	**3**	**352**	**15**	**2706**	**128**
黄州区							1		
团风县					1	2	1	150	
红安县	10000	111							
麻城市									
罗田县									98
英山县									
浠水县					2	350	10	2500	
蕲春县	2560	95							
武穴市	650	11	720	8			2	6	30
黄梅县							1	50	
龙感湖区									
咸宁市									**20**
咸宁市直									
咸安区									
嘉鱼县									
赤壁市									
通城县									20
崇阳县									
通山县									
恩施州	**1000**	**2**							**5**
恩施市	1000	2							5
建始县									
巴东县									
利川市									
宣恩县									
咸丰县									
来凤县									
鹤峰县									
随州市				**2000**					**660**
曾都区									
随县									
广水市				2000					660
仙桃市							**1**	**25**	
天门市									
潜江市	**1000**	**3**					**1**	**20**	**20**
神农架									

续表 2

地区	四、受灾养殖面积(公顷)						五、直接经济损失合计(万元)
	小计	台风、洪涝	病害	干旱	污染	其它	
湖北省	**215766**	**191317**	**10352**	**2303**	**82**	**11712**	**480138**
省直属							
武汉市	**14903**	**14903**					**17866**
武汉市直	974	974					4476
新洲区	1184	1184					3311
江夏区	4479	4479					2831
蔡甸区	1066	1066					4896
黄陂区	7200	7200					2352
黄石市	**15179**	**15179**					**56219**
黄石市直	732	732					4906
大冶市	4600	4600					19398
阳新县	9847	9847					31915
十堰市	**268**	**265**	**2**	**1**			**723**
十堰市直							
十堰市辖区							
丹江口市							
郧县							
郧西	103	100	2	1			47
竹山县	150	150					350
竹溪县	15	15					326
房县							
荆州市	**57976**	**57014**	**740**	**120**		**102**	**68051**
荆州区	300	300					1704
沙市区	527	390	137				890
江陵县	762	740	15	7			5899
松滋市	783	783					5060
公安县	332	92	240				537
石首市	643	420	223				7587
监利县	24832	24832					8182
洪湖市	29797	29457	125	113		102	38192
宜昌市	**3344**	**2074**	**1058**	**212**			**3375**
宜昌市直							
夷陵区	90			90			12
宜都市	100		100				220
枝江市	2923	2015	830	78			2357
当阳市	177	17	116	44			294
远安县	42	42					180
兴山县							
秭归县							
长阳县	12		12				312
五峰县							
襄阳市	**3102**	**180**	**1804**	**1113**		**5**	**6257**
襄阳市直							
襄阳市辖区	106	1	45	60			308
老河口市							368
襄州区							1239
枣阳市	1500	150	1350				2270
宜城市	805		95	710			254
南漳县	226	29	73	124			1357
谷城县	465		241	219		5	461
保康县							
鄂州市	**3861**	**3762**	**99**				**26483**
鄂城区	2945	2846	99				17725
华容区	415	415					5618
梁子湖区	501	501					3140
荆门市	**12292**	**8558**	**2229**			**1505**	**19396**

续表 3

地区	四、受灾养殖面积(公顷)						五、直接经济损失合计(万元)
	小计	台风、洪涝	病害	干旱	污染	其它	
荆门市直							
荆门市辖区							
沙洋县	5261	1528	2228			1505	5173
钟祥市	2760	2760					5300
京山县	983	983					2988
沙洋农场							
东宝区	1695	1695					3200
掇刀区	1008	1008					1845
漳河新区	355	354	1				505
屈家岭管理区	230	230					385
孝感市	**5928**	**4515**	**1323**	**90**			**11826**
孝南区	981		981				218
孝昌县	4030	3820	210				9528
大悟县	570	450	120				1100
安陆市	347	245	12	90			980
云梦县							
应城市							
汉川市							
孝感市辖区							
黄冈市	**50516**	**37973**	**2429**	**42**	**72**	**10000**	**101787**
黄州区	2318	2318					9703
团风县	2243	2243					10212
红安县	390	390					3710
麻城市	3000	3000					2170
罗田县	350	350					3368
英山县							652
浠水县	6050	5160	890				18716
蕲春县	64	45	19				14405
武穴市	7234	5600	1520	42	72		8751
黄梅县	28867	18867				10000	30100
龙感湖区							
咸宁市	**7328**	**7228**				**100**	**25491**
咸宁市直							
咸安区	967	967					6000
嘉鱼县	3295	3295					8879
赤壁市	1400	1400					7000
通城县	600	500				100	1312
崇阳县	1066	1066					2300
通山县							
恩施州	**33**	**33**					**313**
恩施市	12	12					108
建始县	11	11					107
巴东县							
利川市							
宣恩县	10	10					43
咸丰县							
来凤县							55
鹤峰县							
随州市	**3908**	**3908**					**25083**
曾都区	813	813					2000
随县	420	420					8800
广水市	2675	2675					14283
仙桃市	**25086**	**25086**					**98496**
天门市	**2137**	**2137**					**6990**
潜江市	**9905**	**8502**	**668**	**725**	**10**		**11782**
神农架							

渔业产业扶贫情况

地区	资金帮扶总额（万元）	其中：财政资金	技术帮扶		帮扶贫困户（户）
			培训场次（场）	培训人数（人）	
湖北省	**16776.9**	**13729.1**	**1651**	**95735**	**42322**
省直属					
武汉市	**1765.3**	**1565.3**	**47**	**2460**	**242**
武汉市直	23.3	23.3	4	125	20
新洲区	1560	1360	11	820	72
江夏区	152	152	4	310	37
蔡甸区			25	1025	96
黄陂区	30	30	3	180	17
黄石市	**759**	**739**	**30**	**2759**	**1057**
黄石市直	4	4	5	539	30
大冶市	100	80	7	500	310
阳新县	655	655	18	1720	717
十堰市	**241**	**36**	**16**	**731**	**316**
十堰市直					
十堰市辖区					
丹江口市	8	6	4	150	105
郧县					
郧西	33	30	2	45	45
竹山县			4	160	50
竹溪县	200		2	100	90
房县			4	276	26
荆州市	**2995.78**	**2814.78**	**469**	**26867**	**9156**
荆州区			42	2730	27
沙市区	99.81	99.81	23	3015	335
江陵县	19.02	19.02	9	1050	85
松滋市	683	683	50	3800	85
公安县	239	239	60	1150	278
石首市	735.05	735.05	35	3564	2642
监利县	491.9	491.9	61	3998	2580
洪湖市	728	547	189	7560	3124
宜昌市	**714.62**	**713.52**	**149**	**7975**	**1892**
宜昌市直					
夷陵区					
宜都市					10
枝江市	623	623	50	2000	700
当阳市	56.62	55.52	88	5455	979
远安县			5	220	23
兴山县					
秭归县					
长阳县	35	35	6	300	180
五峰县					
襄阳市	**560**	**560**	**52**	**2663**	**593**
襄阳市直					
襄阳市辖区	20	20		660	72
老河口市	500	500	8	460	80
襄州区			6	42	
枣阳市	20	20	3	500	300
宜城市			20	225	
南漳县			5	328	41
谷城县			7	298	90
保康县	20	20	3	150	10
鄂州市	**178.15**	**178.15**	**34**	**1507**	**366**
鄂城区	78.95	78.95	28	790	140
华容区	99.2	99.2	6	717	226
梁子湖区					
荆门市	**200.82**	**168.12**	**147**	**8523**	**2025**

续表

地区	资金帮扶总额（万元）	其中：财政资金	技术帮扶		帮扶贫困户（户）
			培训场次（场）	培训人数（人）	
荆门市直			16	1400	610
荆门市辖区					
沙洋县	26.7		33	1292	163
钟祥市	81.12	81.12	46	1871	357
京山县			35	2100	430
沙洋农场					
东宝区	5	5	3	120	89
掇刀区	10	10	3	200	120
漳河新区	56	56	3	260	181
屈家岭管理区	22	16	8	1280	75
孝感市	**2338.79**	**2076.79**	**114**	**4720**	**7685**
孝南区			6	650	30
孝昌县	320	320	16	800	258
大悟县	887.41	887.41	34	1243	6826
安陆市	180	180	24	348	120
云梦县	301.38	301.38	8	320	40
应城市			1	300	158
汉川市	650	388	20	1018	245
孝感市辖区			5	41	8
黄冈市	**4717**	**2593**	**183**	**16727**	**8863**
黄州区			4	240	
团风县			74	4000	50
红安县	186	186	12	1600	289
麻城市	181	181	8	1780	905
罗田县	100	100	2	120	450
英山县	50	50	3	432	144
浠水县	1250	700	6	360	462
蕲春县	1550	1096	52	5795	5728
武穴市	200	200	10	600	550
黄梅县	1200	80	12	1800	285
龙感湖区					
咸宁市	**227.3**	**227.3**	**63**	**2972**	**1857**
咸宁市直					
咸安区			2	100	10
嘉鱼县			17	642	68
赤壁市	97.3	97.3	25	1100	1316
通城县			1	120	240
崇阳县			16	890	173
通山县	130	130	2	120	50
恩施州	**16**		**73**	**470**	**172**
恩施市					
建始县			8	150	140
巴东县					
利川市					
宣恩县					
咸丰县					
来凤县	16		65	320	32
鹤峰县					
随州市	**250**	**250**	**23**	**2368**	**1418**
曾都区	219	219	15	1000	1150
随县			6	1200	
广水市	31	31	2	168	268
仙桃市	**464.57**	**464.57**	**39**	**1761**	**2035**
天门市	**251**	**251**	**58**	**3480**	**621**
潜江市	**1097.57**	**1091.57**	**154**	**9752**	**4024**
神农架					

增殖渔业产量及面积

产量：吨、面积：公顷

地区	产量				面积			
	合计	湖泊	水库	其他	合计	湖泊	水库	其他
湖北省	**217839**	**92304**	**115738**	**9797**	**312681**	**130811**	**173222**	**8648**
省直属								
武汉市	**21634**	**15514**	**1468**	**4652**	**38674**	**29873**	**4534**	**4267**
武汉市直								
新洲区	2418	1963	455		6164	5028	1136	
江夏区	12974	8322		4652	12993	8726		4267
蔡甸区	3036	3036			8652	8652		
黄陂区	3206	2193	1013		10865	7467	3398	
黄石市	**27653**	**23263**	**4390**		**19975**	**17602**	**2373**	
黄石市直	1103	962	141		1280	1190	90	
大冶市	17163	13180	3983		8533	7050	1483	
阳新县	9387	9121	266		10162	9362	800	
十堰市	**16016**		**16016**		**57816**		**57816**	
十堰市直								
十堰市辖区								
丹江口市	9921		9921		46666		46666	
郧县	88		88		1200		1200	
郧西	552		552		1080		1080	
竹山县	4800		4800		5110		5110	
竹溪县	250		250		3730		3730	
房县	405		405		30		30	
荆州市	**9379**	**8282**	**408**	**689**	**23503**	**19559**	**3137**	**807**
荆州区	355	187	168		3940	2116	1824	
沙市区	26	26			50	50		
江陵县	568	568			411	411		
松滋市	770	380	210	180	3265	1610	870	785
公安县	1020	981	30	9	3636	3271	343	22
石首市	2800	2800			6621	6621		
监利县	3340	3340			5480	5480		
洪湖市	500			500	100		100	
宜昌市	**11730**	**1620**	**10010**	**100**	**16618**	**1840**	**14507**	**271**
宜昌市直	80		80		40		40	
夷陵区	315		315		315		315	
宜都市	1000	120	880		180	40	140	
枝江市	5800	1500	4200	100	3100	1800	1100	200
当阳市	3591		3591		3491		3491	
远安县	120		120		271		271	
兴山县	16		16		10		10	
秭归县	70		70		40		40	
长阳县	730		730		9138		9067	71
五峰县	8		8		33		33	
襄阳市	**40592**		**40572**	**20**	**22622**		**22622**	
襄阳市直								
襄阳市辖区	1030		1030		1264		1264	
老河口市	8800		8800		3600		3600	
襄州区	8315		8315		3095		3095	
枣阳市	17030		17010	20	7648		7648	
宜城市	3252		3252		2885		2885	
南漳县	818		818		1582		1582	
谷城县	889		889		1653		1653	
保康县	458		458		895		895	
鄂州市	**20866**	**18826**	**1465**	**575**	**13661**	**13036**	**501**	**124**
鄂城区	5222	3196	1451	575	4109	3697	288	124
华容区	12854	12854			6987	6987		
梁子湖区	2790	2776	14		2565	2352	213	
荆门市	**19058**	**4997**	**14050**	**11**	**35689**	**8938**	**26737**	**14**

续表 产量：吨、面积：公顷

地区	产量				面积			
	合计	湖泊	水库	其他	合计	湖泊	水库	其他
荆门市直								
荆门市辖区								
沙洋县	3119	2599	520		9000	6678	2322	
钟祥市	10895	2398	8497		11200	2200	9000	
京山县	540		540		3266		3266	
沙洋农场					60	60		
东宝区	1660		1660		6336		6336	
掇刀区	553		553		933		933	
漳河新区	2241		2230	11	4547		4533	14
屈家岭管理区	50		50		347		347	
孝感市	**9316**	**3038**	**4367**	**1911**	**11953**	**3738**	**7180**	**1035**
孝南区	752		752		583		583	
孝昌县	355		355		1241		1241	
大悟县	1500		1500		2000		2000	
安陆市	930		930		1240		1240	
云梦县	30		30		133		133	
应城市	1674	674	800	200	5369	2891	1983	495
汉川市	4075	2364		1711	1386	847		539
孝感市辖区					1			1
黄冈市	**21198**	**10951**	**8988**	**1259**	**24034**	**11030**	**12228**	**776**
黄州区	3719	2453	106	1160	2341	1616	94	631
团风县	1476	683	793		1312	607	705	
红安县	286		265	21	1058		1058	
麻城市	3000		2960	40	3600		3500	100
罗田县	1095		1095		1467		1467	
英山县								
浠水县	3021	2053	968		3531	2406	1125	
蕲春县	4924	3262	1662		5840	3493	2347	
武穴市	1877	1000	839	38	2752	1508	1199	45
黄梅县	1800	1500	300		2133	1400	733	
龙感湖区								
咸宁市	**5940**	**2850**	**2570**	**520**	**32795**	**20338**	**11198**	**1259**
咸宁市直								
咸安区	950	900	30	20	6574	4431	1260	883
嘉鱼县	1160	900	260		9800	8327	1473	
赤壁市	2600	1050	1150	400	14613	7580	6833	200
通城县	750		650	100	1498		1322	176
崇阳县	480		480		310		310	
通山县								
恩施州	**75**		**15**	**60**	**145**		**50**	**95**
恩施市					110		50	60
建始县	15		15					
巴东县								
利川市								
宣恩县								
咸丰县								
来凤县	60			60	35			35
鹤峰县								
随州市	**11064**		**11064**		**10196**		**10196**	
曾都区	1446		1446		1690		1690	
随县	7011		7011		6667		6667	
广水市	2607		2607		1839		1839	
仙桃市								
天门市	**1885**	**1530**	**355**		**2924**	**2781**	**143**	
潜江市	**1433**	**1433**			**2076**	**2076**		
神农架								

增殖渔业产量(按品种分)

单位:吨

地区	合计	一、鱼类						
		小计	青鱼	草鱼	鲢鱼	鳙鱼	鲌鱼	其他
湖北省	**217843**	**212797**	**13147**	**38107**	**72889**	**62059**	**10386**	**16209**
省直属								
武汉市	**21634**	**21634**	**1607**	**5181**	**5765**	**6017**	**2464**	**600**
武汉市直								
新洲区	2418	2418	272	323	779	676	175	193
江夏区	12974	12974	1093	3312	2506	3859	1944	260
蔡甸区	3036	3036	242	517	1464	511	155	147
黄陂区	3206	3206		1029	1016	971	190	
黄石市	**27653**	**25718**	**1545**	**5673**	**9232**	**5828**	**592**	**2848**
黄石市直	1103	1103	23	212	690	178		
大冶市	17163	17163	1043	5201	6689	3525	537	168
阳新县	9387	7452	479	260	1853	2125	55	2680
十堰市	**16016**	**15539**	**970**	**2678**	**4348**	**3734**	**3203**	**606**
十堰市直								
十堰市辖区								
丹江口市	9921	9921		1500	3000	2500	2500	421
郧县	88	88		13	60	15		
郧西	552	552		85	218	152	34	63
竹山县	4800	4620	965	1015	912	952	669	107
竹溪县	250	250	5	20	130	80		15
房县	405	108		45	28	35		
荆州市	**9379**	**9370**	**932**	**1993**	**2603**	**2889**	**811**	**142**
荆州区	355	355	40	31	163	81	40	
沙市区	26	26		6	11	4		5
江陵县	568	568	39	225	204	100		
松滋市	770	770	60	245	230	75	60	100
公安县	1020	1011	53	94	499	321	35	9
石首市	2800	2800	520	560	380	760	552	28
监利县	3340	3340	220	532	966	1498	124	
洪湖市	500	500		300	150	50		
宜昌市	**11730**	**11730**	**1030**	**2429**	**4272**	**2771**	**521**	**707**
宜昌市直	80	80		15	40	25		
夷陵区	315	315	10	40	150	95	20	
宜都市	1000	1000	50	180	580	190		
枝江市	5800	5800	850	1434	1402	1197	337	580
当阳市	3591	3591	105	573	1769	968	164	12
远安县	120	120			65	55		
兴山县	16	16	5	4	4			3
秭归县	70	70	10	21	20	19		
长阳县	730	730		160	240	220		110
五峰县	8	8		2	2	2		2
襄阳市	**40592**	**40572**	**2063**	**5270**	**16708**	**12321**	**460**	**3750**
襄阳市直								
襄阳市辖区	1030	1030	68	123	387	406	11	35
老河口市	8800	8800	1210	1350	2020	1870	150	2200
襄州区	8315	8315	182	2140	2658	3134	25	176
枣阳市	17030	17010	150	750	9680	5100	210	1120
宜城市	3252	3252	152	679	1296	1022	34	69
南漳县	818	818	31	101	368	287	24	7
谷城县	889	889	251	98	111	280	6	143
保康县	458	458	19	29	188	222		
鄂州市	**20866**	**20411**	**2124**	**5848**	**5311**	**5536**	**110**	**1482**
鄂城区	5222	5220	419	1273	1567	1450	56	455
华容区	12854	12401	1705	4575	2944	2096	54	1027
梁子湖区	2790	2790			800	1990		
荆门市	**19058**	**19048**	**934**	**2435**	**8577**	**5081**	**796**	**1225**

续表 1　　　　单位:吨

地区	合计	一、鱼类						
		小计	青鱼	草鱼	鲢鱼	鳙鱼	鲌鱼	其他
荆门市直								
荆门市辖区								
沙洋县	3119	3119	178	290	1560	530	249	312
钟祥市	10895	10895	248	1093	5053	3741	191	569
京山县	540	530	50	76	189	154	42	19
沙洋农场								
东宝区	1660	1660	116	242	823	221	46	212
掇刀区	553	553	92	132	161	165		3
漳河新区	2241	2241	248	600	765	253	267	108
屈家岭管理区	50	50	2	2	26	17	1	2
孝感市	**9316**	**8338**	**463**	**2808**	**1905**	**1315**	**183**	**1664**
孝南区	752	752	8	147	216	325	28	28
孝昌县	355	355		18	219	112	6	
大悟县	1500	1500	10	385	200	205	39	661
安陆市	930	930	40	140	340	260	110	40
云梦县	30	30	1	5	12	6		6
应城市	1674	1674	280	937	269	188		
汉川市	4075	3097	124	1176	649	219		929
孝感市辖区								
黄冈市	**21198**	**20770**	**892**	**1935**	**6724**	**9033**	**563**	**1623**
黄州区	3719	3719	560	845	842	822		650
团风县	1476	1476	3	4	943	508	8	10
红安县	286	276	17	27	163	55	6	8
麻城市	3000	2950	20	128	1231	1475	6	90
罗田县	1095	1095		23	768	258	46	
英山县								
浠水县	3021	2973	75	160	942	986	250	560
蕲春县	4924	4924	49	105	1139	3436	65	130
武穴市	1877	1837	98	523	259	840	110	7
黄梅县	1800	1520	70	120	437	653	72	168
龙感湖区								
咸宁市	**5940**	**5442**	**261**	**760**	**1588**	**1562**	**352**	**919**
咸宁市直								
咸安区	950	950		300	240	240		170
嘉鱼县	1160	1128	58	130	280	428	72	160
赤壁市	2600	2134	160	270	380	455	280	589
通城县	750	750			430	320		
崇阳县	480	480	43	60	258	119		
通山县								
恩施州	**75**	**75**		**15**	**25**	**25**		**10**
恩施市								
建始县	15	15		5	5	5		
巴东县								
利川市								
宣恩县								
咸丰县								
来凤县	60	60		10	20	20		10
鹤峰县								
随州市	**11064**	**11062**	**86**	**194**	**5267**	**5315**	**145**	**55**
曾都区	1446	1444	74	116	720	432	73	29
随县	7011	7011			4219	2792		
广水市	2607	2607	12	78	328	2091	72	26
仙桃市								
天门市	**1885**	**1651**	**80**	**595**	**262**	**279**	**134**	**301**
潜江市	**1433**	**1433**	**160**	**289**	**302**	**353**	**52**	**277**
神农架	**4**	**4**		**4**				

续表 2　　　　单位:吨

地区	二、贝类				三、其他
	小计	河蚌	螺	蚬	
湖北省	**1422**	**914**	**403**	**105**	**3624**
省直属					
武汉市					
武汉市直					
新洲区					
江夏区					
蔡甸区					
黄陂区					
黄石市	**313**	**35**	**199**	**79**	**1622**
黄石市直					
大冶市					
阳新县	313	35	199	79	1622
十堰市	**112**	**46**	**63**	**3**	**365**
十堰市直					
十堰市辖区					
丹江口市					
郧县					
郧西					
竹山县	100	40	60		80
竹溪县					
房县	12	6	3	3	285
荆州市					**9**
荆州区					
沙市区					
江陵县					
松滋市					
公安县					9
石首市					
监利县					
洪湖市					
宜昌市					
宜昌市直					
夷陵区					
宜都市					
枝江市					
当阳市					
远安县					
兴山县					
秭归县					
长阳县					
五峰县					
襄阳市					**20**
襄阳市直					
襄阳市辖区					
老河口市					
襄州区					
枣阳市					20
宜城市					
南漳县					
谷城县					
保康县					
鄂州市	**15**	**2**	**13**		**440**
鄂城区	2		2		
华容区	13	2	11		440
梁子湖区					
荆门市					**10**

续表 3　　　　单位：吨

地区	二、贝类				三、其他
	小计	河蚌	螺	蚬	
荆门市直					
荆门市辖区					
沙洋县					
钟祥市					
京山县					10
沙洋农场					
东宝区					
掇刀区					
漳河新区					
屈家岭管理区					
孝感市	**652**	**580**	**59**	**13**	**326**
孝南区					
孝昌县					
大悟县					
安陆市					
云梦县					
应城市					
汉川市	652	580	59	13	326
孝感市辖区					
黄冈市	**108**	**61**	**37**	**10**	**320**
黄州区					
团风县					
红安县					10
麻城市					50
罗田县					
英山县					
浠水县					48
蕲春县					
武穴市	8	1	7		32
黄梅县	100	60	30	10	180
龙感湖区					
咸宁市	**50**	**18**	**32**		**448**
咸宁市直					
咸安区					
嘉鱼县					32
赤壁市	50	18	32		416
通城县					
崇阳县					
通山县					
恩施州					
恩施市					
建始县					
巴东县					
利川市					
宣恩县					
咸丰县					
来凤县					
鹤峰县					
随州市					**2**
曾都区					2
随县					
广水市					
仙桃市					
天门市	**172**	**172**			**62**
潜江市					
神农架					

《湖北农村统计年鉴—2021》

1.农村基本情况

2.农业产值

3.种植业

4.林业及土特产

5.畜牧业

6.渔业

7.农业机械化☑

8.农村主要能源及物资消耗

9.农业技术推广及应用

10.水利建设

11.农垦及监狱系统农场

农机服务组织人员及投入产出情况表

地区	一、农机服务组织及农机户 (一)农机服务组织		其中：1.拥有农机原值50万元(含50万元)以上的		2.农机专业合作社		其中：拥有农机原值100万元(含100万元)以上的	
	年末机构数(个)	年末人数(人)	年末机构数(个)	年末人数(人)	年末机构数(个)	年末人数(人)	年末机构数(个)	年末人数(人)
湖北省	8079	140519	2256	46673	2939	98733	1167	49139
武汉市	2494	9419	78	838	164	2064	72	1018
黄石市	102	1899	29	709	67	1737	24	164
十堰市	170	4147	58	1042	103	2850	14	773
宜昌市	437	8750	130	3652	121	5966	24	1054
襄阳市	635	25118	301	5328	419	20353	285	17410
鄂州市	86	1261	19	251	62	867	7	192
荆门市	592	10253	249	4155	444	8505	87	2007
孝感市	599	7521	242	2353	163	5520	105	3513
荆州市	761	24071	167	6989	445	17887	173	9475
黄冈市	405	14502	224	8047	335	13390	99	4494
咸宁市	187	2784	93	1248	87	2143	53	1207
随州市	110	1815	36	678	76	1644	19	596
恩施自治州	276	5172	69	1569	65	1777	6	187
仙桃市	40	1355	40	1355	40	1355	6	71
潜江市	452	3660	327	1767	105	2613	102	2598
天门市	694	18753	186	6684	204	10023	91	4380
神农架林区	39	39	8	8	39	39		
省直								

续表 1

地区	(二)农机户		其中:拥有农机原值20万元(含20万元)以上的		其中:农机作业服务专业户		二、农机维修厂及维修点	
	年末机构数(个)	年末人数(人)	年末机构数(个)	年末人数(人)	年末机构数(个)	年末人数(人)	年末机构数(个)	年末人数(人)
湖北省	1728288	2264403	16925	42171	162485	330540	5232	16183
武汉市	59272	79737	408	923	13752	16652	286	1140
黄石市	1782	6911	258	659	1429	6135	79	198
十堰市	42253	82535	586	2434	24240	53487	565	2106
宜昌市	226159	253572	1308	2748	12598	14653	178	602
襄阳市	282003	419117	4556	12164	30174	42588	1090	2601
鄂州市	7123	13276	172	658	7033	12625	97	305
荆门市	276815	309005	1181	2176	6779	9089	650	1513
孝感市	85255	110307	1698	4432	8064	12063	475	1183
荆州市	360972	429377	1960	3124	7770	70492	329	986
黄冈市	153620	245200	1569	3569	18440	27352	426	1802
咸宁市	55060	73398	460	1729	3763	5583	169	641
随州市	42952	49327	761	1446	3795	4353	204	1572
恩施自治州	83746	110443	830	2866	6604	11155	314	677
仙桃市	39950	48425	165	395	10198	15168	50	132
潜江市	4253	5488	408	795	720	860	55	178
天门市	6923	28135	473	1921	6923	28135	185	467
神农架林区	150	150	132	132	150	150	80	80
省直								

续表 2

地区	三、乡村农机从业人员	其中：持有拖拉机驾驶证人员	持有联合收割机驾驶证人员	同时持有拖拉机、联合收割机驾驶证人员	农机维修人员	其中：持有职业资格证书人员
	年末人数（人）	年末人数（人）	年末人数（人）	年末人数（人）	年末人数（人）	年末人数（人）
湖北省	2245786	498311	103015	36818	30800	5374
武汉市	65779	17576	1659	850	2002	203
黄石市	12038	4311	1436	837	499	96
十堰市	81319	5981	137	293	3076	295
宜昌市	172816	41772	2558	448	606	95
襄阳市	461438	155601	18059	4893	3612	279
鄂州市	13899	5841	573	496	1579	30
荆门市	261141	54280	13935	6328	1755	294
孝感市	94034	39788	6776	2864	2004	663
荆州市	356101	80952	29369	3719	2192	393
黄冈市	181927	28003	4001	1211	5363	1731
咸宁市	79816	6131	2642	793	2261	149
随州市	143539	10075	4442	810	1944	102
恩施自治州	151221	8985	525	1421	1945	482
仙桃市	67745	22565	2500	1820	156	6
潜江市	6854	2939	1324	300	1326	85
天门市	131584	13485	13079	9735	471	471
神农架林区	35	26			9	
省直						

续表 3

地区	四、农机化投入 (一)财政资金	1.科研	2.推广	3.安全监理	4.试验鉴定
	万元	万元	万元	万元	万元
湖北省	29892	171	7744	3363	52
武汉市	537		370	168	
黄石市	393	13	308	71	1
十堰市	1712	20	249	133	8
宜昌市	2644	5	1575	139	
襄阳市	11234	65	260	530	21
鄂州市	54	6	32	12	2
荆门市	620		161	177	
孝感市	655		236	420	
荆州市	2419	10	323	313	
黄冈市	4266	30	432	368	
咸宁市	816		398	242	
随州市	1096	22	679	391	5
恩施自治州	426		37	79	
仙桃市	46		36	10	
潜江市	590		289	301	
天门市	2360		2335	10	15
神农架林区					
省直					

续表 4

地区	（二）基本建设	（三）农业机械购置	五、农机服务收入	其中：农机作业服务收入
	万元	万元	万元	万元
湖北省	11424	270877	2571169	1975741
武汉市	115	6502	179960	157649
黄石市	160	1320	24497	19516
十堰市	946	11639	80500	5201
宜昌市	34	19206	178362	142100
襄阳市	2484	62452	473495	329346
鄂州市	107	1058	3547	2778
荆门市	1842	38186	195711	151780
孝感市	338	25263	187708	163040
荆州市	765	25280	349362	271533
黄冈市	2134	20518	280306	221751
咸宁市	167	10776	80969	60744
随州市	380	11808	47205	46930
恩施自治州	102	8423	135532	93496
仙桃市		8200	118640	110540
潜江市	1000	6975	32800	31140
天门市	850	13027	130786	107564
神农架林区		243	400	340
省直				

农业机械拥有量

地区	一、农业机械总动力	(一)柴油发动机动力	(二)汽油发动机动力	(三)电动机动力	(四)其它机械动力
	千瓦	千瓦	千瓦	千瓦	千瓦
湖北省	46260685	32184001	1823960	12123883	128842
武汉市	2410039	1424824	77771	880128	27316
黄石市	1253250	614941	33980	602312	2016
十堰市	1831199	816940	51792	951618	10850
宜昌市	3207354	1887572	241102	1060883	17797
襄阳市	7077779	6133311	95948	847576	943
鄂州市	573453	277119	15779	280284	272
荆门市	5044294	4452176	102147	470456	19514
孝感市	2800381	1939819	119707	740855	
荆州市	6616789	5193104	188993	1234693	
黄冈市	3883781	2300723	275522	1305464	2073
咸宁市	1947396	1096792	74983	762835	12786
随州市	2270968	1844237	93894	332837	
恩施自治州	2499459	1013138	245878	1213300	27143
仙桃市	1484917	875608	68140	533036	8133
潜江市	1510450	1024948	46419	439083	
天门市	1730117	1276709	76559	376849	
神农架林区	119556	12040	15345	92171	
省直					

续表 1

地区	二、拖拉机及配套机械 (一)拖拉机		1.小型(22.1 千瓦及以下)		2. 中型(22.1—73.5 千瓦)	
	台	千瓦	台	千瓦	台	千瓦
湖北省	1307542	17507425	1125819	8954418	170071	7562733
武汉市	31913	584593	22465	206547	8936	334547
黄石市	9175	279352	4205	49812	4903	223533
十堰市	14369	204528	12282	131132	2022	68206
宜昌市	92521	1104790	82438	716649	9832	365626
襄阳市	372751	4284162	326314	2194168	44388	1907199
鄂州市	4385	93916	2961	36907	1406	55832
荆门市	287416	3238121	266889	2230357	18761	854946
孝感市	55713	1160464	39659	383947	15623	740350
荆州市	136852	2422547	107594	894608	25306	1204140
黄冈市	38856	705859	29710	320986	8701	348931
咸宁市	20047	408220	14538	145767	5252	240225
随州市	132949	1208512	123753	801941	9041	394503
恩施自治州	8125	130550	6935	99421	1189	31055
仙桃市	21476	423908	16314	126502	4524	240871
潜江市	40062	623421	35642	314365	4005	274283
天门市	40571	629118	33762	296050	6179	278382
神农架林区	361	5363	358	5257	3	107
省直						

续表 2

地区	其中 58.8 千瓦及以上		3.大型及以上（73.5 千瓦及以上）		(二)拖拉机配套农具	其中：与 58.8 千瓦及以上拖拉机配套
	台	千瓦	台	千瓦	部	部
湖北省	35472	2189624	11652	990274	2632052	193489
武汉市	1400	88292	512	43500	60640	2940
黄石市	604	38522	67	6007	26966	2540
十堰市	450	28998	65	5190	40254	1147
宜昌市	1669	100997	251	22516	270105	5975
襄阳市	6632	405700	2049	182795	837594	41313
鄂州市	301	18314	18	1177	13276	3598
荆门市	3421	215151	1766	152817	470226	8259
孝感市	2501	154633	431	36167	92200	15664
荆州市	7604	468262	3952	323799	260083	67453
黄冈市	2362	148526	445	35942	82777	7032
咸宁市	1074	67021	257	22228	33918	6858
随州市	1923	115737	155	12068	298742	8549
恩施自治州	8	523	1	74	7960	347
仙桃市	1364	85814	638	56535	15649	8355
潜江市	2670	152965	415	34773	62749	9577
天门市	1489	100168	630	54686	58752	3882
神农架林区					161	
省直						

续表 3

地区	三、种植业机械 (一)耕整地机械 1.耕整机		2.微耕机		3.机引犁	4.旋耕机
	台(套)	千瓦	台(套)	千瓦	台	台
湖北省	206032	1093508	362445	1877925	840513	755435
武汉市	16737	105097	17791	105873	9879	21974
黄石市	4026	40760	2469	15394	4488	5904
十堰市	1267	7251	44466	247908	1283	7159
宜昌市	2853	19823	101657	508076	71676	85785
襄阳市	337	2300	20418	102298	299568	164997
鄂州市	2300	16738	2202	12484	1784	4553
荆门市	964	2890	2041	4149	179133	135512
孝感市	13879	81694	6685	36318	20487	52631
荆州市	78592	318500	11256	56575	84357	108087
黄冈市	26527	170583	78097	409858	12143	41441
咸宁市	17561	95087	19681	88815	7753	17882
随州市	18534	90934	2703	13824	112431	43025
恩施自治州	14074	74308	48931	251441	1506	7832
仙桃市	2439	20604	1620	7640	4435	9559
潜江市	3350	21500	412	6747	16450	25483
天门市	2087	12543	923	5835	13140	23611
神农架林区	505	12895	1093	4689		
省直						

续表 4

地区	5.深松机	6.机引耙	7.铺膜机	8.联合整地机	(二)种植施肥机械 1.播种机械 (1)免耕播种机	(2)精量播种机
	台	台	台	台	台	台
湖北省	2683	575025	4968	8940	13204	48820
武汉市	139	3666	283	1	442	463
黄石市	43	2923	5		22	378
十堰市	272	1497	899	17	83	779
宜昌市	52	42730	1683	259	320	2260
襄阳市	816	206736	1165	15	4327	24125
鄂州市	102	672	2		164	120
荆门市	273	127526	14	22	2049	5629
孝感市	26	6010	50		892	1305
荆州市	106	42744	16	136	1670	1805
黄冈市	382	8097	11	1862	1656	3153
咸宁市	15	2962	42	10	134	488
随州市	134	114848	3	16	341	4168
恩施自治州	22	816	129	6	37	30
仙桃市	35	920		6568	28	1178
潜江市	22	8835	130	22	344	256
天门市	244	4043	536	5	366	2912
神农架林区				1		
省直						

续表 5

地区	(3)整地施肥播种机	(4)水稻直播机	2.栽植机械 (1)水稻插秧机		其中:乘坐式	
	台	部	台	千瓦	台	千瓦
湖北省	12883	7247	86346	287878	4503	45006
武汉市	1647	85	1987	9984	241	1947
黄石市	4	532	1341	3016	41	675
十堰市	46	24	403	1288	19	165
宜昌市	1673	42	1503	5081	115	1228
襄阳市	3997	1233	12015	38874	446	4693
鄂州市	10	62	792	1906	26	135
荆门市	1380	154	31502	95728	327	4005
孝感市	231	237	5562	17865	344	3400
荆州市	1576	1802	11212	38246	1382	12603
黄冈市	468	1289	7125	25254	443	3978
咸宁市	168	298	1470	6700	161	1445
随州市	84	60	5567	16115	237	2616
恩施自治州	11	13	534	1682	4	33
仙桃市	13	1124	1029	3463	64	570
潜江市	280	2	790	5945	424	5140
天门市	1295	295	3510	16730	225	2375
神农架林区			4		4	
省直						

续表 6

地区	(2)秧苗移栽机	(三)排灌机械	2.节水灌溉类机械	(四)田间管理机械		2.机动植保机械	
		1.水泵		1.中耕机械			
				其中:田园管理机			
	台	台	台(套)	台	千瓦	台	千瓦
湖北省	488	1172700	129959	24055	82585	750370	943200
武汉市	48	40339	21563	611	5912	34146	45729
黄石市		28422	6693	68	485	27581	16174
十堰市	38	37049	9073	8350	13955	11644	13505
宜昌市	56	142700	11225	3260	13499	101222	116354
襄阳市	155	59029	9531	1353	5555	27643	43242
鄂州市		15520	1433	4	26	10926	11353
荆门市	138	71410	387	982	1952	37926	70362
孝感市	2	165454	16487	603	3300	31127	38359
荆州市	43	125633	1475	2220	6239	137930	169651
黄冈市		90159	13084	796	5214	100268	110056
咸宁市	4	75466	6003	132	658	20954	31995
随州市		50829	11392	57	270	13556	17508
恩施自治州		113486	19466	4742	20885	114242	114536
仙桃市	4	117330		200	600	30007	43305
潜江市		16200	709	16	68	23500	45511
天门市		23532	1297	661	3967	26998	54560
神农架林区		142	141			1000	1000
省直							

续表 7

地区	其中:自走式		3.修剪机械 (1)茶树修剪机	(2)果树修剪机	
	台	千瓦	台	台	千瓦
湖北省	5500	82262	109088	98241	172677
武汉市	732	11121	589	353	422
黄石市	257	1337	131	867	2677
十堰市	231	808	4064	3929	8318
宜昌市	268	2475	50111	7270	7991
襄阳市	490	6154	1889	8200	26433
鄂州市	2	11	182	22	34
荆门市	367	3156	38	120	318
孝感市	997	4395	852	39	354
荆州市	603	15753	43	24	47
黄冈市	795	20705	5652	14959	21322
咸宁市	95	2014	1581	2878	4311
随州市	46	409	258	639	2062
恩施自治州			42698	57801	91259
仙桃市	7	105		20	50
潜江市	1179	13075			
天门市	98	3601		120	280
神农架林区			1000	1000	6800
省直					

续表 8

地区	(五)收获机械 1.谷物联合收割机		(1)稻麦联合收割机		(2)玉米联合收割机	
	台	千瓦	台	千瓦	台	千瓦
湖北省	109080	5732118	106591	5598016	2489	134103
武汉市	2020	108303	1908	101787	112	6516
黄石市	1597	89887	1554	87343	43	2544
十堰市	491	16783	478	16144	13	638
宜昌市	3646	166342	3449	158650	197	7692
襄阳市	26827	1381252	25521	1314758	1306	66494
鄂州市	293	17043	293	17043		
荆门市	17049	992320	16906	982925	143	9395
孝感市	8174	374535	8090	370740	84	3795
荆州市	21427	1148267	21136	1131127	291	17140
黄冈市	6307	302433	6280	300524	27	1909
咸宁市	4462	212969	4376	207604	86	5365
随州市	5961	262809	5923	260518	38	2291
恩施自治州	498	13594	487	13009	11	585
仙桃市	2519	130122	2458	125322	61	4800
潜江市	2345	156895	2280	152995	65	3900
天门市	5464	358564	5452	357526	12	1038
神农架林区						
省直						

续表 9

地区	其中：自走式	2.大豆收获机		3.油菜籽收获机		4.马铃薯收获机	
	台	台	千瓦	台	千瓦	台	千瓦
湖北省	2135	63	3783	6465	335630	1335	8372
武汉市	102	2	338	153	7911	7	110
黄石市	3			357	16615	28	1335
十堰市	12			2	80	12	79
宜昌市	125			272	13734	31	736
襄阳市	1167			608	28259	1010	616
鄂州市				20	936		
荆门市	102	11	774	305	15257	22	1120
孝感市	82			532	22650	28	302
荆州市	288	22	1320	2107	112563	2	180
黄冈市	7	8	458	329	16576	13	605
咸宁市	73	3	135	289	15873	7	378
随州市	38			99	4418	141	1713
恩施自治州	4					16	254
仙桃市	61	5	215	100	4699		
潜江市	65			678	44090	2	150
天门市	6	12	543	614	31968	15	750
神农架林区						1	44
省直							

续表 10

地区	5.花生收获机		6.甜菜收获机		7.甘蔗收获机	
	台	千瓦	台	千瓦	台	千瓦
湖北省	4065	28084				
武汉市	20	134				
黄石市	12	331				
十堰市						
宜昌市	8	164				
襄阳市	2385	6599				
鄂州市	5	300				
荆门市	122	4096				
孝感市	102	2303				
荆州市						
黄冈市	774	2816				
咸宁市	1	18				
随州市	360	3123				
恩施自治州						
仙桃市	1	66				
潜江市						
天门市	275	8135				
神农架林区						
省直						

续表 11

地区	8.棉花收获机		9.蔬菜收获机械		10.采茶机	
	台	千瓦	台	千瓦	台	千瓦
湖北省	1	194	21	441	70009	64496
武汉市			1	3	193	270
黄石市			12	36	26	78
十堰市					1862	2503
宜昌市					23365	16435
襄阳市					637	1203
鄂州市					46	111
荆门市	1	194	2	132	24	21
孝感市					52	92
荆州市						
黄冈市					7131	12843
咸宁市			6	270	1708	4527
随州市					397	436
恩施自治州					34568	25978
仙桃市						
潜江市						
天门市						
神农架林区						
省直						

续表 12

地区	11.青饲料收获机		12.牧草收获机		13.秸秆粉碎还田机	14.打(压)捆机	
	台	千瓦	台	千瓦	台	台	千瓦
湖北省	9536	31427	1348	7647	34709	3953	56390
武汉市	105	638			1553	111	1015
黄石市	4433	8677	756	6048	268	63	1428
十堰市	36	981	17	432	257	250	1140
宜昌市	170	4406	91	228	1275	138	521
襄阳市	121	4488	57	221	12323	1303	9755
鄂州市	670	703	325	358	139	4	45
荆门市	23	967			7262	510	18411
孝感市	7	164			1149	506	177
荆州市	5	230			3138	296	5863
黄冈市	2209	5526	100	240	1311	306	7737
咸宁市	1695	2260			931	44	2423
随州市	24	483			4292	78	2050
恩施自治州	14	40			17	32	66
仙桃市					70	41	307
潜江市	2	103			51	70	2548
天门市	22	1760	2	120	673	136	1376
神农架林区							
省直							

续表 13

地区	(六)收获后处理机械		2.干燥机械		(1)谷物烘干机	
	1.机动脱粒机					
	台	千瓦	台	千瓦	台	千瓦
湖北省	455656	956634	8583	172089	7588	165149
武汉市	14818	57399	174	1708	171	1708
黄石市	9909	41892	223	10118	187	8223
十堰市	82967	157681	411	4932	146	2908
宜昌市	107771	142853	176	5795	138	5322
襄阳市	36451	84130	1716	31597	1472	30990
鄂州市	7581	16792	58	930	58	930
荆门市	107	567	704	17426	694	15716
孝感市	1097	2165	695	10133	683	10038
荆州市	2078	6117	1533	31813	1533	31813
黄冈市	47591	148794	818	18410	805	18212
咸宁市	15337	36238	330	13316	314	13140
随州市	8039	23116	571	5091	226	4080
恩施自治州	119209	233144	240	1870	229	1629
仙桃市			271	12187	271	12187
潜江市	2570	5261	249	2870	249	2870
天门市	31	135	407	4512	405	4492
神农架林区	100	350	20	60	20	60
省直						

续表 14

地区	其中:30 吨以上		(2)果蔬烘干机		3.种子加工机械	
	台	千瓦	台	千瓦	台	千瓦
湖北省	2603	64983	485	2716	804	5315
武汉市	57	734			8	93
黄石市	50	850	36	425	16	132
十堰市	10	159	121	733	56	431
宜昌市	94	4764	38	473	16	
襄阳市	452	9925	244	560	299	1303
鄂州市	53	830			8	30
荆门市	287	8954	10	200	155	1714
孝感市	148	3255	2		2	4
荆州市	786	16122			29	267
黄冈市	230	6813	13	98	21	138
咸宁市	121	5669	16	176	51	623
随州市	72	687	1	10	11	110
恩施自治州			2	20	97	296
仙桃市	50	4081				
潜江市	199	2003			40	165
天门市	96	1424	2	20	4	20
神农架林区						
省直						

续表 15

地区	4.保鲜储藏设备		(七)设施农业设备 温室	其中:连栋温室	日光温室	塑料大棚
	台(套)	千瓦	平方米	平方米	平方米	平方米
湖北省	18148	165244	856856790	18179501	14657042	823480346
武汉市	28	300	104394376	3192262	4899367	96302747
黄石市	2	12	36898065	2069000	98667	34730398
十堰市	1214	9108	59059924	31980	268684	58749360
宜昌市	254	3362	38619321	630517	1725774	36263030
襄阳市	307	54214	54197036	224445	32907	53935684
鄂州市	58	2451	13325200	13500		13311700
荆门市	165	4259	42205124	568599	722693	40913832
孝感市	283	600	219407380	9134700	835800	209436880
荆州市	56	578	68537272	254465		68282806
黄冈市	87	946	62684117	172377	4800	62353571
咸宁市	10397	6789	31285557	553390	257000	30475167
随州市	180	1683	31869980	199630	5696200	25814520
恩施自治州	4952	37216	8171020	1030415	1000	7027605
仙桃市	52	1520	15050000	9000		14940000
潜江市	45	31756	15173900	20000		15153900
天门市	150	11250	55906937	72554	357968	55476415
神农架林区	100	300	315400	2668		312732
省直						

续表 16

地区	四、农产品初加工机械 (一)农产品初加工动力机械		其中:柴油机		电动机	
	台	千瓦	台	千瓦	台	千瓦
湖北省	1043447	4885896	140428	1065228	888869	3737928
武汉市	26492	289262	4675	65697	21817	223565
黄石市	10739	100969	1711	13342	9028	87627
十堰市	88014	426813	19484	136491	62960	271577
宜昌市	177803	614291	13739	101027	163850	512448
襄阳市	89205	481555	8576	66100	80131	399700
鄂州市	9060	138415	2344	24464	6617	113895
荆门市	11408	117883	541	7157	10867	110726
孝感市	25166	180357	3592	33921	21498	145762
荆州市	48616	404374	24926	198461	22662	205012
黄冈市	88986	573609	14609	130884	67856	441787
咸宁市	28812	239105	2808	27565	26004	211539
随州市	20034	159824	4398	27084	15636	132740
恩施自治州	358761	671811	27637	101762	331045	526089
仙桃市	7040	87170	150	1370	6825	85360
潜江市	16200	189465	5771	70596	10429	118509
天门市	13438	144779	5375	58589	8063	86095
神农架林区	23673	66214	92	718	23581	65496
省直						

续表 17

地区	(二)农产品初加工作业机械	1.粮食初加工机械	2.油料初加工机械	3.棉花初加工机械	4.果蔬初加工机械	5.茶叶加工机械
	台(套)	台(套)	台(套)	台(套)	台(套)	台(套)
湖北省	989951	736758	50962	15207	13946	113706
武汉市	15454	7567	1602	673	174	1370
黄石市	7698	5466	1451	257	383	141
十堰市	112560	62979	4880	104	1730	10439
宜昌市	200305	164607	3909	643	1705	20113
襄阳市	80856	57127	11898	3091	1100	7452
鄂州市	4954	2141	366	225	38	62
荆门市	9750	7070	1921	491	148	120
孝感市	19730	9173	3636	1271	902	4720
荆州市	29882	17867	3339	2093	110	87
黄冈市	79865	59616	5214	2397	405	8803
咸宁市	29638	24186	1821	408	862	2361
随州市	18878	8956	4946	1964	2312	700
恩施自治州	355545	289044	3270	49	3561	57279
仙桃市	6232	5327	540	338		
潜江市	6776	4485	1850	441		
天门市	8838	6147	523	762	16	9
神农架林区	5650	5000	100		500	50
省直						

续表 18

地区	五、畜牧机械		(一)饲料(草)加工机械设备		其中:1.铡草机	2.饲料(草)粉碎机
	台(套)	千瓦	台(套)	千瓦	台	台(套)
湖北省	516065	1236290	368059	896163	45876	173248
武汉市	20969	65325	4108	31473	828	1227
黄石市	5753	34978	1329	11012	1	92
十堰市	61428	121969	46982	91791	12467	18015
宜昌市	29660	104790	26614	101358	1630	12585
襄阳市	13546	71881	11169	55185	2026	4435
鄂州市	2003	20377	1077	10770	362	715
荆门市	7144	54350	3322	35740	293	3029
孝感市	16481	57157	5406	31907	1077	4178
荆州市	13709	68646	5059	50879	1644	1352
黄冈市	73107	185039	37077	114093	1788	4572
咸宁市	18543	56270	8270	36945	4700	3035
随州市	6303	21573	4262	17137	170	4075
恩施自治州	243339	332142	214806	286281	24990	114718
仙桃市	2002	9794	507	5720	15	492
潜江市	2450	13201	840	5956	30	80
天门市	3264	18499	973	9918	325	648
神农架林区	10	300				
省直						

续表 19

地区	(二)饲养机械		其中:畜禽粪污处理机械	(三)畜产品采集加工机械设备		其中:1.挤奶机	
	台(套)	千瓦	台(套)	台(套)	千瓦	台	千瓦
湖北省	119608	268687	18193	4429	13048	353	1892
武汉市	15860	28077	3922	169	1624	4	27
黄石市	4335	21478					
十堰市	8886	20440	380	3036	4236		
宜昌市	2202	2041	161	47	214	34	174
襄阳市	1770	8765	343	190	1900		
鄂州市	896	5825	494	10	20		
荆门市	3822	17930	945				
孝感市	8813	15511	308	457	1597		
荆州市	8268	17198	1340				
黄冈市	35634	67079	4538	319	2186	284	1668
咸宁市	10090	19292	512	31	23	31	23
随州市	2040	4428	906				
恩施自治州	11631	21871	40	152	1220		
仙桃市	1460	2926	1460	18	28		
潜江市	1610	7245	1288				
天门市	2291	8581	677				
神农架林区							
省直							

续表 20

地区	2.剪羊毛机		六、水产机械		(一)水产养殖机械	
	台	千瓦	台	千瓦	台	千瓦
湖北省	22	42	486274	932118	472786	880386
武汉市			54566	88351	54464	87543
黄石市			26268	64620	26268	64620
十堰市			1609	4874	1220	3062
宜昌市	12	36	18079	45795	18079	45793
襄阳市			5579	9399	5579	9399
鄂州市			20471	43936	20471	43926
荆门市			43657	77520	43657	77520
孝感市			24514	45656	24486	45096
荆州市			132705	159758	122345	147359
黄冈市	4	2	56589	111505	55817	110122
咸宁市			22186	66034	20571	41628
随州市			8092	15703	7882	14227
恩施自治州			17251	25822	17239	25795
仙桃市	6	4	40156	146499	40156	137650
潜江市			7418	18783	7418	18783
天门市			7134	8487	7134	8487
神农架林区						
省直						

续表 21

地区	其中：1.增氧机		2.投饲机		（二）水产捕捞机械	
	台	千瓦	台	千瓦	台	千瓦
湖北省	289115	658483	180049	210541	1819	16055
武汉市	32409	72028	22055	13965	12	108
黄石市	18040	51922	8228	12698		
十堰市	961	2543	142	462	121	612
宜昌市	11747	35008	6332	10769		
襄阳市	3821	7238	1744	2141		
鄂州市	10273	32169	9956	11558		
荆门市	25532	61046	17936	16474		
孝感市	16276	38381	8087	6698	28	530
荆州市	68039	137410	54306	8655		
黄冈市	35417	79366	18021	23506	31	1085
咸宁市	14272	32937	5821	7740	1615	13691
随州市	5373	9857	2506	4369	2	17
恩施自治州	17132	25562	105	226	10	12
仙桃市	23400	57350	16681	80300		
潜江市	4304	14165	3114	4618		
天门市	2119	1902	5015	6585		
神农架林区						
省直						

续表 22

地区	七、农田基本建设机械		八、农用航空器	(一)有人驾驶农用飞机	(二)植保无人机
	台	千瓦	架	架	架
湖北省	31634	1435253	3681	11	3629
武汉市	2202	112344	159		159
黄石市	2772	118567	140		140
十堰市	2001	112926	20	1	18
宜昌市	967	57479	183		183
襄阳市	2002	64908	367		367
鄂州市	773	50519	17		17
荆门市	2112	125350	556	8	548
孝感市	2337	90332	265		265
荆州市	5729	225845	938		938
黄冈市	3352	153426	291		291
咸宁市	2965	124612	151		151
随州市	2030	58103	72		72
恩施自治州	953	46550	26		26
仙桃市	165	8106	148		148
潜江市	802	67860	187		187
天门市	472	18325	239	2	237
神农架林区					
省直					

农机作业情况

地区	一、农机作业总体情况 (一)机耕面积 (公顷)	(二)机播面积 (公顷)	(三)机电灌溉面积 (公顷)	(四)机械植保面积 (公顷)	(五)机收面积 (公顷)	二、主要农作物生产机械化作业情况 (一)小麦 1.小麦机耕面积 (公顷)
湖北省	6127644	3362598	3237294	5058406	4633186	1019654
武汉市	259836	128379	241869	306852	206630	9214
黄石市	112214	74166	87170	105102	89086	6946
十堰市	264269	79136	74496	244031	125095	51527
宜昌市	444742	164246	202364	425605	206640	37531
襄阳市	933553	706390	235005	701812	831705	358433
鄂州市	54250	27253	59900	60300	40160	4676
荆门市	592719	410643	297572	429697	518756	118082
孝感市	431234	236107	344448	349700	368853	72940
荆州市	934374	541259	818031	1027330	824293	160732
黄冈市	663509	364584	275079	556991	483210	34372
咸宁市	297376	113633	97640	181296	212154	5495
随州市	232260	136343	89910	188500	191093	48629
恩施自治州	350797	25171	43317	211271	74042	1013
仙桃市	176258	112119	89350	104900	142435	25453
潜江市	135000	72680	100000	115000	105500	27333
天门市	246266	170024	207927	216662	211960	56867
神农架林区	5000	500	1300	1740	500	340
省直						

续表 1

地区	2.小麦机播面积（公顷）	3.小麦机收面积（公顷）	（二）水稻 1.水稻机耕面积（公顷）	2.水稻机械种植面积（公顷）	其中：水稻机直播面积（公顷）	水稻机插面积（公顷）	水稻机浅栽面积（公顷）
湖北省	765888	995457	2246860	1359473	266795	1061539	23
武汉市	6933	9023	102997	58357	17460	40896	
黄石市	5715	6291	55881	36992	15599	21393	
十堰市	15863	34255	22590	8733		8733	
宜昌市	21433	34794	76754	44249	4847	39403	
襄阳市	297226	357973	202853	126465	13296	113166	3
鄂州市	3267	4600	26200	17133	12043	5090	
荆门市	83916	117482	246617	193426	11668	181702	
孝感市	51620	73046	242131	129819	28363	101456	
荆州市	117571	162092	465902	294492	29148	265345	
黄冈市	25982	32446	308627	173280	76532	96157	
咸宁市	2593	5256	137052	60490	28089	32401	
随州市	34562	48374	123054	90896	8342	82554	
恩施自治州	8	99	42570	7615		7364	20
仙桃市	21927	25453	64420	39300	28450	10850	
潜江市	24333	27333	58567	32667	6667	26000	
天门市	52867	56867	70447	45359	512	44847	
神农架林区			200	200			
省直							

续表 2

地区	3.水稻机收面积（公顷）	（三）玉米 1.玉米机耕面积（公顷）	2.玉米机播面积（公顷）	3.玉米机收面积（公顷）	（四）大豆 1.大豆机耕面积（公顷）	2.大豆机播面积（公顷）	3.大豆机收面积（公顷）
湖北省	2210572	699749	331515	338550	193474	79528	82446
武汉市	102783	16065	9418	10567	8140	5253	4727
黄石市	53589	8401	5532	4478	1246	264	201
十堰市	14480	73634	24578	29181	14579	3341	3413
宜昌市	73519	124649	36536	41885	8773	2777	2995
襄阳市	202634	198019	174241	168178	5404	1791	1592
鄂州市	25067	973	533	200	2200	153	80
荆门市	249925	48768	18706	17013	29292	12194	10259
孝感市	238567	9633	6714	7114	4486	978	40
荆州市	464316	31737	20774	23070	32719	13566	13671
黄冈市	301260	8997	5692	6305	17938	5495	7694
咸宁市	136311	19089	4620	6797	4886	308	261
随州市	125824	14341	4322	1803	1518		
恩施自治州	27692	125838	5185	7602	18934	200	
仙桃市	64427	13593	11147	9923	9440	7741	5381
潜江市	58567	2133	1317	1577	9200	6000	10000
天门市	70457	3109	2200	2857	24720	21467	24133
神农架林区	20	830					
省直							

续表 3

地区	(五)油菜 1.油菜机耕面积（公顷）	2.油菜机播面积（公顷）	3.油菜机收面积（公顷）	(六)马铃薯 1.马铃薯机耕面积（公顷）	2.马铃薯机播面积（公顷）	3.马铃薯机收面积（公顷）
湖北省	977801	487764	648221	200320	23444	30516
武汉市	33619	19406	23715	2240	30	247
黄石市	30471	23926	22626	2320	333	507
十堰市	44427	14506	25153	18091	2700	2743
宜昌市	77662	23914	38748	39950	4553	4731
襄阳市	36907	16226	25895	16467	4339	5213
鄂州市	11467	6167	10213	1000		
荆门市	113319	64143	102391	2763	268	370
孝感市	68456	39086	45068	2864	975	609
荆州市	188459	86503	158206	1081	33	13
黄冈市	137938	91100	75199	12070	1351	2592
咸宁市	78705	39861	47198	6050	64	83
随州市	22514	2092	3983	6185	4229	3877
恩施自治州	33523	130	75	81624	2370	7351
仙桃市	52466	32004	37250	1173		
潜江市	13333	7300	8000	1000		
天门市	34533	21400	22000	2247	1900	1880
神农架林区				3400	300	300
省直						

续表 4

地区	（七）花生 1.花生机耕面积（公顷）	2.花生机播面积（公顷）	3.花生机收面积（公顷）	（八）棉花 1.棉花机耕面积（公顷）	2.棉花机播面积（公顷）	3.棉花机收面积（公顷）
湖北省	220718	92353	69769	124939	2506	45
武汉市	11743	2104	1157	9376		
黄石市	3628	1196	848	2101	200	
十堰市	17295	3253	3328			
宜昌市	9786	2133	180	4861	336	25
襄阳市	64566	50095	45281	7924	383	
鄂州市	2267			5467		
荆门市	13605	2288	1492	3603	188	20
孝感市	22362	6914	4408	8361		
荆州市	1421	31	68	36957	208	
黄冈市	44585	18040	6850	24111	1000	
咸宁市	5147			3229	191	
随州市	9155	242	450	4329		
恩施自治州	5742					
仙桃市	1180			8532		
潜江市	1140			1120		
天门市	7187	6300	6367	7833		
神农架林区						
省直						

续表 5

地区	（九）水果 1.水果机械中耕面积（公顷）	2.水果机械施肥面积（公顷）	3.水果机械植保面积（公顷）	4.水果机械修剪面积（公顷）	5.水果机械采收产量（吨）	6.水果机械田间转运产量（吨）
湖北省	155734	180878	308083	84451	159010	2906218
武汉市	4163	2836	4182	841	86	32965
黄石市	849	2701	2111	1030	950	500
十堰市	12409	5075	20081	6855	246	161997
宜昌市	51904	69805	125247	13299	30250	1864129
襄阳市	17487	8668	24891	9711	15713	149814
鄂州市	1280	1060	1360	940		12620
荆门市	4953	4338	14500	2605	5620	148553
孝感市	1624	2957	1976	810		49667
荆州市	11750	6372	12723			129597
黄冈市	8363	3211	10302	5144	3100	41248
咸宁市	12496	9759	14473	1870	150	15600
随州市	9764	14042	14729	12822	68714	158197
恩施自治州	7968	31555	18635	11887	10476	56777
仙桃市	400		1200			25050
潜江市	1860	850	2000			
天门市	301	244	226	173	14593	14593
神农架林区						
省直						

续表 6

地区	（十）茶叶 1.茶叶机械中耕面积（公顷）	2.茶叶机械施肥面积（公顷）	3.茶叶机械植保面积（公顷）	4.茶叶机械修剪面积（公顷）	5.茶叶机械采收产量（吨）	6.茶叶机械田间转运产量（吨）
湖北省	146242	82451	210544	188655	217313	179563
武汉市	2276	1954	2463	750	151	
黄石市	1000	1660	780	430	604	
十堰市	30183	16631	37881	31105	5879	8481
宜昌市	13824	26653	26736	29122	39301	21068
襄阳市	12590	8547	20011	18646	18548	62608
鄂州市	59	43	56	61	80	
荆门市	297	331	811	123		1
孝感市	11999	4719	15856	5824	4267	5835
荆州市						
黄冈市	19733	1826	21666	15747	30917	1694
咸宁市	20102	15757	20951	26353	46061	43476
随州市	2312	3842	4386	4447	2095	2013
恩施自治州	31855	478	58935	56048	64703	32785
仙桃市						
潜江市						
天门市	13	10	12			12
神农架林区						
省直						

续表 7

地区	三、单项农机作业情况 (一)机械深耕面积 (公顷)	其中:机械深松面积 (公顷)	(二)机械免耕播种面积 (公顷)	(三)精量播种面积 (公顷)	(四)机械深施化肥面积 (公顷)	(五)机械铺膜面积 (公顷)	(六)农田机械节水灌溉面积 (公顷)
湖北省	511945	108562	130692	640439	247828	34216	516690
武汉市	10739	2195	5369	12372	7953	3968	52575
黄石市	4526		840	58011	4540	650	1489
十堰市	4240	803	1625	6820	7730	6620	35906
宜昌市	8452	2666	1156	32744	11254	6027	26266
襄阳市	164929	26605	24531	148803	59372	3236	86106
鄂州市	3898	3898	1032	12019	9649		41279
荆门市	18238	15372	5206	86761	14869	2620	57816
孝感市	68302	2001	3640	41187	76429	1774	32558
荆州市	83570	10660	15711	30460	15456		33233
黄冈市	30781	12829	22364	82579	37148	2554	52472
咸宁市	3413	1460	194	40679	434	690	34066
随州市	8303	2806	699	2129	1216	1922	9228
恩施自治州	30178	10000	543	478	300	2670	7608
仙桃市	1333	1333		74500			
潜江市	2000	1333	300	1000			3600
天门市	68667	6000	4035	53451	1478	1485	42488
神农架林区	200	200					
省直							

续表 8

地区	（七）机械播种牧草面积（公顷）	（八）机械化秸秆还田面积（公顷）	（九）秸秆捡拾打捆面积（公顷）	（十）农用航空器作业面积（公顷）	其中：植保无人机作业面积（公顷）	（十一）机械化青贮秸秆数量（吨）
湖北省	18262	2864758	403237	982582	953115	2201921
武汉市		137181	40572	53956	53956	168466
黄石市	300	84246	576	39538	39538	312500
十堰市	188	25869	13850	2468	2468	77782
宜昌市		138828	7989	36497	36497	271775
襄阳市	220	593782	82552	220404	220404	733820
鄂州市		7820		2123	2123	4268
荆门市	11500	410116	80569	123293	95293	187013
孝感市	250	272477	24549	72584	72584	8477
荆州市		369623	87913	202342	202342	85951
黄冈市	5215	299894	15337	70743	70476	71798
咸宁市	456	145318	12582	33244	33244	2850
随州市		43535	4557	2946	2946	1811
恩施自治州		303		11495	11495	253507
仙桃市		143000	700	10730	10730	
潜江市	133	100000	13333	100000	100000	20000
天门市		92766	17615	39020	39020	603
神农架林区						1300
省直						

续表 9

地区	四、农机社会化服务作业情况 (一)农机专业合作社作业服务面积（公顷）	(二)农机跨区作业面积（公顷）	1.跨区机耕面积（公顷）	2.跨区机播面积（公顷）	3.跨区机收面积（公顷）	其中:跨区机收小麦（公顷）
湖北省	2258301	1007343	220737	46029	670997	210850
武汉市	99912	49049	13743	646	34661	6913
黄石市	107663	42918	7060	3019	32828	3555
十堰市	33903	19127	7902	975	9230	2965
宜昌市	120161	57111	16406	567	20228	2571
襄阳市	365321	134882	21490	12470	97539	59650
鄂州市	27602	10923	2943	1644	6316	1578
荆门市	260908	106313	3526		102697	30021
孝感市	277357	59175	14440	5000	39735	13254
荆州市	229462	255632	70705	4031	171393	44024
黄冈市	379595	71691	23505	6213	41451	9339
咸宁市	59152	13010	1269	1475	10266	1706
随州市	48987	101392	18785	2607	72021	19576
恩施自治州	31309	20946	13284	50	7091	69
仙桃市	52650	40600	17000	200	6930	2300
潜江市	70000	10400	2100	2000	6300	2100
天门市	92319	20208	4366	4308	11534	5717
神农架林区	2000					
省直						

续表 10

地区	跨区机收水稻（公顷）	跨区机收玉米（公顷）	（三）生产托管作业面积（公顷）	五、农产品初加工机械化作业情况 （一）机械脱出农产品数量（吨）	其中：1.机械脱出粮食数量（吨）	2.机械脱出油料数量（吨）
湖北省	421921	11962	276988	36590350	23167895	1934760
武汉市	26787	429	66812	3269921	873676	44741
黄石市	27233	2040	33340	359808	288033	53275
十堰市	5575	690	4024	1499721	585239	92735
宜昌市	15797		44160	3659412	1313189	151593
襄阳市	24072	2270	28010	5576421	4097455	225901
鄂州市	3711		60	1299878	271083	42843
荆门市	70771	1805	16490	2524730	2397390	127340
孝感市	26481		5583	3733063	2276484	158367
荆州市	118447	1675	10007	3699292	3235547	380263
黄冈市	26851	806	20274	3841288	2799598	347904
咸宁市	8560		9447	1707419	872665	51715
随州市	50917	620	29781	1353343	1314560	7208
恩施自治州	6872	150	5600	1935051	854363	92627
仙桃市	4300	330		934798	697400	97000
潜江市	3200	1000	3400	604100	584100	20000
天门市	5816			869843	756931	41248
神农架林区				40000	40000	
省直						

续表 11

地区	(二)机械清选农产品数量(吨)	其中:1.机械清选蔬菜数量(吨)	2.机械清选水果数量(吨)	3.机械清选棉花数量(吨)	(三)机械保质农产品数量(吨)	其中:1.机械保质粮食数量(吨)
湖北省	33077328	16966990	4499496	107951	30813272	11240550
武汉市	2804360	2690380	57260		1838507	896816
黄石市	299719	33052	2200		314047	56875
十堰市	682241	473311	57568	15	479069	329478
宜昌市	3229451	1363481	1571095	921	3651437	512469
襄阳市	5049221	1437802	221693	54300	3006824	1360502
鄂州市	1378470	708270	668400		1436870	271000
荆门市	374990	354342	18006	2642	1687854	1341935
孝感市	3566070	2874215	92395	2610	3981824	1311307
荆州市	6352069	2973352	583455	24390	5353128	1758864
黄冈市	1993526	585479	82626	23693	1567026	927133
咸宁市	1174185	57903	780		683359	275736
随州市	2090503	929643	966022		2348468	511698
恩施自治州	1909920	348315	142218		1164713	172405
仙桃市	841100	841100			1480000	445800
潜江市					465000	430000
天门市	1332123	1296345	35778		333639	252410
神农架林区					6500	1697
省直						

续表 12

地区	2.机械保质油料数量（吨）	3.机械保质蔬菜数量（吨）	4.机械保质水果数量（吨）	5.机械保质棉花数量（吨）	6.机械保质茶叶数量（吨）	六、畜牧养殖机械化作业情况 (一)机械收获饲草秸秆量（吨）
湖北省	1117546	3134222	1846989	128704	276036	11972488
武汉市	56305	628688	48061	5130	342	558767
黄石市	13600	10000	5000		1003	214860
十堰市	59460	42787	17195		971	630750
宜昌市	111263	940354	1271649	912	47732	1823342
襄阳市	70953	418219	38138	456	165867	1921539
鄂州市	40643	6741	12006	3824	220	5104
荆门市	46423	290620	8858			1095953
孝感市	70852	94079	33437	8309	6144	465685
荆州市	294055	597534	204011	99097	281	2221255
黄冈市	124125	15609	13759	7936	7256	1274140
咸宁市	22111	36353	675		4397	805252
随州市	6710	112103	106971	3040	2303	242919
恩施自治州	97511	141411	90424		39500	158069
仙桃市	12306					900918
潜江市	10000	25000				36000
天门市	81229					525854
神农架林区					20	
省直						

续表 13

地区	其中：机械收获牧草数量（吨）	（二）机械化饲草料加工数量（吨）	（三）机械饲喂的畜禽数量（折算为羊单位）（吨）	（四）机械清粪的畜禽数量（折算为羊单位）（个）	（五）机械环控的畜禽数量（折算为羊单位）（个）	（六）机械挤奶的家畜数量（折算为羊单位）（个）
湖北省	1727140	13359887	43147943	38991890	37481979	58564
武汉市		458217	3097578	3614169	2578372	16355
黄石市	500	415623	100089	82089	1386800	
十堰市	3606	718473	1757960	2782980	1252653	
宜昌市	810	3750340	6663362	3530140	3837730	17882
襄阳市	74516	1532299	6262208	6221986	3317222	3800
鄂州市	2916	21536	340154	340154	1498600	
荆门市		1325596	2449342	2373174	2268235	
孝感市	23199	1017323	1410605	1832431	1023523	1336
荆州市	1128918	115118	5524136	6906882	8237063	
黄冈市	122144	834218	2947492	2816125	2959526	29218
咸宁市	293747	790348	2690727	1589125	3358140	3175
随州市	28502	165117	8998448	4970785	2762486	60
恩施自治州	32427	1164104	294236	72551	21982	
仙桃市		650000	462500	491000	1501000	
潜江市	14500	14500	758320	671382	810000	
天门市	1354	387076	975718	696917	668647	
神农架林区						
省直						

续表 14

地区	(七)机械剪毛的畜禽数量(折算为羊单位)(个)	(八)机械捡蛋的蛋禽数量(折算为羊单位)(个)	七、水产养殖机械化作业情况 (一)池塘养殖 1.机械投饲池塘养殖产量(吨)	2.机械水质调控池塘养殖产量(吨)	3.机械起捕池塘养殖产量(吨)	4.机械清淤池塘养殖产量(吨)
湖北省	1760	2506501	1714472	1453625	371318	989228
武汉市		302061	264116	198993	180346	242276
黄石市		46685	91630	30821	11420	43640
十堰市		19746	1087	1904	24	1147
宜昌市	827	81491	32000	51153	10830	548
襄阳市		416051	35476	36313	7799	7643
鄂州市		69051	207244	207244	1770	207500
荆门市		150500	97808	76781	96345	57997
孝感市	90	613462	113649	82140	1760	7932
荆州市			139100	92518	90	39460
黄冈市	1200	118777	250852	214527	13730	40490
咸宁市		8625	76370	47631	3054	11710
随州市		596962	12631	11010	5102	6956
恩施自治州		7260	181	157		168
仙桃市	310	6500	280752	280752		280752
潜江市			32000	32000		10880
天门市		26130	79577	89681	39048	30129
神农架林区						
省直						

续表 15

地区	(二)网箱养殖 1.机械投饲网箱养殖产量（吨）	2.机械清洗网箱养殖产量（吨）	3.机械起捕网箱养殖产量（吨）	(三)工厂化养殖 1.机械投饲工厂化养殖产量（吨）	2.机械起捕工厂化养殖产量（吨）	(四)筏式吊笼及底播养殖 1.机械投苗养殖产量（吨）	2.机械采收养殖产量（吨）
湖北省	35021	4122	5356	2222	1366	1115	2246
武汉市	511	511	100	736	626		
黄石市						900	1300
十堰市	10		80	50	18		
宜昌市				207			
襄阳市	865	273	990	680	527	215	946
鄂州市							
荆门市	4099	3108	4069	455	105		
孝感市	870						
荆州市							
黄冈市	2026	230	117	90	90		
咸宁市	140						
随州市							
恩施自治州							
仙桃市	26500						
潜江市							
天门市							
神农架林区							
省直							

续表 16

地区	八、设施农业(种植)机械化作业情况 (一)耕整地机械化面积 (公顷)	(二)种植机械化面积 (公顷)	(三)采运机械化面积 (公顷)	(四)灌溉施肥机械化面积 (公顷)	(五)环境调控机械化面积 (公顷)	农机作业情况补充资料 1.保护性耕作面积 (公顷)	2.免耕播种面积 (公顷)
湖北省	67470	15372	6730	42256	13302	442804	164514
武汉市	10380	2211	765	7129	3154	480	5376
黄石市	3612	720	300	2401	1008	1820	1520
十堰市	12129	3641	1081	3161	377	918	1845
宜昌市	3813	1227	802	2975	43	6788	1795
襄阳市	2942	786	354	3647	134	40693	27502
鄂州市	516	253		233	186	1798	1457
荆门市	3314	693	358	2223	912	2942	5316
孝感市	10316	1358	514	3771	1381	6675	4060
荆州市	4680	1959	1245	4880	1309	109742	16033
黄冈市	5753	595	147	5345	1694	29134	27757
咸宁市	3085	1009	901	2722	1259	1	332
随州市	3128	190	100	494	116	105823	719
恩施自治州	484	245	29	524	361	6750	3265
仙桃市	1080	90	90	930	760	174862	
潜江市	1517			1150		11000	750
天门市	670	395	45	670	608	721	4056
神农架林区	50					5	
省直							

续表 17

地区	其中：小麦免耕播种面积（公顷）	水稻免耕播种面积（公顷）	玉米免耕播种面积（公顷）	3.农田基本建设作业量（立方米）	4.实际脱出农产品总量（吨）	5.实际清选农产品总量（吨）
湖北省	50220	7965	29911	157649936	70559660	67316600
武汉市	1028	198		507161	7261083	7130839
黄石市	373		367	4701488	366685	367431
十堰市	330		1483	46058450	3166230	2295905
宜昌市	1211		584	30510217	9185948	8898064
襄阳市	2924	678	16490	21118306	9856478	10161126
鄂州市	706	350	391	307911	1686200	1686200
荆门市	500	2811	1072	5505200	6092096	3211296
孝感市	3860	100	100	19847000	4608020	5064589
荆州市	7322	885	451	1741705	5945112	8008454
黄冈市	11828	1433	2343	17427563	7339913	5727943
咸宁市	40		292	4117153	5294143	5263704
随州市	370	169	180	2646290	2677479	2425323
恩施自治州		1975	1290	3013992	4193797	4179633
仙桃市				130000	1480000	841100
潜江市		700	50	17500	604100	604100
天门市	5	10	2		925276	1470593
神农架林区					80000	
省直						

续表 18

地区	6.实际保质农产品总量（吨）	7.收获的饲草秸秆总量（吨）	8.饲草料加工总量（吨）	9.畜禽总数（折算为羊单位）（个）	10.环控畜禽总数(折算为羊单位)（个）	11.产奶家畜数量(折算为羊单位)（个）
湖北省	67797169	52490695	34780000	196756927	104741647	279198
武汉市	6421770	1231421	814465	6292129	4334180	23709
黄石市	1297431	983682	522843	3624364	2365410	
十堰市	2076836	2193732	1590888	5708250	2859864	2000
宜昌市	8771753	9526367	7051766	19571135	9414878	19884
襄阳市	9411309	5899982	5439537	37475751	18759619	12460
鄂州市	1686198	725073	405251	5027758	1675960	989
荆门市	6065196	4837226	3929542	15227759	7960746	
孝感市	5138658	5352991	2518964	18401112	11193150	14690
荆州市	7091625	3555508	1892721	14225719	10242307	130152
黄冈市	4819129	4975453	2583206	21941353	11520851	84964
咸宁市	5177243	2504736	1721309	12819942	5973304	3181
随州市	2792970	1944340	1012932	12142291	8400237	60
恩施自治州	4074540	7215361	3675888	17044672	5887907	266
仙桃市	1480000	1792700	700000	1980000	1501000	
潜江市	465000	36000	14500	1685000	810000	
天门市	1516974	1508824	906189	2249135	1842234	210
神农架林区	19471					
省直						

续表 19

地区	12.产毛畜禽数量（折算为羊单位）（个）	13.蛋禽数量（折算为羊单位）（个）	14.池塘养殖总产量（吨）	15.网箱养殖总产量（吨）	16.工厂化养殖总产量（吨）
湖北省	65234	15208739	3705789	116505	11145
武汉市	290	812260	425872	648	812
黄石市		104785	145434		
十堰市		230060	5810	230	58
宜昌市	1430	399898	142502		3317
襄阳市	31012	1624101	148690	1693	1104
鄂州市	519	87793	245917		
荆门市	168	1221658	389499	6836	725
孝感市	3764	1045298	312613	6960	
荆州市		960649	902485	47937	79
黄冈市	9000	2593523	448241	4781	3050
咸宁市		193908	197825	430	2000
随州市		1092319	87943		
恩施自治州		279683	2364		
仙桃市	1980	688000	295000	35500	
潜江市		150000	32651	7240	
天门市	18201	488743	116024	4250	
神农架林区					
省直					

续表 20

地区	17.筏式吊笼及底播养殖总产量（吨）	18.果园面积（公顷）	19.水果采收产量（吨）	20.茶园面积（公顷）	21.茶叶采收产量（吨）
湖北省	6213	509104	7660057	363594	1906527
武汉市		8899	148530	7204	2632
黄石市	5155	11393	110687	4005	1111
十堰市		26044	365063	47713	12378
宜昌市		150516	3616023	62747	91029
襄阳市	1058	56253	2011156	25986	1453429
鄂州市		1878	13644	1258	86
荆门市		18188	375717	1957	236
孝感市		6401	153849	28460	11055
荆州市		23752	516775	619	272
黄冈市		33858	125396	26270	37908
咸宁市		25488	87124	33259	57914
随州市		15116	161645	7721	3090
恩施自治州		63307	369194	117443	122350
仙桃市		1200	25300		
潜江市		2000			
天门市		301	15835	13	775
神农架林区					
省直					

《湖北农村统计年鉴—2021》

1.农村基本情况

2.农业产值

3.种植业

4.林业及土特产

5.畜牧业

6.渔业

7.农业机械化

8.农村主要能源及物资消耗☑

9.农业技术推广及应用

10.水利建设

11.农垦及监狱系统农场

农村主要能源及物资消耗

地区	农村用电量（万千瓦小时）	农用柴油使用量（吨）	农药使用量（吨）	农用塑料薄膜使用量（吨）
湖北省	**1868740**	**627762**	**93141**	**58039**
武汉市	**142793**	**18583**	**3221**	**5178**
武汉市辖区	5982	1394	279	980
汉南区	3028	1789	198	268
蔡甸区	15175	1448	467	568
江夏区	14087	2190	611	618
黄陂区	63890	5750	650	1640
新洲区	40631	6012	1016	1104
黄石市	**118312**	**22349**	**2802**	**1577**
黄石市辖区	612	237	17	49
阳新县	39019	11078	2313	936
大冶市	78681	11034	472	592
十堰市	**77385**	**26313**	**1963**	**3740**
茅箭区	3283	5	10	29
张湾区	1622	162	44	125
郧阳区	10512	2056	461	645
郧西县	13296	3307	93	673
竹山县	10476	5344	190	451
竹溪县	5202	2496	93	601
房县	17780	7099	73	792
丹江口市	15214	5844	999	424
宜昌市	**121560**	**41510**	**6439**	**4993**
宜昌市辖区	14792	523	273	97
夷陵区	20232	8549	979	358
远安县	6068	2682	283	421
兴山县	6512	1014	166	340
秭归县	7499	1254	589	384
长阳自治县	13342	1339	360	533
五峰县	8241	253	53	348
宜都市	12432	4630	740	363
当阳市	16826	12969	1398	1430
枝江市	15616	8297	1598	719
襄阳市	**180576**	**122862**	**12639**	**6618**
高新区	5687	1226	465	57
襄城区	7589	6708	694	527
樊城区	12284	3001	124	243
襄州区	32043	22062	2731	999
南漳县	17110	13535	536	247
谷城县	27228	7710	777	780
保康县	7877	3337	220	407
老河口市	10914	9993	653	330
枣阳市	43965	35012	4286	1408
宜城市	15879	20278	2153	1620
鄂州市	**57669**	**3331**	**393**	**371**
梁子湖区	6640	660	95	50
华容区	7547	1218	123	63
鄂城区	43482	1453	175	258
荆门市	**130109**	**79537**	**6817**	**5431**
东宝区	8707	5165	274	464
掇刀区	3115	5232	265	237
沙洋县	28394	14039	1655	1230
钟祥市	63534	38423	3089	2192
京山市	26359	16678	1534	1308
孝感市	**179136**	**31773**	**6502**	**4699**

续表

地区	农村用电量（万千瓦小时）	农用柴油使用量（吨）	农药使用量（吨）	农用塑料薄膜使用量（吨）
孝感市辖区	2781	401	2	1
孝南区	22569	3586	703	852
孝昌县	13752	4058	446	578
大悟县	14766	4158	186	1324
云梦县	11800	693	636	242
应城市	66636	9631	311	198
安陆市	6548	5543	941	88
汉川市	40284	3703	3277	1416
荆州市	**301217**	**63495**	**22204**	**2265**
荆州开发区	3027	57	37	5
沙市区	10068	579	1128	74
荆州区	24554	3854	1295	258
公安县	51906	12042	4487	308
监利县	75588	21590	5753	652
江陵县	20985	7891	2277	151
石首市	34336	4125	2332	221
洪湖市	49190	8499	3041	305
松滋市	31563	4858	1854	291
黄冈市	**230981**	**66327**	**11401**	**8546**
龙感湖农场	1368	40	41	2
黄州区	8993	1609	278	415
团风县	15450	2708	924	264
红安县	15200	4250	840	3844
罗田县	17462	2746	594	150
英山县	10915	4961	199	475
浠水县	30852	13152	1600	1258
蕲春县	36392	9713	1407	413
黄梅县	37744	12957	2055	157
麻城市	31562	9411	1989	1357
武穴市	25043	4780	1474	211
咸宁市	**52778**	**50004**	**1447**	**1557**
咸安区	4002	10307	243	484
嘉鱼县	12088	8487	340	346
通城县	9919	6992	20	87
崇阳县	8341	7630	151	198
通山县	8606	5675	63	251
赤壁市	9822	10913	630	191
随州市	**54384**	**48766**	**5248**	**5625**
曾都区	10507	12032	2284	1251
随县	26579	31368	2533	3323
广水市	17298	5366	431	1051
恩施州	**71366**	**6093**	**1130**	**2786**
恩施市	17305	372	134	481
利川市	9586	620	330	520
建始县	14162	1461	90	371
巴东县	5091	1635	162	464
宣恩县	9925	498	92	371
咸丰县	5028	860	158	234
来凤县	4039	312	138	121
鹤峰县	6230	335	26	224
仙桃市	**63291**	**16701**	**3817**	**3029**
潜江市	**51756**	**8680**	**2333**	**1026**
天门市	**35343**	**20859**	**4776**	**577**
神农架林区	**84**	**579**	**9**	**21**

农用化肥施用

单位：吨

地区	农用化肥施用量（按折纯法计算）	氮肥	磷肥	钾肥	复合肥
湖北省	**2673239**	**1013581**	**417147**	**260640**	**981632**
武汉市	**107500**	**38711**	**16224**	**12487**	**40078**
武汉市辖区	10683	2569	1255	1117	5742
汉南区	1952	780	443	51	678
蔡甸区	11595	3234	1571	1346	5444
江夏区	16992	4195	2247	1796	8754
黄陂区	32346	12316	4467	4649	10914
新洲区	33932	15617	6241	3528	8546
黄石市	**45743**	**20778**	**8030**	**4999**	**11936**
黄石市辖区	373	127	65	30	151
阳新县	23406	11215	4457	1863	5871
大冶市	21964	9436	3508	3106	5914
十堰市	**88646**	**41940**	**14315**	**7233**	**25158**
茅箭区	400	120	37	39	204
张湾区	2109	578	265	234	1032
郧阳区	24251	10784	4103	2389	6975
郧西县	10746	4980	1222	1209	3335
竹山县	8799	5859	761	867	1312
竹溪县	29656	13834	6124	1821	7877
房县	7378	3484	813	494	2587
丹江口市	5307	2301	990	180	1836
宜昌市	**295065**	**96123**	**47250**	**25849**	**125603**
宜昌市辖区	7329	2424	1300	1130	2475
夷陵区	49634	19907	5223	2492	22012
远安县	7426	2797	1206	208	3215
兴山县	8491	1536	1370	984	4601
秭归县	30962	9157	5467	3306	13032
长阳县	17834	6011	1534	262	9787
五峰县	23135	8007	4837	2264	8027
宜都市	15138	5641	1098	1647	6752
当阳市	73215	25065	15130	7409	25611
枝江市	61901	15578	10085	6147	30091
襄阳市	**352003**	**126596**	**37628**	**17790**	**169989**
高新区	7904	2892	1640	1079	2293
襄城区	22342	8490	4021	1345	8486
樊城区	11720	3680	935	562	6543
襄州区	97773	41741	15140	5570	35322
南漳县	29841	14034	2515	2082	11210
谷城县	28882	12650	3032	2970	10230
保康县	7391	2016	691	645	4039
老河口市	33126	10982	1895	521	19728
枣阳市	81536	16269	113	165	64989
宜城市	31488	13842	7646	2851	7149
鄂州市	**67118**	**18144**	**12022**	**9812**	**27140**
梁子湖区	18568	4655	3620	2470	7823
华容区	21484	5285	3935	3501	8763
鄂城区	27066	8204	4467	3841	10554
荆门市	**276826**	**83071**	**52285**	**26755**	**114715**
东宝区	10453	4229	2326	977	2921
掇刀区	9727	4279	3456	781	1211
沙洋县	107552	29994	18354	10943	48261
钟祥市	85523	27267	20883	7309	30064
京山市	63571	17302	7266	6745	32258
孝感市	**177160**	**82720**	**25785**	**15128**	**53527**

地区	农用化肥施用量（按折纯法计算）	氮肥	磷肥	钾肥	复合肥
孝感市辖区	487	161	42	23	261
孝南区	25264	10867	3172	2293	8932
孝昌县	20111	7269	2612	2994	7236
大悟县	15563	9589	1198	398	4378
云梦县	13470	4680	1316	1417	6057
应城市	25652	7484	4200	2215	11753
安陆市	36958	21984	7505	2533	4936
汉川市	39655	20686	5740	3255	9974
荆州市	**301061**	**128115**	**52703**	**37846**	**82397**
荆州开发区	629	204	130	75	220
沙市区	11490	2728	2065	2161	4536
荆州区	22623	8340	2948	2634	8701
公安县	55056	23485	9864	7222	14485
监利县	76048	34128	15887	10031	16002
江陵县	29745	14685	5595	3106	6359
石首市	25050	8998	4420	3298	8334
洪湖市	41888	19850	7756	4740	9542
松滋市	38532	15697	4038	4579	14218
黄冈市	**302475**	**122321**	**42650**	**28200**	**109304**
龙感湖农场	2745	585	325	360	1475
黄州区	14682	5396	3273	1641	4372
团风县	18988	6523	3328	2083	7054
红安县	45564	20587	9910	4054	11013
罗田县	16142	7013	1351	1826	5952
英山县	5503	2108	619	444	2332
浠水县	46903	22188	2651	2964	19100
蕲春县	38450	18623	5637	2785	11405
黄梅县	39565	18355	6354	2760	12096
麻城市	30586	7232	2325	2971	18058
武穴市	43347	13711	6877	6312	16447
咸宁市	**101977**	**36087**	**18137**	**12278**	**35475**
咸安区	22345	7618	4051	2478	8198
嘉鱼县	28119	8937	5361	3785	10036
通城县	15351	5742	1655	1883	6071
崇阳县	14148	4922	3138	1944	4144
通山县	8298	2708	865	667	4058
赤壁市	13716	6160	3067	1521	2968
随州市	**149778**	**60269**	**29710**	**15280**	**44519**
曾都区	27976	11147	5260	3088	8481
随县	83287	33238	16608	8339	25102
广水市	38515	15884	7842	3853	10936
恩施州	**230594**	**95912**	**36469**	**23916**	**74297**
恩施市	35059	13938	4739	3446	12936
利川市	45205	21310	7100	3865	12930
建始县	28229	13205	5653	2620	6751
巴东县	38910	15668	4721	2753	15768
宣恩县	23204	7115	3908	2943	9238
咸丰县	34786	15853	5557	4920	8456
来凤县	9137	3801	1261	1430	2645
鹤峰县	16064	5022	3530	1939	5573
仙桃市	**52314**	**22883**	**7544**	**4601**	**17287**
潜江市	**50992**	**14135**	**8167**	**8305**	**20385**
天门市	**70187**	**24629**	**7738**	**9976**	**27844**
神农架林区	**3800**	**1147**	**490**	**185**	**1978**

《湖北农村统计年鉴—2021》

主要农作物病虫害发生面积

单位：万亩次

地区	水稻	小麦	玉米	大豆	马铃薯	棉花	油菜	柑橘	蔬菜
湖北	10777.82	3235.08	1630.35	222.82	371.29	626.55	1669.51	1374.02	2069.58
武汉	395.70	34.69	41.99	18.89	5.86	55.38	37.89		138.03
黄石	209.55	12.70	16.44	0.22	0.42	0.26	47.50	23.50	25.91
十堰	157.77	137.70	183.30	29.15	39.90		117.10	164.46	126.50
宜昌	555.25	94.13	313.08		91.98		177.72	1004.05	361.85
襄阳	870.19	1305.77	385.32	3.50	17.28	59.45	67.06	11.00	168.38
鄂州	132.30	13.70	4.34	3.15	1.50	7.41	17.20	2.30	11.50
荆门	1529.02	496.44	148.19	41.28	0.72	23.91	153.60	58.21	173.54
孝感	1001.35	200.90	28.18	10.50	5.88	16.01	91.50	0.50	138.25
荆州	1807.95	304.03	74.84	64.30		119.80	276.28	21.20	58.90
黄冈	1727.97	126.70	60.23	9.91	26.14	184.48	237.51	6.80	320.39
咸宁	741.08	21.91	56.49	7.65	6.70	5.74	163.22	33.31	202.87
随州	430.42	126.10	10.97	0.15	3.72	8.34	18.10		32.54
恩施州	221.95	1.50	277.32	18.63	169.89		53.77	48.00	199.48
仙桃	301.60	81.70	13.67	15.10		66.70	62.56	0.70	43.24
潜江	494.00	76.20	2.33		0.30	31.07	20.30		45.30
天门	201.00	200.00	5.80			48.00	128.00		19.50
神农架林区	0.74	0.91	7.87	0.40	1.00		0.20		3.40

主要农作物病虫害防治面积

单位：万亩次

地区	水稻	小麦	玉米	大豆	马铃薯	棉花	油菜	柑橘	蔬菜
湖北	15310.37	5294.00	2020.10	246.90	438.31	998.25	1934.71	2431.51	3216.47
武汉	482.35	38.01	45.03	20.99	6.00	67.57	30.76		158.81
黄石	229.03	14.30	17.02	0.18	0.38	0.24	41.88	23.47	25.26
十堰	144.74	168.40	167.09	13.10	20.80		98.30	261.75	120.40
宜昌	827.65	181.14	391.26		120.36		210.45	1866.80	827.85
襄阳	1304.80	2065.73	561.67		23.59	84.30	77.30	12.00	191.21
鄂州	135.20	12.30	4.82	3.20	1.90	7.76	15.00	2.32	12.04
荆门	1577.13	926.52	225.43	64.37	1.50	48.15	217.60	80.45	246.81
孝感	1393.30	290.80	34.59	11.20	11.19	20.62	106.05	2.40	226.47
荆州	3434.80	718.56	120.47	76.30		216.90	421.36	36.20	96.10
黄冈	2570.78	184.89	90.48	13.94	25.03	281.50	231.83	11.10	331.46
咸宁	829.92	32.61	82.38	7.85	9.73	12.15	190.99	36.95	215.03
随州	482.40	148.00	19.51	0.50	10.30	16.49	28.80		57.40
恩施州	416.24	0.99	226.03	13.79	204.93		48.34	97.20	244.55
仙桃	325.30	114.50	13.69	21.20		75.80	78.20	0.87	54.59
潜江	726.00	156.20	5.54		0.70	75.27	20.50		362.40
天门	430.00	240.00	10.44			91.50	117.00		43.00
神农架林区	0.73	1.05	4.67	0.28	1.90		0.35		3.10

主要农作物病虫害挽回损失

单位：吨

地区	水稻	小麦	玉米	大豆	马铃薯	棉花	油菜	柑橘	蔬菜
湖北	1839180	641739	360954	14730	138876	48279	189177	686530	2940282
武汉	94333	4616	5593	1428	283	1109	2878		68708
黄石	25753	2844	5303	4	15	4	3363	5858	6826
十堰	13645	20501	14882	810	2943		3610	45470	43584
宜昌	144551	55437	110791		26305		31707	541355	1133734
襄阳	222893	282204	70785		5498	2928	11596	9102	189147
鄂州	4178	2514	1122	227	90	309	4914	601	5037
荆门	164384	101334	22927	2016	439	1294	19441	20797	318835
孝感	99803	27129	9960	2081	3153	1535	13472	888	85287
荆州	386124	60318	27913	2845		8797	32481	7277	9503
黄冈	226520	19232	13707	1568	3411	15243	23653	4857	137258
咸宁	94472	2996	8475	423	842	250	8887	4611	358994
随州	177754	20377	8567	25	6516	808	7325		4685
恩施州	72381	109	46099	1908	89152		7102	44808	218776
仙桃	93570	11938	4288	1389		6430	5350	907	110809
潜江	4164	17822	1207		11	66	4831		1315
天门	14580	12332	8998			9506	8557		247674
神农架林区	74	35	338	6	219		12		112

全省主要农作物病虫害实际损失

单位：吨

地区	水稻	小麦	玉米	大豆	马铃薯	棉花	油菜	柑橘	蔬菜
湖北	268096	86104	41574	2544	15942	10758	36650	53375	409713
武汉	9946	565	1003	233	46	373	447		9589
黄石	1957	254	752	1	4	1	578	654	815
十堰	3814	5060	5536	432	1304		1237	7255	16124
宜昌	9595	1877	7577		2908		2091	32818	27328
襄阳	29337	23879	9212		663	493	1811	1442	22701
鄂州	353	682	139	32	9	39	947	24	337
荆门	15667	13972	1661	100	34	137	1977	3004	38150
孝感	16851	5746	1904	395	629	299	3378	126	18152
荆州	74974	14050	1848	521		2408	7130	1114	2168
黄冈	48521	2512	1902	201	703	3614	8945	865	18783
咸宁	13029	349	892	72	155	119	1658	1348	50573
随州	25131	5084	1337	4	1158	173	1111		726
恩施州	4893	43	6438	205	8301		713	4591	114188
仙桃	10484	1863	477	347		777	1337	134	19555
潜江	1204	6835	93		5	28	1154		530
天门	2334	3329	783			2299	2133		69981
神农架林区	7	3	21	1	24		2		12

农民专业合作社建设情况

地区	农民专业合作社																
	户数情况								出资总额								
	12月期末户数	2019年12月末户数	比上年末±%	2020年1-12月新登记户数	2019年1-12月新登记户数	比上年同期±%	12月新登记户数	上年12月新登记户数	比上年同期±%	12月期末出资总额(万元)	2019年12月末出资总额(万元)	比上年末±%	2020年1-12月新登记出资总额(万元)	2019年1-12月新登记出资总额(万元)	比上年同期±%	12月新登记出资总额(万元)	上年12月新登记出资总额(万元)	比上年同期±%
全省	104594	100410	4.2	8283	8552	−3.1	686	632	8.5	26066594	31841941	−18.1	1842175	1926453	−4.4	126458	130668	−3.2
武汉	5010	4771	5.0	377	358	5.3	32	47	−31.9	1018307	956504	6.5	77822	82644	−5.8	4130	8292	−50.2
黄石	3591	3524	1.9	243	278	−12.6	19	29	−34.5	1071262	963158	11.2	78471	69196	13.4	5702	5226	9.1
十堰	8561	8202	4.4	677	838	−19.2	59	49	20.4	1328708	1372174	−3.2	89288	92261	−3.2	7137	5689	25.4
宜昌	8949	8781	1.9	729	880	−17.2	52	59	−11.9	1617385	1575138	2.7	119211	120904	−1.4	9734	7224	34.7
襄阳	8497	8376	1.4	621	628	−1.1	58	46	26.1	2389232	2294288	4.1	120861	243513	−50.4	10727	8217	30.5
鄂州	1901	1809	5.1	127	109	16.5	8	6	33.3	444831	4153317	−89.3	26039	22412	16.2	1220	1530	−20.3
荆门	7283	7028	3.6	404	444	−9.0	37	15	146.7	2301674	2087272	10.3	110842	103995	6.6	9972	3695	169.9
孝感	6810	6603	3.1	475	654	−27.4	37	84	−56.0	2093730	5141942	−59.3	124544	145455	−14.4	7029	12295	−42.8
荆州	10743	10217	5.1	862	845	2.0	67	50	34.0	3269013	2994357	9.2	213853	223181	−4.2	14715	12532	17.4
黄冈	11875	11171	6.3	996	949	5.0	71	38	86.8	2760980	3278482	−15.8	227837	217951	4.5	12518	16439	−23.9
咸宁	6524	6143	6.2	518	569	−9.0	33	73	−54.8	1974388	1780647	10.9	162094	154986	4.6	8675	16011	−45.8
随州	4648	4582	1.4	527	379	39.1	64	26	146.2	1277691	1116884	14.4	138062	81796	68.8	10276	5014	104.9
恩施	13392	12791	4.7	1228	1080	13.7	97	60	61.7	2249731	2125152	5.9	208554	177170	17.7	13206	9203	43.5
仙桃	1889	1849	2.2	116	169	−31.4	8	5	60.0	685754	636853	7.7	32661	53336	−38.8	740	1420	−47.9
潜江	1408	1297	8.6	133	117	13.7	12	2	500.0	491670	448181	9.7	48917	26350	85.6	2100	500	320.0
天门	3154	2999	5.2	219	231	−5.2	27	40	−32.5	960798	895955	7.2	60843	109988	−44.7	8240	17212	−52.1
林区	359	346	3.8	31	26	19.2	5	3	66.7	131441	27493	378.1	2277	1339	70.0	337	169	99.1

农村可再生能源及秸秆综合利用情况

地区	清洁能源入户年末累计数（户）	秸秆综合利用率（%）
湖北省	**4906092**	**93.28**
武汉市	**183452**	**95.03**
武汉市辖区	6483	
汉南区	11633	96.43
蔡甸区	23993	95.77
江夏区	36495	94.43
黄陂区	63765	94.68
新洲区	41083	95.17
黄石市	**99210**	**91.66**
黄石市辖区		
阳新县	43253	90.78
大冶市	55957	92.54
十堰市	**426665**	**92.42**
茅箭区	6806	
张湾区	9694	
郧阳区	77547	93.94
郧西县	78080	94.33
竹山县	66949	91.37
竹溪县	63103	90.08
房县	64970	92.15
丹江口市	59516	93.34
宜昌市	**629883**	**95.68**
宜昌市辖区		
夷陵区	122234	95.93
远安县	35698	95.05
兴山县	38986	96.01
秭归县	83909	95.14
长阳县	70148	95.59
五峰县	47915	95.88
宜都市	69397	95.72
当阳市	71364	95.79
枝江市	90232	95.66
襄阳市	**430109**	**93.53**
襄阳市辖区		
襄城区	13301	92.62
樊城区	16001	92.58
襄州区	99600	95.33
南漳县	62932	90.62
谷城县	47264	92.33
保康县	55177	94.37
老河口市	40064	92.83
枣阳市	58270	93.88
宜城市	37500	92.80
鄂州市	**36604**	**93.71**
荆门市	**240639**	**95.43**
东宝区	37434	99.99
掇刀区	11597	95.19
京山县	60913	95.18
沙洋县	48050	95.22
钟祥市	82645	95.10
孝感市	**275729**	**91.41**

续表

地区	清洁能源入户年末累计数（户）	秸秆综合利用率（%）
孝感市辖区		
孝南区	32015	90.09
孝昌县	35233	90.87
大悟县	75865	90.72
云梦县	20105	91.38
应城市	32249	91.77
安陆市	38433	92.17
汉川市	41829	92.00
荆州市	**453334**	**93.69**
荆州市辖区		
沙市区	9632	94.37
荆州区	13637	0.93
公安县	101027	92.53
监利县	61648	93.46
江陵县	46208	95.58
石首市	35793	96.68
洪湖市	57548	92.31
松滋市	127841	94.91
黄冈市	**682194**	**93.41**
黄冈市辖区		
黄州区	27563	94.86
团风县	42156	91.56
红安县	53980	92.89
罗田县	56550	94.00
英山县	51675	93.25
浠水县	95626	93.49
蕲春县	107585	92.71
黄梅县	89167	94.91
麻城市	115267	93.25
武穴市	42625	93.12
咸宁市	**248671**	**92.14**
咸安区	38280	92.46
嘉鱼县	30050	91.43
通城县	36099	92.03
崇阳县	46460	91.21
通山县	53266	92.74
赤壁市	44516	92.99
随州市	**128925**	**90.91**
曾都区	36864	90.83
随县	53784	91.22
广水市	38277	90.38
恩施州	**787043**	**91.07**
恩施市	176690	97.07
利川市	95246	89.63
建始县	110595	82.29
巴东县	111901	92.13
宣恩县	80877	90.21
咸丰县	90297	92.99
来凤县	64606	91.77
鹤峰县	56831	90.85
仙桃市	**94617**	**90.98**
潜江市	**69225**	**90.43**
天门市	**108269**	**94.93**
神农架林区	**11523**	**89.59**

农村土地规模经营及流转情况

单位：亩

地区	1.家庭承包经营的耕地面积	2.家庭承包耕地流转面积	3.适度规模经营的面积
湖北省	61722031	21434167	13686707
武汉市	3004136	981444	1068016
黄石市	1330974	596988	333573
十堰市	2420036	769261	383242
宜昌市	4659942	1022145	603032
襄阳市	7735631	2616695	1538777
鄂州市	558313	230998	50112
荆门市	4749118	1811661	1477395
孝感市	5124681	1649503	965572
荆州市	8948547	4664217	2905655
黄冈市	6100462	2270487	1265923
咸宁市	2491535	979420	757443
随州市	2454996	922205	583664
恩施州	6958202	969049	607582
仙桃市	1776368	527034	327434
潜江市	1270468	360232	311346
天门市	2063364	1053327	498441
神农架林区	75256	9500	9500

“二品一标”产品统计

单位：个

地区	绿色食品	有机食品	农产品地理标志
湖北省	**2177**	**166**	**180**
武汉市	**435**	**22**	**15**
武汉市辖区	27		1
东西湖区	77	1	1
汉南区	28	1	
蔡甸区	40		2
江夏区	111	20	5
黄陂区	54		3
新洲区	98		3
黄石市	**47**		**1**
黄石市辖区	2		
阳新县	20		1
大冶市	25		
十堰市	**75**	**13**	**22**
茅箭区	4		1
张湾区	4		2
郧阳区	10		3
郧西县	4	4	5
竹山县	20	5	2
竹溪县	11	2	1
房县	10		5
丹江口市	12	2	2
宜昌市	**247**	**3**	**38**
宜昌市辖区	18		
夷陵区	54	3	2
远安县	6		4
兴山县	4		6
秭归县	21		4
长阳县	63		4
五峰县	26		1
宜都市	26		2
当阳市	17		4
枝江市	12		5
襄阳市	**61**	**2**	**7**
襄阳市辖区	2		
襄城区			1
樊城区	5		
襄州区	13		
南漳县	15		3
谷城县		2	1
保康县	2		
老河口市			
枣阳市	19		2
宜城市	5		
鄂州市	**8**		**1**
荆门市	**137**	**19**	**19**
东宝区	30		2
掇刀区	7		1
京山市	29	2	2
沙洋县	22	4	2
钟祥市	36	10	11
漳河新区	6	3	
屈家岭管理区	7		
孝感市	**293**		**9**

续表 单位:个

地区	绿色食品	有机食品	农产品地理标志
孝感市辖区	26		
孝南区	64		1
孝昌县	8		
大悟县	11		1
云梦县	45		2
应城市	100		
安陆市	13		1
汉川市	26		1
荆州市	**142**	**5**	**17**
荆州市辖区	3		
沙市区	5		
荆州区	10		2
公安县	12		
监利市	45		3
江陵县	16		1
石首市	8		
洪湖市	21		4
松滋市	22	5	7
黄冈市	**119**	**7**	**18**
黄冈市辖区			
黄州区	1		
团风县	23		
红安县	2		1
罗田县	15		2
英山县	14		3
浠水县	10	1	3
蕲春县	5		4
黄梅县	13	1	
麻城市	11	5	2
武穴市	18		3
龙感湖管区	7		
咸宁市	**94**	**1**	**9**
咸安区	14		2
嘉鱼县	44		
通城县	8		2
崇阳县	2		1
通山县	14		4
赤壁市	12	1	
随州市	**93**	**6**	**4**
曾都区	39	2	
随县	25	4	1
广水市	29		1
恩施州	**354**	**84**	**12**
恩施市	51	35	1
利川市	171	11	1
建始县	9	2	4
巴东县	13		
宣恩县	15	22	1
咸丰县	32	6	2
来凤县	36		
鹤峰县	27	8	2
仙桃市	**17**		
潜江市	**30**		**2**
天门市	**19**	**2**	**4**
神农架林区	**6**	**2**	**2**

《湖北农村统计年鉴—2021》

1.农村基本情况

2.农业产值

3.种植业

4.林业及土特产

5.畜牧业

6.渔业

7.农业机械化

8.农村主要能源及物资消耗

9.农业技术推广及应用

10.水利建设

11.农垦及监狱系统农场

水库数量

单位：座

地区	合计	大型	中型	小型
湖北省	**6836**	**75**	**291**	**6470**
武汉市	**263**	**3**	**7**	**253**
蔡甸区	10			10
江夏区	94			94
黄陂区	106	2	6	98
新洲区	40	1	1	38
经济技术开发区	1			1
东湖新技术开发区	12			12
黄石市	**288**	**2**	**6**	**280**
西塞山区	2			2
下陆区	3			3
铁山区	2			2
阳新县	171	2	3	166
大冶市	110		3	107
十堰市	**521**	**9**	**22**	**490**
茅箭区	10		2	8
张湾区	17	1		16
郧县	84		4	80
郧西县	109	1	2	106
竹山县	66	3	3	60
竹溪县	50	2	5	43
房县	78	1	4	73
丹江口市	107	1	2	104
宜昌市	**461**	**7**	**33**	**421**
西陵区	3	1		2
伍家岗区	6			6
点军区	15		1	14
猇亭区	6			6
夷陵区	70	2	4	64
远安县	56		3	53
兴山县	16	1	1	14
秭归县	21		2	19
长阳土家族自治县	15	1	1	13
五峰土家族自治县	10		3	7
宜都市	47	1	5	41

续表 1

单位:座

地区	合计	大型	中型	小型
当阳市	128	1	8	119
枝江市	68		5	63
襄阳市	**1150**	**14**	**60**	**1076**
襄城区	55	1	2	52
樊城区	29		4	25
襄州区	242	2	7	233
南漳县	139	4	1	134
谷城县	87	1	7	79
保康县	20	1	2	17
老河口市	58	2	7	49
枣阳市	390	2	20	368
宜城市	130	1	10	119
鄂州市	**36**		**1**	**35**
梁子湖区	17			17
鄂城区	19		1	18
荆门市	**753**	**7**	**30**	**716**
东宝区	104	1	4	99
掇刀区	56		4	52
京山县	227	3	8	216
沙洋县	82		7	75
钟祥市	252	3	7	242
屈家岭管理区	32			32
孝感市	**454**	**1**	**18**	**435**
孝南区	32		1	31
孝昌县	36	1	3	32
大悟县	134		8	126
云梦县	7			7
应城市	99		2	97
安陆市	146		4	142
荆州市	**114**	**2**	**6**	**106**
荆州区	30	1	2	27
公安县	6		1	5
石首市	18			18
松滋市	60	1	3	56
黄冈市	**1238**	**12**	**38**	**1188**

续表 2 单位:座

地区	合计	大型	中型	小型
黄州区	2			2
团风县	84	1	6	77
红安县	183	2	4	177
罗田县	175	1	7	167
英山县	83	1	2	80
浠水县	68	1	2	65
蕲春县	180	2	4	174
黄梅县	37	1	2	34
麻城市	325	3	7	315
武穴市	101		4	97
咸宁市	**554**	**4**	**19**	**531**
咸安区	103	1	1	101
嘉鱼县	18	1	1	16
通城县	97		6	91
崇阳县	109	1	4	104
通山县	94		4	90
赤壁市	133	1	3	129
随州市	**704**	**8**	**22**	**674**
曾都区	112	1	5	106
随县	390	5	12	373
广水市	202	2	5	195
恩施自治州	**263**	**5**	**27**	**231**
恩施市	41	1	5	35
利川市	52		5	47
建始县	34		4	30
巴东县	17	1		16
宣恩县	18	1	3	14
咸丰县	24	1	2	21
来凤县	55		4	51
鹤峰县	22	1	4	17
潜江市	**1**	**1**		
天门市	**32**			**32**
神农架林区	**4**		**2**	**2**

泵站工程数量

单位：处

地区	合计	按规模分			按功能位置分		
		大型	中型	小型	河湖取(排)水	水库取(排)水	其他
湖北省	**48106**	**73**	**314**	**47719**	**24030**	**3919**	**20157**
武汉市	**6421**	**15**	**47**	**6359**	**1338**	**23**	**5060**
市辖区	1	1					1
江岸区	13		1	12			13
江汉区	10		1	9			10
硚口区	6			6	6		
汉阳区	12		1	11	4		8
武昌区	22			22	3		19
青山区	47	1	6	40	11		36
洪山区	11		1	10	4		7
东西湖区	316	4	7	305	226		90
汉南区	132		3	129	50		82
蔡甸区	1419	1	6	1412	181		1238
江夏区	978	1	4	973	144	23	811
黄陂区	1622	1	5	1616	268		1354
新洲区	1671	1	8	1662	375		1296
经济技术开发区	47	2	3	42	18		29
东湖新技术开发区	102		1	101	37		65
化学工业区	11	3		8	11		
东湖生态旅游风景区	1			1			1
黄石市	**1432**	**2**	**13**	**1417**	**1360**	**72**	
黄石港区	12		4	8	12		
西塞山区	47		2	45	47		
阳新县	655	1	6	648	655		
大冶市	718	1	1	716	646	72	
十堰市	**290**		**1**	**289**	**99**	**29**	**162**
茅箭区	3		1	2		3	
郧县	63			63	57	6	
郧西县	34			34	3	1	30
竹山县	2			2	2		
竹溪县	40			40	5	1	34
房县	37			37	5		32
丹江口市	111			111	27	18	66
宜昌市	**1098**	**1**	**14**	**1083**	**928**	**92**	**78**
西陵区	13			13	6		7
伍家岗区	2			2	2		
点军区	37			37	37		
猇亭区	3		1	2	3		
夷陵区	69			69	66	3	

续表 1　　单位：处

地区	合计	按规模分			按功能位置分		
		大型	中型	小型	河湖取（排）水	水库取（排）水	其他
远安县	119			119	119		
兴山县	9			9	9		
秭归县	18			18	18		
长阳土家族自治县	9			9	9		
五峰土家族自治县	1			1	1		
宜都市	136		1	135	36	29	71
当阳市	405		4	401	390	15	
枝江市	277	1	8	268	232	45	
襄阳市	**3258**	**3**	**22**	**3233**	**2694**	**559**	**5**
襄城区	268		3	265	260	8	
樊城区	123		1	122	100	21	2
襄州区	312	1	3	308	255	56	1
南漳县	452			452	316	136	
谷城县	71			71	49	22	
保康县	121			121	121		
老河口市	199		3	196	141	58	
枣阳市	1344	2	10	1332	1142	200	2
宜城市	368		2	366	310	58	
鄂州市	**1805**	**3**	**9**	**1793**	**1805**		
梁子湖区	264		1	263	264		
华容区	823		2	821	823		
鄂城区	718	3	6	709	718		
荆门市	**4575**	**2**	**19**	**4554**	**1217**	**2107**	**1251**
东宝区	737		1	736	581	141	15
掇刀区	388			388		380	8
京山市	173			173	84	23	66
沙洋县	1413	1	8	1404	248	3	1162
钟祥市	1749	1	10	1738	192	1557	
屈家岭管理区	115			115	112	3	
孝感市	**3708**	**9**	**34**	**3665**	**3388**	**63**	**257**
孝南区	468	2	7	459	430	14	24
孝昌县	147		1	146	107	26	14
大悟县	239			239	230	2	7
云梦县	365	1	5	359	353	2	10
应城市	937	1	4	932	850	19	68
安陆市	434		7	427	373		61
汉川市	1118	5	10	1103	1045		73
荆州市	**14166**	**23**	**87**	**14056**	**4839**	**61**	**9266**
沙市区	599	1	6	592	35		564
荆州区	1213	1	10	1202	194	20	999

续表 2 单位：处

地区	合计	按规模分			按功能位置分		
		大型	中型	小型	河湖取(排)水	水库取(排)水	其他
公安县	5178	7	10	5161	405	5	4768
监利县	743	4	18	721	166		577
江陵县	1191		8	1183	1,191		
石首市	2498	4	3	2491	2,496		2
洪湖市	840	4	26	810	246		594
松滋市	1904	2	6	1896	106	36	1762
黄冈市	**4937**	**5**	**18**	**4914**	**671**	**391**	**3875**
黄州区	583		3	580	4		579
团风县	845		1	844	72	30	743
红安县	300	1		299	108	1	191
罗田县	76			76	16		60
英山县	91			91			91
浠水县	577	1	2	574	161		416
蕲春县	663	1	3	659	111	26	526
黄梅县	1289	2	5	1282	2	332	955
麻城市	239		1	238	28	2	209
武穴市	274		3	271	169		105
咸宁市	**2705**	**2**	**20**	**2683**	**2259**	**259**	**187**
咸安区	247		2	245	61		186
嘉鱼县	968	2	5	961	954	13	1
通城县	353			353	325	28	
崇阳县	421			421	419	2	
通山县	89			89	30	59	
赤壁市	627		13	614	470	157	
随州市	**250**	**1**		**249**	**25**	**225**	
曾都区	42			42		42	
随县	85			85	25	60	
广水市	123	1		122		123	
恩施自治州	**58**			**58**	**52**	**6**	
恩施市	8			8	8		
利川市	6			6	5	1	
建始县	2			2	2		
巴东县	7			7	7		
宣恩县	3			3	3		
咸丰县	11			11	11		
来凤县	18			18	13	5	
鹤峰县	3			3	3		32
仙桃市	**1025**	**4**	**11**	**1010**	**1018**		**7**
潜江市	**387**	**3**	**8**	**376**	**378**		**9**
天门市	**1991**		**11**	**1980**	**1959**	**32**	
神农架林区							

水闸工程数量

单位:座

地区	合计	按规模分			按功能位置分		
		大型	中型	小型	河湖引水闸	水库引水闸	其他
湖北省	**21752**	**23**	**169**	**21560**	**11686**	**2056**	**8009**
武汉市	**1571**	**2**	**22**	**1547**	**195**	**13**	**1363**
江岸区	5			5	5		
江汉区	1			1			1
硚口区	2			2	2		
汉阳区	7			7	7		
武昌区	2			2	2		
青山区	3			3	3		
洪山区	6		1	5			6
东西湖区	312		4	308	1		311
汉南区	178			178	26		152
蔡甸区	136	1	3	132			136
江夏区	142		2	140	2		140
黄陂区	304			304	13	8	283
新洲区	426	1	9	416	116	5	305
经济技术开发区	40		3	37	13		27
东湖新技术开发区	4			4	2		2
化学工业区	3			3	3		
黄石市	**436**	**4**	**10**	**422**	**301**	**128**	**7**
黄石港区	4			4			4
西塞山区	13			13	13		
铁山区	3		1	2	3		
阳新县	199	3	3	193	199		
大冶市	217	1	6	210	86	128	3
十堰市	1		1				
竹山县	1		1				
宜昌市	**1045**	**1**	**17**	**1027**	**845**	**77**	**123**
点军区	13			13		13	
猇亭区	3			3	3		
夷陵区	42			42		17	25
远安县	53		12	41	41	2	10
兴山县	2			2	2		
宜都市	102			102	9	5	88
当阳市	332	1	3	328	312	20	
枝江市	498		2	496	478	20	
襄阳市	**900**		**2**	**898**	**361**	**528**	**11**

续表 1 单位:座

地区	合计	按规模分			按功能位置分		
		大型	中型	小型	河湖引水闸	水库引水闸	其他
襄城区	71			71	48	23	
樊城区	20			20	12	8	
襄州区	79			79	45	34	
南漳县	269			269	11	258	
谷城县	33			33	18	15	
保康县	8			8	8		
老河口市	34		1	33	11	12	11
枣阳市	90			90	35	55	
宜城市	296		1	295	173	123	
鄂州市	**219**	**1**	**3**	**215**	**218**		**1**
梁子湖区	55		1	54	54		1
华容区	52			52	52		
鄂城区	112	1	2	109	112		
荆门市	**799**		**14**	**785**	**202**	**520**	**77**
东宝区	50		1	49	13	10	27
掇刀区	25		2	23	4	17	4
京山市	131		3	128	61	45	25
沙洋县	290		2	288	74	195	21
钟祥市	237		6	231	10	227	
屈家岭管理区	66			66	40	26	
孝感市	**1630**	**3**	**19**	**1608**	**1435**	**177**	**18**
孝南区	169		9	160	169		
孝昌县	108			108	2	106	
大悟县	67			67		67	
云梦县	238		1	237	219	1	18
应城市	202	1	1	200	199	3	
安陆市	144	1		143	144		
汉川市	702	1	8	693	702		
荆州市	**8186**	**2**	**23**	**8161**	**4567**	**61**	**3558**
沙市区	289			289	38		251
荆州区	446			446	9	3	434
公安县	2126	2	4	2120	2118	5	3
监利县	2029		6	2023	204		1825
江陵县	966			966	966		

续表 2　　单位:座

地区	合计	按规模分			按功能位置分		
		大型	中型	小型	河湖引水闸	水库引水闸	其他
石首市	713		1	712	713		
洪湖市	1146		12	1134	425		721
松滋市	471			471	94	53	324
黄冈市	**2677**	**2**	**15**	**2660**	**311**	**469**	**1897**
黄州区	143			143	1		142
团风县	358			358	37	86	235
红安县	60			60		11	49
罗田县	110		1	109		110	
英山县	5			5	3		2
浠水县	169	2		167	55		114
蕲春县	731		6	725	84	34	613
黄梅县	683		5	678	1	201	481
麻城市	138			138	55	27	56
武穴市	280		3	277	75		205
咸宁市	**1199**	**3**	**20**	**1176**	**215**	**36**	**948**
咸安区	130	1	5	124	91		39
嘉鱼县	318		2	316	66	7	245
通城县	415		5	410	5	16	394
崇阳县	75	1	2	72	26	6	43
通山县	50	1	6	43	25		25
赤壁市	211			211	2	7	202
随州市	**273**	**2**	**2**	**269**	**259**	**13**	**1**
曾都区	49	2	1	46	43	6	
随县	131		1	130	130		1
广水市	93			93	86	7	
恩施自治州	**4**	**1**		**3**	**3**	**1**	
恩施市	1			1	1		
建始县	1			1	1		
巴东县	1	1			1		
来凤县	1			1		1	
省直管	**2812**	**2**	**21**	**2789**	**2774**	**33**	**5**
仙桃市	**1680**	**1**	**15**	**1664**	**1679**		**1**
潜江市	**337**	**1**	**3**	**333**	**333**		**4**
天门市	**795**		**3**	**792**	**762**	**33**	

灌溉面积

单位:万亩

地区	按土地用途分				
	合计	耕地灌溉面积	林地灌溉面积	园地灌溉面积	牧草地灌溉面积
湖北省	**4917.2**	**4629.1**	**179.5**	**98.5**	**10.1**
武汉市	**273.9**	**254.8**	**12.2**	**6.9**	
汉阳区	1.3	1.3			
洪山区	0.8	0.8	0.1		
东西湖区	14.5	9.0	4.8	0.7	
汉南区	10.7	9.6	0.7	0.4	
蔡甸区	42.5	40.2	2.3		
江夏区	44.7	43.8	0.5	0.4	
黄陂区	86.0	79.2	3.2	3.6	
新洲区	57.2	56.0	0.6	0.5	
东湖新技术开发区	13.6	12.3		1.3	
化学工业区	2.1	2.1			
东湖生态旅游风景区	0.6	0.6			
黄石市	**110.5**	**109.9**	**0.5**	**0.1**	
西塞山区	1.5	1.4	0.1		
下陆区	0.1	0.1			
铁山区	0.2	0.1			
阳新县	53.8	53.6	0.1	0.1	
大冶市	54.9	54.6	0.3		
十堰市	**93.5**	**92.5**	**0.7**	**0.3**	
茅箭区	0.7	0.7		0.1	
张湾区	2.4	2.1	0.3		
郧县	23.7	23.7			
郧西县	9.0	8.9			
竹山县	15.8	15.5	0.2	0.1	
竹溪县	10.6	10.5		0.1	
房县	15.0	14.8	0.2		
丹江口市	16.4	16.4			
宜昌市	**312.3**	**259.4**	**27.5**	**25.4**	
点军区	4.4	4.4			
猇亭区	1.0	0.6	0.4		
夷陵区	34.5	28.4	6.1		
远安县	20.3	19.9	0.4		
兴山县	25.8	20.1	3.7	2.1	
秭归县	23.9	15.8		8.1	
长阳土家族自治县	25.3	21.1	4.2		
五峰土家族自治县	12.2	12.1		0.1	
宜都市	23.5	16.0	5.2	2.3	

续表 1 单位：万亩

地区	按土地用途分				
	合计	耕地灌溉面积	林地灌溉面积	园地灌溉面积	牧草地灌溉面积
当阳市	59.5	52.0	7.5		
枝江市	81.9	69.1		12.8	
襄阳市	**566.4**	**551.3**	**8.5**	**6.3**	**0.3**
襄城区	17.5	17.5			
樊城区	30.0	27.0	3.0		
襄州区	130.9	124.0	3.4	3.4	
南漳县	43.7	42.9	0.3	0.5	
谷城县	39.3	36.2	1.4	1.5	0.3
保康县	9.5	9.5			
老河口市	43.2	42.8	0.2	0.2	
枣阳市	194.0	194.0			
宜城市	58.3	57.4	0.3	0.7	
鄂州市	**100.9**	**83.8**	**16.3**	**0.8**	
梁子湖区	29.4	18.6	10.6	0.2	
华容区	35.0	34.4	0.5	0.2	
鄂城区	36.6	30.8	5.2	0.5	
荆门市	451.5	424.7	13.1	8.2	5.5
东宝区	25.1	19.2	3.3	2.6	
掇刀区	22.5	19.5	1.5	1.5	
京山县	153.8	152.0	0.8	1.0	
沙洋县	121.8	119.1	1.6	1.1	
钟祥市	121.4	108.0	5.9	2.0	5.5
屈家岭管理区	7.0	7.0			
孝感市	**538.4**	**537.3**	**0.5**	**0.4**	**0.2**
孝南区	54.9	54.9			
孝昌县	65.0	65.0			
大悟县	46.9	46.9			
云梦县	58.9	57.8	0.5	0.4	0.2
应城市	85.9	85.9			
安陆市	82.5	82.5			
汉川市	144.3	144.3			
荆州市	**890.7**	**861.0**	**17.2**	**12.5**	
沙市区	27.1	27.1			
荆州区	57.9	57.9			
公安县	135.4	135.4			
监利县	209.3	206.4	2.9		
江陵县	119.6	112.3	2.5	4.8	
石首市	79.4	78.4	0.5	0.5	

续表 2　　　　单位：万亩

地区	按土地用途分				
	合计	耕地灌溉面积	林地灌溉面积	园地灌溉面积	牧草地灌溉面积
洪湖市	153.9	152.7	1.2		
松滋市	108.1	90.8	10.1	7.2	
黄冈市	**541.7**	**485.1**	**44.6**	**11.9**	
黄州区	12.4	10.8	1.6		
团风县	32.5	26.7	2.9	3.0	
红安县	42.8	41.7	1.1		
罗田县	35.7	35.4	0.3		
英山县	21.0	18.6	1.6	0.8	
浠水县	76.7	68.0	5.9	2.9	
蕲春县	63.0	63.0			
黄梅县	93.7	87.6	4.4	1.6	
麻城市	96.0	75.7	19.3	1.1	
武穴市	67.8	57.6	7.7	2.5	
咸宁市	**200.7**	**191.0**	**5.4**	**4.3**	
咸安区	39.3	35.4	3.9		
嘉鱼县	39.8	38.3	1.2	0.3	
通城县	28.7	27.8	0.3	0.6	
崇阳县	31.9	28.6		3.4	
通山县	15.5	15.5			
赤壁市	45.5	45.5			
随州市	**192.8**	**172.9**	**17.6**	**2.2**	**0.1**
曾都区	30.6	26.7	3.9		
随县	116.4	100.7	13.7	1.9	0.1
广水市	45.8	45.5		0.3	
恩施土家族苗族自治州	**178.0**	**158.6**	**9.2**	**6.5**	**3.8**
恩施市	21.8	21.8			
利川市	38.3	35.4	2.9		
建始县	17.6	16.3	1.3		
巴东县	10.8	10.8			
宣恩县	22.1	22.0			
咸丰县	29.9	17.2	5.0	4.0	3.8
来凤县	20.1	18.9		1.2	
鹤峰县	17.4	16.2		1.2	
仙桃市	**185.6**	**170.3**	**5.1**	**10.2**	
潜江市	**111.6**	**109.9**		**1.7**	
天门市	**167.6**	**165.4**	**1.1**	**0.9**	**0.1**
神农架林区	**1.1**	**1.1**			

水土流失治理(本年达到)

单位:千公顷

地区	年度新增水土流失综合治理面积			
	合计	按措施分		
		梯田	坝地	水土保持林
湖北省	**143.48**	**6.16**		**28.12**
武汉市	**3.33**			**0.84**
江岸区				
江汉区				
硚口区				
汉阳区				
武昌区				
洪山区	0.13			
东西湖区	0.08			0.01
汉南区				
蔡甸区	0.25			
江夏区	0.51			0.14
黄陂区	0.89			0.46
新洲区	1.47			0.23
经济技术开发区				
东湖新技术开发区				
东湖生态旅游风景区				
黄石市	**4.30**			**2.04**
黄石港区				
西塞山区	0.06			0.06
下陆区	0.05			0.04
铁山区	0.14			
阳新县	2.98			1.65
大冶市	1.06			0.30
十堰市	**24.08**	**1.46**		**4.11**
茅箭区	1.45	0.01		0.12
张湾区	0.19			
郧县	5.29	0.19		2.16
郧西县	5.75	0.01		0.87
竹山县	3.28	1.12		
竹溪县	3.02	0.02		0.32
房县	3.21	0.02		0.07
丹江口市	1.90	0.08		0.58
宜昌市	**18.47**	**1.41**		**0.19**
西陵区				
伍家岗区	0.05			
点军区	0.15			0.02
猇亭区	0.05			
夷陵区	3.80	0.04		
远安县	1.67			0.01

续表 1　　单位：千公顷

地区	年度新增水土流失综合治理面积			
	合计	按措施分		
		梯田	坝地	水土保持林
兴山县	2.19	0.02		
秭归县	2.06	0.02		
长阳土家族自治县	1.30	1.30		
五峰土家族自治县	4.04	0.04		0.01
宜都市	1.47			0.02
当阳市	1.57			0.01
枝江市	0.13			0.13
襄阳市	**11.74**	**0.21**		**2.52**
襄城区	0.21			0.01
樊城区	0.62			0.60
襄州区	0.41			0.12
南漳县	3.66			0.28
谷城县	0.57			0.11
保康县	3.33	0.09		0.37
老河口市	0.39	0.12		0.08
枣阳市	1.29			0.43
宜城市	1.27			0.51
鄂州市	**1.71**			**0.24**
梁子湖区	0.12			0.03
华容区	0.11			0.11
鄂城区	1.48			0.10
荆门市	**12.46**	**0.05**		**1.73**
东宝区	3.45	0.02		1.01
掇刀区	0.71			0.11
京山市	2.90	0.03		
沙洋县	1.70	0.01		
钟祥市	3.71			0.60
屈家岭管理区				
孝感市	**5.13**	**0.28**		**1.94**
孝南区	0.09			0.09
孝昌县	2.18			0.01
大悟县	2.19	0.28		1.55
云梦县	0.19			0.09
应城市	0.09			
安陆市	0.21			
汉川市	0.19			0.19
荆州市	**6.38**			**2.89**
沙市区	0.24			0.24
荆州区	0.17			0.13
公安县	1.66			1.45

续表 2

单位：千公顷

地区	年度新增水土流失综合治理面积			
	合计	按措施分		
		梯田	坝地	水土保持林
监利县	1.20			
江陵县	0.67			0.57
石首市	0.08			0.08
洪湖市	0.70			
松滋市	1.68			0.44
黄冈市	**19.60**	**1.85**		**5.79**
黄州区	0.05			0.04
团风县	2.29	0.01		0.28
红安县	1.35	0.67		0.49
罗田县	2.26			0.29
英山县	2.94	1.13		1.76
浠水县	0.93			0.61
蕲春县	4.29	0.02		1.46
黄梅县	0.41	0.02		
麻城市	4.62			0.41
武穴市	0.47			0.46
咸宁市	**9.08**	**0.11**		**2.92**
咸安区	1.84			0.06
嘉鱼县	0.45			0.45
通城县	2.45	0.11		0.27
崇阳县	0.92			0.92
通山县	2.48			1.22
赤壁市	0.94			
随州市	**7.10**	**0.39**		**1.06**
曾都区	0.57	0.39		
随县	4.24			0.24
广水市	2.29			0.82
恩施自治州	**18.04**	**0.39**		**1.84**
恩施市	2.32	0.02		0.19
利川市	2.69	0.10		0.01
建始县	2.21			1.29
巴东县	2.42	0.11		
宣恩县	2.70			0.12
咸丰县	3.01			
来凤县	0.75	0.17		0.22
鹤峰县	1.95			
省直管	2.06			0.03
仙桃市	**0.05**			
潜江市				
天门市	**0.05**			**0.03**
神农架林区	**1.96**			

续表 3

单位：千公顷

地区	年度新增水土流失综合治理面积				新增小流域综合治理面积
	按措施分				
	经济林	种草	封禁治理	其他措施	
湖北省	**13.11**	**2.91**	**80.76**	**12.42**	**50.87**
武汉市	**1.21**	**0.47**	**0.15**	**0.67**	**0.08**
江岸区					
江汉区					
硚口区					
汉阳区					
武昌区					
洪山区	0.06		0.04	0.03	
东西湖区		0.04		0.03	
汉南区					
蔡甸区				0.25	
江夏区		0.15		0.22	
黄陂区	0.06	0.26	0.11		0.08
新洲区	1.09	0.02		0.14	
经济技术开发区					
东湖新技术开发区					
东湖生态旅游风景区					
黄石市	**0.04**	**0.01**	**2.01**	**0.20**	**1.34**
黄石港区					
西塞山区		0.01			
下陆区			0.02		
铁山区	0.04			0.10	
阳新县			1.33		1.34
大冶市			0.67	0.10	
十堰市	**0.62**	**0.82**	**15.63**	**1.45**	**10.05**
茅箭区			1.29	0.03	1.33
张湾区	0.06			0.13	
郧县	0.02		2.74	0.18	3.05
郧西县	0.11	0.33	4.16	0.27	2.33
竹山县	0.05		2.10		2.17
竹溪县	0.18	0.01	2.17	0.32	
房县	0.06	0.48	2.27	0.32	1.17
丹江口市	0.14		0.89	0.21	
宜昌市	**0.53**	**0.01**	**16.24**	**0.09**	**7.17**
西陵区					
伍家岗区	0.05				
点军区	0.13				
猇亭区				0.05	
夷陵区			3.74	0.02	1.68
远安县			1.64	0.02	1.20

续表 4

单位：千公顷

地区	年度新增水土流失综合治理面积				新增小流域综合治理面积
	按措施分				
	经济林	种草	封禁治理	其他措施	
兴山县	0.33	0.01	1.84		1.57
秭归县			2.04		
长阳土家族自治县					
五峰土家族自治县			3.99		1.50
宜都市			1.45		
当阳市	0.01		1.55		1.22
枝江市					
襄阳市	**1.20**	**0.10**	**7.07**	**0.64**	**5.19**
襄城区	0.01		0.13	0.06	
樊城区	0.02				
襄州区	0.25	0.03		0.01	
南漳县	0.01	0.03	3.34		1.85
谷城县	0.12		0.34		
保康县	0.13	0.01	2.31	0.42	1.67
老河口市	0.10	0.03		0.06	
枣阳市	0.47		0.29	0.10	1.67
宜城市	0.09		0.67		
鄂州市	**0.13**		**1.34**		**1.33**
梁子湖区	0.09				
华容区					
鄂城区	0.04		1.34		1.33
荆门市	**1.14**	**0.82**	**5.37**	**3.36**	**4.11**
东宝区	0.36	0.14	1.21	0.72	1.26
掇刀区	0.02			0.57	
京山市	0.49		0.98	1.40	1.00
沙洋县		0.68	1.01		
钟祥市	0.27		2.17	0.67	1.84
屈家岭管理区					
孝感市	**0.46**	**0.05**	**2.07**	**0.34**	**1.83**
孝南区					
孝昌县	0.15		1.74	0.28	1.83
大悟县	0.02		0.33		
云梦县	0.08	0.01		0.01	
应城市		0.04		0.05	
安陆市	0.21				
汉川市					
荆州市	**1.99**	**0.26**	**1.24**		**1.12**
沙市区					
荆州区		0.04			
公安县	0.01	0.20			

续表 5　　　　　　　　　　　　　　　　　　　　　　　　　　　　　单位：千公顷

地区	年度新增水土流失综合治理面积				新增小流域综合治理面积
	按措施分				
	经济林	种草	封禁治理	其他措施	
监利县	1.20				
江陵县	0.10				
石首市					
洪湖市	0.68	0.02			
松滋市	0.01		1.24		1.12
黄冈市	**2.31**		**9.57**	**0.08**	**10.63**
黄州区	0.01				
团风县	0.33		1.67		1.67
红安县	0.19				
罗田县	0.02		1.95		1.20
英山县	0.01		0.04		2.94
浠水县	0.32				
蕲春县	0.03		2.71	0.08	2.83
黄梅县	0.29		0.09	0.01	
麻城市	1.11		3.10		1.99
武穴市	0.01				
咸宁市	**0.32**	**0.15**	**4.99**	**0.58**	**4.33**
咸安区			1.27	0.51	1.33
嘉鱼县					
通城县	0.28	0.15	1.63		1.67
崇阳县					
通山县	0.04		1.22		1.33
赤壁市			0.87	0.07	
随州市	**1.58**	**0.20**	**2.75**	**1.12**	**2.02**
曾都区	0.18				
随县	1.23	0.20	1.51	1.06	2.02
广水市	0.17		1.24	0.06	
恩施自治州	**1.58**	**0.02**	**10.39**	**3.83**	
恩施市		0.01	0.21	1.89	
利川市			2.43	0.15	
建始县	0.28		0.22	0.42	
巴东县			1.67	0.64	
宣恩县			2.55	0.02	
咸丰县	0.93		1.37	0.70	
来凤县	0.36				
鹤峰县			1.95		
省直管	0.01	0.02	1.95	0.05	1.67
仙桃市				**0.05**	
潜江市					
天门市		**0.02**			
神农架林区	**0.01**		**1.95**		**1.67**

《湖北农村统计年鉴—2021》

11.农垦及监狱系统农场☑

农垦基本情况

指标名称	计量单位	代码	年末实有数量
一、农场组织情况	—	—	—
1.农场个数	个	1	65
二、小城镇情况	—	—	—
1.小城镇个数	个	2	54
2.小城镇人口	人	3	444178
3.小城镇占地面积	公顷	4	11482
三、农垦人口情况	—	—	—
1.农垦年末总人口	人	8	1515925
#农场人口	人	9	1331585
少数民族人口	人	10	8044
2.农垦年内平均人口	人	11	1509834
四、收入及住房情况	—	—	—
1.居民人平纯收入	元	12	26723
2.年末实有住房面积	万平方米	13	5782

农垦土地利用和耕地面积

指标名称	计量单位	代码	数量
一、土地总面积	公顷	1	370496
1.耕地面积	公顷	2	143851
#水田	公顷	3	64603
#高标准农田面积	公顷	4	88773
2.牧草地面积	公顷	5	502
3.林地面积	公顷	6	44735
4.水面面积	公顷	7	75108
#可养殖水面	公顷	8	58373
5.茶果桑园	公顷	9	9526
6.可垦荒地面积	公顷	10	3966
7.宜林地面积	公顷	11	3899
8.居民点及工矿用地面积	公顷	12	49318
9.其他面积	公顷	13	39591
二、农业产业园区情况	—	—	—
1.农业产业园区个数	个	14	3
2.农业产业园区占地面积	公顷	15	2529
三、耕地变动情况	—	—	—
1.年初实有耕地面积	公顷	16	142340
2.当年增加的耕地面积	公顷	17	2111
3.当年减少的耕地面积	公顷	18	600
#国家基建占地	公顷	19	42

农垦农作物播种面积和产量

指标名称	代码	播种面积（公顷）	总产量（吨）
农作物播种情况合计	1	243934	
一、粮食作物	2	140989	871115
夏收作物	3	46226	192842
（一）谷物合计	4	128021	839806
1.稻谷	5	58553	500287
早稻	6	1194	7564
中稻	7	55909	483253
晚稻	8	1450	9470
2.小麦	9	44276	186171
3.玉米	10	24936	152108
4.高粱	11	256	1240
5.其他谷物	12		
（二）豆类合计	13	10081	19853
1.大豆	14	9953	19540
2.杂豆	15	128	313
（三）薯类	16	796	4235
二、油料合计	17	24056	94204
花生	18	6550	52375
油菜籽	19	15075	37523
芝麻	20	2411	4233
其他油料	21	20	73
三、棉花	22	5469	7212
长绒棉	23		
四、麻类合计	24	35	29
黄红麻	25		
苎麻	26	35	29
大麻（线麻）	27		
亚麻	28		
五、糖料合计	29	48	4330
甘蔗	30	48	4330
甜菜	31		
六、烟叶合计	32	25	29
烤烟叶	33	25	29
七、药材类合计	34	709	1748
八、蔬菜、瓜类	35	62984	2076379
蔬菜	36	49451	1731048
瓜类	37	13533	345331
九、其他作物	38	9619	
啤酒花	39		
青饲料	40	6319	

农垦畜牧业生产情况

指标名称	计量单位	代码	数量
一、肉类总产量	吨	1	95936
1.当年出栏肉猪	万头	2	76.81
猪肉产量	吨	3	61449
2.当年出售和自宰的肉用牛	万头	4	2.44
牛肉产量	吨	5	4877
3.当年出售和自宰的肉用羊	万只	6	6.69
羊肉产量	吨	7	1338
4.兔肉产量	吨	8	2065
5.禽肉产量	吨	9	26207
二、牛奶产量	吨	10	36586
三、山羊毛产量	吨	11	
四、绵羊毛产量	吨	12	
细羊毛	吨	13	
半细羊毛	吨	14	
五、羊绒产量	吨	15	
六、蜂蜜产量	吨	16	651
七、禽蛋产量	吨	17	54509
八、蚕茧产量	吨	18	
九、鹿茸产量	公斤	19	1246

农垦渔业生产情况

指标名称	计量单位	代码	合计	1.海水	2.淡水
一、水产品总产量	吨	1	491059	—	491059
#养殖产量	吨	2	491059	—	491059
1.鱼类	吨	3	358741	—	358741
2.虾蟹鳖类	吨	4	120149	—	120149
#对虾	吨	5			
3.贝类	吨	6			
4.藻类	吨	7			
5.其他	吨	8	8612		8612
二、养殖面积	公顷	9	58373		58373
#对虾	公顷	10			

监狱系统农场基本情况

项目	单位	合计	沙洋办事处	襄北公司	江北公司	襄南公司
职工人数	人	4835	2294	1010	781	750
农场科技人员	人	273	28	125		120
#农业	人	1224	1126	50		48
耕地面积	公顷	26222	14781	4800	3770	2871
#水田	公顷	12687	9000	127	3371	189
果园面积	公顷	53		13		40
茶园面积	公顷	18	18			
固定资产投资	万元	3507.92	797.45	1184.1	1283.45	242.92
#生产性	万元	1123.04	590.45	412.7	26.03	93.86
在固定资产投资中						
拨款	万元	1142.46		771.4	222	149.06
贷款	万元					
自筹	万元	2082.20	604.45	412.7	971.19	93.86
其他	万元	151.26	61		90.26	
农业机械总动力	千瓦	54795	25889	15344	9561	4001
农业用电量	万千瓦时	2132.81	1366	280	468.81	18
农用动力机械	台	904	439	168	79	218
#电动机	台	568	292	128	76	72
柴油机	台	333	147	40		146
农用排灌机械	台	318	157	85	76	
农用加工机械	台	241	155	83	3	
大中型拖拉机	台	383	107	144	60	72
小型拖拉机	台	93	8	3	8	74
农用水泵	台	274	144	54	76	
谷物烘干机	台	30	26	1	3	
机引农具	台	1413	283	481	284	365
联合收割机	台	98	37	51	10	
机动脱粒机	台	2		2		
农用运输车	辆					
机耕面积	公顷	27259	13491	8507	3100	2161
机播面积	公顷	24033	12821	8507	1872	833
机收面积	公顷	30573	15033	8507	6200	833
有效灌溉面积	公顷	18842	11765	2425	3733	919
机电排灌面积	公顷	16860	10259	1949	3733	919
旱涝保收面积	公顷	14463	7501	2310	3733	919
水库	个	26		20		6
化肥施用折纯量	吨	19010	13169	1383	3212	1246
农药施用量	吨	499	360	43	94	2

注：1. 2003 年起所有监狱农场均更名为公司，2012 年黄湖公司没有农业生产活动。

2. 2020 年农业产业结构发生较大变化，生猪养殖全部退出。

3. 农场“三供一业”改造，部分职能、资产移交地方。

监狱系统农场农业总产值、增加值

单位：万元

项目	合计	沙洋办事处	襄北公司	江北公司	襄南公司
按当年价格计算					
农林牧渔业总产值	76774.3	45379.0	11228.5	15405.2	4761.57
1.农业	65513.7	38817.0	10911.3	11023.8	4761.57
2.林业	564.6	197.0		367.6	
3.牧业	77.2		77.2		
4.渔业	7807.8	5089.0		2718.8	
5.农林牧渔服务业	2811.0	1276.0	240.0	1295.0	
按当年价格计算					
农林牧渔业增加值	37274.9	22438.0	6291.5	6501.4	2043.99
1.农业	32111.8	19573.0	6140.1	4354.7	2043.99
2.林业	209.2	75.0		134.2	
3.牧业	10.4	−21.0	31.4		
4.渔业	3500.2	2005.0		1495.2	
5.农林牧渔服务业增加值	1443.3	806.0	120.0	517.3	

注：1. 2003 年起所有监狱农场均更名为公司，2012 年黄湖公司没有农业生产活动。

2. 2020 年农业产业结构发生较大变化，生猪养殖全部退出。

3. 农场“三供一业”改造，部分职能、资产移交地方。

监狱系统农场生产情况

项目	单位	合计	沙洋办事处	襄北公司	江北公司	襄南公司
全年农作物总播面	公顷	39132.6	21242	8728.6	6463	2699
全年粮食作物总播面	公顷	31993.2	18172	7505.2	5850	466
全年粮食总产量	吨	196151	117337	34261	41253	3300
#夏粮播面	公顷	13942	7536	3800	2473	133
夏粮产量	吨	73425	39951	20505	12169	800
秋粮播面	公顷	16970.2	9555	3705.2	3377	333
秋粮产量	吨	122675	77335	13756	29084	2500
棉花播面	公顷	1267				1267
棉花产量	吨	1083				1083
油料播面	公顷	2879.8	956	1180.8	377	366
油料产量	吨	8902	3912	2977	838	1175
#油菜籽播面	公顷	863.4	53	100.4	377	333
油菜籽产量	吨	2065	87	140	838	1000
茶叶产量	吨	0.7	0.7			
水果产量	吨	880	250	630		
水产品产量	吨	6973	4848		2125	
大牲畜年末存栏	头	4		4		
#耕牛	头	4		4		
羊年末存栏	只	4		4		
家禽年末存栏	万只	0.5		0.5		
生猪年末存栏	头	365		365		
肥猪出栏	头	148		148		
家禽出栏	万只	0.4		0.4		
肉类产量	吨	20		20		
禽蛋产量	吨	0.5		0.5		
造林面积	公顷	769	529		240	
#当年造林面积	公顷	8	8			

注：1. 2003 年起所有监狱农场均更名为公司，2012 年黄湖公司没有农业生产活动。

2. 2020 年农业产业结构发生较大变化，生猪养殖全部退出。

3. 农场“三供一业”改造，部分职能、资产移交地方。